Speth
Waltermann

Steuerung und Kontrolle

für das kaufmännische Berufskolleg
Fremdsprachen

Merkur
Verlag Rinteln

Wirtschaftswissenschaftliche Bücherei für Schule und Praxis
Begründet von Handelsschul-Direktor Dipl.-Hdl. Friedrich Hutkap †

Verfasser:

Dr. Hermann Speth, Dipl.-Handelslehrer

Aloys Waltermann, Dipl.-Kfm. Dipl.-Handelslehrer

* * *

6. Auflage 2018

Gesamtherstellung:
MERKUR VERLAG RINTELN Hutkap GmbH & Co. KG, 31735 Rinteln

E-Mail: info@merkur-verlag.de
lehrer-service@merkur-verlag.de

Internet: www.merkur-verlag.de

ISBN 978-3-8120-**0595-1**

Vorwort

Dieses Schulbuch umfasst alle im Bildungsplan **„Steuerung und Kontrolle“** (vom 17.07.2018) für das **„Kaufmännische Berufskolleg Fremdsprachen“, Schuljahr 1 und 2,** des Landes Baden-Württemberg geforderten Kompetenzbereiche und Lerninhalte.

Für Ihre Arbeit mit dem vorgelegten Schulbuch möchten wir auf Folgendes hinweisen:

- Von den Autoren wurde bewusst darauf geachtet, dass die vorgegebenen **Kompetenzen inhaltlich vollständig und umfassend thematisiert** werden. Dabei bleibt den Lehrkräften genügend didaktischer Freiraum, eigene Schwerpunkte oder regionale Besonderheiten zu berücksichtigen.
- Am Ende der jeweiligen Kompetenzbereiche werden im Bildungsplan **fakultative Inhalte** aufgeführt, die an die formulierten Kompetenzen anknüpfen, jedoch über die Erwartungen des Faches hinausgehen. Die einzelnen fakultativen Inhalte sind insbesondere für die Schülerinnen und Schüler von Bedeutung, die nach dem Besuch des kaufmännischen Berufskollegs Fremdsprachen den Einstieg in das zweite Jahr der Wirtschaftsoberschule anstreben.
- In den Kompetenzbereichen 1 bis 3 dieses Buches wird mit dem nebenstehenden Symbol gekennzeichnet, bei welchen Themengebieten sich aufgrund eines sachlogischen Bezugs eine Vertiefung in die fakultativen Inhalte anbietet.

- Die 6. Auflage berücksichtigt die mit dem **Bilanzrichtlinie-Umsetzungsgesetz [BilRUG]** vorgenommene **Neuordnung der Umsatzerlöse** und den damit verbundenen **Wegfall der außerordentlichen Aufwendungen** und **der außerordentlichen Erträge**. Die Neudefinition der Umsatzerlöse macht eine **Neugliederung der Kontenklasse 5** erforderlich (vgl. hierzu die Rückseite des Vorworts).
- Als unterstützende Anschauungshilfe werden in der Einführungsphase im Buchführungsteil bei allen Beispielen folgende Farben beim Buchen verwendet: Aktivkonten: grün, Passivkonten: rot, Aufwendungen: violett, Erträge: blau.
- Am Ende eines jeden Kapitels findet sich ein umfangreiches **Kompetenztraining.** Dieses beinhaltet im Wesentlichen komplexe und realitätsnahe Problemstellungen unter Berücksichtigung der Erfahrungswelt der Lernenden. Das Kompetenztraining dient in erster Linie dem selbstgesteuerten Lernen und einer aktiven Beteiligung der Lernenden.
- Ein ausführliches Stichwortverzeichnis hilft Ihnen, den gesuchten Sachverhalt schnell aufzufinden.
- Dem Schulbuch ist der Industriekontenrahmen zugrunde gelegt.

Wir wünschen Ihnen einen guten Lehr- und Lernerfolg!

Die Verfasser

Hinweis zur Buchung von Erträgen (Kontenklasse 5) nach dem Bilanzrichtlinie-Umsetzungsgesetz [BilRUG]

Die **Kontenklasse 5** ist in drei Gruppen gegliedert:

- **Umsatzerlöse,**
- **übrige betriebliche Erträge** und
- **Erträge des Finanzbereichs**

gegliedert.

Umsatzerlöse

Nach § 277 I HGB zählen zu den Umsatzerlösen die **Erlöse aus dem Verkauf und der Vermietung oder Verpachtung von Produkten** sowie aus der **Erbringung von Dienstleistungen.**

Vom erzielten Bruttoerlös sind die **Erlösschmälerungen,** die **Umsatzsteuer** sowie die **direkt mit dem Umsatz verbundenen Steuern** (z. B. Verbrauchssteuern wie die Mineralöl-, Energie- oder Tabaksteuer) **abzuziehen.**

Die **Umsatzerlöse** werden in den **Kontengruppen 50** und **51** erfasst. Zu den Umsatzerlösen zählen z. B.:

- Umsatzerlöse für eigene Erzeugnisse,
- Umsatzerlöse für Waren,
- Erlöse aus Vermietung und Verpachtung,
- Sonstige Nebenerlöse (z. B. aus Provisionen, Lizenzen, Patenten).

Übrige betriebliche Erträge

Hierzu zählen z. B.:

- Erträge aus Schadensersatzleistungen, Kursgewinnen, außergewöhnliche Erträge,
- Erträge aus Anlageabgängen,
- Erträge aus der Herabsetzung von Rückstellungen,
- Periodenfremde Erträge,
- Bestandsveränderungen von Erzeugnissen,
- Aktivierte Eigenleistungen.

Die übrigen betrieblichen Erträge werden in den **Kontengruppen 52, 53** und **54** erfasst.

Erträge des Finanzbereichs

Hierzu zählen z. B.:

- Erträge aus Beteiligungen,
- Erträge aus anderen Finanzanlagen,
- Zinsen, Erträge aus Wertpapieren des Umlaufvermögens, sonstige zinsähnliche Erträge.

Die Erträge aus dem Finanzbereich werden in den **Kontengruppen 55, 56** und **57** erfasst.

Beachte:

- Aus Gründen der Übersichtlichkeit werden in diesem Buchführungslehrgang die **Unterkonten des Kontos Umsatzerlöse** beibehalten.
- Große und mittelgroße Kapitalgesellschaften müssen beim Jahresabschluss die Gewinn- und Verlustrechnung in Staffelform aufstellen und hierbei die **Umsatzerlöse in einem Gesamtbetrag** ausweisen.

Inhaltsverzeichnis

Kompetenzbereich 1: Grundlagen der Buchführung

Kompetenzbereich 1: Fakultative Inhalte

Kompetenzbereich 2: Dokumentation der Wertschöpfungsprozesse I

Kompetenzbereich 2: Fakultative Inhalte

Kompetenzbereich 3: Dokumentation der Wertschöpfungsprozesse II

Kompetenzbereich 3: Fakultative Inhalte

Exkurs: Prozentrechnung

Kompetenzbereich 1: Grundlagen der Buchführung

1 Sich die Aufgaben der Buchführung bewusst machen

(1) Begriff Buchführung

Jeder Kaufmann ist verpflichtet, Bücher zu führen und in diesen seine Handelsgeschäfte und die Lage seines Unternehmens ersichtlich zu machen [§ 238 I HGB].

Kaufmännische Buchführung[1] ist das Festhalten der Anfangsbestände an Vermögen und Schulden sowie deren Veränderungen.

(2) Aufgaben der Buchführung aus Sicht der Unternehmensleitung

Buchführung als Instrument der Ergebnisermittlung (Erfolgsermittlung)	Jeder Kaufmann möchte sich nach einer gewissen Zeit (Monat, Vierteljahr, Halbjahr), spätestens nach einem Jahr, Rechenschaft über seine Geschäftstätigkeit ablegen. Er möchte wissen, wie erfolgreich er innerhalb der Geschäftsperiode gewesen ist. Das **Ergebnis** der Geschäftstätigkeit kann ein **Gewinn,** im ungünstigen Fall ein **Verlust** sein. Der Begriff **Ergebnis** ist als eine **neutrale Größe** anzusehen. Er darf nicht mit dem Gewinn gleichgesetzt werden. 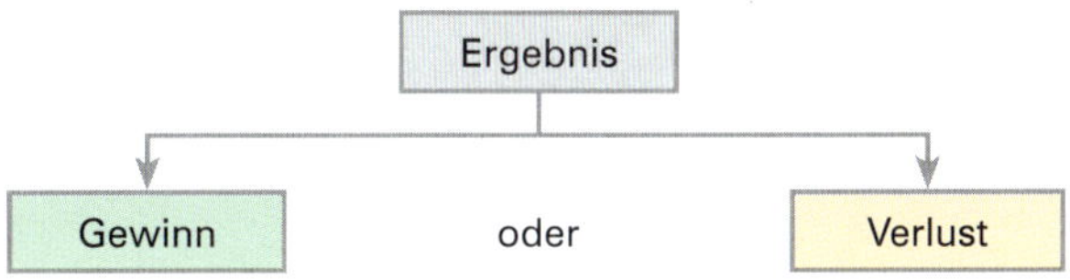
Buchführung als Instrument der Vermögens- und Schuldenermittlung	Ein Kaufmann will sich zu jeder Zeit über den **Stand seines Vermögens und der Schulden** informieren können. Beides kann er mithilfe der Buchführung erreichen, da sie alle Wertveränderungen erfasst. Allerdings ist die Blickrichtung der Ergebnisermittlung und der Vermögens- und Schuldenermittlung unterschiedlich. Die **Vermögens- und Schuldenrechnung** bezieht sich auf einen bestimmten **Zeitpunkt,** die **Ergebnisermittlung** auf einen bestimmten **Zeitraum.**
Buchführung als Grundlage der Kosten- und Leistungsrechnung (Kalkulation)	Die Kalkulation ermittelt die **Selbstkosten** und die **Verkaufspreise** für die Produkte. Voraussetzung hierfür ist, dass alle Kosten des Unternehmens vorliegen. Da die Buchführung alle **Werteveränderungen des Betriebs** erfasst, kann die Kostenrechnung hierauf zurückgreifen. Die Buchführung bildet somit die Grundlage für die Kosten- und Leistungsrechnung.

1 Im Folgenden werden die Begriffe Buchführung, Finanzbuchführung und Geschäftsbuchführung als gleichwertig benutzt.

Buchführung als Instrument der Betriebskontrolle	Sobald ein Unternehmen eine bestimmte Größe übersteigt, ist es der Geschäftsleitung nicht mehr möglich, alle Auswirkungen der Geschäftsvorfälle am Ort des Geschehens zu kontrollieren. Mithilfe der Buchführung können die erforderlichen **Kontrollen** jedoch vom Schreibtisch aus erfolgen. Die Geschäftsleitung braucht sich nur die gewünschten Zahlen aus der Buchführung vorlegen zu lassen. Dabei kann sie erkennen, ob z.B. irgendwelche Aufwendungen gestiegen sind oder die Umsätze in einer Abteilung oder bei einem bestimmten Artikel nicht den Erwartungen entsprechen. Dann kann sie den **Ursachen** auf den Grund gehen und gegebenenfalls die erforderlichen Maßnahmen ergreifen. Insoweit ist die Buchführung auch ein Instrument der Betriebskontrolle. Mit Recht bezeichnet man die **Buchführung** als das **Spiegelbild der Geschäftstätigkeit.**

(3) Aufgaben der Buchführung aus der Sicht von außenstehenden Personen bzw. Institutionen

Neben dem hohen Eigeninteresse der Geschäftsleitung an der Buchführung gibt es noch Interessenten, die außerhalb des Unternehmens stehen und dennoch ein berechtigtes Interesse an der Buchführung eines Unternehmens, insbesondere an deren Ergebnissen in Form der Bilanz und der Gewinn- und Verlustrechnung, nachweisen können. Die wichtigsten **außenstehenden Interessenten** sind:

- Die **Steuerbehörde,** weil für die Berechnung bestimmter Steuern (z.B. Einkommensteuer, Umsatzsteuer, Gewerbesteuer) das Zahlenmaterial der Buchführung zugrunde gelegt wird. Die Buchführung liefert die Unterlagen zur Steuerveranlagung.
- Die **Banken,** da sie bei Kreditgewährungen durch die Vorlage bestimmter Zahlen der Buchführung ihr Risiko besser abschätzen können.
- Die **Investoren** (z.B. Eigentümer, Gläubiger), die ihr Geld eingebracht haben, besitzen ein Recht auf Information. Dieses Recht kann mithilfe der Buchführungsergebnisse befriedigt werden.
- Die **Mitarbeiter** haben ein Recht auf Unterrichtung über die wirtschaftliche und soziale Lage ihres Unternehmens [§ 43 I, II BetrVG].
- Die **Gerichte** gehen bei Vermögensstreitigkeiten im Zweifel von der Richtigkeit der Zahlen der Buchführung aus.

Aufgaben der Buchführung

Für die **Unternehmensleitung**	Für **Außenstehende**
Sie dient als: ■ Instrument zur Ermittlung des Ergebnisses ■ Instrument der Vermögens- und Schuldenermittlung ■ Grundlage für die Kalkulation ■ Instrument der Betriebskontrolle	**Sie informiert:** ■ Banken ■ Steuerbehörden ■ Investoren ■ Mitarbeiter **Vor Gericht dient sie als:** Beweismittel

2 Wesen einer Inventur erkennen und ein Inventar erstellen

2.1 Inventur

2.1.1 Ablauf der Inventur

Durch den Vorgang der **Inventur** wird vor Ort festgestellt, welche Vermögens- und Schuldwerte tatsächlich vorhanden sind. Die Inventur ist somit eine **Tätigkeit (körperliche Bestandsaufnahme).**

- Man geht in das Lager und schaut z. B. nach, welche Menge einer **Werkstoffart**[1] noch vorhanden ist. Typische Tätigkeiten für diesen Vorgang der Inventur sind: Zählen, Messen, Wiegen, notfalls auch Schätzen. Durch die Rechnung Menge · Einstandspreis wird anschließend der Wert der vorhandenen Werkstoffe ermittelt.
- Zur Feststellung des Wertes an **Bargeld** muss das in der Kasse vorhandene Geld gezählt werden.
- Bei anderen Geldvermögensarten, z. B. dem **Bankguthaben,** geben die Kontoauszüge Auskunft über das gegenwärtige Guthaben.
- **Kundenforderungen** bzw. **Lieferantenschulden** werden namentlich aufgelistet. Die ermittelten Salden lässt man sich von den einzelnen Kunden bzw. Lieferanten bestätigen.
- Der Wert der einzelnen Gegenstände der **Betriebs- und Geschäftsausstattung** wird unter Berücksichtigung planmäßiger Abschreibungsbeträge ermittelt.

Beispiel für eine Inventur-Aufnahmeliste (Einzelinventurliste):

Inventur-Aufnahmeliste

Filiale:	*Stuttgart*	**Blatt-Nr.:**	*14*	**Aufnahme:**	*Fischer*
Abteilung:	*Möbel*	**Datum:**	*31.12.20..*	**Ausrechnung:**	*Troll*
				Kontrolle:	*Spralte*

Position	Menge	Artikelnummer	Artikelbezeichnung	Warengruppe	Nettoverkaufspreis in EUR	Einstandspreis in EUR
(1)	*30*	*30111*	*Matratzen*	*5*	*299,00*	*185,00*
(2)	*25*	*30222*	*Tische*	*7*	*119,00*	*69,00*
(3)						

Die **Inventur** ist die mengen- und wertmäßige Erfassung aller Vermögensteile und Schulden eines Unternehmens zu einem bestimmten Zeitpunkt. Die Inventur ist eine Tätigkeit.

2.1.2 Zielsetzung der Inventur

Die vom Gesetzgeber geforderte Inventur ist wesentlicher Bestandteil einer ordnungsmäßigen Buchführung. Die Inventur dient in erster Linie dem **Schutz der Gläubiger.** Durch eine körperliche Bestandsaufnahme soll überprüft werden, ob die in der Buchführung

1 Zu den Werkstoffen zählen z. B. Rohstoffe, Betriebsstoffe, Hilfsstoffe. Siehe hierzu S. 36, Fußnote 1.

ausgewiesenen Bestände (Sollbestände, Buchbestände) mit den **tatsächlichen Beständen (Istbeständen, Inventurbestände) übereinstimmen.** Treten Differenzen zwischen Soll- und Istbeständen auf, müssen die Ursachen aufgedeckt und entsprechende Korrekturen in der Buchführung vorgenommen werden, damit solche Differenzen nicht noch weitergeschleppt werden. Insofern übt die **Inventur** gegenüber der Buchführung eine **Kontrollfunktion** aus.

2.2 Inventar

Nach § 240 HGB ist jeder Kaufmann verpflichtet, „zu Beginn seines Handelsgewerbes" (d. h. bei der Gründung) und danach „für den Schluss eines jeden Geschäftsjahres" seine Vermögens- und Schuldposten mit ihren Werten anzugeben. Diese Aufstellung nennt der Gesetzgeber **Inventar.**

- Das **Inventar** ist das übersichtlich zusammengestellte **wertmäßige Ergebnis** der Inventur.
- Das Inventar weist zu einem **bestimmten Tag** alle tatsächlich vorhandenen **Vermögensposten und Schulden** eines Unternehmens nach Art, Menge und Wert aus.

Obschon es **keine gesetzlichen Vorschriften** für die **formale Darstellung eines Inventars** gibt, hat es sich in der Praxis allgemein durchgesetzt, dass die Ergebnisse der Inventur nochmals zusammengefasst werden. Bei einzelnen Posten wird dann auf die Einzelverzeichnisse verwiesen.

Das Beispiel auf S. 17 dient Ihnen als Muster für den Inhalt und den Aufbau eines Inventarverzeichnisses und für die darin verwendeten Begriffe.

Erläuterungen zum Inhalt und Aufbau des Inventars von S. 17

Das Inventar besteht aus drei Teilen: dem **Vermögen,** den **Schulden** und dem **Reinvermögen** (Eigenkapital).

- Das **Vermögen** gibt Aufschluss darüber, welche Gegenstände in einem Unternehmen vorhanden sind. Man unterscheidet zwischen Anlage- und Umlaufvermögen.
  - Zum **Anlagevermögen** zählen alle Vermögensposten, die dazu bestimmt sind, dem Unternehmen langfristig zu dienen. Sie bilden die Grundlage für die Betriebsbereitschaft.

    Beispiele:

    Lizenzen, geschützte Marken, Gebäude, Grundstücke, Maschinen, Betriebs- und Geschäftsausstattung, Beteiligung an anderen Unternehmen.
  - Zum **Umlaufvermögen** zählen alle Vermögensposten, die dadurch charakterisiert sind, dass sie sich durch die Geschäftstätigkeit laufend verändern.

    Beispiele:

    Kassenbestand, Guthaben bei Kreditinstituten, Werkstoffe, Handelswaren, Forderungen aus Lieferungen und Leistungen.
- Die **Schulden** (Verbindlichkeiten) stellen Fremdkapital dar, das Dritte dem Unternehmen zur Verfügung stellen. Sie werden z.B. nach der Art der Schuld oder nach ihrer Fälligkeit gegliedert.

  Beispiele:

  Verbindlichkeiten gegenüber Kreditinstituten, Verbindlichkeiten aus Lieferungen und Leistungen.

Inventar zum 31. Dezember
der Möbelfabrik Franz Merkurius e. Kfm., Humpisstraße 15, 88212 Ravensburg

A.	**Vermögen**		
I.	Anlagevermögen:		
	1. Grundstücke		
	– Humpisstraße 15	175 000,00 EUR	
	– Georgstraße 21	125 000,00 EUR	300 000,00 EUR
	2. Bauten auf eigenen Grundstücken		
	– Fabrikgebäude Humpisstraße 15	429 450,00 EUR	
	– Verwaltungsgebäude Georgstraße 21	675 000,00 EUR	1 104 450,00 EUR
	3. Maschinen lt. Inventurliste 1		749 800,00 EUR
	4. Fuhrpark		
	– Pkw: RV – BE 44	45 800,00 EUR	
	– Lkw: RV – LU 855	98 750,00 EUR	144 550,00 EUR
	5. Betriebs- und Geschäftsausstattung		
	– Lagereinrichtung lt. Inventurliste 2	45 600,00 EUR	
	– Verwaltungseinrichtung lt. Inventurliste 3	29 275,00 EUR	
	– EDV-Anlagen lt. Inventurliste 4	20 725,00 EUR	95 600,00 EUR
II.	Umlaufvermögen:		
	1. Rohstoffe lt. Inventurliste 5		350 750,00 EUR
	2. Hilfsstoffe lt. Inventurliste 6		118 450,00 EUR
	3. Betriebsstoffe lt. Inventurliste 7		147 620,00 EUR
	4. Fertigerzeugnisse		
	– 360 Schränke V 17/2	203 400,00 EUR	
	– 210 Schreibtische S 22/4	193 200,00 EUR	
	– Diverse Kleinmöbel lt. Inventurliste 8	310 400,00 EUR	707 000,00 EUR
	5. Unfertige Erzeugnisse lt. Inventurliste 9		70 200,00 EUR
	6. Forderungen aus Lieferungen und Leistungen		
	– Möbelhaus Schmid OHG, Karlsruhe	12 125,00 EUR	
	– Möbel Meierhofer KG, Stuttgart	11 900,00 EUR	
	– Möbel Discount Dresden GmbH	9 550,00 EUR	33 575,00 EUR
	7. Kassenbestand lt. Inventurliste 10		1 250,00 EUR
	8. Guthaben bei Banken		
	– Guthaben Volksbank Lindau	28 780,00 EUR	
	– Guthaben Kreissparkasse Ravensburg	5 900,00 EUR	34 680,00 EUR
	Summe des Vermögens (Rohvermögens)		3 857 925,00 EUR
B.	**Schulden**		
1.	Verbindlichkeiten gegenüber Kreditinstituten		
	– Darlehen bei der Volksbank Lindau		890 600,00 EUR
	– Kontokorrentkredit bei der Kreissparkasse Ravensburg		50 145,00 EUR
2.	Verbindlichkeiten aus Lieferungen und Leistungen		
	– Metall- und Kunststoffwerke Leipzig AG	55 150,00 EUR	
	– Großhandelshaus Stark GmbH Freiburg	47 350,00 EUR	102 500,00 EUR
3.	Liefererdarlehen von der Rado GmbH		73 000,00 EUR
	Summe der Schulden		1 116 245,00 EUR
C.	**Ermittlung des Reinvermögens (Eigenkapitals)**		
	Summe des Vermögens		3 857 925,00 EUR
	– Summe der Schulden		1 116 245,00 EUR
	= Reinvermögen (Eigenkapital)		2 741 680,00 EUR

2 Speth u.a. - ISBN 978-3-8120-0595-1

Die **Inventur** ist eine **Bestandsaufnahme,** das **Inventar** ein **Bestandsverzeichnis.**

Kompetenztraining

1 Begriffe Inventur und Inventar, Aufstellen eines Inventars

1. Nennen Sie die Gesetzesvorschrift, die den Kaufmann zur Aufstellung eines Inventars verpflichtet!
2. Nennen Sie drei Angaben, die in einem Inventar enthalten sein müssen!
3. Ermitteln Sie, zu welchen Zeitpunkten jeweils ein Inventar aufgestellt werden muss!
4. Erläutern Sie die Begriffe Inventar und Inventur!
5. Erläutern Sie, welche praktische Bedeutung die Inventur im Zusammenhang mit der Buchführung hat!
6. Begründen Sie, welche Werte beim Auftreten von Differenzen zwischen Soll- und Istwerten berichtigt werden müssen!
7. Stellen Sie aufgrund der angegebenen Inventurergebnisse ein Inventar auf!

Bebaute Grundstücke		478 790,00 EUR
Fabrikgebäude		2 121 180,00 EUR
Verwaltungsgebäude		535 925,00 EUR
Büroeinrichtung lt. Inventurliste 1		148 500,00 EUR
Maschinen lt. Inventurliste 2		2 470 100,00 EUR
Werkzeuge lt. Inventurliste 3		272 800,00 EUR
Fuhrpark: 2 Lkw	205 000,00 EUR	
3 Pkw	64 300,00 EUR	269 300,00 EUR
Betriebs- und Geschäftsausstattung lt. Inventurliste 4		330 000,00 EUR
Rohstoffe lt. Inventurliste 5		1 420 000,00 EUR
Betriebsstoffe lt. Inventurliste 6		87 200,00 EUR
Hilfsstoffe lt. Inventurliste 7		54 750,00 EUR
Unfertige Erzeugnisse lt. Inventurliste 8		321 800,00 EUR
Fertige Erzeugnisse lt. Inventurliste 9		1 790 000,00 EUR
Kundenforderungen lt. bestätigter Saldenliste		222 400,00 EUR
Kassenbestand lt. Inventurliste 10		15 100,00 EUR
Guthaben bei Kreditinstituten		
– Guthaben auf dem Kontokorrentkonto bei der A-Bank		29 900,00 EUR
Verbindlichkeiten gegenüber Kreditinstituten		
– Darlehen bei der B-Bank		3 720 000,00 EUR
Verbindlichkeiten aus Lieferungen und Leistungen:		
– Böblinger Maschinen AG	820 000,00 EUR	
– Technik & Service Fritz GmbH	188 100,00 EUR	1 008 100,00 EUR

8. Recherchieren Sie, wie lange die Inventare nach dem Gesetz aufzubewahren sind!

3 Gemäß den Grundsätzen der ordnungsmäßigen Buchführung eine Bilanz erstellen und deren Aufbau erklären

3.1 Gesetzliche Grundlagen zur Aufstellung der Bilanz

(1) Grundsätze ordnungsmäßiger Buchführung [GoB]

Die Grundsätze ordnungsmäßiger Buchführung [GoB] haben sich aus der Praxis der Buchführung entwickelt. Allgemein zählt dazu alles, was ein gewissenhafter, ordentlicher Kaufmann darunter versteht.

Ein großer Teil dieser Grundsätze ist im Handelsgesetzbuch bzw. in den Steuergesetzen, namentlich in der Abgabenordnung (AO), gesetzlich verankert. Die nachfolgende Tabelle fasst die wichtigsten **Grundsätze ordnungsmäßiger Buchführung** zusammen.

1. **Allgemeiner Grundsatz** [§ 238 I, S. 2 HGB]	„Die Buchführung muss so beschaffen sein, dass sie einem sachverständigen Dritten innerhalb angemessener Zeit einen Überblick über die Geschäftsvorfälle und über die Lage des Unternehmens vermitteln kann."
2. Grundsatz der **Klarheit und Übersichtlichkeit** [§ 238 I, S. 3 HGB]	„Die Geschäftsvorfälle müssen sich in ihrer Entstehung und Abwicklung verfolgen lassen." Dieser Grundsatz führt zu der Forderung: **keine Buchung ohne Beleg** und zu einer **ordnungsmäßigen Belegaufbewahrung.**
3. Grundsatz der **Vollständigkeit und Richtigkeit** [§ 239 II HGB]	„Die Eintragungen in Büchern und die sonst erforderlichen Aufzeichnungen müssen vollständig, richtig, zeitgerecht und geordnet vorgenommen werden." Dieser Grundsatz erfordert für die Praxis die Führung eines Grundbuches (zeitgerechte Erfassung) und die Führung eines Hauptbuches (sachgerechte, geordnete Erfassung).
4. Grundsatz des **Erhalts der ursprünglichen Eintragungen** [§ 239 III, S. 1 HGB]	„Eine Eintragung oder eine Aufzeichnung darf nicht in einer Weise verändert werden, dass der ursprüngliche Inhalt nicht mehr feststellbar ist." Das bedeutet ein Verbot der Benutzung von Killerinstrumenten sowie das Verbot des Überschreibens.
5. Grundsatz des **Verrechnungsverbots** [§ 246 II HGB]	„Posten der Aktivseite dürfen nicht mit Posten der Passivseite, Aufwendungen nicht mit Erträgen, ... verrechnet werden." Das bedeutet, dass jeweils gesonderte Konten zu führen sind.
6. Grundsatz der **Lesbarkeit der Daten** [§ 239 IV, S. 2 HGB]	„Bei der Führung der Handelsbücher und der sonst erforderlichen Aufzeichnungen auf Datenträgern muss sichergestellt sein, dass die Daten während der Dauer der Aufbewahrungsfrist verfügbar sind und jederzeit innerhalb angemessener Frist lesbar gemacht werden können." Der Kaufmann muss auf seine Kosten entsprechende Geräte dafür bereithalten.

(2) Aufstellungspflicht

Nach § 242 HGB hat der Kaufmann zu Beginn seines Handelsgewerbes und danach für den Schluss eines jeden Geschäftsjahres eine **Bilanz**[1] aufzustellen, aus der das Verhältnis zwischen seinem Vermögen und seinen Schulden erkennbar ist. Grundlage für die Aufstellung der Bilanz ist das **Inventar.**

1 Das Wort **Bilanz** stammt aus dem Italienischen. Dort heißt es so viel wie Gleichgewicht bzw. Waage.

Die **Bilanz** ist eine kurz gefasste Gegenüberstellung von Vermögen und Kapital in Kontoform.

(3) Form und Gliederung der Bilanz nach § 266 HGB

Nach § 266 I, S. 1 HGB ist die Bilanz in **Kontoform** aufzustellen. Die **linke Seite der Bilanz** ist die **Aktivseite.** Auf ihr stehen die **Aktiva (Vermögensposten).** Die **rechte Seite der Bilanz** ist die **Passivseite.** Auf ihr stehen die **Passiva.** Die Passivseite der Bilanz weist das Kapital, getrennt nach Kapitalgebern **(Eigenkapital** und **Verbindlichkeiten [Fremdkapital])** aus.

Es wird folgendes **vereinfachtes Bilanzschema** zugrunde gelegt:

Aktiva — Bilanz zum 31. Dezember 20.. — Passiva

Aktiva	Passiva
I. Anlagevermögen	**I. Eigenkapital**
1. Grundstücke und Bauten	**II. Verbindlichkeiten**
2. Technische Anlagen und Maschinen	1. Verbindlichkeiten gegenüber Kreditinstituten
3. And. Anl., Betr.- u. G.-Ausstattung	2. Verbindlichkeiten aus Lieferungen und Leistungen
II. Umlaufvermögen	3. Sonstige Verbindlichkeiten
1. Roh-, Hilfs- und Betriebsstoffe	
2. Unfertige Erzeugnisse	
3. Fertige Erzeugnisse und Waren	
4. Ford. aus Lieferungen u. Leistungen	
5. Kassenbestand	
6. Guthaben bei Kreditinstituten	

Beispiel:

Aus dem Inventar auf S. 17 leitet sich die folgende Bilanz ab!

Aktiva — Bilanz der Möbelfabrik Franz Merkurius e. Kfm. zum 31. Dez. 20.. — Passiva

Aktiva		Passiva	
I. Anlagevermögen		**I. Eigenkapital**	2 741 680,00
1. Grundstücke und Bauten	1 404 450,00	**II. Verbindlichkeiten**	
2. Techn. Anl. und Maschinen	749 800,00	1. Verbindlichkeiten gegenüber Kreditinstituten	940 745,00
3. And. Anl., Betriebs- u. Geschäftsausstattung	240 150,00	2. Verbindlichkeiten aus Lieferungen und Leistungen	102 500,00
II. Umlaufvermögen		3. Sonstige Verbindlichkeiten	73 000,00
1. Roh-, Hilfs- und Betr.-Stoffe	616 820,00		
2. Unfertige Erzeugnisse	70 200,00		
3. Fert. Erzeugn. und Waren	707 000,00		
4. Ford. a. Lief. u. Leist.	33 575,00		
5. Kassenbestand	1 250,00		
6. Guth. bei Kreditinstituten	34 680,00		
	3 857 925,00		3 857 925,00

Ravensburg, den 10. März 20.. Franz Merkurius

Die Bilanz lässt auf einen Blick erkennen, wer das Kapital aufgebracht hat (Passivseite) und wie es verwendet wurde (Aktivseite).

Aktiva — Bilanz der Möbelfabrik Franz Merkurius e. Kfm. — Passiva

Wie wurde das Kapital verwendet?		**Wer** hat das Kapital aufgebracht?	
I. Anlagevermögen	2394400,00	**I. Eigenkapital**	2741680,00
II. Umlaufvermögen	1463525,00	**II. Verbindlichkeiten**	1116245,00
Vermögen	3857925,00	**Kapital**	3857925,00
↑		↑	
Mittelverwendung (Investition)		**Mittelherkunft** (Finanzierung)	

Die **Aktivseite** der Bilanz gibt die **Mittelverwendung (Investition)** des Unternehmens wieder, die **Passivseite** die **Herkunft finanzieller Mittel (Finanzierung)**.

(4) Aussagekraft der Bilanz

Am vorgegebenen Beispiel der Möbelfabrik Franz Merkurius e. Kfm. wird im Folgenden ein kurzer Überblick über die Aussagekraft einer Bilanz gegeben. Dabei beschränken wir uns darauf, das Verhältnis des Anlage- und Umlaufvermögens sowie des Eigen- und Fremdkapitals zur Bilanzsumme aufzuzeigen und auszuwerten.

Aktiva — Bilanz der Möbelfabrik Franz Merkurius e. Kfm. — Passiva

Wie wurde das Kapital verwendet?			**Wer** hat das Kapital aufgebracht?		
I. Anlagevermögen	2394400,00	62,1 %	**I. Eigenkapital**	2741680,00	71,1 %
II. Umlaufvermögen	1463525,00	37,9 %	**II. Verbindlichkeiten**	1116245,00	28,9 %
Vermögen	3857925,00	100,0 %	**Kapital**	3857925,00	100,0 %
↑			↑		
Mittelverwendung (Investition)			**Mittelherkunft** (Finanzierung)		

- **Zur Vermögenszusammensetzung:**

  Man sieht, dass das Anlagevermögen einen höheren Anteil hat als das Umlaufvermögen. Das war zu erwarten, denn eine Möbelfabrik benötigt zur Produktion Fabrikhallen, Lagerbestände, Maschinen, Fließbänder u. Ä. Diese Anlagegüter sind kapitalintensiv. Das Anlagevermögen ist umso höher, je stärker ein Unternehmen die Produktion automatisiert.

  Im Umlaufvermögen sind bei einer Möbelfabrik naturgemäß die Roh-, Hilfs- und Betriebsstoffe sowie die Fertigerzeugnisse die größten Posten, da sie unmittelbar mit der Produktion zusammenhängen. Erwähnenswert ist, dass die Forderungen sehr niedrig sind. Dies könnte darauf zurückzuführen sein, dass die Erzeugnisse sehr begehrt sind und die Möbelfabrik auf die Gewährung langer Zahlungsfristen verzichten kann.

- **Zur Kapitalzusammensetzung:**

  Das Verhältnis Eigen- und Fremdkapital zur Bilanzsumme zeigt, dass der Anteil des Eigenkapitals höher ist als der des Fremdkapitals. Das bedeutet, die Möbelfabrik ist nicht von den Gläubigern abhängig und die Zinslast ist überschaubar.

(5) Bilanzgleichungen

Für jede Bilanz gilt folgende Grundgleichung:

Aktiva	=	Passiva

Dabei gilt:

Aktiva = Vermögen
Passiva = Eigenkapital + Fremdkapital[1]

Hieraus lassen sich folgende weitere **Bilanzgleichungen** ableiten:

Für die Berechnung des Vermögens

Vermögen = Eigenkapital + Fremdkapital

Für die Berechnung des Kapitals

Eigenkapital = Vermögen – Fremdkapital
Fremdkapital = Vermögen – Eigenkapital

3.2 Gegenüberstellung von Inventar und Bilanz

Inventar	Bilanz
■ Das Inventar ist eine **ausführliche wert- und mengenmäßige** Gegenüberstellung der Vermögens- und Schuldposten.	■ Die Bilanz ist eine **gedrängte wertmäßige Gegenüberstellung** aller Vermögens- und Schuldposten.
■ Im Inventar werden alle selbstständig bewertbaren Gegenstände eines Postens erfasst. Es ist **sehr ausführlich** und dadurch **unübersichtlich.**	■ Die Bilanz weist jeden Posten nur mit einer Summe aus. Sie ist **weniger ausführlich,** dadurch aber **übersichtlich.**
■ Im Inventar stehen Vermögen und Schulden **untereinander.**	■ In der Bilanz stehen Vermögen und Schulden **nebeneinander.**
■ Die Differenz zwischen Vermögen und Schulden heißt **Reinvermögen.**	■ Die Differenz zwischen Vermögen und Schulden heißt **Eigenkapital.**
■ Das Inventar übt gegenüber den Ergebnissen der Buchführung eine **Kontrollfunktion** aus.	■ Die Bilanz baut auf den **Zahlenunterlagen der Buchführung** und denen der Inventur auf.
■ Das Inventar dient **innerbetrieblichen Zwecken** (Soll-Ist-Vergleich).	■ Die Bilanz informiert die **Außenwelt.**
■ Gesetzliche **Gliederungsvorschriften** für das Inventar **bestehen nicht.**	■ Es bestehen **gesetzliche Gliederungsvorschriften.**

1 Unter dieser mehr betriebswirtschaftlichen Betrachtungsweise benutzen wir den Begriff **Fremdkapital** (statt Verbindlichkeiten).

Kompetenztraining

2 Erstellen einer Bilanz

Stellen Sie unter Beachtung des einfachen Bilanzgliederungsschemas auf S. 20 aus dem Inventar des Kompetenztrainings 1, Nr. 7. (S. 18) die entsprechende Bilanz auf!

3 Erstellen einer Bilanz und Beurteilung der Bilanz

1. Erstellen Sie für das Plastikwerk Hübner e. Kfm. aufgrund folgender Angaben die Bilanz und berechnen Sie das Verhältnis von Anlage- und Umlaufvermögen sowie von Eigen- und Fremdkapital zur Bilanzsumme:

Fertige Erzeugnisse	620 400,00 EUR
Handelswaren	68 200,00 EUR
Grundstücke und Bauten	570 800,00 EUR
Forderungen aus Lieferungen und Leistungen	115 000,00 EUR
Verbindlungen aus Lieferungen und Leistungen	975 000,00 EUR
Technische Anlagen und Maschinen	1 700 400,00 EUR
Büroausstattung	75 150,00 EUR
Fuhrpark	82 200,00 EUR
Kassenbestand	17 000,00 EUR
Verbindlichkeiten gegenüber Kreditinstituten	1 810 000,00 EUR
Roh-, Hilfs- und Betriebsstoffe	490 500,00 EUR
Guthaben bei Kreditinstituten	48 400,00 EUR
Liefererdarlehen	97 700,00 EUR

2. Beurteilen Sie die Vermögens- und Kapitalstruktur des Plastikwerks Hübner e. Kfm.!

3.3 Zusammenhang zwischen Inventur, Inventar, Bilanz und Buchführung

Bevor die Bilanz auf den Zahlen der Buchführung erstellt werden kann, muss geprüft werden, ob die in der Buchführung ausgewiesenen Bestände **(Sollbestände)** mit den tatsächlich vorhandenen Beständen **(Istbestände)** übereinstimmen. Es könnten ja Unregelmäßigkeiten (z. B. Rechenfehler, Diebstahl) aufgetreten sein. Diese Sicherstellung erfolgt über die Inventur. Inventur, Inventar und Bilanz stehen **außerhalb der Buchführung.**

- Man unterscheidet **Inventurbestand (Istbestand)** und **Buchbestand (Sollbestand).**
- Der **Buchbestand** muss eventuell durch Korrekturbuchungen dem **Istbestand** entsprechend **angepasst werden.**

Liegen Abweichungen zwischen Soll- und Istbeständen vor, müssen die Gründe dafür aufgedeckt und entsprechende Korrekturen in der Buchführung vorgenommen werden, damit die Werte der Buchführung auch mit den tatsächlich vorhandenen übereinstimmen. Die Inventur – mit dem Inventar als Ergebnis – hat gegenüber der Buchführung eine **Kontrollfunktion.**

Die nachfolgende Grafik zeigt den Ablauf der Abstimmung zwischen Buchführung und Bilanz aufgrund der Inventur.

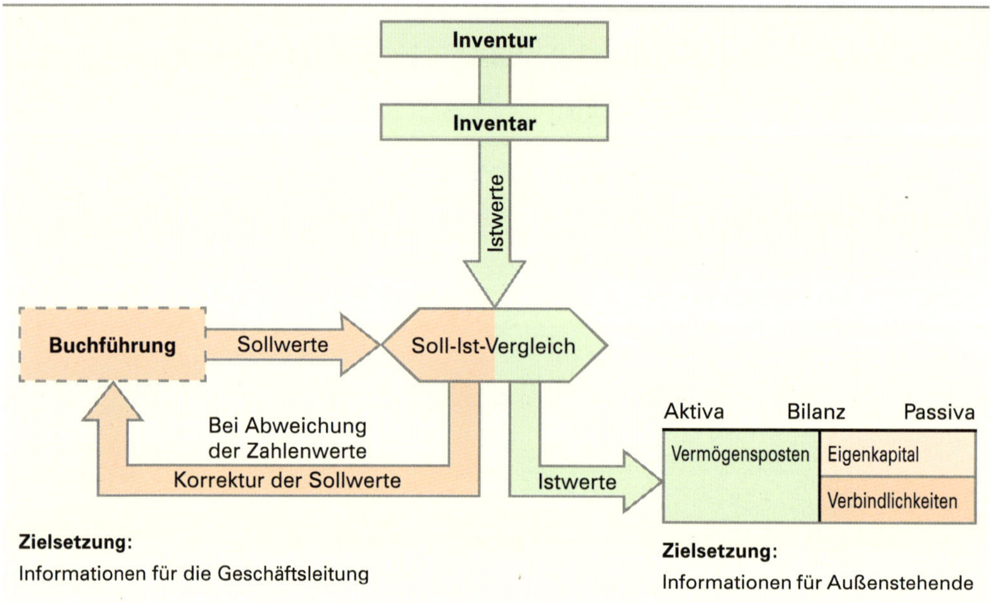

Kompetenztraining

4 Inventur, Bilanz, Buchführung (Stoffvertiefung)

1. Erläutern Sie zwei wichtige Unterscheidungsmerkmale zwischen Inventar und Bilanz!
2. Nennen Sie die beiden Hauptgruppen auf der Aktivseite der Bilanz!
3. 3.1 Erläutern Sie den Begriff Anlagevermögen!
   3.2 Nennen Sie drei Posten, die zum Anlagevermögen gehören!
4. 4.1 Erläutern Sie den Begriff Umlaufvermögen!
   4.2 Nennen Sie vier Posten, die zum Umlaufvermögen zählen!
5. Deuten Sie das Wort Bilanz!
6. Stellen Sie die Grundgleichung einer Bilanz auf!
7. Stellen Sie dar, wie das Eigenkapital rechnerisch zu ermitteln ist!
8. Erläutern Sie den Inhalt der beiden Bilanzseiten!
9. Erläutern Sie den Zusammenhang zwischen Buchführung, Inventar (Inventur) und Bilanz!

4 Bestandskonten eröffnen, in ihnen Geschäftsvorfälle buchen, Buchungssätze formulieren, die Auswirkungen der Geschäftsvorfälle auf die Bilanz interpretieren sowie eine Schlussbilanz erstellen

4.1 Wertveränderungen der Bilanzposten durch Geschäftsvorfälle (vier Grundfälle)

Die Bilanz erfasst die Vermögenswerte und die Schulden im Allgemeinen für den Schluss eines jeden Geschäftsjahres. Durch Gegenüberstellung der Werte am Schluss des laufenden Geschäftsjahres mit den Werten am Schluss des vorangegangenen Geschäftsjahres können dann die Wertveränderungen der einzelnen Bilanzposten festgestellt werden. Ursache für diese Wertveränderungen sind die **Geschäftsvorfälle.** Will man diese Wertveränderungen in der übersichtlichen Form einer Bilanz verfolgen, müssten Bilanzen in kürzeren Zeitabständen aufgestellt werden, aus theoretischer Sicht nach jedem Geschäftsvorfall. Dies ist zu umständlich. Daher werden die Veränderungen aufgrund der Geschäftsvorfälle außerhalb der Bilanz, in der Buchführung, festgehalten.

Im Folgenden wird diese unrealistische Sicht jedoch benutzt, um grundsätzlich die unterschiedlichen Auswirkungen der verschiedenen Geschäftsvorfälle auf die in der Bilanz dargestellten Vermögens- und Schuldenwerte darzustellen.

- Eine **Bilanz** gilt immer nur für einen ganz **bestimmten Zeitpunkt.**
- Die in der Bilanz dargestellten Werte werden durch jeden danach erfolgten **Geschäftsvorfall verändert.**
- **Geschäftsvorfälle** sind Vorgänge, die Veränderungen des Vermögens bzw. der Schulden auslösen.
- Die Veränderungen aufgrund der Geschäftsvorfälle werden in der **Buchführung** festgehalten.
- Die **Buchführung** erfasst planmäßig und lückenlos alle Geschäftsvorfälle eines Unternehmens innerhalb eines bestimmten Zeitabschnitts.

Beispiel:

Aktiva	**Ausgangsbilanz**		Passiva
Techn. Anlagen u. Maschinen	37000,00	Eigenkapital	42000,00
Roh-, Hilfs- u. Betriebsstoffe	2000,00	Verb. a. Lief. und Leistungen	16000,00
Fertige Erzeugnisse	3000,00		
Kassenbestand	4000,00		
Guthaben bei Kreditinstituten	12000,00		
	58000,00		58000,00

Anmerkung:

Wegen der geringen Anzahl von Bilanzposten wird auf die Gliederung in Anlagevermögen und Umlaufvermögen bzw. Eigenkapital und Verbindlichkeiten verzichtet.

Aufgabe:

Stellen Sie nach jedem Geschäftsvorfall die Bilanz neu auf, geben Sie an, in welche Richtung (+ oder –) sich die einzelnen Bilanzposten geändert haben und charakterisieren Sie jeweils die Bilanzveränderungen! Treffen Sie außerdem eine Aussage über die Bilanzsumme!

Lösung:

1. Geschäftsvorfall: Wir kaufen Rohstoffe gegen Barzahlung für 1 800,00 EUR.

Auswirkungen auf die Bilanz

Aktiva		**1. veränderte Bilanz**	Passiva
Techn. Anlagen u. Maschinen	37 000,00	Eigenkapital	42 000,00
Roh-, Hilfs- u. Betriebsstoffe	3 800,00	Verb. a. Lief. und Leistungen	16 000,00
Fertige Erzeugnisse	3 000,00		
Kassenbestand	2 200,00		
Guthaben bei Kreditinstituten	12 000,00		
	58 000,00		58 000,00

Roh-, Hilfs- u. Betriebsstoffe	(Aktivposten)	+	**AKTIVTAUSCH**
Kassenbestand	(Aktivposten)	–	**Die Bilanzsumme bleibt unverändert**

Erläuterungen:

Es werden zwei Aktivposten verändert. Der Aktivposten Roh-, Hilfs- u. Betriebsstoffe nimmt um 1 800,00 EUR zu, der Aktivposten Kassenbestand nimmt um den gleichen Betrag ab.

2. Geschäftsvorfall: Eine Verbindlichkeit aus Lieferungen und Leistungen von 5 000,00 EUR wird in ein Liefererdarlehen (Bilanzposten „Sonstige Verbindlichkeiten") umgewandelt.

Auswirkungen auf die Bilanz

Aktiva		**2. veränderte Bilanz**	Passiva
Techn. Anlagen u. Maschinen	37 000,00	Eigenkapital	42 000,00
Roh-, Hilfs- u. Betriebsstoffe	3 800,00	Verb. a. Lief. und Leistungen	11 000,00
Fertige Erzeugnisse	3 000,00	Sonstige Verbindlichkeiten	5 000,00
Kassenbestand	2 200,00		
Guthaben bei Kreditinstituten	12 000,00		
	58 000,00		58 000,00

Sonstige Verbindlichkeiten	(Passivposten)	+	**PASSIVTAUSCH**
Verb. a. Lief. und Leistungen	(Passivposten)	–	**Die Bilanzsumme bleibt unverändert**

Erläuterungen:

Die Veränderungen erfolgen auf der Passivseite. Der Passivposten Verbindlichkeiten aus Lieferungen und Leistungen nimmt um 5 000,00 EUR ab. In Höhe des gleichen Betrages kommt der neue Passivposten Sonstige Verbindlichkeiten hinzu.

3. Geschäftsvorfall: Eine Verbindlichkeit aus Lieferungen und Leistungen in Höhe von 3000,00 EUR wird durch eine Banküberweisung getilgt.

Auswirkungen auf die Bilanz

Aktiva — **3. veränderte Bilanz** — Passiva

Aktiva		Passiva	
Techn. Anlagen u. Maschinen	37 000,00	Eigenkapital	42 000,00
Roh-, Hilfs- u. Betriebsstoffe	3 800,00	Verb. a. Lief. und Leistungen	8 000,00
Fertige Erzeugnisse	3 000,00	Sonstige Verbindlichkeiten	5 000,00
Kassenbestand	2 200,00		
Guthaben bei Kreditinstituten	9 000,00		
	55 000,00		55 000,00

Verb. a. Lief. und Leistungen	(Passivposten)	–
Guth. bei Kreditinstituten	(Aktivposten)	–

AKTIV-PASSIVMINDERUNG
Die Bilanzsumme wird verringert

Erläuterungen:

Es werden ein Aktivposten und ein Passivposten berührt. Der Passivposten Verbindlichkeiten aus Lieferungen und Leistungen nimmt um 3 000,00 EUR ab, der Aktivposten Guthaben bei Kreditinstituten nimmt ebenfalls um den gleichen Betrag ab.

4. Geschäftsvorfall: Wir kaufen Betriebsstoffe auf Ziel (Kredit) für 6000,00 EUR.

Auswirkungen auf die Bilanz

Aktiva — **4. veränderte Bilanz** — Passiva

Aktiva		Passiva	
Techn. Anlagen u. Maschinen	37 000,00	Eigenkapital	42 000,00
Roh-, Hilfs- u. Betriebsstoffe	9 800,00	Verb. a. Lief. und Leistungen	14 000,00
Fertige Erzeugnisse	3 000,00	Sonstige Verbindlichkeiten	5 000,00
Kassenbestand	2 200,00		
Guthaben bei Kreditinstituten	9 000,00		
	61 000,00		61 000,00

Roh-, Hilfs- u. Betr.-Stoffe	(Aktivposten)	+
Verb. a. Lief. und Leistungen	(Passivposten)	+

AKTIV-PASSIVMEHRUNG
Die Bilanzsumme wird erhöht

Erläuterungen:

Es werden ein Aktivposten und ein Passivposten berührt. Der Aktivposten Roh-, Hilfs- und Betriebsstoffe nimmt um 6 000,00 EUR zu, der Passivposten Verbindlichkeiten aus Lieferungen und Leistungen nimmt ebenfalls um diesen Betrag zu.

Ein Blick auf das Eigenkapital zeigt, dass bei allen vier Geschäftsvorfällen das Eigenkapital unverändert bleibt. Es handelt sich um **erfolgsunwirksame (erfolgsneutrale) Geschäftsvorfälle.**

- Jeder Geschäftsvorfall verändert die Bilanz.
- Bezüglich der Auswirkungen von Geschäftsvorfällen auf die Bilanz sind nur vier Grundfälle denkbar:
  - **Aktivtausch:** Ein Aktivposten nimmt im gleichen Maße ab, wie ein anderer Aktivposten zunimmt. Die Bilanzsumme bleibt unverändert.

    Beispiel: Wir kaufen Rohstoffe gegen Barzahlung.
  - **Passivtausch:** Ein Passivposten nimmt im gleichen Maße ab, wie ein anderer Passivposten zunimmt. Die Bilanzsumme bleibt unverändert.

    Beispiel: Eine Verbindlichkeit aus Lieferungen und Leistungen wird in ein Liefererdarlehen umgewandelt.
  - **Aktiv-Passivminderung:** Auf der Aktiv- und der Passivseite nimmt jeweils ein Posten um den gleichen Wert ab. Die Bilanzsumme wird verringert.

    Beispiel: Wir zahlen eine Liefererrechnung durch Banküberweisung (wobei das Bankkonto ein Guthaben aufweist).
  - **Aktiv-Passivmehrung:** Auf der Aktiv- und der Passivseite nimmt jeweils ein Posten um den gleichen Wert zu. Die Bilanzsumme wird dadurch erhöht.

    Beispiel: Wir kaufen Betriebsstoffe auf Ziel (Kredit).
- Geschäftsvorfälle, die das **Eigenkapital nicht verändern,** nennt man **ergebnisunwirksame** (ergebnisneutrale) **Geschäftsvorfälle.**

Kompetenztraining

5 Veränderung der Bilanz durch Geschäftsvorfälle

I. Geschäftsvorfälle:

1.	Wir zahlen eine Lieferantenrechnung durch Banküberweisung	4500,00 EUR
2.	Wir kaufen einen Schreibtisch bar	1020,00 EUR
3.	Wir kaufen Hilfsstoffe bar	821,00 EUR
4.	Wir zahlen ein Liefererdarlehen durch Banküberweisung zurück	9500,00 EUR
5.	Ein Kunde zahlt einen Rechnungsbetrag durch Banküberweisung	1100,00 EUR
6.	Wir kaufen einen Laptop bar	845,00 EUR
7.	Wir heben von unserem Bankkonto bar ab und legen das Geld in die Geschäftskasse	3000,00 EUR
8.	Eine Verbindlichkeit aus Lieferungen und Leistungen wird in ein Liefererdarlehen umgewandelt	12000,00 EUR
9.	Wir zahlen auf unser Bankkonto bar ein	3400,00 EUR
10.	Verkauf eines nicht mehr benötigten Büroschrankes zum Buchwert gegen Bankscheck	250,00 EUR

II. Aufgaben:

1. Geben Sie bei den angegebenen Geschäftsvorfällen jeweils die Änderungen der Bilanzposten an!
2. Zeigen Sie auf, um welchen der vier Grundfälle es sich jeweils handelt!

Bearbeitungshinweis: Zur Lösung der Aufgabe verwenden Sie bitte das folgende Schema:

Nr.	Bilanzposten		Art des Grundfalles
1.	Verb. aus Lief. u. Leistungen Guthaben bei Kreditinstituten	– 4500,00 – 4500,00	Aktiv-Passivminderung

6 Beispiele für Geschäftsvorfälle, Grundfälle der Bilanzveränderung

1. Lesen Sie die nachfolgenden Aussagen zur Bilanz:
   - 1.1 Der Geschäftsvorfall führt zu einer Vermehrung des Vermögens und der Schulden.
   - 1.2 Der Geschäftsvorfall führt zu einer Vermehrung eines Vermögenspostens und gleichzeitig zu der Verminderung eines anderen Vermögenspostens.
   - 1.3 Der Geschäftsvorfall führt zu einer Verminderung des Vermögens und der Schulden.
   - 1.4 Der Geschäftsvorfall erhöht die Bilanzsumme.

   Aufgabe:
   Bilden Sie zu jeder angegebenen Aussage als Beispiel einen Geschäftsvorfall!

2. In einem Industriebetrieb weist die Bilanz folgende Veränderungen auf:

2.1	Kassenbestand	+	1400,00 EUR
	Forderungen aus Lieferungen und Leistungen	–	1400,00 EUR
2.2	Verbindlichkeiten gegenüber Kreditinstituten	–	5000,00 EUR
	Guthaben bei Kreditinstituten	–	5000,00 EUR
2.3	Verbindlichkeiten aus Lieferungen und Leistungen	–	10000,00 EUR
	Sonstige Verbindlichkeiten	+	10000,00 EUR
2.4	Roh-, Hilfs- u. Betriebsstoffe	+	4100,00 EUR
	Verbindlichkeiten aus Lieferungen und Leistungen	+	4100,00 EUR

Aufgabe:

Formulieren Sie jeweils den zugrunde liegenden Geschäftsvorfall und geben Sie an, um welche Art der Bilanzveränderung es sich handelt!

4.2 Bestandskonten

4.2.1 Von der Bilanz zu den Konten

Es ist nicht notwendig, nach jedem Geschäftsvorfall eine Bilanz neu zu erstellen, da die Wertveränderungen, die durch Geschäftsvorfälle hervorgerufen werden, auch **außerhalb der Bilanz** auf besonderen **Konten in der Buchführung** erfasst werden können. Man muss nur für jeden Vermögens- und Schuldposten – einschließlich für den Posten Eigenkapital – entsprechende Konten einrichten und den vorhandenen Anfangsbestand darauf vortragen.

Da auf diesen Konten Bestände und deren Veränderungen erfasst werden, nennt man diese Konten **Bestandskonten (Bilanzkonten).**

- In der **Buchführung** werden alle **Veränderungen der Bestände** auf Konten erfasst. Ursache für diese Veränderungen sind die **Geschäftsvorfälle.**
- In der Buchführung sind **Aktivkonten (Vermögenskonten)** und **Passivkonten (Schuldkonten)** zu führen. Zu den Schuldkonten gehört auch das **Eigenkapitalkonto.**
- Die **Aktiv- und Passivkonten** bilden die Gruppe der **Bestandskonten (Bilanzkonten).**

Beispiel:

Die Anfangsbestände zu Beginn der Geschäftsperiode sind in nachfolgender Eröffnungsbilanz zusammengefasst.

Aufgabe:

Richten Sie für die einzelnen Bilanzposten Konten ein und tragen Sie die Bilanzwerte als Anfangsbestände darauf vor!

Die **Anfangsbestände** bei den **Aktivkonten** werden **auf der Sollseite,** die **Anfangsbestände** bei den **Passivkonten** auf der **Habenseite** eingetragen. Zu beachten ist, dass die Bezeichnung der Bilanzposten nicht mit der Bezeichnung der Konten übereinstimmen muss und dass für bestimmte Bilanzposten auch mehrere Konten einzurichten sind.

Lösung:

Eröffnungsbilanz[1]

Aktiva		Passiva	
① Roh-, Hilfs- u. Betriebsstoffe[2]	25 000,00	Eigenkapital ①	32 000,00
② Ford. aus Lief. u. Leistungen	5 000,00	Verb. gegen. Kreditinstituten[5] ②	3 000,00
③ Kassenbestand[3]	2 500,00	Verb. aus Lief. u. Leistungen ③	5 000,00
④ Guthaben bei Kreditinstituten[4]	7 500,00		
	40 000,00		40 000,00

In unserer Buchführung haben wir

Aktivkonten

Soll	Rohstoffe	Haben
① AB	10 000,00	

Soll	Vorprodukte	Haben
① AB	4 000,00	

Soll	Hilfsstoffe	Haben
① AB	8 000,00	

Soll	Betriebsstoffe	Haben
① AB	3 000,00	

Soll	Ford. a. Lief. u. Leistungen	Haben
② AB	5 000,00	

Soll	Kasse	Haben
③ AB	2 500,00	

Soll	Bank	Haben
④ AB	7 500,00	

Passivkonten

Soll	Eigenkapital	Haben
	AB	32 000,00 ①

Soll	Langfr. Bankverbindlichkeiten	Haben
	AB	3 000,00 ②

Soll	Verb. a. Lief. u. Leistungen	Haben
	AB	5 000,00 ③

Bilanzkonten
(Bestandskonten)

Der **Anfangsbestand** steht bei den **Aktivkonten** im **Soll,** bei den **Passivkonten** im **Haben.**

1 Ausgangspunkt der Eröffnungsbilanz ist das durch die Inventur ermittelte Inventar.

2 Der Bilanzposten „Roh-, Hilfs- und Betriebsstoffe“ wird in die vier Konten „Rohstoffe“, „Vorprodukte“, „Hilfsstoffe“ und „Betriebsstoffe“ aufgegliedert. Zur Begriffsklärung siehe S. 36, Fußnote 1.

3 Für den Bilanzposten „Kassenbestand“ wird das Konto **Kasse** eingerichtet.

4 Für den Bilanzposten „Guthaben bei Kreditinstituten“ wird das Konto **Bank** eingerichtet.

5 Für den Bilanzposten „Verbindlichkeiten gegenüber Kreditinstituten“ ist nach der Fristigkeit der Verbindlichkeiten das Konto **„Langfristige Bankverbindlichkeiten“** oder **„Kurzfristige Bankverbindlichkeiten“** einzurichten.

4.2.2 Buchungen auf Aktivkonten (Vermögenskonten)

4.2.2.1 Einführung über das Konto Kasse

(1) Begriff Geschäftsvorfälle

In den Unternehmen fällt täglich eine Vielzahl von baren und unbaren Vorgängen an, die den Wert des Vermögens und/oder der Schulden verändern. Man bezeichnet sie als Geschäftsvorfälle.

Geschäftsvorfälle sind Vorgänge, die eine

- Veränderung der **Vermögenswerte** bzw. der **Schulden** auslösen,
- zu **Geldeinnahmen** oder **Geldausgaben** führen,
- und gegebenenfalls einen Werteverzehr **(Aufwand)** oder einen Wertezuwachs **(Ertrag)** darstellen.

(2) Erfassung von Geschäftsvorfällen am Beispiel des Kontos Kasse

- **Standpunkt für die Erfassung von Geschäftsvorfällen**

Ein Geschäftsvorfall kann immer von zwei Seiten aus betrachtet werden.

Beispiel:

Wir kaufen einen Laptop bar.

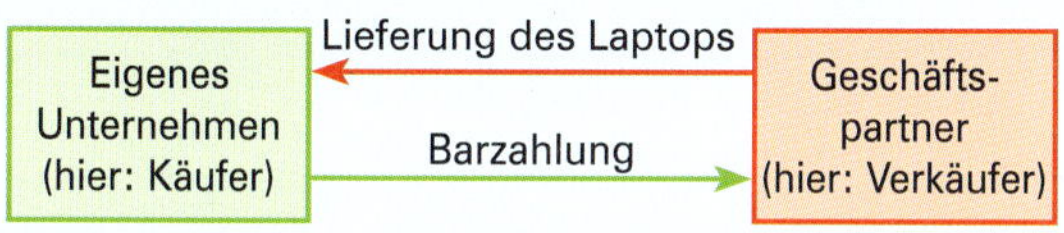

Auf der einen Seite haben wir den Käufer, auf der anderen Seite den Verkäufer. Es taucht daher die Frage auf, ob der Geschäftsvorfall aus Sicht des Käufers oder aus Sicht des Verkäufers erfasst werden soll.

Um keine Missverständnisse aufkommen zu lassen und um nicht ständig umdenken zu müssen, werden **alle Geschäftsvorfälle** nur von **einem Standpunkt** aus betrachtet und erfasst. Dabei versetzen wir uns in die Rolle eines Kaufmanns, der seine Bücher führt. Alle Geschäftsvorfälle sind als Ereignisse **unseres Betriebs** anzusehen. Wie der Geschäftsvorfall bei unserem Geschäftspartner zu buchen ist, interessiert uns daher aufgrund dieser Vereinbarung im Allgemeinen nicht.

Die Fälle, in denen der „Wir-Standpunkt" nicht ausdrücklich in die Formulierung aufgenommen ist, sind in gleicher Weise zu verstehen.

Beispiele:

Kauf von Rohstoffen bar →	d. h.	„**Wir** kaufen Rohstoffe bar."
Banküberweisung eines Kunden →	d. h.	„Der Kunde überweist **uns** einen Rechnungsbetrag."
Zahlung einer Liefererrechnung durch Banküberweisung →	d. h.	„**Wir** zahlen eine Liefererrechnung durch Banküberweisung."

Kassenbuch

Ausgangspunkt ist eine kleine Werkzeugfabrik, die neben dem Verkauf an Großkunden noch einen Werksverkauf für die Handwerker der Region gegen Barzahlung betreibt. Die täglichen Einzahlungen und Auszahlungen erfasst der Werksverkauf über ein Kassenbuch.

Im Kassenbuch werden alle Barvorgänge entsprechend der zeitlichen Reihenfolge aufgezeichnet. Damit kann jederzeit ein **rechnerischer (buchhalterischer) Kassenbestand (Soll-Kassenbestand)** ermittelt werden. Dieser Kassenbestand laut Kassenbuch muss dann mit dem **tatsächlichen Bargeldbestand in der Kasse (Ist-Kassenbestand)** übereinstimmen.

Beispiel für ein Kassenbuch:

Das Kassenbuch der Werkzeugfabrik Edgar Rohmer KG weist für den 13. Juni 20 . . folgende Daten aus:

Vorgang	Einzahlungen/Bestand in EUR	Auszahlungen in EUR
Kassenanfangsbestand	1 750,00	
Barverkauf an Fritz Müller	6 500,00	
Aushilfslohn bezahlt		620,00
Einlösung einer Nachnahme		1 480,00
Bareinzahlung vom Bankkonto	1 980,00	
Barverkauf Anton Beyer	1 460,00	
Kassenschlussbestand	9 590,00	

Die Eintragungen im Kassenbuch werden täglich an die Buchhaltung weitergeleitet und dort auf dem Konto gebucht.

Einführung des Kontos Kasse

Auf dem **Konto Kasse** werden grundsätzlich **zwei Vorgänge** erfasst: **Zahlungseingänge** und **Zahlungsausgänge.** Es bietet sich daher an, zwischen diesen beiden unterschiedlichen Tatbeständen, die es zu erfassen gilt, eine Trennungslinie zu ziehen. Zu diesem Zweck wird das Aufzeichnungsblatt in zwei Hälften unterteilt und vereinbart, dass die **Geldeingänge** auf der **linken Hälfte der Seite (Sollseite**[1]**)** und die **Geldausgänge** auf der **rechten Seite (Habenseite**[1]**)** erfasst werden. Diese Art der Erfassung der Geschäftsvorfälle nennt man **Kontoform.** Das Konto, auf dem die Kassenvorgänge festgehalten werden, bezeichnet man als **Konto Kasse.**

Beispiel:

Wir beziehen uns auf die obigen Angaben im Kassenbuch und buchen die Einzahlungen und Auszahlungen auf dem Kassenkonto.

1 Die Seitenbezeichnungen **„Soll"** und **„Haben"** hängen mit der Entwicklungsgeschichte der Buchführung zusammen. Es sind Restbestände aus der Führung der ersten Konten, bei denen es sich um Personenkonten handelte (Kunden **„sollen"** zahlen [Warenlieferungen] und sie **„haben"** gezahlt [Zahlungen]). Diese für **alle** Konten geltenden Seitenbezeichnungen können bei anderen Konten nicht mehr zum Konteninhalt in Beziehung gebracht werden.

Lösung:

Soll		Kasse	Haben
Anfangsbestand	1 750,00	Aushilfslohn	620,00
Fritz Müller	6 500,00	Nachnahme	1 480,00
Bank	1 980,00		
Anton Beyer	1 460,00		

Zur Feststellung des Schlussbestandes muss das Konto **abgeschlossen** werden. Den ermittelten Schlussbestand nennt man in der Sprache des Buchhalters **Saldo,** den Vorgang des Kontoabschlusses bezeichnet man als **Saldieren.**

Um **nach dem Abschluss** weitere Eintragungen vornehmen zu können, muss ein bereits abgeschlossenes Konto wieder **neu eröffnet** werden. Dabei wird der Wert des **Schlussbestands (Saldo)** beim Abschluss auf dem neu zu eröffnenden Konto als **Anfangsbestand (Saldovortrag)** übernommen.

Abschluss des Kontos:[1]

Soll		Kasse	Haben
Anfangsbestand	1 750,00	Aushilfslohn	620,00
Fritz Müller	6 500,00	Nachnahme	1 480,00
Bank	1 980,00	Schlussbestand (Saldo)	9 590,00
Anton Beyer	1 460,00		
	11 690,00		11 690,00

Schematische Darstellung

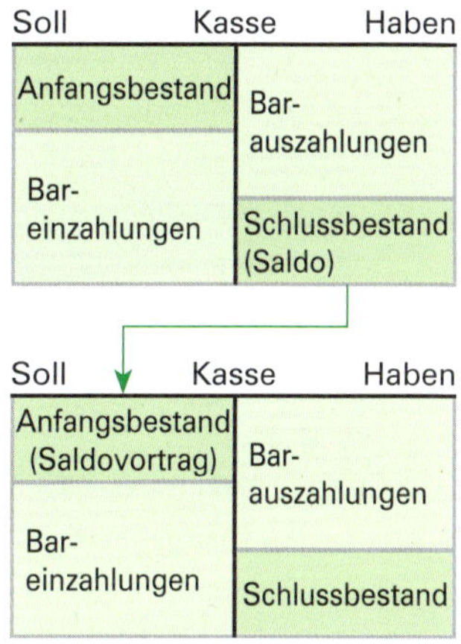

Neueröffnung des Kontos:

Soll		Kasse	Haben
Anfangsbestand (Saldovortrag)	9 590,00		

Erläuterungen:

Der ermittelte **Restbetrag (Saldo)** auf einem Konto heißt **Schlussbestand.** Dieser steht immer auf der wertmäßig kleineren Seite. Das ist bei einem Kassenkonto die Habenseite (niemand kann mehr Geld aus der Kasse entnehmen als vorher hineingelegt wurde).

Der **Anfangsbestand (Saldovortrag)** auf dem neu eröffneten Konto steht immer auf der entgegengesetzten Seite wie der Schlussbestand (Saldo). Da auf dem Kassenkonto der Schlussbestand auf der Habenseite steht, muss der Anfangsbestand auf der Sollseite erscheinen.

Der Abschluss eines Kontos vollzieht sich in fünf Schritten:

1. Schritt: Das Wort Schlussbestand (Saldo) wird auf der wertmäßig kleineren Seite eingetragen.
2. Schritt: Die wertmäßig größere Seite wird addiert.
3. Schritt: Die errechnete Summe wird auf die wertmäßig kleinere Seite übertragen.
4. Schritt: Der Schlussbestand (Saldo) wird ermittelt und zum Ausgleich der Seiten auf der wertmäßig kleineren Seite eingetragen.
5. Schritt: Die Abschlussstriche sind zu ziehen.

1 Auf die **Entwertung des freien Raums** beim Abschluss des Kontos durch die sogenannte „Buchhalternase" wird im Folgenden **verzichtet.** Dies entspricht der Vorgehensweise in der EDV-Buchhaltung.

3 Speth u.a. - ISBN 978-3-8120-0595-1

Kompetenztraining

7 Eröffnung und Abschluss eines Kassenkontos, Ableiten von Geschäftsvorfällen aus Belegen

1. Führen Sie das Konto **Kasse** und schließen Sie es nach Buchung der Geschäftsvorfälle ab!

   Bearbeitungshinweis: Denken Sie daran, dass alle Geschäftsvorfälle jeweils nur nach ihrer Auswirkung auf den Kassenbestand befragt werden müssen. Für die Beantwortung gibt es nur zwei Möglichkeiten: Entweder der Kassenbestand nimmt durch den Geschäftsvorfall zu oder er nimmt ab. Zugänge gehören bei der Kasse auf die Sollseite, Abgänge auf die Habenseite.

   I. Anfangsbestand:

   Die Kasse weist einen Anfangsbestand (Saldovortrag) von 2160,00 EUR aus.

   II. Geschäftsvorfälle:

   Es ereignen sich folgende Geschäftsvorfälle, die den Kassenbestand verändern:

1. Barverkauf von Waren	3070,00 EUR
2. Zeitungsinserat bar bezahlt	190,00 EUR
3. Kauf von Briefmarken	45,00 EUR
4. Barzahlung eines Kunden	910,00 EUR
5. Mietzahlung unseres Mieters bar	300,00 EUR
6. Barzahlung einer Lieferantenrechnung	1940,00 EUR
7. Barverkauf von Waren	180,00 EUR
8. Provisionszahlung bar	2700,00 EUR

2. Führen Sie das Konto **Kasse** und schließen Sie es nach Buchung der Geschäftsvorfälle ab!

   I. Anfangsbestand:

   Die Kasse weist einen Anfangsbestand von 2370,00 EUR aus.

   II. Geschäftsvorfälle:

   Es ereignen sich folgende Geschäftsvorfälle, die den Kassenbestand verändern:

1. Ein Kunde zahlt einen Rechnungsbetrag bar	350,00 EUR
2. Wir kaufen Waren bar ein	500,00 EUR
3. Wir heben vom Bankkonto ab und legen das Geld in die Geschäftskasse	1000,00 EUR
4. Wir zahlen die Aushilfslöhne bar	900,00 EUR
5. Wir kaufen Waren bar	850,00 EUR
6. Wir kaufen Büromaterial bar	78,00 EUR
7. Wir kaufen einen Bürostuhl bar	425,00 EUR
8. Wir zahlen auf unser Bankkonto bar ein	400,00 EUR

3. 3.1 Führen Sie aufgrund der folgenden Belege für die Beauty GmbH das Konto Kasse!

   3.2 Formulieren Sie die Geschäftsvorfälle, die diesen Belegen zugrunde liegen!

   3.3 Schließen Sie das Kassenkonto nach Buchung der Geschäftsvorfälle ab! Die Kasse weist einen Anfangsbestand von 11810,25 EUR aus.

Beleg 1

AUTOHAUS
WERNER OHG

Autohaus Werner OHG · Dieselstraße 14 · 73431 Aalen

Beauty GmbH
Pfauenstr. 10
73434 Aalen

Betriebs-Nr. 13625305
Auftrags-Nr.
Kunden-Nr.
Abn.-Gr.
Telefon
07361 52566-6837
Telefax
07361 65356
VR-Bank Aalen eG
BIC: GENODES1AAV
IBAN: DE98614901500000431801

Amtl. Kennzeichen	Typ/Modell	Fahrzeug-Ident-Nr.	Zulassungstag	Anmeldung	km-Stand	KD-Meister
AA-MI 720	4A2084	WAUZZZ4AZRN042867	16. 10. 20 ..	–	32375	Neubarth

Lieferdatum: 18. 03. 20 . .
Rechnungsdatum: 18. 03. 20 . .

Barverkauf Nr. 11471

Gemäß unserer Lieferbedingungen erhielten Sie folgendes Gebrauchtfahrzeug

Golf Trendline 1,2 TSI, „Königsblau" 9 744,00 EUR

Mit freundlichen Grüßen

Betrag dankend erhalten
i. A. Meyer

Autohaus Werner OHG

Sitz der Unternehmung: Aalen Registergericht: Aalen; HRA 1718 Steuer-Nr. 73501/09931

Beleg 2

DEUTSCHE POST AG
73430 AALEN
1313-0108 0037 18. MÄRZ 20..

*130,00 EUR

POSTWERTZEICHEN

Beleg 3

Nessensohn Werkverkauf GmbH
Tulpenstraße 51
Aalen

Beauty GmbH
Pfauenstr. 10
73434 Aalen

278.000

Datum 18. März 20 ..	EUR	Cent
Lagerregal	150,	00
Schreibtisch	128,	00
	278,	00

Eingeräumter Sonderrabatt wegen Räumungsverkauf 25 %

Zu reduzierten Preisen kein Umtausch möglich!

6 - 003677

W. Kohlhammer Druckerei GmbH + Co. Stuttgart, Abt. Kassenblock

Beleg 4

Quittung

EUR
Betrag 120,64
Inclusive % MwSt./Betrag

Nr.

Betrag in Worten einhundertzwanzig----------------

von Beauty GmbH

für Zulassungskosten für AA-MI 720

dankend erhalten

Datum/Ort 18. März 20..

Buchungsvermerke

Stempel/Unterschrift des Empfängers
Autohaus Werner OHG
Dieselstr. 14
73431 Aalen
i. A. Kupfer

Beleg 5

RAN-STATION
Konrad Wessle

* 57,41 Liter SÄULENR 3*
Super Blfr. A 67,11 EUR

TOTAL 67,11 EUR

#31366 18.03.20..18:57 B01 K.0001
Der Verkauf von Kraft- und
Schmierstoffen erfolgt im
Namen und für Rechnung der
Westfalentank GmbH & Co.KG,
Im Wasen 4, 59555 Lippstadt
StNr.Kraftst.: 121/174/54108
StNr.Shopware: 91389/17030
Vielen Dank für Ihren Einkauf
und gute Fahrt!

4.2.2.2 Begriffsklärungen, Buchungsregeln und die einseitige Buchung auf Aktivkonten (Vermögenskonten)

(1) Begriff Aktivkonten

- **Aktivkonten** sind alle Konten, die sich auf der **Aktivseite** der Bilanz befinden. Sie repräsentieren das **Vermögen** der Unternehmung.
- Aktivkonten sind **Bestandskonten.**

Neben der Kasse zählen zum Vermögen z. B. eines Industriebetriebs Grundstücke, Gebäude, Betriebs- und Geschäftsausstattung, Maschinen, Fuhrpark, Roh-, Hilfs- und Betriebsstoffe,[1] Handelswaren,[2] Bankguthaben.

(2) Buchungsregeln für die Buchungen auf den Aktivkonten

Auf den **Aktivkonten** werden

- der **Anfangsbestand** und die **Zugänge** auf der **Sollseite,**
- die **Abgänge** und der **Schlussbestand** (SB) auf der **Habenseite**

gebucht.

Soll | Aktivkonten | Haben

Soll	Haben
Anfangsbestand (AB)	Abgänge
Zugänge	Schlussbestand (SB)

(3) Einseitige Buchungen

Bei den folgenden Aufgaben sollen die Auswirkungen von Geschäftsvorfällen zunächst nur im Hinblick auf **ein Konto** betrachtet werden. Dieses Konto soll jeweils ein **Aktivkonto** sein. Auf diese Weise werden die Auswirkungen eines Geschäftsvorfalles zunächst nur **einseitig beurteilt,** nämlich im Hinblick auf das vorgegebene Vermögenskonto.

Kompetenztraining

8 Buchen auf Aktivkonten, Abschluss der Aktivkonten

a) Führen Sie das **Bankkonto** und schließen Sie es nach Buchung der Geschäftsvorfälle ab!

Anfangsbestand (Guthaben)	2 500,00 EUR
1. Wir überweisen an einen Lieferanten	280,00 EUR

1 – **Rohstoffe** werden nach der Bearbeitung oder Verarbeitung wesentliche Bestandteile der Fertigerzeugnisse, z. B. Eisen und Stahl im Maschinenbau; Wolle und Baumwolle in der Textilindustrie.
– **Hilfsstoffe** sind Stoffe, die bei der Bearbeitung verbraucht werden, um das Erzeugnis herzustellen, die aber nicht als wesentliche Bestandteile der Fertigerzeugnisse zu betrachten sind, z. B. Farben in der Tapetenherstellung oder Lacke, Schrauben, Muttern, Nieten in der Automobilindustrie.
– **Betriebsstoffe** dienen dazu, die Maschinen zu „betreiben", z. B. Schmierstoffe, Kühlmittel, Reinigungsmittel. Sie gehen nicht in das fertige Produkt ein.

2 Es handelt sich um **fertige** Waren (sogenannte **Handelswaren**), die der Industriebetrieb einkauft und unverändert weiterverkauft, z. B. eine Möbelfabrik kauft Bilder, Wäsche und Teppiche ein, die sie an interessierte Kunden weiterverkauft.

2.	Wir heben Bargeld vom Bankkonto ab und legen das Geld in die Geschäftskasse	350,00 EUR
3.	Ein Kunde überweist einen Rechnungsbetrag auf unser Bankkonto	420,00 EUR
4.	Wir begleichen betriebliche Steuern durch Banküberweisung	750,00 EUR
5.	Ein Kunde zahlt einen Rechnungsbetrag durch Banküberweisung	365,00 EUR

b) Führen Sie die folgenden Aktivkonten und stellen Sie jeweils durch Abschluss der Konten den Schlussbestand fest!

Forderungen aus Lieferungen und Leistungen

Anfangsbestand		4150,00 EUR
1.	Ein Kunde zahlt einen Rechnungsbetrag bar	2000,00 EUR
2.	Ein Kunde überweist einen Rechnungsbetrag auf unser Bankkonto	1500,00 EUR

Betriebs- und Geschäftsausstattung[1]

Anfangsbestand		3750,00 EUR
3.	Wir kaufen einen Laptop bar	1350,00 EUR
4.	Wir verkaufen einen gebrauchten Drucker bar zum Buchwert	50,00 EUR

Bank[2]

Anfangsbestand		5150,00 EUR
5.	Wir heben Bargeld vom Bankkonto ab und legen das Geld in die Geschäftskasse	1200,00 EUR
6.	Ein Kunde überweist einen Rechnungsbetrag auf unser Bankkonto	1500,00 EUR

Kasse

Anfangsbestand		560,00 EUR
7.	Ein Kunde zahlt einen Rechnungsbetrag bar	2000,00 EUR
8.	Wir heben Bargeld vom Bankkonto ab und legen das Geld in die Geschäftskasse	1200,00 EUR
9.	Wir kaufen einen Laptop bar	1350,00 EUR
10.	Wir verkaufen einen gebrauchten Drucker bar zum Buchwert	50,00 EUR

4.2.2.3 Überleitung zum System der doppelten Buchführung

(1) Erfassung der doppelseitigen Auswirkungen von Geschäftsvorfällen mithilfe eines Überlegungsschemas

Anstatt die Auswirkungen eines Geschäftsvorfalles nur einseitig von einem bestimmten Konto ausgehend zu betrachten, wird jetzt der Geschäftsvorfall in seinen gesamten Auswirkungen untersucht. Das führt zu einem anderen Ausgangspunkt in der Betrachtungsweise und daher auch zu einer anderen Fragestellung. Es wird nicht mehr ein bestimmtes Konto zum Ausgangspunkt der Betrachtung genommen, sondern der Geschäftsvorfall selbst.

1 Bis zur Einführung des Kontenrahmens verwenden wir dieses Sammelkonto für alle Büro- und Betriebseinrichtungsgegenstände.

2 In diesem Schulbuch gehen wir davon aus, dass das Bankkonto immer ein Guthaben aufweist.

Es wird nicht mehr gefragt: Wie wird dieses Konto durch einen bestimmten Geschäftsvorfall verändert, sondern jetzt wird gefragt:

- Welche Konten werden durch diesen Geschäftsvorfall verändert und erst danach:
- Wie verändert sich jeweils der Bestand auf den Konten?

Beispiel:

Geschäftsvorfall: Ein Kunde zahlt bar 2000,00 EUR.

Konto Kasse → Bestand nimmt zu → daher → Sollseite

Konto Forderungen a. Lief. u. Leist. → Bestand nimmt ab → daher → Habenseite

Um die Auswirkungen mehrerer Geschäftsvorfälle übersichtlich darstellen zu können, wird folgendes **Überlegungsschema** zugrunde gelegt:

Nr.	Geschäftsvorfall	I. Welche Konten werden berührt?	II. Wie verändert sich jeweils der Bestand auf den Konten?	III. Auf welcher Kontoseite ist jeweils zu buchen? Soll	Haben
1.	Ein Kunde zahlt einen Rechnungsbetrag bar 2000,00 EUR.	Kasse → Ford.a.Lief.u.Leist. →	Zugang → Abgang →	2000,00	 2000,00

Kompetenztraining

Stellen Sie anhand des Überlegungsschemas fest, welche Konten durch die folgenden Geschäftsvorfälle berührt werden, welche Veränderung sich auf dem jeweiligen Konto ergibt und auf welcher Seite jeweils zu buchen ist!

9 Buchen von Aktivkonten im Überlegungsschema

1.	Ein Kunde zahlt einen Rechnungsbetrag bar	350,00 EUR
2.	Wir kaufen Büroschränke gegen Banküberweisung	1250,00 EUR
3.	Wir verkaufen einen gebrauchten Schreibtisch bar zum Buchwert	150,00 EUR
4.	Ein Kunde bezahlt einen Rechnungsbetrag mit Bankscheck	720,00 EUR
5.	Wir heben Bargeld vom Bankkonto ab und legen das Geld in die Geschäftskasse	900,00 EUR
6.	Wir kaufen eine kleine EDV-Anlage gegen Bankscheck	4310,00 EUR
7.	Wir verkaufen einen nicht mehr benötigten Büroschrank gegen Bankscheck zum Buchwert	680,00 EUR
8.	Wir kaufen einen gebrauchten Kombi gegen Barzahlung	7500,00 EUR
9.	Kundenüberweisung lt. Bankauszug	910,00 EUR

(2) Buchung von Geschäftsvorfällen im System der doppelten Buchführung

Um die Vorteile der neuen Sichtweise, bei der als Ausgangspunkt nicht ein bestimmtes Konto, sondern der Geschäftsvorfall gewählt wird, besser verstehen zu können, wird auf die Aufgabe 8b) auf der S. 37 zurückgegriffen. Bei der alten Sichtweise, bei der von einem bestimmten Konto ausgegangen wurde, musste jeder Geschäftsvorfall zweimal erfasst werden, da jeder Geschäftsvorfall zwei Konten berührt (vgl. in Aufgabe 8b) z.B. Nr. 1 und Nr. 7, Nr. 2 und Nr. 6 usw.). Bei der neuen Vorgehensweise, bei der der Geschäftsvorfall als Ausgangspunkt der Bearbeitung gewählt wird, kommt man bei der gleichen Aufgabe mit der Hälfte der Geschäftsvorfälle zu den gleichen Ergebnissen auf den Konten.

Beispiel mit Lösung (Rückgriff auf Aufgabe 8b):

I. Anfangsbestände:

Forderungen aus Lieferungen und Leistungen 4150,00 EUR; Betriebs- und Geschäftsausstattung 3750,00 EUR; Bank 5150,00 EUR; Kasse 560,00 EUR.

II. Aufgaben:

1. Stellen Sie mithilfe des eingeführten Überlegungsschemas jeweils fest, wie sich die folgenden Geschäftsvorfälle auf die Kontobestände auswirken!
2. Übertragen Sie die Ergebnisse auf die Konten und ermitteln Sie den Schlussbestand!

Lösungen:

Zu 1.: Feststellung der Auswirkungen der Geschäftsvorfälle mithilfe des eingeführten Überlegungsschemas

Nr.	III. Geschäftsvorfälle	I. Welche Konten werden berührt?	II. Wie verändert sich jeweils der Bestand auf den Konten?	III. Auf welcher Kontoseite ist zu buchen?	
				Soll	Haben
1.	Ein Kunde zahlt einen Rechnungsbetrag bar 2000,00 EUR	Kasse Ford. a.L.u.L.	Zugang[1] Abgang[1]	2000,00	 2000,00
2.	Ein Kunde überweist einen Rechnungsbetrag auf unser Bankkonto 1500,00 EUR	Bank Ford. a.L.u.L.	Zugang Abgang	1500,00	 1500,00
3.	Wir kaufen einen Laptop bar 1350,00 EUR	Betr.- u. G.-Ausst. Kasse	Zugang Abgang	1350,00	 1350,00
4.	Wir verkaufen einen gebrauchten Drucker bar zum Buchwert 50,00 EUR	Kasse Betr.- u. G.-Ausst.	Zugang Abgang	50,00	 50,00
5.	Wir heben vom Bankkonto bar ab und legen das Geld in die Geschäftskasse 1200,00 EUR	Kasse Bank	Zugang Abgang	1200,00	 1200,00

1 **Hinweis:** Die scheinbare Gesetzmäßigkeit in Spalte II (Zugang einerseits, Abgang andererseits) haben wir bewusst nicht angesprochen. Dieses Wechselspiel gilt nur im Bereich der Aktivkonten. Nach Einbeziehung der Schuldkonten (Passivkonten) werden wir sehen, dass durchaus auf beiden Konten ein Zugang bzw. Abgang möglich ist, ohne dass dabei das aus Spalte III ableitbare Grundprinzip des Systems der doppelten Buchführung (Sollbuchung entspricht der Habenbuchung) durchbrochen wird.

Zu 2.: Übertragung der festgestellten Auswirkungen auf die Konten und Abschluss der Konten

Soll — Forderungen a. Lief. u. Leist. — Haben

Soll		Haben	
AB	4150,00	Kasse	2000,00
		Bank	1500,00
		SB	650,00
	4150,00		4150,00

Soll — Betriebs- u. Geschäftsausst. — Haben

Soll		Haben	
AB	3750,00	Kasse	50,00
Kasse	1350,00	SB	5050,00
	5100,00		5100,00

Soll — Kasse — Haben

Soll		Haben	
AB	560,00	BGA	1350,00
Ford. a. L. u. L.	2000,00	SB	2460,00
BGA	50,00		
Bank	1200,00		
	3810,00		3810,00

Soll — Bank — Haben

Soll		Haben	
AB	5150,00	Kasse	1200,00
Ford. a. L. u. L.	1500,00	SB	5450,00
	6650,00		6650,00

Erläuterungen zu den Buchungen auf den Konten:

- Die erforderlichen Buchungen auf den Konten sind jeweils aus dem Überlegungsschema abzulesen. Bei dem Geschäftsvorfall Nr. 1 ist z. B. ablesbar, dass auf dem Kassenkonto auf der Sollseite 2000,00 EUR einzutragen sind und auf dem Konto Forderungen aus Lieferungen und Leistungen ebenfalls 2000,00 EUR, allerdings auf der Habenseite.
- Um feststellen zu können, wie es zu diesem Betrag auf dem betreffenden Konto gekommen ist, trägt man in Höhe des gebuchten Betrages jeweils das andere Konto (das sogenannte Gegenkonto) ein. Aus praktischen Gründen (Platzmangel, Zeit) kann der Kontoname abgekürzt werden.

- Jeder Geschäftsvorfall wird **doppelt gebucht** und berührt (mindestens) **zwei Konten.**
- Bei jedem Geschäftsvorfall wird der Betrag auf einem Konto auf der **Sollseite** und auf einem anderen Konto auf der **Habenseite** gebucht.
- Für jeden Geschäftsvorfall gilt: **gebuchter Sollbetrag ≙ gebuchter Habenbetrag.** Das ist das **Grundprinzip des Systems der doppelten Buchführung.**[1]

Kompetenztraining

10 Buchen auf Aktivkonten und Abschluss der Aktivkonten

I. Anfangsbestände:

Grundstücke und Bauten[2] 420000,00 EUR; Betriebs- und Geschäftsausstattung 20000,00 EUR; Forderungen aus Lieferungen und Leistungen 16450,00 EUR; Kasse 3500,00 EUR; Bank 9100,00 EUR.

II. Geschäftsvorfälle:

1.	Wir kaufen ein Kopiergerät bar	3000,00 EUR
2.	Wir heben vom Bankkonto ab und legen das Geld in die Geschäftskasse	2500,00 EUR

1 Das System der doppelten Buchführung war bereits im Mittelalter bekannt. Es ist von dem Grundgedanken her so genial, dass es sich bis in unsere heutigen Tage bewährt hat.

2 Bis zur Einführung des Kontenrahmens wird der Wert der Grundstücke und Bauten nicht aufgeteilt und der angegebene Anfangsbestand daher auf dem gleichlautenden Konto erfasst.

3.	Wir kaufen einen Aktenschrank und zahlen mit Bankscheck	1 750,00 EUR
4.	Ein Kunde überweist einen Rechnungsbetrag auf unser Bankkonto	2 000,00 EUR
5.	Wir kaufen Schreibtische gegen Banküberweisung	2 000,00 EUR
6.	Ein nicht mehr benötigtes Notebook wird zum Buchwert bar verkauft	250,00 EUR

III. Aufgaben:

1. Richten Sie für die angegebenen Anfangsbestände die Konten ein und tragen Sie die Anfangsbestände vor!
2. Erfassen Sie die Veränderungen durch die Geschäftsvorfälle zunächst in dem eingeführten Überlegungsschema und übertragen Sie diese unter Angabe des entsprechenden Gegenkontos anschließend auf die Konten!
3. Schließen Sie die Konten ordnungsmäßig ab!

11 Buchen auf Aktivkonten und Abschluss der Aktivkonten

I. Anfangsbestände:

Betriebs- und Geschäftsausstattung 12 400,00 EUR; Forderungen aus Lieferungen und Leistungen 10 400,00 EUR; Kasse 1 700,00 EUR; Bank 4 200,00 EUR.

II. Geschäftsvorfälle:

1.	Wir kaufen eine Werkbank gegen Banküberweisung	1 400,00 EUR
2.	Ein Kunde zahlt den Rechnungsbetrag bar	2 200,00 EUR
3.	Wir kaufen einen Aktenvernichter gegen Bankscheck	460,00 EUR
4.	Wir heben vom Bankkonto ab und legen das Geld in die Geschäftskasse	900,00 EUR
5.	Ein Kunde zahlt den Rechnungsbetrag durch Überweisung auf das Bankkonto	1 050,00 EUR
6.	Wir verkaufen ein gebrauchtes Lagerregal zum Buchwert bar	400,00 EUR

III. Aufgaben:

1. Richten Sie für die angegebenen Anfangsbestände die Konten ein und tragen Sie die Anfangsbestände vor!
2. Erfassen Sie die Veränderungen durch die Geschäftsvorfälle zunächst in dem eingeführten Überlegungsschema und übertragen Sie diese anschließend unter Angabe des entsprechenden Gegenkontos auf die Konten!
3. Schließen Sie die Konten ordnungsmäßig ab!

4.2.3 Buchungen auf Passivkonten (Schuldkonten)

- **Passivkonten** sind alle Konten, die sich auf der **Passivseite der Bilanz** befinden. Sie repräsentieren das **Kapital** (Eigen- und Fremdkapital) der Unternehmung.
- Passivkonten sind **Bestandskonten.**

Der gegensätzliche Charakter von Vermögen und Schulden führt zwangsläufig dazu, dass auf den Passivkonten **anders** zu buchen ist als auf den Aktivkonten. Auf einem Konto, das durch die zweiseitige Verrechnungsmöglichkeit charakterisiert ist (Soll- oder Habenseite), kann das Wort „anders" nur bedeuten: „auf der **anderen Kontoseite**". Das führt zu der Konsequenz, dass auf den **Passivkonten** der **Anfangsbestand** und die **Zugänge** auf der **Habenseite,** die **Abgänge** und der **Schlussbestand** auf der **Sollseite** zu buchen sind.

Buchungsregeln:

Auf den **Passivkonten** werden

- der **Anfangsbestand** und die **Zugänge** auf der **Habenseite,**
- die **Abgänge** und der **Schlussbestand** (SB) auf der **Sollseite.**

gebucht.

Soll	Passivkonto Haben
Abgänge	Anfangsbestand
Schlussbestand (SB)	Zugänge

Beispiel:

Wir kaufen bei der Karl Sende OHG Büromöbel auf Ziel (Zahlung später) für 5 000,00 EUR.

Aufgabe:

Buchen Sie den Geschäftsvorfall auf den entsprechenden Konten!

Lösung:

Der Geschäftsvorfall besagt, dass wir bei der Karl Sende OHG Waren einkaufen und zunächst Verbindlichkeiten eingehen, weil wir die Rechnung nicht unverzüglich zahlen. Die Karl Sende OHG ist unser Lieferant. Verbindlichkeiten bei Lieferanten werden auf dem Passivkonto „Verbindlichkeiten aus Lieferungen und Leistungen" gebucht.

Der Geschäftsvorfall berührt die beiden Konten **Betriebs- und Geschäftsausstattung** und **Verbindlichkeiten aus Lieferungen und Leistungen**.

Betrachtungspunkt: Konto Betriebs- u. Geschäftsausstattung	Betrachtungspunkt: Konto Verbindlichkeiten aus Lieferungen und Leistungen
Durch den Kauf der Büromöbel nimmt der Bestand auf dem Konto Betriebs- und Geschäftsausstattung **zu.** Das Konto Betriebs- und Geschäftsausstattung ist ein Aktivkonto. Der **Zugang** auf einem **Aktivkonto** wird auf der **Sollseite** erfasst.	Durch den Einkauf der Büromöbel auf Ziel nehmen die Verbindlichkeiten aus Lieferungen und Leistungen **zu.** Das Konto Verbindlichkeiten aus Lieferungen und Leistungen ist ein Passivkonto. Der **Zugang** bei **Passivkonten** wird auf der **Habenseite** erfasst.

Soll	Betr.- u. Geschäftsausstattung	Haben
Verb. a. L. u. L.	5 000,00	

Soll	Verbindlichkeiten a. Lief. u. Leist.	Haben
	BuG.-Ausst.	5 000,00

Erläuterungen:

Es ist festzustellen, dass auf beiden Konten ein Zugang zu verzeichnen ist. Damit wird klargestellt, dass das Prinzip der doppelten Buchführung nicht in einem Wechsel von Zugang und Abgang besteht. Das ist, wie dieser Fall zeigt, eben nicht so. Dagegen bleibt das Grundprinzip der doppelten Buchführung (Sollbuchung auf dem einen Konto, Habenbuchung auf dem anderen Konto) selbstverständlich erhalten. Um nachvollziehen zu können, wie es jeweils zu dem Betrag auf dem Konto gekommen ist, wird vor dem Betrag jeweils das andere Konto (Gegenkonto) eingetragen.

Kompetenztraining

12 Buchen auf Aktiv- und Passivkonten

Stellen Sie mithilfe des unten vorgegebenen Überlegungsschemas dar, wie die nachfolgenden Geschäftsvorfälle zu buchen sind!

1.	Wir kaufen ein Notebook auf Ziel	340,00 EUR
2.	Wir bezahlen eine bereits gebuchte Liefererrechnung mit Bankscheck[1]	1210,00 EUR
3.	Wir kaufen ein Lagerregal auf Ziel	980,00 EUR
4.	Wir tilgen einen Teil des Bankdarlehens durch Banküberweisung[2]	600,00 EUR
5.	Ein Kunde zahlt einen Rechnungsbetrag bar[1]	55,00 EUR
6.	Kauf eines Laptops auf Ziel	3980,00 EUR
7.	Zielkauf eines Bürosessel für das Chefbüro	1720,00 EUR
8.	Kauf eines Büroschrankes auf Ziel	598,00 EUR

Bearbeitungshinweis:

Um Fehler zu vermeiden, verwenden Sie bitte das nachfolgende **Überlegungsschema.** Da man es jetzt mit zwei unterschiedlichen Kontoarten zu tun hat, muss man das bereits auf S. 38 eingeführte Überlegungsschema um eine Spalte erweitern.

Nr.	Geschäftsvorfälle	I. Welche Konten werden berührt?	II. Um welche Kontoart handelt es sich?	III. Wie verändert sich jeweils der Bestand auf den Konten?	IV. Auf welcher Kontoseite ist jeweils zu buchen? Soll	Haben
1.	Wir kaufen ein Notebook auf Ziel für 340,00 EUR	Betr.- u. G.-Ausst. Verb. a. Lief. u. Leist.	Aktivkonto Passivkonto	Zugang Zugang	340,00	 340,00

13 Buchen auf Aktiv- und Passivkonten

Stellen Sie mithilfe des Überlegungsschemas dar, wie die nachfolgenden Geschäftsvorfälle zu buchen sind!

1.	Barverkauf einer nicht mehr benötigten Maschine zum Buchwert von	450,00 EUR
2.	Ein Kunde überweist einen Rechnungsbetrag auf unser Bankkonto	3470,00 EUR
3.	Einkauf von Büroschränken auf Ziel	1760,00 EUR
4.	Rücksendung eines bereits bei uns gebuchten Büroschranks an den Lieferer im Wert von	500,00 EUR
5.	Zahlung einer Liefererrechnung durch Banküberweisung	2543,00 EUR
6.	Barabhebung vom Bankkonto zur Auffüllung der Geschäftskasse	2000,00 EUR
7.	Barkauf eines Schreibtisches für das Chefbüro	1780,00 EUR

1 Bei Zahlungen an Lieferanten bzw. Zahlungseingängen von Kunden ist stets davon auszugehen, dass die entsprechenden Eingangs- bzw. Ausgangsrechnungen bereits gebucht wurden, auch wenn nicht ausdrücklich darauf hingewiesen wird.

2 **Buchungshinweis:**
- Langfristige Bankschulden: Konto: **Langfristige Bankverbindlichkeiten**
- Kurzfristige Bankschulden: Konto: **Kurzfristige Bankverbindlichkeiten.**

Wird aus der Aufgabenstellung nicht erkennbar, ob es sich um langfristige oder kurzfristige Bankverbindlichkeiten handelt, wird auf dem Gruppenkonto: **Verbindlichkeiten gegenüber Kreditinstituten** gebucht.

8.	Ein Geschäftsfahrzeug wird zum Buchwert gegen Barzahlung verkauft	8000,00 EUR
9.	Ein Geschäftsfahrzeug wird zum Buchwert von gegen Barzahlung verkauft	4500,00 EUR
10.	Bareinzahlung auf das Bankkonto	4200,00 EUR
11.	Ein Kunde zahlt eine Rechnung durch Banküberweisung	430,00 EUR
12.	Kundenüberweisung lt. Bankauszug	7 070,00 EUR
13.	Wir richten bei einer Bank ein Konto ein und zahlen darauf bar ein	800,00 EUR
14.	Die Forderung gegenüber einem Kunden beträgt nur 7000,00 EUR (vgl. Fall 12). Wir zahlen daher dem Kunden den von ihm irrtümlich zu viel gezahlten Betrag durch Bankscheck zurück.	70,00 EUR
15.	Wir vereinbaren mit einem Lieferer, dass die (kurzfristige) Verbindlichkeit aus Lieferungen und Leistungen in Höhe von 19450,00 EUR in ein langfristiges Darlehen (Konto: Sonstige Verbindlichkeiten) umgewandelt wird.	
16.	Wir zahlen die erste Tilgungsrate für das Liefererdarlehen durch Banküberweisung	500,00 EUR

14 Buchen auf Aktiv- und Passivkonten

Buchen Sie mithilfe des Überlegungsschemas die nachfolgenden Geschäftsvorfälle für die Dürener Metallwerke AG!

1.	Ein Kunde begleicht eine Rechnung bar	14950,00 EUR
2.	Einkauf einer Maschine gegen Bankscheck	21748,00 EUR
3.	Zahlung der Liefererrechnung durch Banküberweisung	14950,00 EUR
4.	Banküberweisung zur Tilgung eines Bankdarlehens	7000,00 EUR
5.	Barverkauf einer nicht mehr benötigten Maschine zum Buchwert von	1745,00 EUR
6.	Bareinzahlung auf unser Bankkonto	10800,00 EUR
7.	Ein Kunde begleicht eine Rechnung durch Banküberweisung	14500,00 EUR
8.	Barkauf eines Notebooks	920,00 EUR
9.	Aufnahme eines Darlehens bei der Bank in Höhe von Der Betrag wird uns von der Bank auf dem Kontokorrentkonto zur Verfügung gestellt.	50000,00 EUR
10.	Wir kaufen ein Kopiergerät auf Ziel	3100,00 EUR
11.	Ein Kunde zahlt einen Rechnungsbetrag bar	1500,00 EUR
12.	Wir kaufen einen Aktenschrank bar	2150,00 EUR
13.	Wir zahlen eine Lieferantenrechnung durch Banküberweisung	1700,00 EUR
14.	Wir vereinbaren mit einem Lieferer, dass die (kurzfristige) Verbindlichkeiten aus Lieferungen und Leistungen in Höhe von 7200,00 EUR in ein langfristiges Darlehen umgewandelt wird.	
15.	Wir zahlen eine Tilgungsrate für das Bankdarlehen durch Banküberweisung	3500,00 EUR

4.2.4 Buchungssatz

4.2.4.1 Einfacher Buchungssatz ohne Buchung nach Belegen

Das bisher benutzte „Überlegungsschema" (vgl. S. 43) zur Festlegung der erforderlichen Buchungen auf den Konten ist recht aufwendig. Es genügt die Beschränkung auf zwei Angaben:

- die **Konten,** auf denen zu buchen ist,
- die Angabe der **Kontoseite,** auf der jeweils zu buchen ist.

Diese beiden Angaben sind in den Spalten I und IV des Überlegungsschemas enthalten. Die übrigen Spalten (II und III) sind entbehrlich. Eine solche auf das Mindestmaß beschränkte Buchungsanweisung nennt man **Buchungssatz.**

Beispiel:

Geschäftsvorfall	Konten	Soll	Haben
Wir kaufen einen Büroschrank auf Ziel für 800,00 EUR	Betr.- u. Geschäftsausstattung an Verbindlichkeiten a. L. u. L.	800,00	 800,00

Buchungssatz

Erläuterungen:

- Da bezüglich der Kontoseite immer nur zwei Möglichkeiten infrage kommen können (Soll- oder Habenseite), hat man die Vereinbarung getroffen, dass das Konto, auf dem auf der **Sollseite** zu buchen ist, immer **zuerst** genannt wird. Des Weiteren hat man vereinbart, **vor** das Konto, auf dem auf der Habenseite zu buchen ist, das Wörtchen **„an"** zu setzen. Unter Beachtung dieser Vereinbarung kann ein Buchungssatz daher immer nur lauten:

  Konto mit der **Sollbuchung**
  an Konto mit der **Habenbuchung.**

- Zur Vereinheitlichung der Schreibweise legen wir fest, dass beim Bilden von Buchungssätzen für jedes Konto eine Zeile benutzt wird. Es sind immer die drei Spalten des oben dargestellten Schemas einzurichten. Nur so ist eine eindeutige Zuordnung von Konto und Betrag möglich.

Zur Bildung des richtigen Buchungssatzes müssen weiterhin die Denkschritte 1–5 vollzogen werden.

Beispiel:

Geschäftsvorfall:

Wir kaufen eine Schleifmaschine auf Ziel für 1 500,00 EUR.

Aufgabe:

Bilden Sie zu dem Geschäftsvorfall den Buchungssatz!

Lösung:

Wir fragen:	Wir antworten:		
1. Welche Konten werden berührt?	Das Konto Maschinen und das Konto Verbindlichkeiten aus Lieferungen und Leistungen.		
2. Um welche Kontoart handelt es sich jeweils?	Das Konto Maschinen ist ein Aktivkonto. Das Konto Verbindlichkeiten aus Lieferungen und Leistungen ist ein Passivkonto.		
3. Welche Veränderungen ergeben sich jeweils auf den Konten?	Der Maschinenbestand nimmt durch Einkäufe zu, die Verbindlichkeiten aus Lieferungen und Leistungen nehmen ebenfalls zu.		
4. Welche Buchungsregeln sind jeweils anzuwenden?	Zugänge auf dem Konto Maschinen (Aktivkonto) erscheinen auf der Sollseite. Zugänge auf dem Konto Verbindl. a. Lief. u. Leist. (Passivkonto) gehören auf die Habenseite.		
5. Wie lautet der Buchungssatz?	Konten	Soll	Haben
	Maschinen an Verbindl. a. L. u. L.	1 500,00	 1 500,00

Kompetenztraining

15 Bilden von Buchungssätzen zu Geschäftsvorfällen, Formulieren von Geschäftsvorfällen bei vorgegebenen Buchungssätzen

Bilden Sie zu folgenden Geschäftsvorfällen die Buchungssätze bzw. formulieren Sie zu den angegebenen Buchungssätzen die Geschäftsvorfälle!

1.	Wir zahlen auf unser Bankkonto bar ein	1 400,00 EUR
2.	Wir zahlen eine Lieferantenrechnung durch Banküberweisung	375,00 EUR
3.	Ein Kunde zahlt einen Rechnungsbetrag bar	570,00 EUR
4.	Wir kaufen eine Vitrine für die Ausstellungshalle bar	1 250,00 EUR
5.	Wir kaufen einen Büroschrank bar	1 320,00 EUR
6.	Wir zahlen die Tilgungsrate für ein Bankdarlehen bar	2 000,00 EUR
7.	Ein Kunde zahlt einen Rechnungsbetrag durch Banküberweisung	650,00 EUR
8.	Wir heben vom Bankkonto bar ab und legen das Geld in die Kasse	750,00 EUR

9. Formulieren Sie die Geschäftsvorfälle, die folgenden Buchungssätzen zugrunde liegen!

Nr.	Konten	Soll	Haben
9.1	Verbindlichkeiten a. Lief. u. Leist. an Bank	900,00	 900,00
9.2	Kasse an Bank	500,00	 500,00
9.3	Fuhrpark an Kasse	23 800,00	 23 800,00

16 Bilden von Buchungssätzen zu Geschäftsvorfällen, Formulieren von Geschäftsvorfällen bei vorgegebenen Buchungssätzen

Bilden Sie zu folgenden Geschäftsvorfällen die Buchungssätze!

1.	Barverkauf eines nicht mehr benötigten Computers zum Buchwert	1 050,00 EUR
2.	Kauf einer Stanzmaschine auf Ziel	22 400,00 EUR

3. Kauf eines Baugrundstücks gegen Bankscheck — 105 900,00 EUR
4. Wir kaufen Lagerregale auf Ziel — 1 500,00 EUR
5. Wegen eines Materialfehlers werden Lagerregale im Wert von 300,00 EUR an den Lieferer zurückgeschickt.
6. Ein Kunde zahlt eine Rechnung durch Banküberweisung — 775,00 EUR
7. Ein Kunde zahlt einen Rechnungsbetrag bar — 700,00 EUR
8. Eine Liefererrechnung wird durch Bankscheck beglichen — 450,00 EUR

17 Bilden von Buchungssätzen zu Geschäftsvorfällen, Formulieren von Geschäftsvorfällen bei vorgegebenen Buchungssätzen

Bilden Sie zu folgenden Geschäftsvorfällen die Buchungssätze bzw. formulieren Sie zu den angegebenen Buchungssätzen die Geschäftsvorfälle!

1. Banküberweisung der Eingangsrechnung ER 541 — 7 170,00 EUR
2. Aufnahme eines Darlehens bei der Bank. Die Bank stellt uns den Darlehensbetrag auf dem Girokonto zur Verfügung — 50 000,00 EUR
3. Zielkauf eines gebrauchten Kombiwagens — 8 200,00 EUR
4. Zieleinkauf einer Verpackungsmaschine für das Lager — 48 800,00 EUR
5. Teilweise Tilgung der Darlehensschuld durch Bankabbuchung — 3 800,00 EUR
6. Wir verkaufen nicht mehr benötigte Lagerregale gegen Barzahlung — 970,00 EUR
7. Kauf einer DV-Anlage auf Ziel — 17 430,00 EUR
8. Rücksendung eines bereits gebuchten mangelhaften Aktenschrankes — 625,00 EUR
9. Kauf einer Fertiggarage gegen Bankscheck — 15 400,00 EUR
10. Begleichung der Eingangsrechnung mit Banküberweisung — 9 190,00 EUR
11. Zur Erhöhung unseres Bankguthabens tätigen wir eine Bareinzahlung — 6 000,00 EUR
12. Kauf von Büromöbeln auf Ziel — 12 600,00 EUR
13. Wir kaufen einen neuen Pkw für unseren Reisenden. Den alten Pkw nimmt das Fahrzeughaus mit 9 300,00 EUR in Zahlung. Den Restbetrag in Höhe von 31 000,00 EUR zahlen wir mit Bankscheck.
14. Wir zahlen eine Eingangsrechnung durch Banküberweisung — 4 312,00 EUR
15. Formulieren Sie die Geschäftsvorfälle, die folgenden Buchungssätzen zugrunde liegen!

Nr.	Konten	Soll	Haben
15.1	Fuhrpark	44 800,00	
	an Bank		44 800,00
15.2	Langfristige Bankverbindlichkeiten	8 000,00	
	an Bank		8 000,00

4.2.4.2 Einfacher Buchungssatz mit Buchung nach Belegen

(1) Grundsätzliches

In der Praxis existiert über jeden Geschäftsvorfall ein Beleg, d. h., die Buchungssätze werden dort immer nur aufgrund von Belegen (Überweisungen, Rechnungen, Quittungen, Lohnlisten usw.) gebildet.

In der Praxis gilt der Grundsatz: **Keine Buchung ohne Beleg!**

(2) Bearbeitung der Buchungsbelege

Die **Buchungsanweisung (Buchungssatz, Kontierung)** wird auf dem Beleg festgehalten. Zu diesem Zweck benutzt man in der Regel einen sogenannten **Kontierungsstempel,** mit dem man die benötigten Spalten auf den Beleg aufdruckt, sodass diese nur noch mit den erforderlichen Daten versehen werden müssen. Da später so gebucht wird wie kontiert wurde, ist die Kontierungsarbeit von grundlegender Bedeutung.

An die Kontierung schließt sich dann der eigentliche **Buchungsvorgang** an. Hierbei wird bei jeder Buchung im Grundbuch[1] die Belegnummer vermerkt (z.B. ER 9 entspricht der Eingangsrechnungsnummer 9), um jederzeit von der Buchung auf den Beleg schließen zu können. Da der Buchhalter auch den Beleg mit einem Buchungsvermerk versieht (Buchungsnummer, Seitennummer, Datum, Zeichen des Buchhalters), kann umgekehrt auch vom Beleg auf die Buchung geschlossen werden.

Beispiel:

Franz Kayser GmbH
Metallwarenhandel Mannheim

ER 9 ← Beleg-Nummerierung

Telefon 0621 2371

F. Kayser GmbH · Edisonstr. 15 · 68309 Mannheim

Saulgauer Möbel AG[2]
Leipziger Str. 5
88348 Bad Saulgau

EINGEGANGEN
1. AUG. 20..
Erl. ....

Bankkonten:
Deutsche Bank Mannheim
BIC: DEUTDESMXXX
IBAN: DE42 6707 0010 0003 1010 11
Commerzbank Mannheim
BIC: COBADEFF670
IBAN: DE22 6704 0031 0000 1174 60

Bei Bezahlung und Schriftwechsel angeben		
Kundennummer	Rechnungsnummer	Datum
411/721	679	31. Juli 20..

Rechnung

Lieferdatum	Menge	Artikelnummer	Bezeichnung	Einzelpreis in EUR	Gesamtpreis in EUR
17. Juli 20..	5	17/411	Lagerregale	2 459,71	12 298,55*

Kontierungsstempel (← Vorkontierung):

Konten	Soll	Haben
Betr.- u. G.-Ausst.	12 298,55	
an Verb. a. L. u. L.		12 298,55
Gebucht: G VIII/7 2. Aug./Hu		

Vorkontierung

Abkürzungen:

G:	Grundbuch
VIII:	August
7:	Grundbuchseite 7
2. Aug.:	Buchungsdatum
Hu:	Buchhalter Huchler

Bei Barzahlung innerhalb 8 Tagen 2 % Skonto. Die Ware bleibt bis zur völligen Bezahlung unser Eigentum.
Sitz der Gesellschaft: Mannheim[2]; RG Mannheim: HRB 2785[2] Steuer-Nr.: 91479/17040[2]

* Da die Umsatzsteuer aufgrund des Bildungsplans noch nicht behandelt wurde, bleibt sie hier unberücksichtigt.

1 Im **Grundbuch** werden die Buchungen in zeitlicher Reihenfolge (chronologisch) erfasst.

2 Bei allen Kaufleuten ist auf den Geschäftsbriefen die Firma, die Bezeichnung als Kaufmann (z.B. e.Kfm., GmbH, KG), der Ort der Handelsniederlassung, das Registergericht (HRA → für Einzelunternehmen und Personengesellschaften, HRB → für Kapitalgesellschaften) und die Nummer, unter der die Firma in das Handelsregister eingetragen ist, anzugeben. Zudem muss die Steuernummer oder die Umsatzsteuer-Identifikationsnummer des Bundesamtes für Finanzen ausgewiesen werden [§ 14 IV, S. 1, Nr. 2 UStG]. Zu weiteren Pflichtangaben nach dem Umsatzsteuergesetz siehe S. 83.

- Belege dokumentieren den Geschäftsvorfall und bilden die Grundlage für die Überprüfung der ordnungsmäßigen Buchung.
- Durch entsprechende Vermerke muss vom Beleg aus auf die Buchung und umgekehrt geschlossen werden können.

Kompetenztraining [1]

18 Bildung von Buchungssätzen aufgrund von Belegen

1. Formulieren Sie aufgrund der vorliegenden Belege den jeweils zugrunde liegenden Geschäftsvorfall!
2. Bilden Sie die Buchungssätze für die Weber Metallbau GmbH, Olgastr. 8, 89073 Ulm/Donau!

Beleg 1

Maschinenfabrik
FRIEDRICH PAPPE GmbH
Karlsruhe

Friedrich Pappe GmbH, Seegasse 4, 76228 Karlsruhe

Weber Metallbau GmbH
Olgastr. 8
89073 Ulm/Donau

Rechnung Nr. 65017 Rechnungsdatum: 27. Januar 20..

Lieferdatum	Menge	Artikel-Nr.	Artikelbezeichnung	Preis je Artikel	Gesamtbetrag
20. Jan. 20..	5	234 176	Lagerregale 2 000 Stahl	3 070,00 EUR	15 350,00 EUR

Es gelten unsere umseitigen Lieferungs- und Zahlungsbedingungen.
Sitz der Gesellschaft: Karlsruhe, Registergericht Karlsruhe, HRB 1350
Steuer-Nr.: 71020/1793

Beleg 2

Einzahlung

Kontoinhaber: Name, Vorname/Firma (max. 27 Stellen): Weber Metallbau GmbH Ulm/Donau
IBAN: DE03 6305 0000 0000 6485 54
Betrag: 500,00
Handelnde Person bei regelm. Einzahler/Abheber, Art der Legitimation, Kennwort

27. Januar 20.. Weber
Datum, Unterschrift des Einzahlers

27. Januar 20.. Maier
Datum, Unterschrift des Kassierers

Beleg 3

DURCHSCHRIFT — Quittung

EUR
Betrag: 3 8 0,4 0
inclusive % MwSt./Betrag
Nr. 1/14
Betrag in Worten: dreihundertachtzig ----------------
von: Franz Keller
für: Rechnung vom 25. Januar 20..
dankend erhalten
Datum/Ort: Ulm/Donau, 27. Januar 20..
Buchungsvermerke
Stempel/Unterschrift des Empfängers: Weber Metallbau GmbH, 89073 Ulm/Donau, Weber

Beleg 4

Beleg für den Kontoinhaber/Zahler-Quittung
Name und Sitz des überweisenden Kreditinstituts: Sparkasse Ulm
BIC: SOLADES1ULM
Nur für Überweisungen in Deutschland, in andere EU-/EWR-Staaten und in die Schweiz, sowie nach Monaco in Euro.
Angaben zum Zahlungsempfänger: Name, Vorname/Firma (max. 27 Stellen, bei maschineller Beschriftung max. 35 Stellen): Lener-Service Handelsgesellschaft Ulm/Donau
IBAN: DE33414500750000345987
BIC des Kreditinstituts/Zahlungsdienstleisters (8 oder 11 Stellen)
Die Angabe des BIC kann entfallen, wenn die IBAN des Zahlungsempfängers mit DE beginnt.
Betrag: Euro, Cent: 460,94
Kunden-Referenznummer - Verwendungszweck, ggf. Name und Anschrift des Zahlers - (nur für Zahlungsempfänger): Rechnung vom 27. Jan. 20..
noch Verwendungszweck (insgesamt max. 2 Zeilen à 27 Stellen, bei maschineller Beschriftung max. 2 Zeilen à 35 Stellen)
Angaben zum Kontoinhaber/Zahler: Name, Vorname/Firma, Ort (max. 27 Stellen, keine Straßen- oder Postfachangaben): Weber Metallbau GmbH, Ulm
IBAN: DE 03 6 3 0 5 0 0 0 0 0 0 0 0 6 4 8 5 5 4
Datum: 27.01.20.. Unterschrift(en): Weber
113 377 000 35735

1 Bei den Belegen im Kompetenztraining 18 wird auf den Ausweis der Umsatzsteuer verzichtet, weil die Buchung der Umsatzsteuer noch nicht behandelt wurde.

4 Speth u.a. - ISBN 978-3-8120-0595-1

Beleg 5

Büromöbel Topauer KG

Tengstraße 28 · 80798 München

Tel. 089 25919-0 · Fax 089 25919-10 · E-Mail: Bueromoebel-topauer@t-online.de

Büromöbel Topauer KG · Tengstraße 28 · 80798 München

Weber Metallbau GmbH
Olgastr. 8
89073 Ulm/Donau

Bei Rückfragen bitte stets angeben:

Kundennummer: 24003
Rechnungsnummer: 1502
Rechnungsdatum: 27.01.20..

Bestellnummer: 268F1
Lieferdatum: 10.01.20..
Auftragsdatum: 08.01.20..

Telefon: 089 25919-0

Rechnung

Pos.	Artikel-Nr.	Bezeichnung	Menge	Einzelpreis EUR	Gesamtpreis EUR
1	20100	Computertisch Standard 160 x 80 x 75	12	525,00	6 300,00
2	10100	Schreibtisch Eibe furniert 160 x 80 x75	8	980,00	7 840,00
		Rechnungsbetrag			14 140,00

Zahlungsbedingungen: Innerhalb 8 Tagen abzüglich 2 % Skonto = 282,80 EUR
Innerhalb 30 Tagen rein netto

Sitz der Gesellschaft: München
Registergericht München
HRA 8966
UID-Nr. DE 129 000 000
Steuer-Nr. 91417/77040

Tengstraße 28
80798 München
Tel. 080 25919-0
Fax 089 25919-10

Bankverbindungen:
Postbank München
BIC: PBNKDEFFXXX
IBAN: DE94 7001 0080 0134 3834 64
HypoVereinsbank München
BIC: HYVEDEMMXXX
IBAN: DE17 7002 0270 0004 6462 32

Beleg 6

Beleg für den Kontoinhaber/Zahler-Quittung

Volksbank Nürnberg
Name und Sitz des überweisenden Kreditinstituts

GENODEF1NO2
BIC

Nur für Überweisungen in Deutschland, in andere EU-/EWR-Staaten und in die Schweiz, sowie nach Monaco in Euro.

Angaben zum Zahlungsempfänger: Name, Vorname/Firma (max. 27 Stellen, bei maschineller Beschriftung max. 35 Stellen)
Weber Metallbau GmbH Ulm

IBAN
DE03 6305 0000 0000 6485 54

BIC des Kreditinstituts/Zahlungsdienstleisters (8 oder 11 Stellen)

Die Angabe des BIC kann entfallen, wenn die IBAN des Zahlungsempfängers mit DE beginnt.

Betrag: Euro, Cent
240,20 -------

Kunden-Referenznummer - Verwendungszweck, ggf. Name und Anschrift des Zahlers - (nur für Zahlungsempfänger)
Rechnung vom 12. 01. 20 . .

noch Verwendungszweck (insgesamt max. 2 Zeilen à 27 Stellen, bei maschineller Beschriftung max. 2 Zeilen à 35 Stellen)

Angaben zum Kontoinhaber/Zahler: Name, Vorname/Firma, Ort (max. 27 Stellen, keine Straßen- oder Postfachangaben)
Kempter OHG Nürnberg

IBAN	Prüfziffer	Bankleitzahl des Kontoinhabers	Kontonummer (ggf. links mit Nullen auffüllen)
D E	05	7606 0618	0006 3755 18

113 377.000 35735

Datum

Unterschrift(en)

Beleg 7

Hans Werner GmbH, Winkelstr. 20, 45149 Essen

Hans Werner Maschinenbau GmbH

Entwicklung
Konstruktion
Produktion

Weber Metallbau GmbH
Olgastr. 8
89073 Ulm/Donau

Rechnung 144/80

Ihre Bestellung	Unsere Lieferung	Rechnungsdatum	
15.01.20..	28.01.20..	28.01.20..	
Menge	**Warenbezeichnung**	**Einzelpreis EUR**	**Gesamtpreis EUR**
4	Schleifmaschine	1 420,00	5 680,00

Beleg 8

AUTOHAUS
Franz Sauer e.Kfm.

Autohaus F. Sauer e. Kfm. · Schlossstr. 14 · 59494 Soest

Weber Metallbau GmbH
Olgastr. 8
89073 Ulm/Donau

Rechnung 5192

Ihre Bestellung	Unsere Lieferung	Rechnungsdatum
20.01.20..	30.01.20..	04.02.20..

Wir danken für Ihren Auftrag und berechnen Ihnen wie folgt
1 Kombiwagen gebraucht 21 800,00 EUR

Zahlungsziel: 10 Tage 3 % Skonto, 30 Tage netto Kasse

Beleg 9

Beleg für den Kontoinhaber/Zahler-Quittung

Sparkasse Ulm — Name und Sitz des überweisenden Kreditinstituts

SOLADES1ULM — BIC

Nur für Überweisungen in Deutschland, in andere EU-/EWR-Staaten und in die Schweiz, sowie nach Monaco in Euro.

Angaben zum Zahlungsempfänger: Name, Vorname/Firma (max. 27 Stellen, bei maschineller Beschriftung max. 35 Stellen)
Hans Werner GmbH Essen

IBAN
DE43 3807 0059 0014 2030 10

BIC des Kreditinstituts/Zahlungsdienstleisters (8 oder 11 Stellen)

Die Angabe des BIC kann entfallen, wenn die IBAN des Zahlungsempfängers mit DE beginnt.

Betrag: Euro, Cent
5 680,00 -------

Kunden-Referenznummer - Verwendungszweck, ggf. Name und Anschrift des Zahlers - (nur für Zahlungsempfänger)
Rechnung vom 28. 01. 20 . .

noch Verwendungszweck (insgesamt max. 2 Zeilen à 27 Stellen, bei maschineller Beschriftung max. 2 Zeilen à 35 Stellen)

Angaben zum Kontoinhaber/Zahler: Name, Vorname/Firma, Ort (max. 27 Stellen, keine Straßen- oder Postfachangaben)
Weber Metallbau GmbH, Ulm/Donau

IBAN	Prüfziffer	Bankleitzahl des Kontoinhabers	Kontonummer (ggf. links mit Nullen auffüllen)
D E	03	6305 0000	0000 6485 54

113 377.000 35735

Datum: 30.01.20 . .   Unterschrift(en): Weber

Beleg 10

Bürotechnik + Organisation Haffner

Kornhausplatz 18 | 89073 Ulm/Donau | 0731 7721

Fa. Weber Metallbau GmbH

Anz.	Datum 02.02.20..	Einzelpreis EUR	Gesamtbetrag EUR
3	Aktenvernichter	415,00	1 245,00
	Betrag dankend erhalten.		
			Be
Verk. Be	000195-11	Bei Irrtum oder Umtausch bitte diesen Beleg vorlegen.	

Haffner Bürotechnik + Organisation
St.-Nr. 44 111 17931

4.2.4.3 Zusammengesetzter Buchungssatz

Sind für einen Buchungssatz **mehr als zwei Konten** erforderlich, spricht man von einem **zusammengesetzten Buchungssatz.** Auch für den zusammengesetzten Buchungssatz gilt, dass bei jedem Buchungssatz die Summe der gebuchten Sollbeträge mit der Summe der gebuchten Habenbeträge übereinstimmen muss.

Beispiel:

I. Anfangsbestände:

Verbindlichkeiten a. Lief. u. Leist. 10 000,00 EUR; Bank 7 000,00 EUR; Kasse 5 000,00 EUR.

II. Geschäftsvorfall:

Wir zahlen eine bereits gebuchte Eingangsrechnung über 3 700,00 EUR durch Banküberweisung 3 000,00 EUR und in bar 700,00 EUR.

III. Aufgaben:

1. Buchen Sie den Geschäftsvorfall auf den Konten!
2. Bilden Sie den Buchungssatz!

Lösungen:

Zu 1.: Buchung auf den Konten

Soll	Bank		Haben
AB	7 000,00	Verb. a. L. u. L.	3 000,00

Soll	Verbindlichkeiten a. Lief. u. Leist.		Haben
Ba/Ka	3 700,00	AB	10 000,00

Soll	Kasse		Haben
AB	5 000,00	Verb. a. L. u. L.	700,00

Zu 2.: Buchungssatz

Geschäftsvorfall		Konten	Soll	Haben
Wir bezahlen eine bereits gebuchte				
Eingangsrechnung über	3700,00 EUR	Verbindl. a. Lief. u. Leist.	3700,00	
durch Banküberweisung	3000,00 EUR	an Bank		3000,00
und Barzahlung	700,00 EUR	an Kasse		700,00

Für den **einfachen Buchungssatz** wie für den **zusammengesetzten Buchungssatz** gilt:

Summe der gebuchten Sollbeträge ≙ Summe der gebuchten Habenbeträge

Kompetenztraining

19 Bilden von Buchungssätzen zu Geschäftsvorfällen, Formulieren von Geschäftsvorfällen bei vorgegebenen Buchungssätzen

Bilden Sie zu den folgenden Geschäftsvorfällen die Buchungssätze bzw. ermitteln Sie die Geschäftsvorfälle!

1. Ein Kunde zahlt einen Rechnungsbetrag über 725,00 EUR	
in bar	225,00 EUR
durch Banküberweisung	500,00 EUR
2. Wir kaufen Lagerregale für insgesamt 3500,00 EUR	
gegen Barzahlung	1500,00 EUR
auf Ziel	2000,00 EUR
3. Wir verkaufen einen nicht mehr benötigten Lieferwagen in Höhe	
des Buchwertes von 3800,00 EUR gegen Barzahlung	800,00 EUR
Restforderung	3000,00 EUR
4. Ein Kunde zahlt einen Rechnungsbetrag über 1750,00 EUR	
durch Banküberweisung	1000,00 EUR
bar	750,00 EUR
5. Wir bezahlen eine Liefererrechnung über 2550,00 EUR	
bar	550,00 EUR
durch Banküberweisung	2000,00 EUR
6. Wir kaufen einen Kombiwagen zum Preis von 25000,00 EUR	
gegen Barzahlung	5500,00 EUR
durch Banküberweisung	10000,00 EUR
Restverbindlichkeit	9500,00 EUR
7. Wir tilgen eine Darlehensschuld bei der Bank über 5000,00 EUR	
bar	1500,00 EUR
durch Banküberweisung	3500,00 EUR

8. Formulieren Sie die Geschäftsvorfälle, welche den folgenden Buchungssätzen zugrunde liegen!

Nr.	Konten	Soll	Haben
8.1	Betriebs- und Geschäftsausstattung	3750,00	
	an Bank		3000,00
	an Kasse		750,00
8.2	Verbindlichkeiten a. Lief. u. Leist.	2350,00	
	an Bank		2000,00
	an Kasse		350,00
8.3	Bank	750,00	
	Kasse	250,00	
	an Forderungen a. Lief. u. Leist.		1000,00
8.4	Unbebaute Grundstücke	400000,00	
	an Bank		370000,00
	an Kasse		30000,00

20 Bilden der Buchungssätze aufgrund eines Kontoauszugs

1. Formulieren Sie aufgrund des Belegs die zugrunde liegenden Geschäftsvorfälle!
2. Bilden Sie die Buchungssätze für die Druckerei Schön & Dörfer OHG, Mozartstr. 15, 70180 Stuttgart!

Deutsche Bank AG

BIC: DEUTDESSXXX
IBAN: DE11 6007 0070 0007 6523 40

Stuttgart — Kontoauszug Nr. 28 vom 24.05.20.. Blatt 1

Buchungstag/Wert/Vorgang			Soll	Haben
		ALTER SALDO VOM 21.05.20..		7929,80 H
24.05.	24.05.	Frieda Freund e.Kfr. Erlangen Rechnung 20.05.20..		3160,10 H
24.05.	24.05.	Alltrop GmbH Rechnung 17.05.20..	6985,40 S	

SCHÖN & DÖRFER OHG
MOZARTSTR. 15
70180 STUTTGART

NEUER SALDO 4104,50 H

4.2.5 Eröffnung und Abschluss der Bestandskonten (Eröffnungsbilanzkonto und Schlussbilanzkonto)

Das **Prinzip der doppelten Buchführung** ist ein **generelles Prinzip** und gilt folglich auch für die Anfangs- und Schlussbestände auf den Konten. Wenn bei der Eröffnung der Konten mit den Anfangsbeständen und beim Abschluss der Konten mit den Schlussbeständen jeweils eine Gegenbuchung erfolgen soll, benötigt man dafür entsprechende Gegenkonten. Die **Buchung der Anfangsbestände** erfolgt mithilfe des **Eröffnungsbilanzkontos (EBK)** und die **Buchung der Schlussbestände** erfolgt über das **Schlussbilanzkonto (SBK)**.

- Das **Eröffnungsbilanzkonto** und das **Schlussbilanzkonto** bringen die **Geschlossenheit des Systems der doppelten Buchführung** zum Ausdruck.
- Durch die beiden Konten wird sowohl bei der Erfassung der Anfangsbestände als auch bei der Erfassung der Schlussbestände **jeder Betrag doppelt gebucht.**

Beispiel:

I. Anfangsbestände:

Betriebs- u. Geschäftsausstattung 41 355,00 EUR; Kasse 1 670,00 EUR; Bank 33 975,00 EUR; Forderungen aus Lieferungen und Leistungen 12 150,00 EUR; Rohstoffe 24 570,00 EUR; Verbindlichkeiten aus Lieferungen und Leistungen 13 220,00 EUR; Langfristige Bankverbindlichkeiten 5 000,00 EUR; Eigenkapital 95 500,00 EUR.

II. Geschäftsvorfälle:

1.	Wir verkaufen nicht mehr benötigte Lagerschränke bar zum Buchwert	2 500,00 EUR
2.	Neuanschaffung einer Büroeinrichtung gegen Banküberweisung	30 000,00 EUR
3.	Ein Kunde überweist einen Rechnungsbetrag auf das Bankkonto	2 120,00 EUR
4.	Zur Auffüllung des Kassenbestandes heben wir vom Bankkonto bar ab	500,00 EUR
5.	Wir zahlen eine Lieferantenrechnung bar	1 200,00 EUR
6.	Teilweise Tilgung des Bankdarlehens bar	1 000,00 EUR

III. Aufgaben:

1. Eröffnen Sie die Konten mit den angegebenen Anfangsbeständen mithilfe des Eröffnungsbilanzkontos!
2. Bilden Sie zu den Geschäftsvorfällen die Buchungssätze!
3. Buchen Sie die Geschäftsvorfälle auf den Konten und schließen Sie die Konten über das Schlussbilanzkonto ab!

Lösung:

Zu 2.: Bildung der Buchungssätze für die Geschäftsvorfälle

Nr.	Konten	Soll	Haben
1.	Kasse	2 500,00	
	an Betriebs- u. Geschäftsausstattung		2 500,00
2.	Betriebs- u. Geschäftsausstattung	30 000,00	
	an Bank		30 000,00
3.	Bank	2 120,00	
	an Ford. a. Lief. u. Leist.		2 120,00
4.	Kasse	500,00	
	an Bank		500,00
5.	Verb. a. Lief. u. Leist.	1 200,00	
	an Kasse		1 200,00
6.	Langfristige Bankverbindlichkeiten	1 000,00	
	an Kasse		1 000,00

Zu 1. und 3.: Eröffnung der Konten, Buchung der Geschäftsvorfälle, Abschluss der Konten

Soll	Eröffnungsbilanzkonto		Haben
Eigenkapital	95 500,00	BGA	41 355,00
Verb.a.L.u.L.	13 220,00	Kasse	1 670,00
Lfr. Bankverb.	5 000,00	Bank	33 975,00
		Ford. a. L. u. L.	12 150,00
		Rohstoffe	24 570,00
	113 720,00		113 720,00

Soll	Betr.- u. Geschäftsausstattung		Haben
EBK	41 355,00	Ka	2 500,00
Ba	30 000,00	SBK	68 855,00
	71 355,00		71 355,00

Soll	Eigenkapital		Haben
SBK	95 500,00	EBK	95 500,00

Soll	Kasse		Haben
EBK	1 670,00	V. a. L. u. L.	1 200,00
BGA	2 500,00	L. Bankv.	1 000,00
Ba	500,00	SBK	2 470,00
	4 670,00		4 670,00

Soll	Verbindlichk. a. Lief. u. Leist.		Haben
Ka	1 200,00	EBK	13 220,00
SBK	12 020,00		
	13 220,00		13 220,00

Soll	Bank		Haben
EBK	33 975,00	BGA	30 000,00
F. a. L. u. L.	2 120,00	Ka	500,00
		SBK	5 595,00
	36 095,00		36 095,00

Soll	Langfr. Bankverbindlichkeiten		Haben
Ka	1 000,00	EBK	5 000,00
SBK	4 000,00		
	5 000,00		5 000,00

Soll	Ford. a. Lief. u. Leist.		Haben
EBK	12 150,00	Ba	2 120,00
		SBK	10 030,00
	12 150,00		12 150,00

Soll	Rohstoffe		Haben
EBK	24 570,00	SBK	24 570,00

Soll	Schlussbilanzkonto		Haben
BGA	68 855,00	Eigenkapital	95 500,00
Kasse	2 470,00	Verb. a. L. u. L.	12 020,00
Bank	5 595,00	Lfr. Bankverb.	4 000,00
Ford. a. L. u. L.	10 030,00		
Rohstoffe	24 570,00		
	111 520,00		111 520,00

Erläuterungen:

- Die Buchung der Anfangsbestände führt dazu, dass die Anfangsbestände der Aktivkonten auf der Habenseite des Eröffnungsbilanzkontos und die Anfangsbestände der Passivkonten auf der Sollseite des Eröffnungsbilanzkontos stehen. Das zeigt, dass das **Eröffnungsbilanzkonto** lediglich ein **Hilfskonto** ist, um das System der doppelten Buchung nicht zu durchbrechen. Gleichzeitig aber wird damit auch die Gleichheit der Soll- und Habenbeträge zu Beginn der Geschäftsperiode dokumentiert. Es gilt das **Grundprinzip des Systems der doppelten Buchführung,** dass die Summe der gebuchten Sollbeträge mit der Summe der gebuchten Habenbeträge übereinstimmt.
- Das **Schlussbilanzkonto** hat die Aufgabe, die vom Unternehmen verwendeten Aktiv- und Passivkonten einander gegenüberzustellen. Das **Schlussbilanzkonto** dient allein **innerbetrieblichen Zwecken** und ist an **keine gesetzlichen Gliederungsvorschriften** gebunden. Anders die **Schlussbilanz.** Sie dient außenstehenden Personen (z. B. Mitinhabern, Gläubigern) oder Institutionen (z. B. Steuerbehörde, Gerichte, Banken) als Auskunfts- und Beweismittel und **unterliegt gesetzlichen Vorschriften.** Das Schlussbilanzkonto darf somit nicht mit der Schlussbilanz verwechselt werden.

Beachte:

Das Eröffnungsbilanzkonto und das Schlussbilanzkonto wurden hier aus methodischen und systematischen Überlegungen dargestellt. Ob in den nachfolgenden Übungsaufgaben das Eröffnungsbilanzkonto geführt werden soll, bleibt der individuellen Entscheidung der Lehrenden vorbehalten. In elektronischen Finanzbuchhaltungssystemen ist es aus abstimmungstechnischen Gesichtspunkten unverzichtbar.

Kompetenztraining

21 Eröffnung der Konten über das Eröffnungsbilanzkonto, Bildung der Buchungssätze, Buchen auf den Konten und Abschluss der Konten über das Schlussbilanzkonto

I. Anfangsbestände:

Unbebaute Grundstücke 965 000,00 EUR; Maschinen 470 500,00 EUR; Betriebs- und Geschäftsausstattung 84 900,00 EUR; Rohstoffe 54 800,00 EUR; Forderungen aus Lieferungen und Leistungen 105 450,00 EUR; Bank 17 770,00 EUR; Kasse 25 100,00 EUR; Eigenkapital 892 320,00 EUR; Langfristige Bankverbindlichkeiten 450 000,00 EUR; Verbindlichkeiten aus Lieferungen und Leistungen 381 200,00 EUR.

II. Geschäftsvorfälle:

1.	Eingangsrechnung für Büromöbel	27 500,00 EUR
2.	Von der bereits gebuchten Büromöbellieferung schicken wir einen nicht bestellten Posten zurück	4 000,00 EUR
3.	Ein Kunde zahlt einen Rechnungsbetrag durch Banküberweisung	32 000,00 EUR
4.	Wir tilgen teilweise die Darlehensschuld bei der Bank durch Barzahlung	7 200,00 EUR
5.	Wir kaufen eine Abfüllmaschine auf Ziel	87 700,00 EUR
6.	Wir zahlen eine Lieferantenrechnung über 28 570,00 EUR	
	bar	6 570,00 EUR
	durch Bankscheck	22 000,00 EUR
7.	Barkauf mehrerer Schreibtische für das Büro	2 600,00 EUR
8.	Kauf eines Grundstücks für einen Parkplatz auf Ziel	67 000,00 EUR

III. Aufgaben:

1. Eröffnen Sie die Konten mithilfe des Eröffnungsbilanzkontos!
2. Bilden Sie die Buchungssätze und buchen Sie auf den Konten!
3. Schließen Sie die Konten über das Schlussbilanzkonto ab!

22 Eröffnung der Konten über das Eröffnungsbilanzkonto, Bildung der Buchungssätze, Buchen auf den Konten und Abschluss der Konten über das Schlussbilanzkonto

I. Anfangsbestände:

Grundstücke und Bauten 200 000,00 EUR; Betriebsgebäude 335 850,00 EUR; Betriebs- und Geschäftsausstattung 228 710,00 EUR; Kasse 7 350,00 EUR; Bank 62 550,00 EUR; Forderungen aus Lieferungen und Leistungen 98 720,00 EUR; Rohstoffe 165 750,00 EUR; Verbindlichkeiten aus Lieferungen und Leistungen 154 820,00 EUR; Langfristige Bankverbindlichkeiten 200 000,00 EUR; Eigenkapital 744 110,00 EUR.

II. Geschäftsvorfälle:

1.	Einkauf einer Maschine	23 500,00 EUR
	gegen Banküberweisung	12 000,00 EUR
	auf Ziel	11 500,00 EUR
2.	Ein Kunde bezahlt einen Rechnungsbetrag über 1 250,00 EUR,	
	bar	750,00 EUR
	durch Banküberweisung	500,00 EUR
3.	Barkauf eines Laptops	950,00 EUR
4.	Teilrückzahlung eines Bankdarlehens durch Banküberweisung	4 500,00 EUR
5.	Barverkauf eines nicht benötigten Büroschrankes zum Buchwert	650,00 EUR
6.	Begleichung einer Eingangsrechnung in Höhe von 7 820,00 EUR,	
	bar	2 350,00 EUR
	durch Banküberweisung	5 470,00 EUR

III. Aufgaben:

1. Eröffnen Sie die Konten mithilfe des Eröffnungsbilanzkontos!
2. Bilden Sie die Buchungssätze und buchen Sie auf den Konten!
3. Schließen Sie die Konten über das Schlussbilanzkonto ab!

4.2.6 Zusammenhang zwischen Bestandskonten, Inventur, Inventar und Bilanz

Die Bestandskonten – unter Einbeziehung des Schlussbilanzkontos und des Eröffnungsbilanzkontos – bilden eine in sich geschlossene Einheit: Das **Kontensystem der doppelten Buchführung.**

Die Bilanz baut auf den Zahlen der Buchführung auf, wobei diese Zahlen jedoch vor ihrer Übernahme in die Bilanz durch die Inventur auf ihre Richtigkeit hin überprüft werden. Vom buchtechnischen Standpunkt aus und auch von der Tatsache ausgehend, dass die Bilanz für die Öffentlichkeit entsprechend aufbereitet werden muss [§§ 247, 266 HGB], stehen **Inventur** (bzw. **Inventar**) und **Bilanz außerhalb der Buchführung.**

- Vor der Erstellung der Schlussbilanz müssen die **Schlussbestände des Schlussbilanzkontos** mit den **Inventurwerten abgestimmt** werden.
- Weicht der Schlussbestand eines Kontos vom Inventurwert ab, muss der **Buchführungswert korrigiert** werden. In die Schlussbilanz dürfen nur **überprüfte Schlussbestände (Inventurwerte)** aufgenommen werden.

!

Die grafische Darstellung auf S. 58 veranschaulicht den Zusammenhang zwischen dem Kontensystem der Buchführung und der Bilanz sowie der Inventur (bzw. dem Inventar).

Innerhalb der Buchführung: Konten

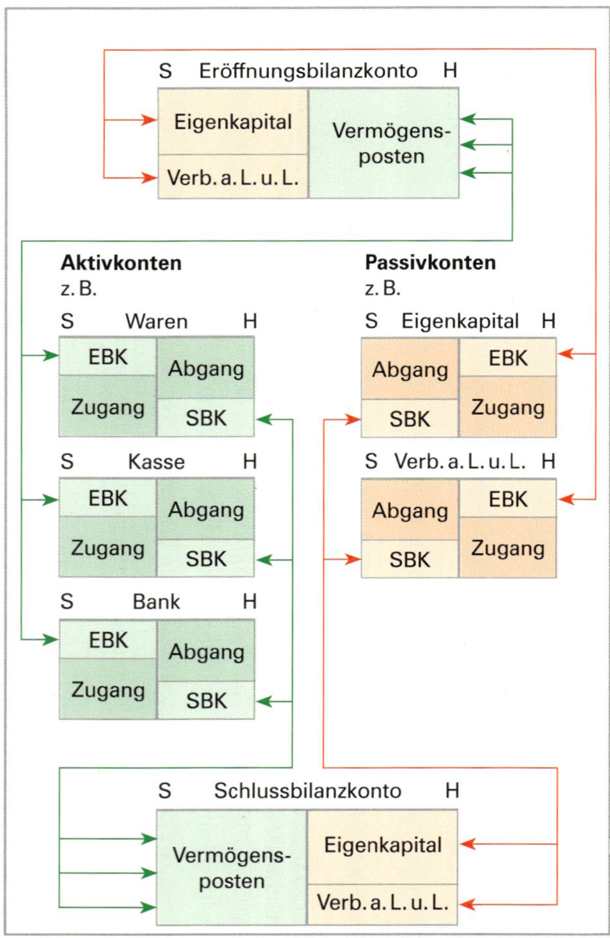

Zielsetzung:

Informationen für die Geschäftsleitung

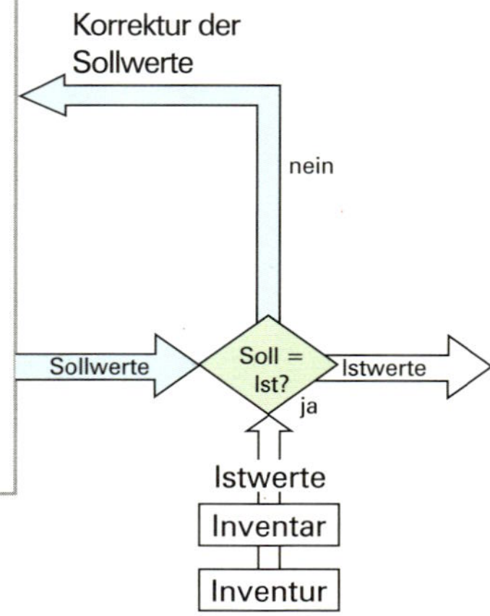

Außerhalb der Buchführung: Bilanzen

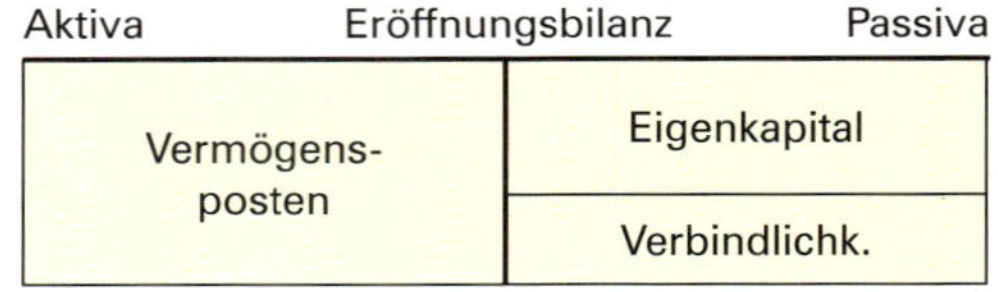

Streng genommen gibt es im Leben eines Unternehmens nur eine Eröffnungsbilanz, nämlich die bei der Gründung. Jede Schlussbilanz kann jedoch als Eröffnungsbilanz für die neue Geschäftsperiode betrachtet werden.

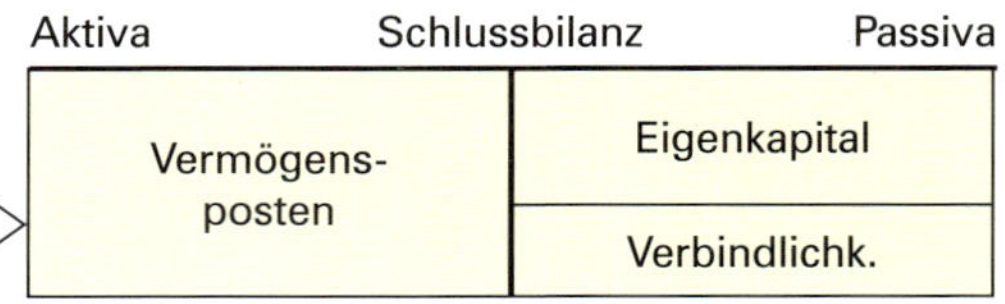

Zielsetzung:

Informationsinstrument für Außenstehende

5 Bedeutung des Kontenrahmens und des Kontenplans erklären und mit deren Hilfe Buchungssätze formulieren

Hinweis:

Das nachfolgende Kapitel wird – entgegen den Vorgaben des Bildungsplans – vor der Darstellung der Ergebniskonten eingeführt, damit die Schülerinnen und Schüler jeweils das betreffende Aufwands- und Ertragskonto zutreffend benennen können, und nicht auf eigene „Wortschöpfungen" angewiesen sind.

5.1 Allgemeines zum Kontenrahmen

Die Buchführung eines Kaufmanns besteht aus einer Vielzahl von Konten. Um hierüber die wünschenswerte Übersicht zu behalten, bedarf es einer Ordnung. Sie wird mithilfe des Kontenrahmens erreicht, dessen Verwendung gesetzlich nicht vorgeschrieben ist.

Um den individuellen Bedürfnissen optimal zu entsprechen, hat jeder Wirtschaftszweig seinen eigenen Kontenrahmen entwickelt. Daneben haben bekannte Softwarefirmen spezielle EDV-Kontenrahmen herausgebracht. Das dabei zugrunde gelegte Ordnungsprinzip ist einheitlich. Die Gesamtmenge der Konten wird mithilfe der zehn Ziffern unseres Zahlensystems nach bestimmten Gesichtspunkten in Klassen und Gruppen gegliedert.

Dadurch, dass nicht mehr jeder Unternehmer seine Buchführung nach eigenem Ermessen und Gutdünken aufbaut, werden insbesondere folgende zwei Vorteile erzielt:

- Der Inhalt der einzelnen Konten ist genau bestimmt. Dadurch können die verschiedenen Inhalte scharf gegeneinander abgegrenzt werden. Verschiedene Industrieunternehmen buchen daher unter der gleichen Kontenbezeichnung den gleichen Inhalt. Dadurch wird die **Organisation** der Buchführung **einheitlicher** und **übersichtlicher.**
- Durch die Vereinheitlichung der Buchführung von der Grundkonpeztion her ist es dem Unternehmer möglich, Vergleiche vorzunehmen, und zwar
  - **innerhalb des Unternehmens:** Vergleich der Entwicklung der Konteninhalte von Rechnungsjahr zu Rechnungsjahr **(Zeitvergleich).**
  - **außerhalb des Unternehmens:** z. B. Vergleich der eigenen Buchführungsergebnisse mit denen anderer Unternehmen **(Betriebsvergleich).**

5.2 Vom Kontenrahmen zum Kontenplan

Innerhalb des Kontenrahmens, dessen Anwendung allen Unternehmen des betreffenden Wirtschaftszweiges empfohlen wird, stellt jeder Betrieb den individuellen Bedürfnissen entsprechend seinen eigenen **Kontenplan** auf. In diesem werden jene Konten ausgelassen, die für den betreffenden Betrieb keine Bedeutung haben.

- Der **Kontenrahmen** bezieht sich auf eine bestimmte **Wirtschaftsbranche.**
- Der **Kontenplan** bezieht sich auf einen bestimmten **Betrieb.**

Mithilfe der zehn Ziffern unseres Zahlensystems wird die Gesamtmenge der Konten nach sachlichen Gesichtspunkten (z. B. alle Finanzanlagen, alle Ertragskonten usw.) zunächst in 10 **Kontenklassen** gegliedert.

Beispiel:

Kontenklasse 0	Kontenklasse 1	Kontenklasse 2
AKTIVA		
Anlagevermögen		Umlaufvermögen

Da es in jeder Kontenklasse mehrere Konten gibt, muss man zur eindeutigen Unterscheidung eine zweite Ziffer hinzufügen. Dabei beginnt man ebenfalls wieder mit der Ziffer 0. Diese zweistellige Kontenkennzeichnung bildet jeweils eine **Kontengruppe.**

Beispiel:

Kontenklasse 0	usw.
AKTIVA	
Anlagevermögen	
. . 02 **Konzessionen, gewerbliche Schutzrechte und ähnliche Rechte und Werte sowie Lizenzen an solchen Rechten und Werten** . . 05 **Grundstücke, grundstücksgleiche Rechte und Bauten einschließlich der Bauten auf fremden Grundstücken**	

Da auch innerhalb einer Kontengruppe im Allgemeinen unterschiedliche Konten vorkommen, muss jede Kontengruppe wieder nach dem gleichen Verfahren unterteilt werden. Man spricht dann von einer bestimmten **Kontoart.** Notfalls müssen zu einer Kontoart auch **Kontounterarten** gebildet werden.

Beispiel:

Kontenklasse 0	usw.
AKTIVA	
Anlagevermögen	
. . 05 **Grundstücke, grundstücksgleiche Rechte und Bauten einschließlich der Bauten auf fremden Grundstücken** 050 Unbebaute Grundstücke 051 Bebaute Grundstücke 053 Betriebsgebäude →	**Erläuterungen:** 0530 **Konto Betriebsgebäude**[1] → Kontenklasse 0: Immaterielle Vermögensgegenstände und Sachanlagen → Kontengruppe 05: Grundstücke usw. → Kontoart 0530: Betriebsgebäude Das Konto Betriebsgebäude hat die **Kontonummer 0530**

1 Die EDV-Kontenrahmen verwenden im Allgemeinen für jede Kontoart des Hauptbuchs eine vierstellige Kontoziffer. Personenkonten (Lieferer- und Kundenkonten) haben dann fünfstellige Kontoziffern. Die 4-stellige Kontobezifferung wird in diesem Schulbuch verwendet.

5.3 Aufbau des Industriekontenrahmens

Der Industriekontenrahmen ist ein abschlussorientierter Kontenrahmen. Das bedeutet, dass sich die Reihenfolge der Kontengruppen an den Abschlussgliederungsprinzipien der Bilanz und der Gewinn- und Verlustrechnung bei Kapitalgesellschaften orientiert.

Das gilt auch für den Einsatz eines Finanzbuchhaltungsprogrammes. Im DV-System wird hinterlegt, auf welchen Posten der Bilanz bzw. der Gewinn- und Verlustrechnung der Saldo eines Kontos im Rahmen des automatisierten Jahresabschlusses übertragen werden soll.

In seiner Grobstruktur weist der angesprochene Industriekontenrahmen in den einzelnen Kontenklassen folgende Positionen aus:

Klasse 0: Immaterielle Vermögensgegenstände und Sachanlagen	⟵	Bestandskonten
Klasse 1: Finanzanlagen	⟵	Bestandskonten
Klasse 2: Umlaufvermögen und aktive Rechnungsabgrenzung	⟵	Bestandskonten
Klasse 3: Eigenkapital und Rückstellungen	⟵	Bestandskonten
Klasse 4: Verbindlichkeiten und passive Rechnungsabgrenzung	⟵	Bestandskonten
Klasse 5: Erträge	⟵	Ergebniskonten
Klasse 6: Betriebliche Aufwendungen	⟵	Ergebniskonten[1]
Klasse 7: Weitere Aufwendungen	⟵	Ergebniskonten[1]
Klasse 8: Ergebnisrechnungen	⟵	Abschlusskonten
Klasse 9: Kosten- und Leistungsrechnung (KLR)[2]		

In den folgenden Kapiteln werden die Buchungssätze nur noch unter Zuhilfenahme des Industriekontenrahmens gebildet, d.h., bei den Buchungen im Grundbuch werden vor den Kontonamen die entsprechende Kontonummer gesetzt und im Hauptbuch werden die Gegenkonten nur mit den Kontonummern angegeben.

Beispiel:

Geschäftsvorfall:

Wir zahlen eine bereits gebuchte Eingangsrechnung über 3850,00 EUR

durch Banküberweisung	3000,00 EUR
in bar	850,00 EUR

Aufgaben:

1. Buchen Sie den Geschäftsvorfall auf den Konten!
2. Bilden Sie den Buchungssatz zu dem Geschäftsvorfall!

Lösungen:

Zu 1.: Buchung auf den Konten

S	2800 Bank		H
AB	5000,00	4400	3000,00

S	2880 Kasse		H
AB	3140,00	4400	850,00

S	4400 Verbindl. a. Lief. u. Leist.		H
2800/2880	3850,00	AB	10000,00

1 Vgl. hierzu Kapitel 6, S. 64ff.

2 In der Praxis wird die Kosten- und Leistungsrechnung tabellarisch durchgeführt. Vgl. hierzu die Kompetenzbereiche 2 und 3.

Zu 2.: Buchungssatz

Geschäftsvorfall		Konten	Soll	Haben
Wir zahlen eine bereits gebuchte Eingangsrechnung über 3850,00 EUR		4400 Verb. a. L. u. L.	3850,00	
durch Banküberweisung	3000,00 EUR	an 2800 Bank[1]		3000,00
in bar	850,00 EUR	an 2880 Kasse		850,00

Kompetenztraining

23 Stoffvertiefung Kontenrahmen

1. Gegeben ist die Kontobezeichnung 0830!
   - 1.1 Nennen Sie die Information, die die erste Ziffer 0 liefert!
   - 1.2 Interpretieren Sie die Ziffernfolge 08!
   - 1.3 Geben Sie an, was die Ziffernfolge 0830 ausdrückt!
2. 2.1 Nennen Sie die Ihnen bekannten Abschlusskonten und ordnen Sie ihnen jeweils die richtige Kontoziffernfolge zu! (Name des Kontos, Kontonummer)
   - 2.2 Nennen Sie den Namen des Kontos mit der Ziffernfolge 2030!
3. 3.1 Nennen Sie den Oberbegriff, unter dem sich die Konten der Klasse 0 und 1 zusammenfassen lassen!
   - 3.2 Nehmen Sie zu dieser Begriffsbildung Stellung! Wie ist sie begründbar?

24 Buchungssätze unter Angabe der Kontonummern

Bilden Sie unter Angabe der Kontonummern und Kontonamen für folgende Geschäftsvorfälle die Buchungssätze:

1. Kauf einer Schleifmachine bar		5800,00 EUR
2. Ein Kunde überweist einen Rechnungsbetrag auf unser Bankkonto		896,00 EUR
3. Wir kaufen eine Glasvitrine bar		120,00 EUR
4. Wir verkaufen einen gebrauchten Geschäftswagen bar		9280,00 EUR
5. Wir zahlen eine Liefererrechnung durch Banküberweisung		560,00 EUR
6. Ein Kunde zahlt einen Rechnungsbetrag über		1750,00 EUR
in bar	750,00 EUR	
per Bankscheck	1000,00 EUR	
7. Wir kaufen eine Verpackungsmaschine		11600,00 EUR
Finanzierung:		
Bankscheck	3500,00 EUR	
Barzahlung	200,00 EUR	
Restverbindlichkeit	7900,00 EUR	

1 Im Industriekontenrahmen wird das Konto 2800 mit „Guthaben bei Kreditinstituten (Bank)" bezeichnet. Der Einfachheit halber bezeichnen wir das Konto weiterhin mit **Bank**.

25 Buchungssätze unter Angabe der Kontonummern

Bilden Sie die Buchungssätze für die folgenden Belege der Möbelfabrik Franz Heinzler e. Kfm.!

Beleg 1

NÜMASCH AG · NÜRNBERG

NÜMASCH AG, Postfach 145, 90458 Nürnberg

Möbelfabrik
Franz Heinzler e. Kfm.
Martinistr. 15
88400 Biberach

Rechnungsdatum:	30. 06. 20. .
Kunden-Nr.:	35689
Bestell-Nr.:	14500
Lieferdatum:	24. 06. 20. .

Rechnung-Nr. 414

Pos.	Art.-Nr.	Bezeichnung	Gesamtbetrag EUR
1	500	Sägemaschine, elektr.	10 000,00[1]

NÜMASCH AG
Budapester Str. 7
90459 Nürnberg
Telefon: 0911 2456-0
Telefax: 0911 2456-1

Sitz der Gesellschaft: Nürnberg
RG Nürnberg: HRB 7004
Steuer-Nr.: 72317/54690
UID-Nr.: DE 129 044 007

Bankverbindung:
Deutsche Bank Nürnberg
IBAN: DE94 7607 0012 0655 3219 87
BIC: DEUTDEMM760

Beleg 2

SIK - KAD 8/98 S

Bitte beachten Sie die Hinweise auf der Rückseite

IBAN		BIC
DE27 6545 0070 0013 5976 43	SPARKASSE BIBERACH	SBCRDE66

Buchungstag	Tag der Wertstellung	Verwendungszweck/Buchungstext		alter Kontostand
				+ 1 220,50
30.06.	30.06.	Rechnung Franz Zeh 16.06.20 . .	1719	− 2 810,20
30.06.	30.06.	Bareinzahlung		+ 2 000,00

Möbelfabrik
Franz Heinzler e. Kfm.
Martinistraße 15
88400 Biberach

+ 410,30
neuer Kontostand

5000

UST-ID DE 146350450

Kontoauszug vom	Auszug	Blatt
30.06.20..	21	1

1 Auf die Buchung der Umsatzsteuer wird hier verzichtet, weil die Umsatzsteuer lt. Bildungsplan erst später zu behandeln ist.

6 Ergebniskonten eröffnen, auf ihnen buchen, über das GuV-Konto auf das Eigenkapital abschließen und das Ergebnis interpretieren

6.1 Aufwendungen, Erträge, Aufwandskonten, Ertragskonten

(1) Aufwendungen und Erträge

Bisher wurde das Eigenkapital durch die Geschäftsvorfälle nicht berührt. Dies ändert sich jetzt. Das Eigenkapital kann entweder zunehmen oder abnehmen. Die **Zugänge des Eigenkapitals** ergeben sich durch **Erträge,** die **Abgänge** durch **Aufwendungen.**[1]

Soll	Eigenkapital	Haben
– Abgänge		Anfangsbestand
		+ Zugänge

↓ Minderung des Eigenkapitals durch **Aufwendungen**

↓ Erhöhung des Eigenkapitals durch **Erträge**

Beispiele:	Beispiele:
■ Aufwendungen für Roh-, Hilfs- und Betriebsstoffe ■ Aufwendungen für Handelswaren ■ Löhne, Gehälter ■ Aufwendungen für Mieten, Steuern, Versicherungen, Büromaterial …	■ Verkauf von Erzeugnissen ■ Verkauf von Waren ■ Erträge aus Wertpapieren ■ Erlöse aus Vermietung ■ Zinserträge, Provisionserträge, Kursgewinne …

- **Abgänge beim Eigenkapital** durch **Aufwendungen.**
- **Zugänge beim Eigenkapital** durch **Erträge.**
- **Aufwendungen vermindern, Erträge erhöhen das Eigenkapital.**

(2) Aufwands- und Ertragskonten

Um die einzelnen Aufwendungen und Erträge übersichtlich und jederzeit verfügbar zu haben, werden die Aufwendungen und Erträge nicht direkt auf dem Eigenkapital gebucht, sondern es werden **Unterkonten des Eigenkapitals** gebildet. Die **Aufwendungen** werden auf **Aufwandskonten,** die **Erträge** auf **Ertragskonten** gebucht.

1 Die Begriffe Ergebniskonten und Erfolgskonten sind identisch (gleichwertig). Beide Begriffe werden in Zukunft synonym verwandt.

In schematischer Zusammenfassung ergibt sich die folgende Darstellung:

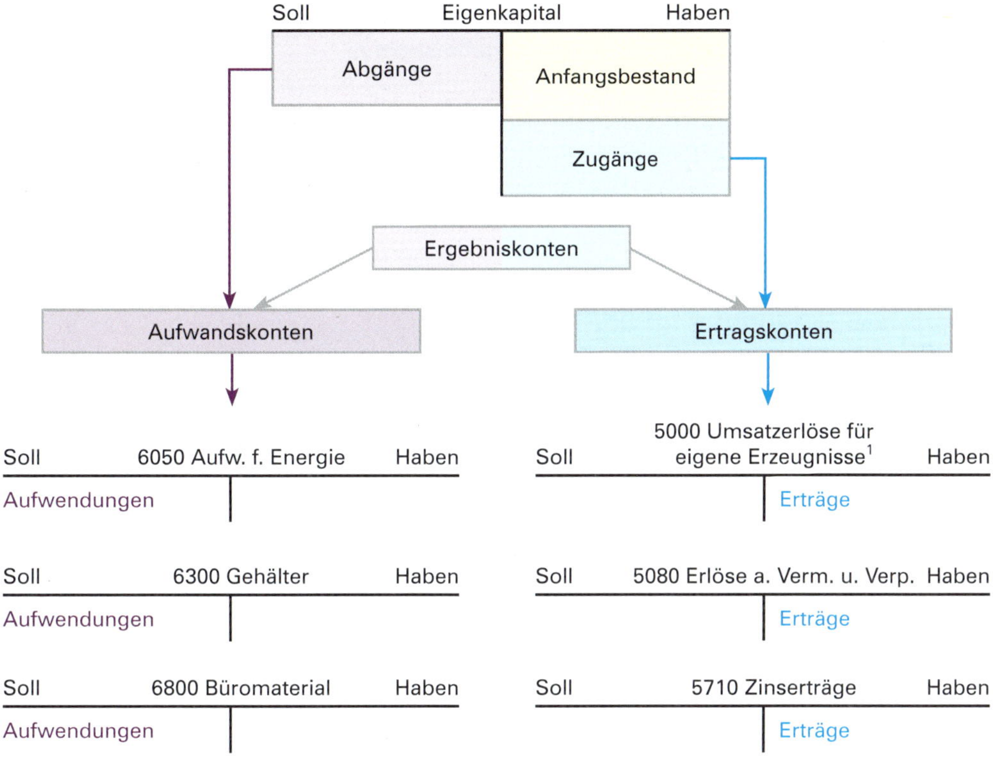

- **Aufwandskonten** erfassen die **Minderungen (Abgänge) beim Eigenkapital.**
- **Ertragskonten** erfassen die **Mehrungen (Zugänge) beim Eigenkapital.**

Durch die Aufwands- und Ertragskonten werden die **Ursachen des Erfolgs** (Gewinn oder Verlust) eines Industrieunternehmens deutlich. Die Aufwands- und Ertragskonten werden daher als **Ergebniskonten (Erfolgskonten)** bezeichnet. Geschäftsvorfälle, die das **Eigenkapital verändern,** bezeichnet man als **erfolgswirksame Geschäftsvorfälle.** Geschäftsvorfälle, die das **Eigenkapital nicht verändern,** bezeichnet man als **erfolgsunwirksame (erfolgsneutrale) Geschäftsvorfälle.**

- Die Aufwands- und Ertragskonten sind **Unterkonten des Eigenkapitalkontos.**
- Bei den Aufwandskonten stehen die **Aufwendungen** immer auf der **Sollseite.**
- Bei den Ertragskonten stehen die **Erträge** immer auf der **Habenseite.**
- Für jede Aufwendungs- und Ertragsart wird jeweils ein **eigenes Konto** eingerichtet.
- Da die Aufwands- und Ertragskonten Auskunft darüber geben, wodurch das Ergebnis (Gewinn oder Verlust) zustande gekommen ist, nennt man sie **Ergebniskonten.**

1 Einen Hinweis zur Buchung von Erträgen (Kontenklasse 5) nach dem Bilanzrichtlinie-Umsetzungsgesetz [BilRuG] finden Sie auf der Rückseite des Vorwortes.

5 Speth u.a. - ISBN 978-3-8120-0595-1

Kompetenztraining

26 Stoffvertiefung zu Eigenkapital und Ergebniskonten

1. Erläutern Sie den Zusammenhang zwischen den Ergebniskonten und dem Eigenkapitalkonto!
2. Begründen Sie, ob das System der doppelten Buchführung auch ohne die Einrichtung von Ergebniskonten funktionieren würde!
3. Erklären Sie, aus welchen Gründen Ergebniskonten eingerichtet werden!
4. Begründen Sie, warum es auf den Ergebniskonten keine Anfangsbestände geben kann!
5. Stellen Sie die Auswirkungen der Aufwendungen auf das Eigenkapital dar!
6. Begründen Sie, weshalb Aufwendungen auf der Sollseite und Erträge auf der Habenseite gebucht werden!
7. Nennen Sie Gründe, warum die Aufwendungen und Erträge nicht direkt auf dem Eigenkapitalkonto gebucht werden!

27 Beurteilung von Geschäftsvorfällen

Beurteilen Sie folgende Geschäftsvorfälle hinsichtlich ihrer Erfolgswirksamkeit. Übertragen Sie die Tabelle in Ihr Heft und kreuzen Sie die entsprechende Spalte in dem vorgesehenen Schema an!

Nr.	Geschäftsvorfälle	erfolgs-unwirksam	erfolgs-wirksam	Aufwand	Ertrag
1.	Wir zahlen eine Liefererrechnung durch Banküberweisung				
2.	Wir verkaufen Handelswaren auf Ziel				
3.	Wir kaufen Büromaterial bar				
4.	Verbrauch von Rohstoffen				
5.	Ein Kunde zahlt durch Banküberweisung				
6.	Wir verkaufen Fertigerzeugnisse bar				
7.	Die Bank belastet uns mit Zinsen				
8.	Barzahlung für ein Werbeinserat				
9.	Banküberweisung für Grundsteuer				
10.	Barkauf eines Büroschrankes				
11.	Barkauf von Hilfsstoffen zum sofortigen Verbrauch				

6.2 Buchungen auf den Ergebniskonten

6.2.1 Buchungsregeln für die Ergebniskonten und Beispiele für die Buchung von Aufwendungen und Erträgen

(1) Buchungsregeln für die Ergebniskonten

Auf den Ergebniskonten gibt es nur Aufwendungen und Erträge. Die **Aufwendungen** (Abgänge auf dem Eigenkapitalkonto) sind auf der **Sollseite des entsprechenden Aufwandskontos** zu buchen. Die **Erträge** (Zugänge auf dem Eigenkapitalkonto) sind auf der **Habenseite des entsprechenden Ertragskontos** zu buchen. Es gelten folgende Buchungsregeln:

Soll	Aufwandskonto	Haben
Aufwendungen		

Aufwendungen stehen immer auf der **Sollseite** der Aufwandskonten.

Soll	Ertragskonto	Haben
		Erträge

Erträge stehen immer auf der **Habenseite** der Ertragskonten.

- Auf den **Ergebniskonten** gibt es **keinen Anfangsbestand, keine Zugänge, keine Abgänge** und **keinen Schlussbestand.** Diese Begriffe bleiben den Bilanzkonten (Bestandskonten) vorbehalten.
- Bei den **Ergebniskonten** gibt es nur **Aufwendungen** und **Erträge.**

(2) Beispiele für die Buchungen von Aufwendungen[1] und Erträgen

Bilden Sie zu den nachfolgenden Geschäftsvorfällen die Buchungssätze!

1. Geschäftsvorfall: Für eine Werbeanzeige in der Fachzeitschrift bezahlen wir die Rechnung über 1 250,00 EUR durch Banküberweisung.

Konten	Soll	Haben
6870 Werbung an 2800 Bank	1 250,00	 1 250,00

2. Geschäftsvorfall: Wir bezahlen die Leasingrate in Höhe von 1 050,00 EUR durch Banküberweisung.

Konten	Soll	Haben
6710 Leasing an 2800 Bank	1 050,00	 1 050,00

3. Geschäftsvorfall: Die Bank schreibt uns Zinsen in Höhe von 950,00 EUR gut.

Konten	Soll	Haben
2800 Bank an 5710 Zinserträge	950,00	 950,00

4. Geschäftsvorfall: Wir erhalten vom Lieferer eine Verkaufsprovision von 8 500,00 EUR durch Bankscheck für die Vermittlung eines Großauftrags.

Konten	Soll	Haben
2800 Bank an 5090 Sonstige Nebenerlöse	8 500,00	 8 500,00

1 Auf die Buchungen der Werkstoffe und Handelswaren wird in den Kapiteln 6.2.2 und 6.2.3, S. 69 ff. eingegangen.

28 Formulierung des Geschäftsvorfalls aufgrund eines Belegs und Bildung des Buchungssatzes

Formulieren Sie aufgrund der vorliegenden Belege[1] die zugrunde liegenden Geschäftsvorfälle und buchen Sie die Belege im Grundbuch der Metallwerke Hans Wanner GmbH, Kopernikusstraße 80, 73432 Aalen!

Beleg 1

EBE - WERKE AG
DORTMUND

Hans Wanner GmbH
Kopernikusstraße 80
73432 Aalen

Kurzmitteilung: 15.01.20..

Sehr geehrte Damen und Herren,
wir haben festgestellt, dass Sie unsere Rechnung Nr. 501 vom 10. 01. 20 . . doppelt bezahlt haben.

Den Rechnungsbetrag in Höhe von 8140,20 EUR haben wir heute auf Ihr Konto bei der Commerzbank Aalen zurücküberwiesen.

Mit freundlichen Grüßen
EBE-Werke AG
i. A. Potte

Beleg 2

NOTHHAFT
FÜR BÜRO, SCHULE UND ZUHAUSE
Sauerbruchstr. 8 73432 Aalen

BARVERKAUF

Nopi Paketklebeband 66x50				
57212	1,00	2,19	1	2,19 EUR
PRITT Klebestift WA 13 40 g				
PRI 371047	2,00	3,85	1	7,70 EUR
E-1800/0,1 FARBE 002 rot				
edd1800	1,00	2,89	1	2,89 EUR
Kopierpapier A4 weiß 80 g/qm				
8078451a8	1,00	3,49	1	3,49 EUR
	Gesamtsumme:			16,27 EUR

Beleg 3

Josef Sigg OHG
Buch- und Offsetdruck
Blumenstr. 17
30159 Hannover

Buch- und
JOSEF SIGG OHG
Offset- druck

Hans Wanner GmbH
Kopernikusstraße 80
73432 Aalen

Rechnung Nr. 1572

Lieferdatum: 24.01.20..
Rechnungsdatum: 30.01.20..

Auftrags-Nr.		Preis in EUR
519	5000 Vordrucke für Ausgangsrechnungen – Lieferschein Nr. 1010 –	295,00

Sitz der Gesellschaft: Hannover   RG Hannover: HRA 195   Steuer-Nr.: 88712/15945

1 Bei den Belegen in dieser Aufgabe wird auf den Ausweis der Umsatzsteuer verzichtet, weil diese noch nicht behandelt wurde.

Beleg 4

DEUTSCHE POST AG
73431 Aalen
85051034 6941 15.01.20..

LABELFREIMACHUNG 1 STÜCK x 4,70 EUR
*4,70 EUR A, 1

BRUTTOUMSATZ *4,70 EUR

VIELEN DANK FÜR IHREN BESUCH.
IHRE DEUTSCHE POST AG

Beleg 5

Firma: Möbelfabrik Tobias Hauser KG
Karlstraße 20–24 · 38259 Salzgitter

QUITTUNG

EINGEGANGEN 30. Jan. 20..

1 Büroschrank 1927,80 EUR

Hans Wanner GmbH
Kopernikusstr. 80
73432 Aalen

Betrag dankend erhalten
30.01.20..

Heim

Beleg 6

	IBAN	BIC	erstellt am	Auszug	Blatt
COMMERZBANK AG	DE89 6148 0001 0061 0003 54	DRESDEFF614	27.01.20..	10	1

ALTER SALDO VOM 24.01.20..			12 895,40 H
26.01.20..	Rechnung 20.01.20..		8 720,10 H
26.01.20..	Zinsgutschrift		520,00 H
26.01.20..	Feuerversicherung (Lastschrift)	1 100,00 S	
26.01.20..	Grundsteuer (Geschäft)	1 450,50 S	

Hans Wanner GmbH
Kopernikusstr. 80
73432 Aalen

NEUER SALDO 19 585,00 H

Bitte Rückseite beachten

Wichtiger Hinweis:

In der Praxis wird der Einkauf von Werkstoffen und Handelswaren entweder sofort als **Verbrauch** auf den **Konten der Klasse 6** (Just-in-time-Verfahren, aufwandsorientiertes Verfahren) oder als **Bestand** auf Konten der **Klasse 2** (bestandsorientiertes Verfahren) erfasst.

In diesem Schulbuch wird die Beschaffung von Werkstoffen und Handelswaren nach dem **Just-in-time-Verfahren** gebucht.

6.2.2 Buchungen beim Einkauf von Werkstoffen und Handelswaren nach dem Just-in-time-Verfahren

Der durch den starken Konkurrenzdruck ausgelöste Zwang zur Kostensenkung hat in der Praxis dazu geführt, nach Wegen zu suchen, wie man die nicht unerheblichen Lagerkosten minimieren kann. Daher wird in einem modernen Industriebetrieb nach Möglichkeit immer nur so viel an Werkstoffen eingekauft, wie auch unmittelbar für die Produktion benötigt wird. Das bedingt eine sehr genaue Abstimmung der Beschaffungspläne mit den Produktionsplänen. Werkstoffe müssen genau dann im Betrieb ankommen, wenn sie benötigt werden. Daher spricht man auch vom **Just-in-time-Verfahren.**

Da die **eingekauften Werkstoffe** direkt in den Fertigungsprozess eingehen, werden sie auch direkt auf den entsprechenden **Aufwandskonten** erfasst. Man spricht vom **aufwandsrechnerischen Verfahren (Just-in-time-Verfahren).**

Geschäftsvorfälle	Konten	Soll	Haben
Wir kaufen Rohstoffe bar 10 000,00 EUR	6000 Aufw. f. Rohst./Fertigungsmat. an 2880 Kasse	10 000,00	 10 000,00
Wir kaufen Handelswaren auf Ziel 5 550,00 EUR	6080 Aufw. f. Waren an 4400 Verb. a. L. u. L.	5 550,00	 5 550,00
Wir kaufen Betriebsstoffe und zahlen per Banküberweisung 8 400,00 EUR	6030 Aufw. f. Betriebsstoffe an 2800 Bank	8 400,00	 8 400,00

Kompetenztraining

29 Bilden von Buchungssätzen

Bilden Sie zu folgenden Geschäftsvorfällen die Buchungssätze:

1. Wir kaufen Betriebsstoffe auf Ziel 7 100,00 EUR
2. Wir kaufen Handelswaren bar 1 950,00 EUR
3. Kauf von Hilfsstoffen gegen Bankscheck 14 200,00 EUR
4. Kauf von Rohstoffen auf Ziel 3 720,00 EUR
5. Wir kaufen Fremdbauteile gegen Banküberweisung 7 410,00 EUR

6.2.3 Buchungen beim Verkauf von eigenen Erzeugnissen

Der Verkauf der hergestellten Erzeugnisse stellt einen Ertrag dar. Buchungstechnisch werden die Umsatzerlöse aus eigenen Erzeugnissen und die Umsatzerlöse für Handelswaren auf getrennten Konten ausgewiesen. Es sind somit die Konten

- **5000 Umsatzerlöse für eigene Erzeugnisse,**
- **5100 Umsatzerlöse für Waren.**

zu führen.

Beispiel:

I. Geschäftsvorfall:

Wir verkaufen eigene Erzeugnisse auf Ziel 21 000,00 EUR.

II. Aufgabe:

Bilden Sie den Buchungssatz!

Lösung:

Konten	Soll	Haben
2400 Ford. a. Lief. u. Leist. an 5000 Umsatzerlöse für eig. Erzeugnisse	21 000,00	 21 000,00

Kompetenztraining[1]

30 Bildung von Buchungssätzen

Bilden Sie für die folgenden erfolgsneutralen (erfolgsunwirksamen) und erfolgswirksamen Geschäftsvorfälle die Buchungssätze! Geben Sie in einer besonderen Spalte an, ob der Geschäftsvorfall erfolgswirksam oder erfolgsneutral ist!

1.	Verkauf von Erzeugnissen auf Ziel	75800,00 EUR
2.	Wir zahlen die Ausbildungsvergütung für einen gewerblichen Auszubildenden durch Banküberweisung	650,00 EUR
3.	Wir kaufen Hilfsstoffe bar	500,00 EUR
4.	Wir zahlen eine Rechnung für Gebäuderenovierung durch Banküberweisung	8750,00 EUR
5.	Wir kaufen einen Büroschrank bar	850,00 EUR
6.	Wir zahlen Heizöl für eine Lagerhalle durch Banküberweisung	5300,00 EUR
7.	Einkauf von Betriebsstoffen auf Ziel	1350,00 EUR
8.	Wir kaufen Büromöbel bar	1500,00 EUR
9.	Bareinkauf von Betriebsstoffen	500,00 EUR
10.	Wir zahlen Reparaturkosten für eine Produktionsmaschine durch Banküberweisung	4000,00 EUR
11.	Ein Kunde überweist einen Rechnungsbetrag auf unser Bankkonto	250,00 EUR
12.	Bankgutschrift für erhaltene Provisionen	200,00 EUR
13.	Wir zahlen Reisekosten an unseren Reisenden durch Banküberweisung	6000,00 EUR
14.	Wir bezahlen die Leasingrate für den Geschäfts-Pkw bar	410,00 EUR
15.	Wir überweisen für eine Liefererrechnung durch die Bank	2720,00 EUR
16.	Zahlung der Garagenmiete für das Auslieferungsfahrzeug durch Bankdauerauftrag	140,00 EUR
17.	Wir kaufen einen Gabelstapler auf Ziel	7980,00 EUR
18.	Die Bank überweist Zinsen für das Termingeld	820,50 EUR
19.	Banküberweisung der Kfz-Steuer für das Auslieferungsfahrzeug	961,70 EUR

31 Bildung von Buchungssätzen

Bilden Sie zu den folgenden erfolgswirksamen Geschäftsvorfällen die Buchungssätze!

1.	Wir zahlen Miete für die Lagerräume durch Banküberweisung	4000,00 EUR
2.	Die Bank schreibt uns Zinsen gut	210,00 EUR
3.	Wir zahlen die Ausbildungsvergütung für einen kaufmännischen Auszubildenden bar	580,00 EUR
4.	Einkauf von Rohstoffen auf Ziel	25000,00 EUR
5.	Zinslastschrift der Bank	651,00 EUR
6.	Verkauf von Erzeugnissen auf Ziel	56000,00 EUR
7.	Zahlung der Grundsteuer durch Banküberweisung	2380,00 EUR
8.	Für Büromaterialien wurden bar bezahlt	123,00 EUR
9.	Banküberweisung der Kfz-Steuer für die Betriebsfahrzeuge	630,00 EUR
10.	Einkauf von Hilfsstoffen bar	2200,00 EUR

1 Sofern es sich um Zahlungen handelt, die als Aufwand zu erfassen sind, ist davon auszugehen, dass die zugrunde liegende Rechnung noch nicht gebucht wurde.

6.3 Abschluss der Aufwands- und Ertragskonten über das Gewinn- und Verlustkonto

Als Unterkonten des Eigenkapitals müssten die Ergebniskonten direkt über das Eigenkapitalkonto abgeschlossen werden. Aus Gründen der Übersichtlichkeit wird auf dem Konto Eigenkapital jedoch nur das **Gesamtergebnis,** d.h. die Differenz zwischen der Summe der Erträge und der Summe der Aufwendungen (Gewinn bzw. Verlust) ausgewiesen. Das bedeutet, dass die einzelnen Aufwendungen und Erträge auf einem Zwischenkonto einander gegenübergestellt werden müssen. Da aus der Gegenüberstellung aller Erträge mit allen Aufwendungen der Gewinn oder Verlust des Unternehmens errechnet wird, heißt dieses Zwischenkonto **Gewinn- und Verlustkonto (GuV-Konto).**

- Auf dem **GuV-Konto** werden die **Aufwendungen** und **Erträge** einander gegenübergestellt.
- Der **Saldo** auf dem GuV-Konto weist den **Gewinn** bzw. **Verlust** des Unternehmens aus.

Erträge > Aufwendungen = Gewinn
Erträge < Aufwendungen = Verlust

Der auf dem GuV-Konto ermittelte Gewinn oder Verlust wird anschließend auf das Konto **Eigenkapital** umgebucht. Das **GuV-Konto** ist ein **Unterkonto des Eigenkapitalkontos.** Ein Gewinn erhöht das Eigenkapital, ein Verlust vermindert es.

Beispiel:

Das folgende Beispiel beschränkt die kontenmäßige Darstellung auf die Ergebniskonten. Die Bilanzkonten werden ausgeklammert, um den Abschluss der Ergebniskonten deutlich herausstellen zu können.

I. Anfangsbestand auf dem Konto 3000 Eigenkapital: 30 000,00 EUR

II. Erfolgswirksame Geschäftsvorfälle:

		Konten	Soll	Haben
1. Einkauf von Rohstoffen auf Ziel	20 000,00 EUR	6000 Aufw. f. Rohstoffe an 4400 Verb. a.L.u.L.	20 000,00	 20 000,00
2. Kauf von Büromaterial bar	80,00 EUR	6800 Büromaterial an 2880 Kasse	80,00	 80,00
3. Abbuchung der Stromkosten vom Bankkonto	150,00 EUR	6050 Aufw. f. Energie an 2800 Bank	150,00	 150,00
4. Verkauf von Erzeugnissen auf Ziel	45 000,00 EUR	2400 Ford. a.L.u.L. an 5000 UE f. eig. Erz.	45 000,00	 45 000,00
5. Gutschrift der Bank für Zinsen	140,00 EUR	2800 Bank an 5710 Zinserträge	140,00	 140,00

III. Aufgabe:

Führen Sie den Abschluss der Ergebniskonten bis zum Eigenkapital durch!

Lösung:

Aufwandskonten

S	6000 Aufw. f. Rohstoffe		H
4400	20 000,00	8020	20 000,00

S	6800 Büromaterial		H
2880	80,00	8020	80,00

S	6050 Aufw. f. Energie		H
2800	150,00	8020	150,00

S	8020 GuV-Konto		H
6000	20 000,00	5000	45 000,00
6800	80,00	5710	140,00
6050	150,00		
3000	24 910,00		
	45 140,00		45 140,00

Ertragskonten

S	5000 UE. f. eig. Erzeugn.		H
8020	45 000,00	2400	45 000,00

S	5710 Zinserträge		H
8020	140,00	2800	140,00

S	3000 Eigenkapital		H
8010	54 910,00	AB	30 000,00
		8020	24 910,00
	54 910,00		54 910,00

Der Abschluss der Ergebniskonten vollzieht sich in drei Schritten:

1. Schritt: Abschluss der Aufwandskonten über das GuV-Konto.

2. Schritt: Abschluss der Ertragskonten über das GuV-Konto.

3. Schritt: Abschluss des GuV-Kontos über das Eigenkapitalkonto.

In der doppelten Buchführung besteht eine **doppelte Möglichkeit der Ergebnisermittlung (Erfolgsermittlung)**:

- **Im Ergebniskontenbereich:**

  Hier wird das Ergebnis (Gewinn oder Verlust) durch die Gegenüberstellung der Aufwendungen mit den Erträgen auf dem GuV-Konto ermittelt. Auf dem GuV-Konto sind auch die einzelnen Ertrags- und Aufwandsarten ersichtlich.

	Summe der Erträge	45 140,00 EUR
–	Summe der Aufwendungen	20 230,00 EUR
=	Ergebnis (Gewinn)	24 910,00 EUR

Soll	8020 GuV		Haben
6000	20 000,00	5000	45 000,00
6800	80,00	5710	140,00
6050	150,00		
3000	24 910,00		
	45 140,00		45 140,00

- **Im Bilanzkontenbereich:**

  Hier wird das Ergebnis (Gewinn oder Verlust) durch den Vergleich des Eigenkapitals am Ende des Geschäftsjahres mit dem Eigenkapital am Anfang des Geschäftsjahres ermittelt.

	Eigenkapital am Ende des Geschäftsjahres	54 910,00 EUR
–	Eigenkapital am Anfang des Geschäftsjahres	30 000,00 EUR
=	Ergebnis (Gewinn)	24 910,00 EUR

Soll	3000 Eigenkapital		Haben
8010	54 910,00	AB	30 000,00
		8020	24 910,00
	54 910,00		54 910,00

Kompetenztraining

32 Bilden von Buchungssätzen, Buchen auf Ergebniskonten, Abschluss der Ergebniskonten

I. Anfangsbestände:

2800 Bank 150 000,00 EUR; 3000 Eigenkapital 150 000,00 EUR

II. Geschäftsvorfälle:

1.	Banküberweisung für den Beitrag zur Industrie- u. Handelskammer	2 800,00 EUR
2.	Zinsgutschrift der Bank	490,00 EUR
3.	Die Reparaturkosten für ein Kopiergerät werden mit Bankscheck bezahlt	512,00 EUR
4.	Lohnzahlung durch Banküberweisung	1 290,00 EUR
5.	Banküberweisung der Kfz-Steuer für die Betriebsfahrzeuge	950,00 EUR
6.	Mieteinnahmen per Bankscheck	4 650,00 EUR
7.	Banküberweisung für die Feuerversicherung des Lagers	460,00 EUR
8.	Büromaterial wird mit Bankscheck gekauft	370,00 EUR
9.	Wir erhalten Provision durch Banküberweisung	9 980,00 EUR
10.	Ein Zeitungsinserat wird mit Banküberweisung beglichen	290,00 EUR

III. Aufgaben:

1. Eröffnen Sie die Konten Bank und Eigenkapital durch Vortrag der Anfangsbestände!
2. Bilden Sie die Buchungssätze und buchen Sie auf den Konten!
3. Führen Sie den Abschluss durch!

33 Stoffvertiefung zum Begriff Erfolg

Entscheiden Sie außerhalb des Buches, welche der folgenden Aussagen richtig sind:

1. Der Begriff Erfolg beinhaltet immer einen Gewinn.
2. Ist das Reinvermögen am Ende der Geschäftsperiode höher als am Anfang, wurde in der Geschäftsperiode ein Gewinn erzielt.
3. Vermögen – Schulden = Erfolg.
4. Ein Verlust liegt vor, wenn das Eigenkapital am Anfang der Geschäftsperiode größer ist als am Ende.
5. Die Formel für die Erfolgsermittlung lautet:

   Eigenkapital am Anfang der Geschäftsperiode
   – Eigenkapital am Ende der Geschäftsperiode
   = Erfolg

6.4 Geschäftsgang mit Bestands- und Erfolgskonten

Beispiel:

I. Anfangsbestände:

0510 Bebaute Grundstücke 150 000,00 EUR, 0800 Andere Anlagen 350 000,00 EUR, 0870 Büromöbel 80 000,00 EUR, 2000 Rohstoffe 235 000,00 EUR, 2400 Forderungen aus Lieferungen und Leistungen 160 320,00 EUR, 2800 Bank 137 850,00 EUR, 3000 Eigenkapital 575 000,00 EUR, 4200 Verbindlichkeiten gegenüber Kreditinstituten 400 000,00 EUR, 4400 Verbindlichkeiten aus Lieferungen und Leistungen 138 170,00 EUR.

II. Kontenplan:

0510, 0800, 0870, 2000, 2400, 2800, 3000, 4200, 4400, 5000, 5710, 6000, 6700, 7020, 7510, 8000, 8010, 8020

III. Geschäftsvorfälle:

1.	Kauf von Rohstoffen auf Ziel	104500,00 EUR
2.	Kauf von Büromöbeln auf Ziel	14500,00 EUR
3.	Verkauf von Erzeugnissen auf Ziel	214948,00 EUR
4.	Banküberweisung für das gemietete Verwaltungsgebäude	12000,00 EUR
5.	Die Bank belastet unser Kontokorrentkonto mit den Halbjahreszinsen für das aufgenommene Bankdarlehen	16000,00 EUR
6.	Banküberweisung für die Grundsteuer	4000,00 EUR
7.	Bankgutschrift für Zinsen	1750,00 EUR

IV. Abschlussangabe:

Der Schlussbestand der Rohstoffe beträgt lt. Inventur 235000,00 EUR.

V. Aufgaben:

1. Buchen Sie die Anfangsbestände unter Einbeziehung des Eröffnungsbilanzkontos!
2. Bilden Sie die Buchungssätze für die Geschäftsvorfälle!
3. Buchen Sie auf den Konten!
4. Schließen Sie die Konten ab!

Lösungen:

Zu 2.: Buchungssätze für die Geschäftsvorfälle

Nr.	Konten	Soll	Haben
1.	6000 Aufwendungen für Rohstoffe an 4400 Verbindlichkeiten aus Lieferungen und Leistungen	104500,00	 104500,00
2.	0870 Büromöbel an 4400 Verbindlichkeiten aus Lieferungen und Leistungen	14500,00	 14500,00
3.	2400 Forderungen aus Lieferungen und Leistungen an 5000 Umsatzerlöse für eigene Erzeugnisse	214948,00	 214948,00
4.	6700 Mieten, Pachten an 2800 Bank	12000,00	 12000,00
5.	7510 Zinsaufwendungen an 2800 Bank	16000,00	 16000,00
6.	7020 Grundsteuer an 2800 Bank	4000,00	 4000,00
7.	2800 Bank an 5710 Zinserträge	1750,00	 1750,00

Zu 1., 3. und 4.: Buchung auf den Konten des Hauptbuches und Abschluss der Konten

Bilanzkonten-Bereich

Aktivkonten

S	0510 Beb. Grundstücke		H
8000	150 000,00	8010	150 000,00

S	0800 Andere Anlagen		H
8000	350 000,00	8010	350 000,00

S	0870 Büromöbel		H
8000	8 000,00	8010	94 500,00
4400	14 500,00		
	94 500,00		94 500,00

S	2000 Rohstoffe		H
8000	235 000,00	8010	235 000,00

S	2400 Ford. a. Lief. u. Leist.		H
8000	160 320,00	8010	375 268,00
5000	214 948,00		
	375 268,00		375 268,00

S	2800 Bank		H
8000	137 850,00	6700	12 000,00
5710	1 750,00	7510	16 000,00
		7020	4 000,00
		8010	107 600,00
	139 600,00		139 600,00

S	8000 EBK		H
3000	575 000,00	0510	150 000,00
4200	400 000,00	0800	350 000,00
4400	138 170,00	0870	80 000,00
		2000	235 000,00
		2400	160 320,00
		2800	137 850,00
	1 113 170,00		1 113 170,00

S	8010 SBK		H
0510	150 000,00	3000	655 198,00
0800	350 000,00	4200	400 000,00
0870	94 500,00	4400	257 170,00
2000	235 000,00		
2400	375 268,00		
2800	107 600,00		
	1 312 368,00		1 312 368,00

Passivkonten

S	3000 Eigenkapital		H
8010	655 198,00	8000	575 000,00
		8020	80 198,00
	655 198,00		655 198,00

S	4200 Verb. g. Kr. Inst.		H
8010	400 000,00	8000	400 000,00

S	4400 Verb. a.L.u.L.		H
8010	257 170,00	8000	138 170,00
		6000	104 500,00
		0870	14 500,00
	257 170,00		257 170,00

Erfolgskonten-Bereich

Aufwandskonten

S	6000 Aufw. f. Rohstoff		H
4400	104 500,00	8020	104 500,00

S	6700 Mieten/Pachten		H
2800	12 000,00	8020	12 000,00

S	7020 Grundsteuer		H
2800	4 000,00	8020	4 000,00

S	7510 Zinsaufwendungen		H
2800	16 000,00	8020	16 000,00

Ertragskonten

S	5000 UE. f. eig. Erz.		H
8020	214 948,00	2400	214 948,00

S	5710 Zinserträge		H
8020	1 750,00	2800	1 750,00

S	8020 GuV		H
6000	104 500,00	5000	214 948,00
6700	12 000,00	5710	1 750,00
7020	4 000,00		
7510	16 000,00		
3000	80 198,00		
	216 698,00		216 698,00

Kompetenztraining

34 Geschäftsgang mit Bestands- und Ergebniskonten

I. Anfangsbestände:

0700 Anlagen und Maschinen 255000,00 EUR; 2000 Rohstoffe 87000,00 EUR; 2400 Forderungen aus Lieferungen und Leistungen 38400,00 EUR; 2800 Bank 86700,00 EUR; 2880 Kasse 4100,00 EUR; 3000 Eigenkapital 345500,00 EUR; 4200 Verbindlichkeiten gegenüber Kreditinstituten 50000,00 EUR; 4400 Verbindlichkeiten aus Lieferungen und Leistungen 75700,00 EUR.

II. Kontenplan:

0700, 2000, 2400, 2800, 2880; 3000, 4200, 4400, 5000, 6160, 6200, 6710, 6720, 7510, 8000, 8010, 8020

III. Geschäftsvorfälle:

1.	Wir kaufen Maschinen auf Ziel	12200,00 EUR
2.	Zahlung der Leasingrate für die Telefonanlage durch Banklastschrift	4210,00 EUR
3.	Verkauf von eigenen Erzeugnissen auf Ziel	78700,00 EUR
4.	Die Rechnung für Reparaturen am Maschinenpark wird durch Banküberweisung beglichen	23900,00 EUR
5.	Bankbelastungen:	
	– Tilgung eines Bankdarlehens	8000,00 EUR
	– Zinszahlung	3100,00 EUR
6.	Verkauf von eigenen Erzeugnissen gegen Bankscheck	57800,00 EUR
7.	Zahlung von Lizenzgebühren mit Banküberweisung	26000,00 EUR
8.	Banküberweisung für Löhne	28500,00 EUR
9.	Eine schon gebuchte Rechnung wird durch den Kunden bar bezahlt	7700,00 EUR
10.	Banküberweisung an einen Lieferer	6900,00 EUR

IV. Aufgaben:

1. Buchen Sie die Anfangsbestände unter Einbeziehung des Eröffnungsbilanzkontos!
2. Bilden Sie die Buchungssätze und buchen Sie auf den Konten!
3. Schließen Sie die Konten über das Schlussbilanzkonto ab!
4. Stellen Sie auf der Grundlage des buchhalterischen Abschlusses eine nach handelsrechtlichen Vorschriften gegliederte Bilanz sowie eine Gewinn- und Verlustrechnung auf!

6.5 Vergleich von Bilanz (Unternehmensbilanz) und Ökobilanz

(1) Bilanz

Die Bilanz ist die **wertmäßige** Gegenüberstellung von Vermögen und Kapital zu einem bestimmten Zeitpunkt. Das Vermögen weist die tatsächliche Verwendung der finanziellen Mittel, das Kapital die Ansprüche der Gläubiger und Unternehmer an das Vermögen aus.

Aufgaben (Funktionen) der Bilanz sind:

- Interessengruppen (z.B. Kapitalgeber, Steuerbehörden) über die aktuelle Vermögenslage des Unternehmens zu informieren **(Informationsfunktion)**.
- die Nachprüfbarkeit von Geschäftsvorgängen zu sichern, um rechtliche Vorgaben zu erfüllen **(Dokumentationsfunktion)**.
- den Erfolg des Unternehmens durch den Vergleich des Eigenkapitalwerts zum Ende der Periode mit dem Wert des Eigenkapitals zu Beginn der Periode zu ermitteln **(Gewinnermittlungsfunktion)**.

(2) Ökobilanz und negative externe Effekte

■ Begriff Ökobilanz

Eine **Ökobilanz** ist das Umweltprotokoll eines Produkts,[1] eines Herstellungsverfahrens, einer Dienstleistung oder eines Produktionsstandortes und fasst das vorhandene Wissen über deren Auswirkungen auf die Umwelt zusammen.

Ökobilanzen können Möglichkeiten für einen wirksameren Einsatz von Rohstoffen und Energie und eine Verringerung der Umweltbelastungen durch Schadstoffe und Abfälle aufzeigen. Zudem können Ökobilanzen dazu beitragen, dass umweltfreundlichere Produkte entwickelt werden. Die Ökobilanz wird allein aus Sicht des Umweltschutzes, ohne Abwägung der ökonomischen und sozialen Auswirkungen, erstellt.

■ Beispiel einer Ökobilanz

Vereinfachte Ökobilanz der Brauerei AG[2]

31. Dezember 20..

Input		Output	
1. Rohstoffe		**1. Hauptprodukte**	
Quellwasser	93 210 hl	Bier ökologisch	39 991 hl
Hopfen ökologisch	16 t	Bier konventionell	24 689 hl
Gerste ökologisch	1 663 t	Alkoholfreie Getränke	24 650 hl
Gerste konventionell	41 t	**2. Nebenprodukte**	
Weizen ökologisch	419 t	Malz ökologisch	460 t
Weizen konventionell	78 t	Hopfen sortiert	1 t
Limonadengrundstoffe	272 t	**3. Abwasser**	38 680 m^3
Kohlensäure (flüssig)	68 t	**4. Reststoffe**	
2. Hilfsstoffe		Verwertbare Abfälle	2 020 t
Kronenkorken	10 975 000 St	Sondermüll	5 t
Schraubverschlüsse	3 500 000 St	Restmüll	431 t
Neue Flaschen	653 000 St	**5. Abgase der Feuerungsanlagen**	
Etikettenleim	5 225 kg	Wasserdampf	2 464 t
Etikettensätze	14 475 000 St	Staub/Ruß	102 kg
Getränkekisten	26 595 St	CO	23 kg
Holzpaletten	500 St	CO_2	1 110 t
Kühlmittel	0 kg	SO_2	539 kg
3. Betriebsstoffe		NO_x	898 kg
Schmierstoffe	1 712 kg	**6. Abwärme**	k. A.
Filtermittel (Kieselgur)	15 t	**7. Lärm**	k. A.
Reinigungs-/Desinfektionsmittel	62 t		
4. Energie			
Strom	1 235 260 kWh		
Wärme	4 877 350 kWh		
5. Brauchwasser	60 121 m^3		

1 Im Folgenden wird ausschließlich auf die Ökobilanzen für Produkte eingegangen.

2 Aus Vereinfachungsgründen wird die Umweltbeanspruchung durch das betriebsbedingte Anlagevermögen (z. B. versiegelte Grundfläche) nicht berücksichtigt.

Ergänzende Angaben:

- Die Brauerei AG füllt die Getränke ausschließlich in Mehrwegflaschen und -fässer ab. Der durchschnittliche Verpackungsanteil am Produktgewicht liegt bei branchenüblichen 49 %.
- Die produzierten Getränke wurden durch eigene Lastzüge ausgefahren. Die Fahrzeuge legten dabei 4,3 Mio. km zurück.

Die Ökobilanzen können – wie das Beispiel von S. 78 einer Stoff- und Energiebilanz zeigt – offenlegen, welche Güter in welchen Mengen für die Produktion einzelner Produkte und Produktionsprogramme eingesetzt werden müssen und wie diese Einsatzstoffe sowie die hergestellten Fertigerzeugnisse und Emissionen (Nebenprodukte) die Umwelt (z. B. die Gewässer, die Luft und Böden) belasten können.

Zweck einer Ökobilanz

Zweck der Ökobilanzen ist es, diese vielfältigen Umweltwirkungen bei der Produktion von Sachgütern und Erbringung von Dienstleistungen zu erfassen und unter ökologischen Gesichtspunkten zu bewerten. Hierzu wird in einer Input-Output-Analyse der **Stoff- und Energieeinsatz (Input)** den **hergestellten Fertigprodukten** und **messbaren Emissionen (Output)** vergleichend gegenübergestellt.

Negative externe Effekte

Begriffsklärungen. Die Ökobilanz erfasst die Umweltbelastungen, die vom Unternehmen zu tragen sind. Die Ökobilanz erfasst damit aber nicht die gesamten Umweltbelastungen, die das Unternehmen verursacht hat. Hinzu kommen noch externe Kosten, die das Unternehmen zwar verursacht, aber nicht zu tragen hat (negative externe Kosten).

Beispiele für negative externe Effekte:

Stetiger Abbau nicht ersetzbarer Rohstoffe; Zerstörung der natürlichen Umwelt durch Verbauung und Verschmutzung, Entstehung von Krankheiten durch Lärm, Schmutz und Unfälle.

- Wirkungen, bei denen **Verursacher** und **Betroffener nicht** übereinstimmen, bezeichnet man als **externe Effekte.**
- Kosten, die nicht demjenigen angelastet werden, der sie verursacht hat, bezeichnet man als **negative externe Effekte** bzw. **externe Kosten** oder **soziale Kosten.** Sie werden auf die Gesellschaft abgewälzt.

Problem der Erfassung von negativen externen Effekten

Der Hauptgrund für die Nichterfassung der externen Kosten ist, dass die Nutzung des weitgehend „freien Gutes“ Umwelt keinen Preis hat, und damit dem Unternehmen nicht als Kosten direkt zugerechnet werden kann.

Als Folge dieser negativen externen Effekte werden beispielsweise umweltbelastende Güter mit zu niedrigen Preisen kalkuliert und angeboten, als dies bei Zurechnung mit allen durch sie verursachten Kosten – also bei-

Beispiel:

Ein Kohlekraftwerk belastet die Umwelt. Kosten, die z. B. bei Anwohnern wegen Erkrankung der Atemwege oder durch Staubniederschlag auf Gebäude anfallen, werden nicht in den Strompreis einkalkuliert, sondern von den Betroffenen bzw. der Gesellschaft getragen. Der Strompreis ist damit zu niedrig.

spielsweise inklusive der für die Beseitigung der mit ihrer Produktion bzw. mit ihrem Konsum verbundenen Umweltschäden – der Fall wäre. Durch diese verzerrte Preisbildung tritt bei zu hoher Produktion von Umweltproblemgütern eine Fehlsteuerung von Produktion und Verbrauch auf, die mit entsprechenden Umweltschäden verbunden ist.

Dem **Verursacherprinzip** folgend müssen die Kosten für die Vermeidung oder Beseitigung der Umweltbelastung demjenigen zugerechnet werden, der für die Entstehung dieser Belastung verantwortlich ist. Durch diese Zurechnung der Kosten werden umweltbelastende Güter nicht mehr mit zu niedrigen Preisen kalkuliert und angeboten, wodurch eine Fehlsteuerung von Produktion und Konsum vermieden wird. Die Zurechnung negativer externer Effekte ist jedoch sehr problematisch, da beispielsweise der „Verursacher" der Umweltbelastung nicht immer eindeutig identifiziert werden kann. Zudem ist die Politik uneins, mit welchen Maßnahmen die negativen externen Effekte auf die Verursacher aufgeteilt werden sollen.

Kompetenztraining

35 Problem externe Kosten

1. Beschreiben Sie das Grundproblem der negativen externen Effekte!
2. Begründen Sie an einem Beispiel, warum die negativen externen Kosten nur schwer fassbar sind!
3. Beschreiben Sie, welche Aufgabe dem Staat bei der Lösung der negativen externen Kosten zukommt!
4. Stellen Sie in Gruppen Beispiele für negative externe Effekte, die bei einer Produktion anfallen können, zusammen. Formulieren Sie Lösungsvorschläge zur Aufteilung der negativen externen Effekte auf die verursachenden Unternehmen und diskutieren Sie diese im Klassenverband!

7 Vorsteuer und Umsatzsteuer unterscheiden, die Zahllast und den Vorsteuerüberhang ermitteln

7.1 Aufbau der Umsatzsteuer

(1) Betriebswirtschaftliche und rechtliche Grundlagen

Bis die Waren zum Verkauf im Einzelhandel angeboten werden, durchlaufen sie häufig mehrere Unternehmen.

Beispiel:

Bis der Kunde in einem Lebensmittelgeschäft eine Ecke Schmelzkäse kaufen kann, hat das Produkt in der Regel folgende Unternehmen durchlaufen:

Milcherzeugung im **landwirtschaftlichen Betrieb** → Verarbeitung zu Käse im **Milchwerk** → Fertigung im **Schmelzkäsewerk** → Vertrieb über den **Großhandel** zum → **Einzelhandel.**

Durch **Kosten** und **Gewinn** erhöht sich in jedem Unternehmen jeweils der **Wert** des Produkts. Diesen **Mehrwert** (Unterschied zwischen Verkaufswert und Einstandswert) besteuert der Staat, d.h., jeder **Unternehmer** hat von dem Mehrwert, der von seinem Unternehmen geschaffen wird, **Umsatzsteuern [USt]** zu entrichten. Aus diesem Grunde wird die Umsatzsteuer häufig auch als **Mehrwertsteuer** bezeichnet. Rechtliche Grundlage der Umsatzsteuer (Mehrwertsteuer) ist das **Umsatzsteuergesetz [UStG].**

In vereinfachter und verkürzter Form dargestellt beantwortet das Umsatzsteuergesetz folgende Fragen:

Wer ist umsatzsteuerpflichtig?	Der **Unternehmer,** der die Leistung ausführt. Er ist **Steuerschuldner.**
Welche Umsätze sind steuerpflichtig?	■ **Lieferungen,** die ein Unternehmer **im Inland gegen Entgelt** im Rahmen seines Unternehmens ausführt. ■ **Leistungen,** die ein Unternehmer **im Inland gegen Entgelt** im Rahmen seines Unternehmens ausführt (z. B. Reparaturen, Transport von Waren, Errichtung neuer Anlagen usw.). ■ Die **Einfuhr von Gegenständen** aus einem Drittlandsgebiet **in das Inland** (Einfuhrumsatzsteuer). ■ **Innergemeinschaftlicher Erwerb** im Inland **gegen Entgelt** (z. B. Kauf von Betriebsstoffen, eines Kassensystems).
Welche Umsätze sind steuerfrei (Beispiele)?	■ Ausfuhrlieferungen in ein Drittland.[1] ■ Innergemeinschaftliche[2] Lieferungen. ■ Umsätze im Geld- und Kapitalverkehr (z. B. die Gewährung und die Vermittlung von Krediten, die Umsätze von Wertpapieren). ■ Vermietung und Verpachtung von Grundstücken. ■ Umsätze von Bausparkassenvertretern, Versicherungsvertretern und Versicherungsmaklern. ■ Umsätze aus der Tätigkeit als Arzt, Zahnarzt, Heilpraktiker und Krankengymnast. ■ Zahlung von Versicherungsbeiträgen.
Wie viel Prozent beträgt der Steuersatz?	■ Allgemeiner Steuersatz 19 % ■ Ermäßigter Steuersatz 7 % ■ Dem ermäßigten Steuersatz unterliegen z. B. die Personenbeförderung im Linienverkehr; der Verkauf von Grundnahrungsmitteln (außer dem Verzehr an Ort und Stelle); der Umsatz aus dem Verkauf von Büchern und Zeitschriften.
Von welchem Betrag wird die Umsatzsteuer berechnet?	■ Die Umsatzsteuer wird vom **Entgelt** berechnet. Das ist der vom Empfänger der Leistung zu **entrichtende Nettopreis (Bemessungsgrundlage).** ■ Die Umsatzsteuer fällt im Allgemeinen bereits dann an, wenn eine Lieferung bzw. Leistung erbracht wird, also die Forderung entsteht **(Sollbesteuerung).**

1 **Drittlandstaaten** sind Staaten, die nicht zur Europäischen Union (EU) gehören.

2 **Gemeinschaftsgebiet** umfasst das Gebiet der europäischen Staaten, die der Europäischen Union angehören. EU-Länder sind: Belgien, Bulgarien, Dänemark, Deutschland, Estland, Finnland, Frankreich, Griechenland, Großbritannien, Irland, Italien, Kroatien, Lettland, Litauen, Luxemburg, Malta, Niederlande, Österreich, Polen, Portugal, Rumänien, Schweden, Slowakei, Slowenien, Spanien, Tschechien, Ungarn und Zypern (griechischer Landesteil).

6 Speth u.a. - ISBN 978-3-8120-0595-1

(2) Berechnung der Zahllast

Bei der Berechnung der Zahllast wird zunächst vom gesamten Umsatzwert ausgegangen: 19 % bzw. 7 % vom Umsatzwert ergibt die vorläufige Umsatzsteuer.[1] Die Umsatzsteuer stellt eine **Schuld** an das Finanzamt dar. Von dieser so berechneten Steuerschuld können die auf den **Eingangsrechnungen ausgewiesenen Umsatzsteuerbeträge** als **Vorsteuer** abgezogen werden. Die Vorsteuer stellt für den Kaufmann eine **Forderung** an das Finanzamt dar. Die **Differenz zwischen Umsatzsteuer und Vorsteuer** ist dann die tatsächlich zu zahlende Steuerschuld, die **Zahllast.**

Beispiel:

Die Stolz & Krug OHG führt als Handelsware Dachgepäckträger im Sortiment. Einkauf, Verkauf und Abrechnung der Umsatzsteuer mit dem Finanzamt für die Stolz & Krug OHG werden im Folgenden dargestellt.

Lieferer → Stolz & Krug OHG → Kunde

Wareneinkauf:		**Warenverkauf:**	
5 Trägersysteme		5 Trägersysteme	
je 300,00 EUR, netto	1 500,00 EUR	je 400,00 EUR, netto	2 000,00 EUR
+ 19 % USt	285,00 EUR	+ 19 % USt	380,00 EUR
Bruttopreis	1 785,00 EUR	Bruttopreis	2 380,00 EUR

Berechnung der USt vom Mehrwert	
Verkaufspreis, netto	2 000,00 EUR
– Einkaufswert, netto	1 500,00 EUR
= Mehrwert	500,00 EUR
Davon 19 % USt	95,00 EUR
Abrechnung mit dem Finanzamt	
Einbehaltene USt (Verbindlichkeit an Finanzamt)	380,00 EUR
– Vorsteuer (Forderung an Finanzamt)	285,00 EUR
= Zahllast an Finanzamt	95,00 EUR

Auswirkungen der Umsatzsteuer auf den Erfolg eines Unternehmens:

Die Stolz & Krug OHG **zahlt USt**		Die Stolz & Krug OHG **erhält USt**	
■ an den Lieferer lt. ER	285,00 EUR	vom Kunden lt. AR	380,00 EUR
■ an das Finanzamt	95,00 EUR		
	380,00 EUR		

Erkenntnis:

- Durch die USt entstehen dem Industriebetrieb keine Kosten (Aufwendungen). Die USt ist daher ergebnisunwirksam. Sie ist ein **durchlaufender Posten.**
- Die Umsatzsteuer muss allein der **Endverbraucher** tragen. Endverbraucher sind in der Regel die **Privatverbraucher.** Der Endverbraucher ist **nicht** vorsteuerabzugsberechtigt.

1 Zur Prozentrechnung siehe S. 252 ff.

(3) Voraussetzungen für den Vorsteuerabzug

Damit die Unternehmer und ihre Leistungsempfänger den Vorsteuerabzug erhalten, müssen die **Rechnungen** folgende **Angaben** enthalten:

- **Vollständiger Name** und **vollständige Anschrift** des leistenden Unternehmers und des Leistungsempfängers,
- die **Steuernummer** oder die **Umsatzsteuer-Identifikationsnummer,**
- das **Ausstellungsdatum,**
- eine **fortlaufende Nummer** mit einer oder mehreren Zahlenreihen, die zur Identifizierung der Rechnung vom Rechnungssteller einmal vergeben wird **(Rechnungsnummer),**
- die **Menge**, die **Art** und die **handelsübliche Bezeichnung** der gelieferten Gegenstände oder die Art und den Umfang der **sonstigen Leistung,**
- den **Zeitpunkt der Lieferung** oder **sonstigen Leistung,**
- das nach **Steuersätzen** und einzelnen **Steuerbefreiungen** aufgeschlüsselte Entgelt für die Lieferung oder sonstige Leistung sowie jede im Voraus vereinbarte Minderung des Entgelts,
- der **anzuwendende Steuersatz** sowie der auf das Entgelt entfallende Steuerbetrag oder im Falle einer Steuerbefreiung der Hinweis darauf, dass für die Lieferung oder sonstige Leistung eine Steuerbefreiung gilt.

Beachte:

Bei **Rechnungen** über **Kleinbeträge** von bis zu 250,00 EUR muss lediglich angegeben werden: Name und Anschrift des leistenden Unternehmens, Ausstellungsdatum, Menge bzw. Umfang und Art der Leistung, das Entgelt und der darauf entfallende Steuerbetrag in einer Summe sowie der anzuwendende Steuersatz.

(4) Zahlungszeitpunkt der Umsatzsteuer

Die Umsatzsteuer ist eine **Jahressteuer.** Der Unternehmer muss jeweils bis zum 10. Tag nach Ablauf des Voranmeldungszeitraums eine **elektronische Umsatzsteuer-Voranmeldung** beim Finanzamt einreichen. Bei geringem Umsatz kann die Umsatzsteuer-Voranmeldung auch vierteljährlich eingereicht werden. Gleichzeitig ist für die ermittelte Zahllast eine entsprechende Vorauszahlung auf die Jahressteuer zu leisten.

Beispiel:

Verkaufsumsatz im Monat Juni 20.. 80 000,00 EUR	
19 % USt von 80 000,00 EUR	15 200,00 EUR
– Vorsteuer auf Eingangsrechnungen für den Monat Juni 20..	4 600,00 EUR
= Zahllast (an das Finanzamt zu zahlen)	10 600,00 EUR

Ist die Vorsteuer eines Monats höher als die eigene Umsatzsteuerschuld (z. B. bei saisonalen Einkäufen), so erstattet das Finanzamt die überschüssige Vorsteuer. Man spricht in diesem Zusammenhang von einem **Vorsteuerüberhang.**

Am Jahresende erfolgt die Endabrechnung mithilfe der **Jahressteuererklärung** und des **Jahressteuerbescheides.** Nachzahlungen bzw. Rückerstattungen sind nicht ausgeschlossen, da sich die Bemessungsgrundlage durch nachträgliche Skonti, Rabatte, Preisnachlässe oder aufgrund von Forderungsausfällen ändern kann.

(5) Bedeutung der Umsatzsteuer für den Staatshaushalt

Was auch immer gekauft wird, ob Smartphone oder Waschmaschine, Anzug oder Kleiderschrank, es unterliegt in Deutschland der Mehrwertsteuer. Auf den Verkaufspreis werden derzeit 19 % Steuer aufgeschlagen, die der Händler direkt an den Staat abführt. Allerdings gibt es einige Ausnahmen, zum Beispiel bei Lebensmitteln und Büchern, aber auch für Hotelübernachtungen. Dort werden derzeit nur 7 % Mehrwertsteuer fällig.

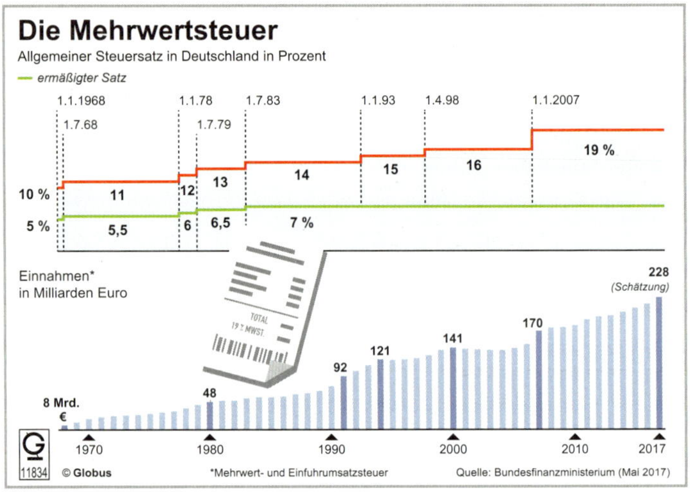

Für den Staat bringt die Umsatzsteuer den Vorteil mit sich, dass sie aufgrund der einfachen Erhebung schnell und sicher eingetrieben werden kann. Hinzu kommt, dass die Umsatzsteuer für den Staat äußerst unbürokratisch ist, da sie keinerlei Verwaltung bedarf. Die Last der Steuererhebung tragen die Unternehmen. Die Umsatzsteuer stellt somit eine sehr effiziente (besonders wirksame) Steuer dar. Zudem ermöglicht die Umsatzsteuer eine genaue Berechnung der Steuerlast, was bei einer direkten Steuer (z. B. Einkommensteuer) meist nicht gegeben ist.

7.2 Buchhalterische Erfassung der Geschäftsvorfälle Ein- und Verkauf von Handelswaren, Einkauf von Werkstoffen und Verkauf von Erzeugnissen unter Berücksichtigung der Umsatzsteuer

7.2.1 Ein- und Verkauf von Handelswaren

Die Umsatzsteuer führt bei den Unternehmen zu keinen Aufwendungen. Die Abwicklung der Umsatzsteuer erfolgt über die Bestandskonten

- **2600 Vorsteuer** (für Eingangsrechnungen)
- **4800 Umsatzsteuer** (für Ausgangsrechnungen).

Beispiel:

Kauf von Handelswaren auf Ziel lt. folgender Eingangsrechnung:		Verkauf von Handelswaren auf Ziel lt. folgender Ausgangsrechnung:	
Warenwert	1 500,00 EUR	Warenwert	2 000,00 EUR
+ 19 % USt	285,00 EUR	+ 19 % USt	380,00 EUR
= Rechnungsbetrag (ER)	1 785,00 EUR	= Rechnungsbetrag (AR)	2 380,00 EUR

Aufgabe:

Buchen Sie die beiden Geschäftsvorfälle auf Konten und bilden Sie anschließend die Buchungssätze!

Lösung: [1]

S	6080 Aufwend. f. Waren		H
4400	1 500,00		

S	2600 Vorsteuer		H
4400	285,00		

S	4400 Verbindlichkeiten a. Lief. u. Leist.		H
		6080/2600	1 785,00

Konten	Soll	Haben
6080 Aufwend. f. Waren 2600 Vorsteuer an 4400 Verb. a. L. u. L.	1 500,00 285,00	 1 785,00

Die **Umsatzsteuer auf Eingangsrechnungen** stellt eine **Forderung** des Unternehmers gegenüber dem Finanzamt dar. Sie wird auf dem Forderungskonto **Vorsteuer** gebucht.

Das Konto **2600 Vorsteuer** ist ein **Aktivkonto.**

S	2400 Forderungen a. Lief. u. Leist.		H
5100/4800	2 380,00		

S	5100 Umsatzerlöse für Waren		H
		2400	2 000,00

S	4800 Umsatzsteuer		H
		2400	380,00

Konten	Soll	Haben
2400 Ford. a. L. u. L. an 5100 UE f. Waren an 4800 Umsatzsteuer	2 380,00	 2 000,00 380,00

Die **Umsatzsteuer auf Ausgangsrechnungen** stellt eine **Verbindlichkeit** des Unternehmens gegenüber dem Finanzamt dar. Sie wird auf dem Schuldkonto **Umsatzsteuer** gebucht.

Das Konto **4800 Umsatzsteuer** ist ein **Passivkonto.**

Kompetenztraining

36 Kauf und Verkauf von Handelswaren

Bilden Sie zu den folgenden Geschäftsvorfällen die Buchungssätze!

1.	Wir kaufen Handelswaren auf Ziel	1 350,00 EUR
	+ 19 % USt	256,50 EUR
		1 606,50 EUR
2.	Kauf von Handelswaren gegen Bankscheck einschließlich 19 % USt	3 805,62 EUR
3.	Wir verkaufen Handelswaren bar	10 391,20 EUR
	+ 19 % USt	1 974,33 EUR
		12 365,53 EUR
4.	Verkauf von Handelswaren auf Ziel einschließlich 19 % USt	7 401,80 EUR

1 **Wichtiger Hinweis:** Die bisher eingeführte Farbzuordnung der verschiedenen Vorgänge bei den Buchungssätzen und auf den unterschiedlichen Kontenarten diente als zusätzliche Anschauungshilfe bei der Einführung in die Buchführung. Von hier ab halten wir die konsequente Farbzuordnung nicht mehr für erforderlich. Daher dienen die **Farben** im Folgenden nur noch als **Hervorhebung der Unterschiede.**

37 Buchung von Belegen für Handelswaren

Bilden Sie den Buchungssatz für die nachfolgenden Belege für Handelswaren aus Sicht der Sportsware Meindl GmbH!

SPORT ✶ JAKOB KG

Sportartikelhersteller
Skiausrüstungen

Sport-Jakob KG, Scheffelstr. 17, 78462 Konstanz

Sportsware Meindl GmbH
Lerchenweg 20–25
73730 Esslingen

Rechnung Nr. 901

Lieferdatum: 24. Nov. 20. .
Rechnungsdatum: 27. Nov. 20. .

Menge	Bezeichnung	Einzelpreis	Gesamtpreis
10	Paar Kinderski mit Bindung	104,00 EUR	1 040,00 EUR
10	Paar Skistöcke	38,50 EUR	385,00 EUR
			1 425,00 EUR
	+ 19 % USt		270,75 EUR
			1 695,75 EUR

Zahlungs- und Erfüllungsort sowie Gerichtsstand ist Konstanz. Die Ware bleibt bis zur vollständigen Bezahlung mein Eigentum.

Sitz der Gesellschaft: Konstanz   Registergericht Konstanz: HRA 510   Steuer-Nr. 90751/54303

SIK - KAD 8/98 S

Bitte beachten Sie die Hinweise auf der Rückseite

IBAN		BIC
DE62 6115 0020 0000 2011 67	SPARKASSE ESSLINGEN-NÜRTINGEN	ESSLDE66XXX

Buchungstag	Tag der Wertstellung	Verwendungszweck/Buchungstext		
			alter Kontostand	+ 5 210,40
30.11.	27.11.	Sport Jakob KG	9224	– 1 695,75

Meindl GmbH
Lerchenweg 20–25
73730 Esslingen

+ 3 514,65
neuer Kontostand

50/00

UST-ID DE 116356366

Kontoauszug vom	Auszug	Blatt
30. 11. 20..	68	1

7.2.2 Einkauf von Werkstoffen und Verkauf von Fertigerzeugnissen

Beispiel:

Kauf von Rohstoffen auf Ziel
lt. folgender Eingangsrechnung:

	Rohstoffe	3000,00 EUR
+	19 % USt	570,00 EUR
=	Rechnungsbetrag (ER)	3750,00 EUR

Verkauf von Erzeugnissen auf Ziel
lt. folgender Ausgangsrechnung:

	Erzeugnisse	4000,00 EUR
+	19 % USt	760,00 EUR
=	Rechnungsbetrag (AR)	4760,00 EUR

Aufgabe:

Buchen Sie die beiden Geschäftsvorfälle auf Konten und bilden Sie anschließend die Buchungssätze!

Lösung:

Buchung auf den Konten:

S	6000 Aufwend. f. Rohstoffe		H
4400	3000,00		

S	2600 Vorsteuer		H
4400	570,00		

S	4400 Verbindlichkeiten a. Lief. u. Leist.		H
		6000/2600	3570,00

Buchungssatz:

Konten	Soll	Haben
6000 Aufw. f. Rohstoffe	3000,00	
2600 Vorsteuer	570,00	
an 4400 Verb. a. L. u. L.		3570,00

S	2400 Forderungen a. Lief. u. Leist.		H
5000/4800	4760,00		

S	5000 Umsatzerlöse f. eig. Erzeugnisse		H
		2400	4000,00

S	4800 Umsatzsteuer		H
		2400	760,00

Buchungssatz:

Konten	Soll	Haben
2400 Ford. a. L. u. L.	4760,00	
an 5000 UE f. eig. Erz.		4000,00
an 4800 Umsatzsteuer		760,00

Beachte:

Gelegentlich bieten Industriebetriebe ihren Kunden zusätzliche Leistungen an. So können zum Beispiel auch nach Ablauf der Garantiefrist Reparaturen durchgeführt werden. In diesem Fall werden keine Erzeugnisse verkauft, sondern **Dienstleistungen.** Der Industriekontenrahmen sieht dafür das Konto **5050 Umsatzerlöse für andere eigene Leistungen** vor.

Kompetenztraining

38 Kauf von Werkstoffen und Verkauf von Fertigerzeugnissen

Bilden Sie zu den folgenden Geschäftsvorfällen die Buchungssätze nach dem bestandsorientierten Verfahren!

1.	Wir kaufen Fremdbauteile auf Ziel		1 240,50 EUR
	+ 19 % USt		235,70 EUR
			1 476,20 EUR
2.	Kauf von Rohstoffen gegen Bankscheck		2 990,70 EUR
	+ 19 % USt		568,23 EUR
			3 558,93 EUR
3.	Kauf von Vorprodukten bar einschließlich 19 % USt		10 852,80 EUR
4.	Wir kaufen Betriebsstoffe bar		7 190,50 EUR
	+ 19 % USt		1 366,20 EUR
			8 556,70 EUR
5.	Verkauf von Fertigerzeugnissen auf Ziel		11 080,00 EUR
	+ 19 % USt		2 105,20 EUR
			13 185,20 EUR
6.	Kauf von Hilfsstoffen gegen Rechnung		798,90 EUR
	+ 19 % USt		151,79 EUR
			950,69 EUR
7.	Banküberweisung des Kunden zum Ausgleich einer Rechnung		5 881,45 EUR
8.	Banküberweisung an einen Lieferer zum Ausgleich einer Rechnung		1 134,78 EUR
9.	Verkauf von Fertigerzeugnissen bar		778,00 EUR
	+ 19 % USt		147,82 EUR
			925,82 EUR
10.	Für die Überprüfung und Reparatur einer gelieferten Verpackungsmaschine werden in Rechnung gestellt:		
	5 Arbeitsstunden zu je 75,00 EUR	375,00 EUR	
	+ 19 % USt	71,25 EUR	446,25 EUR
11.	Verkauf von Fertigerzeugnissen einschließlich 19 % USt gegen Rechnung		15 113,00 EUR

Beachte:

Neben den genannten Fällen wird die Umsatzsteuer noch bei weiteren Geschäftsvorgängen erhoben.

- **Auf der Eingangsseite:** Hier sind z. B. zu nennen der Kauf von Anlagegegenständen (Fahrzeuge, Güter der Betriebs- und Geschäftsausstattung), die Reparaturleistungen von Handwerkern, der Einkauf von Büromaterial usw. Die anfallende Umsatzsteuer wird auf dem **Aktivkonto „2600 Vorsteuer"** erfasst.
- **Auf der Ausgangsseite:** Neben dem Verkauf von Fertigerzeugnissen oder Handelswaren können gebrauchte Fahrzeuge oder Teile der Betriebs- und Geschäftsausstattung verkauft werden. Diese sogenannten Hilfsgeschäfte sind ebenfalls umsatzsteuerpflichtig. Beim Verkauf muss Umsatzsteuer in Rechnung gestellt werden. Sie wird auf dem **Passivkonto „4800 Umsatzsteuer"** erfasst.

Kompetenztraining

39 Buchung verschiedener Geschäftsvorfälle

Buchen Sie im Grundbuch[1] der Möbelfabrik Bruno Bernhardt GmbH folgende Geschäftsvorfälle:

1. Wir kaufen 100 Zeituhren zum Einbau in Küchenmöbel auf Ziel netto 1 430,00 EUR zuzüglich 19 % USt.
2. Wir bezahlen die bereits gebuchte Liefererrechnung über 1 700,00 EUR bar.
3. Einkauf von Spanplatten lt. Eingangsrechnung 2 737,00 EUR einschließlich 19 % USt gegen Bankscheck.
4. Ein Kunde bezahlt die Ausgangsrechnung durch Überweisung auf unser Bankkonto 2 464,45 EUR.
5. Barzahlung einer noch nicht gebuchten Handwerkerrechnung für Malerarbeiten im Büro netto 300,00 EUR zuzüglich 19 % USt.
6. Wir kaufen einen PC gegen Barzahlung netto 1 300,00 EUR zuzüglich 19 % USt.
7. Verkauf von Bürotischen auf Ziel. Rechnungsbetrag einschließlich 19 % USt 10 055,50 EUR.
8. Kauf von Schreibwaren für das Büro bar 685,00 EUR zuzüglich 19 % USt.
9. Bankabbuchung für Telefongebühren einschl. 19 % Umsatzsteuer 1 195,95 EUR.
10. Banküberweisung für Stromverbrauch lt. vorliegender Rechnung: Nettowert 2 210,00 EUR zuzüglich 19 % USt.
11. Einkauf von Leim für die Fertigung 890,00 EUR zuzüglich 19 % USt gegen Bankscheck.
12. Einkauf von Schmieröl 1 420,00 EUR zuzüglich 19 % USt auf Ziel.
13. Bareinkauf von Schrauben und Nägeln in Höhe von 275,00 EUR zuzüglich 19 % USt.

40 Buchungssätze aufgrund von Belegen

Bilden Sie zu den nachfolgenden Belegen aus der Sicht der Tobias Hanselmann KG die Buchungssätze!

Beleg 1

FREIE TANKSTELLE
AUTOWASCHZENTRALE

Heinz Gruber GmbH · Cranachstr. 10 · 72768 Reutlingen

Werkzeugfabrik
Tobias Hanselmann KG
Dieselstr. 20–24
72770 Reutlingen

Auftrags-Nr. 00-0398
Leistungsdatum: 28.07.20..

Geleistete Arbeiten

Arbeits-Nr.	Art der ausgeführten Arbeiten	EUR
92 3004	Fahrzeugwäsche mit Teilhochglanzprogramm Interieur für den Geschäftswagen	71,43
	+ 19 % USt	13,57
		85,00

Beleg 2

Stadtschmiede GmbH
Bernd King
Dresdener Platz 10
72760 Reutlingen

Stadtschmiede GmbH · Bernd King · Dresdner Platz 10 · 72760 Reutlingen

Werkzeugfabrik
Tobias Hanselmann KG
Dieselstr. 20–24
72770 Reutlingen

Rechnung Nr. 176

Datum: 30.07.20..

Beschreibung	Menge	Stückpreis EUR pro m	Gesamtpreis EUR
Anfertigen von Geländer für die Fabrikhalle	20,4 m	195,00	3 978,00
		+ 19 % USt	755,82
Bitte um Überweisung innerhalb 14 Tage ohne Skontoabzug.			4 733,82

1 Das Grundbuch erfasst die anfallenden Buchungssätze in chronologischer (zeitlicher) Reihenfolge.

Beleg 3

Firma: Werkzeugfabrik Tobias Hanselmann KG
Dieselstr. 20–24 · 72770 Reutlingen

QUITTUNG

EINGEGANGEN 30. Juli 20..

1 Bürolampe	162,00 EUR
+ 19% USt	30,78 EUR
	192,78 EUR

Elektro Heim
Maybachstr. 40a
72770 Reutlingen

Betrag dankend erhalten
30.07.20..

Hauser

Beleg 4

GROßMANN ELEKTROANLAGEN

Frank Großmann e. K. · Inhaber M. Hoppe
Elektrische Licht- und Kraftanlagen
Sonnenstr. 10 · 72076 Tübingen
St.-Nr. 24/199

Frank Großmann · Sonnenstr. 10 · 72076 Tübingen

Werkzeugfabrik
Tobias Hanselmann KG
Dieselstr. 20 – 24
72770 Reutlingen

Deutsche Bank
IBAN: DE63 6407 0024 9871 23
BIC: DEUTDESS641

Telefax 07071 2360-110

Ihr Zeichen, Ihre Bestellung vom	Unser Zeichen, Unsere Nachricht vom	Telefon, Name 07071 2360-200	Datum
	Ho	Herr Hoppe	28. Juli 20..

EINGEGANGEN 29. Juli 20.. Erl. ....

Rechnung – Nr. 9110 – 20..

Erbringung der Leistung: 25.07.20..
Elektroanschlüsse instand gesetzt

Pos. 001:	Montage Fink	2,5 Std.	41,80 EUR	104,50 EUR
Pos. 002:	Auszubildender (2. Jahr) Gromer	2,5 Std.	21,20 EUR	53,00 EUR
Pos. 003:	Fahrpauschale	1,00 Psch.	8,80 EUR	8,80 EUR
Pos. 004:	Klemmen	8 Stück	0,60 EUR	4,80 EUR
HANDWERKERRECHNUNG				171,10 EUR
gemäß VOB innerhalb von 8 Tagen		+ 19 % USt		32,51 EUR
nach Rechnungsdatum fällig! Ohne Abzug!		Gesamtsumme		203,61 EUR
Rechnungsnummer bitte angeben!				

Beleg 5

Kontoauszug DE61 6407 0085 0000 6100 03 27.07.20.. Auszug: 54 Blatt: 1

Postbank

Buch	Wert	PN-Nummer	Vorgang/Buchungsinformation	Umsatz in Euro
			ALTER SALDO VOM 24.07.20..	19 710,50 H
26.07.20..			Hans Kempf GmbH Rechnung 20.07.20..	7 840,90 H
26.07.20..			Tilgung Darlehen	4 000,00 S
26.07.20..			Betriebsunterbrechungsversicherung	810,90 S
26.07.20..			Umsatzprovision an Mitarbeiter Meißner einschließlich 19% USt	2 380,00 S

Postbank Berlin • 10866 Berlin

Bitte beachten Sie die Hinweise auf der Rückseite

WERKZEUGFABRIK
TOBIAS HANSELMANN KG
DIESELSTR. 20–24
72770 REUTLINGEN

NEUER SALDO 20 360,50 H

Postbank Stuttgart
70148 Stuttgart
BIC: PBNKDEFF

Privatkunden Tel: 0180 3040700* Fax: 0180 3040800* · 7x24 Stunden direkt@postbank.de www.postbank.de
Geschäftskunden Tel: 0180 4440400** Fax: 0180 3040999* · 7x24 Stunden business@postbank.de
* 9 Cent/Min. **20 Cent/Anruf · dt. Festnetz; Mobiltarif max. 42 Cent/Min. oder 60 Cent/Anruf firmenkunden@postbank.de USt.-IdNr. DE169824467

41 Buchung von Geschäftsvorfällen

Buchen Sie im Grundbuch der Industriewerke Franz Keller KG die folgenden Geschäftsvorfälle:

1. Wir verkaufen Erzeugnisse gegen Ratenzahlung. Anzahlung einschließlich 19 % USt bar: 38 675,00 EUR.
   Restzahlung in 5 Raten
   (12 500,00 EUR + 800,00 EUR Zinsen* + 19 % USt) zu je 15 675,00 EUR.
   Bilden Sie die Buchungssätze am Verkaufstag!

   * **Hinweis:** Zinsen sind umsatzsteuerfrei, da ein Kreditvertrag vorliegt!

2. Wir zahlen für folgenden Beleg bar aus der Kasse:

   196,35 EUR einschließlich 19 % USt für Reparatur des Kopiergeräts erhalten.

   Calw, den 2. April 20.. Ferner

3. Bankgutschrift für Zinsen		720,00 EUR
4. Barzahlung für Reparaturen am Maschinenpark, netto	874,00 EUR	
+ 19 % USt	166,06 EUR	1 040,06 EUR
5. Verkauf von Erzeugnissen frei Haus lt. AR 143 netto	42 765,00 EUR	
+ 19 % USt	8 125,35 EUR	50 890,35 EUR

6. Buchen Sie die Eingangsrechnung aus der Sicht der Industriewerke Franz Keller KG!

BÜRO-SERVICE – HANDELSGESELLSCHAFT GMBH
Bahnhofstraße 3 · 45259 Essen

Industriewerke
Franz Keller KG
Hauptstraße 12
89079 Ulm

Seite	Kunden-Nr.	Rechnung Nr.	Liefer-datum	Rechnungs-datum	SR
1	20671	24793	21. 10. 20..	27. 10. 20..	2110

Menge	Art.-Nr.	Bezeichnung	Einzelpreis	Gesamtpreis
10	40 082	Ringbucheinlagen A4 50 Blatt	2,59 EUR	25,90 EUR
40	40 151	Spiralblock A5 50 Blatt kar.	1,89 EUR	75,60 EUR
15	41 103	Füllhalter	4,99 EUR	74,85 EUR
30	41 107	Super Tintenhai 2 ER	2,79 EUR	83,70 EUR
25	41 261	Buntstifte 12 ER	4,49 EUR	112,25 EUR
				372,30 EUR
			+ 19 % USt	70,74 EUR
				443,04 EUR

Sitz der Gesellschaft: Essen; Registergericht Essen: HRB 910 Steuer-Nr. 705/4411

Bankverbindung: Sparkasse Essen
IBAN: DE14 3601 0105 0006 7899 32
BIC: SPESDE3EXXX

42 Buchung von Geschäftsvorfällen und Belegen

Buchen Sie im Grundbuch für die Stahlwerke Heimann KG die folgenden Geschäftsvorfälle:

1. Nach Ablauf der Garantiefrist wird eine Stahltreppe von uns repariert. Wir stellen die Selbstkosten in Rechnung:

für Material und Arbeitsstunden	186,00 EUR	
+ 19 % USt	35,34 EUR	221,34 EUR
2. Verkauf von Erzeugnissen auf Ziel einschließlich 19 % USt		24 276,00 EUR

3.

EVENTEC Randlinger & Jell

EVENTEC Randlinger & Jell · 83123 Amerang · Kammer 12

Stahlwerke
Heimann KG
Waldeckhof 12
73035 Göppingen

Rechnungsdatum:	12.06.20..
Kunden-Nr.:	13483
Steuer-Nr.:	156 173 41503
USt-Id-Nr.:	DE 228 486 140
Lieferdatum:	12.06.20..

Rechnung-Nr. 2214

Pos.	Menge	Bezeichnung	Einzelpreis EUR	Gesamtbetrag EUR
1	1	Hochleistungskopierer	5 950,00	5 950,00
		Gesamtbetrag		5 950,00

Der Gesamtbetrag setzt sich aus netto 5 000,00 EUR zuzüglich 19 % USt. = 950,00 EUR zusammen.

Besuchen Sie auch unsere Internetadresse unter www.eventec-randlinger.de.

EVENTEC Randlinger & Jell Kammer 12 83123 Amerang
Tel.: 08075 8239 Fax: 08075 9752
Kreis- und Stadtsparkasse Wasserberg BIC: BYLADEM1WSB IBAN: DE52 7115 2680 0000 9627 87
www.eventec-randlinger.de E-Mail: info@eventec-randlinger.de

Gerichtsstand Traunstein. Die Ware bleibt bis zur vollständigen Bezahlung Eigentum der Firma.

4.

Beleg für den Kontoinhaber/Zahler-Quittung

Kreissparkasse Göppingen
Name und Sitz des überweisenden Kreditinstituts

GOPSDE66XXX
BIC

Nur für Überweisungen in Deutschland, in andere EU-/EWR-Staaten und in die Schweiz, sowie nach Monaco in Euro.

Angaben zum Zahlungsempfänger: Name, Vorname/Firma (max. 27 Stellen, bei maschineller Beschriftung max. 35 Stellen)
EVENTEC Randlinger & Jell, Kammer 12, 83123 Amerang

IBAN
DE52711526800000962787

BIC des Kreditinstituts/Zahlungsdienstleisters (8 oder 11 Stellen)

Die Angabe des BIC kann entfallen, wenn die IBAN des Zahlungsempfängers mit DE beginnt.

Betrag: Euro, Cent
5 950,00---------

Kunden-Referenznummer - Verwendungszweck, ggf. Name und Anschrift des Zahlers - (nur für Zahlungsempfänger)
Rechnung-Nr. 2214 vom 12.06.20..

noch Verwendungszweck (insgesamt max. 2 Zeilen à 27 Stellen, bei maschineller Beschriftung max. 2 Zeilen à 35 Stellen)

Angaben zum Kontoinhaber/Zahler: Name, Vorname/Firma, Ort (max. 27 Stellen, keine Straßen- oder Postfachangaben)
Heimann KG, 73033 Göppingen

IBAN	Prüfziffer	Bankleitzahl des Kontoinhabers	Kontonummer (ggf. links mit Nullen auffüllen)
D E	38	610500000	009400649

113 377.000 35735

Datum
28. 06. 20 . .

Unterschrift(en)
G. Heimann

5.

Beleg für den Kontoinhaber/Zahler-Quittung

Kreissparkasse Göppingen

Name und Sitz des überweisenden Kreditinstituts

BIC: GOPSDE66XXX

Nur für Überweisungen in Deutschland, in andere EU-/EWR-Staaten und in die Schweiz, sowie nach Monaco in Euro.

Angaben zum Zahlungsempfänger: Name, Vorname/Firma (max. 27 Stellen, bei maschineller Beschriftung max. 35 Stellen)
Ulmer Walzwerke GmbH, Boschstr. 2, 89079 Ulm

IBAN
DE56630400530060001005

BIC des Kreditinstituts/Zahlungsdienstleisters (8 oder 11 Stellen)

Die Angabe des BIC kann entfallen, wenn die IBAN des Zahlungsempfängers mit DE beginnt.

Betrag: Euro, Cent
41 184,00---------

Kunden-Referenznummer - Verwendungszweck, ggf. Name und Anschrift des Zahlers - (nur für Zahlungsempfänger)
Rechnung-Nr. 99493 für Stahllieferung vom 3. Mai 20..

noch Verwendungszweck (insgesamt max. 2 Zeilen à 27 Stellen, bei maschineller Beschriftung max. 2 Zeilen à 35 Stellen)
34608,40 EUR zuzüglich 19 % USt

Angaben zum Kontoinhaber/Zahler: Name, Vorname/Firma, Ort (max. 27 Stellen, keine Straßen- oder Postfachangaben)
Heimann KG, 73033 Göppingen

IBAN	Prüfziffer	Bankleitzahl des Kontoinhabers	Kontonummer (ggf. links mit Nullen auffüllen)
D E	38	610500000	009400649

113 377.000 35735

Datum: 10. 05. 20 . .

Unterschrift(en): G. Heimann

6.

IBAN		BIC
DE38 6105 0000 0009 4006 49	SPARKASSE Göppingen	GOPSDE66XXX

Buchungstag	Tag der Wertstellung	Verwendungszweck/Buchungstext	
		alter Kontostand	+ 4791,20
12.05.	10.05.	Dosenwerk WIPPER GmbH Rechnung Nr. 2007 einschl. 19 % USt	+ 2867,90

Stahlwerke
Heimann KG
Waldeckhof 12
73035 Göppingen

+ 7659,10
neuer Kontostand

UST-ID DE 451710290

Kontoauszug vom	Auszug	Blatt
12.05.20..	24	1

SIK - KAD 8/98 S

Bitte beachten Sie die Hinweise auf der Rückseite

50/00

7.3 Buchung der Zahllast

(1) Begleichung der Zahllast

Beispiel für den Monat November:

2600 Vorsteuer: Summe 1 800,00 EUR; 4800 Umsatzsteuer: Summe 6 000,00 EUR. Die Zahllast von 4 200,00 EUR wird an das Finanzamt durch die Bank überwiesen.

Aufgaben:

1. Stellen Sie die Vorgänge auf Konten dar!
2. Bilden Sie die Buchungssätze!

Lösungen:

Zu 1.: Buchung auf den Konten

S 2600 Vorsteuer H

S		H	
Summe	1 800,00	4800	1 800,00

S 2800 Bank H

S		H	
AB	5 000,00	4800	4 200,00

S 4800 Umsatzsteuer H

S		H	
2600	1 800,00	Summe	6 000,00
2800	4 200,00		
	6 000,00		6 000,00

Zu 2.: Buchungssätze

Geschäftsvorfälle	Konten	Soll	Haben
Ermittlung der Zahllast	4800 Umsatzsteuer an 2600 Vorsteuer	1 800,00	1 800,00
Banküberweisung der Zahllast	4800 Umsatzsteuer an 2800 Bank	4 200,00	4 200,00

(2) Passivierung der Zahllast am Ende des Geschäftsjahres

Weil am Bilanzstichtag die **Zahllast** noch **nicht überwiesen** ist, muss sie **passiviert** werden, d.h. als Schuld gegenüber dem Finanzamt in das Schlussbilanzkonto übernommen werden.

Geschäftsvorfall	Konten	Soll	Haben
Die Zahllast im Monat Dezember ist am 31.12. zu passivieren 5 000,00 EUR.	4800 Umsatzsteuer an 8010 SBK	5 000,00	5 000,00

Beachte:

Ist innerhalb eines Abrechnungszeitraumes (Monats) die Vorsteuer höher als die Umsatzsteuer, was z.B. aufgrund von saisonbedingten Einkäufen durchaus vorkommen kann, entsteht ein sogenannter **Vorsteuerüberhang.** In diesem Fall ist die Forderung gegenüber dem Finanzamt höher als die Verbindlichkeit. Diesen Vorsteuerüberhang muss das Finanzamt auszahlen bzw. verrechnen.

Kompetenztraining

43 Ermittlung der Zahllast, Bildung der Buchungssätze

S	2600 Vorsteuer		H
2800	991,80		
4400	3431,40		

S	4800 Umsatzsteuer		H
		2880	4870,00
		2800	12130,70

Aufgaben:

1. Übertragen Sie die Konten in Ihr Hausheft und ermitteln Sie buchhalterisch die Zahllast!
2. Die Zahllast ist zu passivieren.
3. Bilden Sie zu 1. und 2. die Buchungssätze!

44 Ermittlung des Vorsteuerüberhangs, Bildung der Buchungssätze

S	2600 Vorsteuer		H
Su	12900,00		

S	4800 Umsatzsteuer		H
		Su	8300,00

Aufgaben:

1. Übertragen Sie die Konten in Ihr Hausheft und ermitteln Sie buchhalterisch den Vorsteuerüberhang!
2. Der Vorsteuerüberhang wird vom Finanzamt auf unser Bankkonto überwiesen.
3. Bilden Sie zu 1. und 2. die Buchungssätze!

45 Ableitung eines Buchungssatzes aus dem Beleg

Bilden Sie den Buchungssatz aus Sicht der Maschinenfabrik Wachter GmbH für den folgenden Beleg!

Beleg für den Kontoinhaber/Zahler-Quittung

Kreissparkasse Reutlingen
Name und Sitz des überweisenden Kreditinstituts

SOLADES1REU
BIC

Nur für Überweisungen in Deutschland, in andere EU-/EWR-Staaten und in die Schweiz, sowie nach Monaco in Euro.

Angaben zum Zahlungsempfänger: Name, Vorname/Firma (max. 27 Stellen, bei maschineller Beschriftung max. 35 Stellen)
Finanzamt Reutlingen

IBAN
DE45 6402 0030 0000 8147 20

BIC des Kreditinstituts/Zahlungsdienstleisters (8 oder 11 Stellen)

Die Angabe des BIC kann entfallen, wenn die IBAN des Zahlungsempfängers mit DE beginnt.

Betrag: Euro, Cent
16 330,00----------

Kunden-Referenznummer - Verwendungszweck, ggf. Name und Anschrift des Zahlers - (nur für Zahlungsempfänger)
USt. VI/20.. St.Nr. 571/8054

noch Verwendungszweck (insgesamt max. 2 Zeilen à 27 Stellen, bei maschineller Beschriftung max. 2 Zeilen à 35 Stellen)

Angaben zum Kontoinhaber/Zahler: Name, Vorname/Firma, Ort (max. 27 Stellen, keine Straßen- oder Postfachangaben)
Maschinenfabrik Wachter GmbH

IBAN	Prüfziffer	Bankleitzahl des Kontoinhabers	Kontonummer (ggf. links mit Nullen auffüllen)
D E	24	64050000	0001473972

113 377.000 35735

Datum	Unterschrift(en)
10. Juli 20..	i.A. Wecker

8 Preisnachlässe, Rücksendungen und Skonti beim Einkauf und Verkauf buchen und berechnen

8.1 Besondere Buchungen beim Einkauf von Werkstoffen und Handelswaren

8.1.1 Buchhalterische Behandlung von Sofortnachlässen

Nachlässe, die der Lieferer sofort bei Rechnungsstellung gewährt, zählen nicht zu den Anschaffungskosten. Sie erscheinen in der Buchführung nicht. Gebucht wird der verminderte Einkaufspreis.

Beispiel:

Geschäftsvorfall		Konten	Soll	Haben
Kauf von Betriebsstoffen auf Ziel	2000,00 EUR	6030 Aufw. f. Betriebsstoffe	1800,00	
– 10 % Mengenrabatt	200,00 EUR	2600 Vorsteuer	342,00	
	1800,00 EUR	an 4400 Verb. a. Lief. u. Leist.		2142,00
+ 19 % USt	342,00 EUR			
=	2142,00 EUR			

Sofortnachlässe, die der Lieferer gewährt, werden **nicht gebucht.** Sie zählen **nicht** zu den **Anschaffungskosten.**

8.1.2 Rücksendungen an den Lieferer

Beispiel:

Ausgangssituation: Folgende Eingangsrechnung für einen Einkauf von Rohstoffen auf Ziel wurde bereits bei uns gebucht. Rohstoffwert 15000,00 EUR zuzügl. 19 % USt.

Geschäftsvorfall: Von der bereits bei uns gebuchten Rohstofflieferung senden wir Rohstoffe zurück (Falschlieferung).

Rohstoffwert	500,00 EUR
+ 19 % USt	95,00 EUR
= Gutschriftsbetrag	595,00 EUR

Aufgaben:

1. Buchen Sie den Geschäftsvorfall auf den Konten des Hauptbuches!
2. Bilden Sie dazu den Buchungssatz!

Lösungen:

Zu 1.: Buchung auf den Konten des Hauptbuches

S	6000 Aufwend. f. Rohstoffe		H
4400	15 000,00	4400	500,00

S	2600 Vorsteuer		H
4400	2 850,00	4400	95,00

S	4400 Verb. a. Lief. u. Leist.		H
6000/2600	595,00	6000/2600	17 850,00

Zu 2.: Buchungssätze

Geschäftsvorfall	Konten	Soll	Haben
Von der bereits gebuchten Rohstofflieferung schicken wir Rohstoffe zurück: Rohstoffwert 500,00 EUR + 19 % USt 95,00 EUR = Bruttowert 595,00 EUR	4400 Verb. a. Lief. u. Leist. an 6000 Aufw. f. Rohstoffe an 2600 Vorsteuer	595,00	 500,00 95,00

Erläuterungen:

Durch die Rücksendung von Werkstoffen nimmt der ursprünglich gebuchte Bruttowert der Eingangsrechnung um den Bruttowert der Rücksendung ab. Daher muss eine **Sollbuchung auf dem Konto 4400 Verbindlichkeiten aus Lieferungen und Leistungen** erfolgen.

Gleichzeitig nehmen auch die ursprünglich gebuchten Werkstoffaufwendungen (Nettowerte) ab. Daher hat in Höhe des Nettowertes der Rücksendung eine **Habenbuchung auf dem entsprechenden Werkstoffaufwandskonto** zu erfolgen.

Da sich durch die nachträgliche Änderung der Werkstoffaufwendungen auch die Berechnungsgrundlage für die Umsatzsteuer (hier Vorsteuer) geändert hat, muss auch die **Vorsteuer** durch eine entsprechende **Habenbuchung korrigiert** werden.

Der Rücksendung anderer Werkstoffe und Handelswaren liegen die gleichen Überlegungen zugrunde.

Beispiel:

Geschäftsvorfall	Konten	Soll	Haben
Gutschrift für eine Rücksendung von Handelswaren: Warenwert 350,00 EUR + 19 % USt 66,50 EUR = Bruttowert 416,50 EUR	4400 Verb. a. Lief. u. Leist. an 6080 Aufwend. f. Waren an 2600 Vorsteuer	416,50	 350,00 66,50

Rücksendungen an den Lieferer vermindern unsere Verbindlichkeiten gegenüber dem Lieferer in Höhe des Bruttowertes der Rücksendung, die ursprünglich gebuchten Werkstoffaufwendungen um den Nettowert und die Vorsteuer in Höhe der Differenz aus den beiden Werten.

7 Speth u.a. - ISBN 978-3-8120-0595-1

Kompetenztraining

46 Buchungssätze zum Kauf von Werkstoffen und Handelswaren mit Sofortnachlässen sowie von Rücksendungen

Bilden Sie für eine Werkzeugfabrik zu folgenden Geschäftsvorfällen die Buchungssätze!

1. Wir beziehen Waschbenzin auf Ziel im Gesamtwert von 5880,00 EUR zuzüglich 19 % USt. Der Rabattsatz unseres Lieferers beträgt 30 %.
2. Wir erhalten eine Rechnung für die Lieferung von 4500 Stück Kleinmotoren zum Preis von 150,00 EUR je Stück zuzüglich 19 % USt. Der Warenwert der Rechnung wird um 20 % Mengenrabatt gekürzt.
3. Uns liegt folgende Eingangsrechnung für Handelswaren vor:

5 Bürotische zu je 950,00 EUR	4750,00 EUR
– 20 % Händlerrabatt	950,00 EUR
	3800,00 EUR
+ 19 % USt	722,00 EUR
= Rechnungsbetrag	4522,00 EUR

4. 4.1 Wir kaufen Stahlbleche im Gesamtwert von 2150,00 EUR zuzüglich 19 % USt gegen Rechnung.

   4.2 Nach Buchung und Überprüfung der Sendung wird ein Teil der Stahlbleche wegen Qualitätsmängeln zurückgesandt, 430,00 EUR zuzüglich 19 % USt.
5. 5.1 Wir kaufen Handelswaren im Gesamtwert von 6324,00 EUR zuzüglich 19 % USt gegen Rechnung.

   5.2 Nach Buchung und Überprüfung der Sendung wird ein Teil der Ware wegen Qualitätsmängeln zurückgesandt, 830,50 EUR zuzüglich 19 % USt.

8.1.3 Preisnachlässe von Lieferern

Bei den hier zu behandelnden Preisnachlässen handelt es sich um Preisnachlässe, die ein Lieferer **nach** der beim Empfänger gebuchten Eingangsrechnung gewährt.

Als nachträglich gewährte Preisnachlässe kommen infrage:

- Preisnachlässe aufgrund beanstandeter Mängel der Lieferung **(Mängelrüge),**
- nachträglich gewährte Rabatte **(Umsatzboni),**
- von Lieferern gewährte Skonti **(Liefererskonti).**

Der Industriekontenrahmen sieht für jedes Werkstoffaufwandskonto jeweils ein gesondertes Nachlasskonto vor:

6002 Nachlässe (Nachlässe für Aufwendungen für Rohstoffe)
6012 Nachlässe (Nachlässe für Aufwendungen für Vorprodukte)
6022 Nachlässe (Nachlässe für Aufwendungen für Hilfsstoffe)
6032 Nachlässe (Nachlässe für Aufwendungen für Betriebsstoffe)
6082 Nachlässe (Nachlässe für Aufwendungen für Waren)

Beachte:

Gewährt uns der Lieferer **nachträglich einen Preisnachlass,** hat das die gleichen Auswirkungen wie bei einer Warenrücksendung. Daher liegen auch hier die gleichen Überlegungen zugrunde.

- **Sollbuchung** auf dem Konto **4400 Verbindlichkeiten aus Lieferungen und Leistungen.**
- **Habenbuchung** auf dem Konto **2600 Vorsteuer.**
- **Habenbuchung** auf dem entsprechenden Konto **Nachlässe.**

Geschäftsvorfälle	Konten	Soll	Haben
Wegen Mängel an der Betriebsstofflieferung erhalten wir eine **Lieferergutschrift** über 300,00 EUR zuzüglich 19 % USt.	4400 Verb. a. Lief. u. Leist. an 6032 Nachlässe an 2600 Vorsteuer	357,00	 300,00 57,00
Ein Hilfsstofflieferer gewährt uns einen **Umsatzbonus** in Form folgender Gutschrift: Halbjahresbonus 2 % von 35 000,00 EUR = 700,00 EUR + 19 % USt 133,00 EUR = Gutschriftsbetrag 833,00 EUR	4400 Verb. a. Lief. u. Leist. an 6022 Nachlässe an 2600 Vorsteuer	833,00	 700,00 133,00
Wir bezahlen eine Liefererrechnung für Rohstoffe unter Abzug von **Skonto** Rechnungsbetrag 7 140,00 EUR – 2 % Skonto 142,80 EUR = Banküberweisung 6 997,20 EUR	4400 Verb. a. Lief. u. Leist. an 2800 Bank an 6002 Nachlässe an 2600 Vorsteuer[1]	7 140,00	 6 997,20 120,00 22,80

Kompetenztraining

47 Buchungssätze zu Preisnachlässen bei Werkstoffen und Handelswaren

Buchen Sie im Grundbuch der Maschinenfabrik Werner Simon GmbH die folgenden Geschäftsvorfälle!

1. Der Lieferer sendet uns für zurückgesandte Schrauben eine Gutschrift in Höhe des Bruttowertes von 386,75 EUR.
2. Unser Lieferer für Schmieröl gewährt uns am Jahresende einen Bonus in Höhe von 1 863,00 EUR zuzüglich 19 % Umsatzsteuer.
3. Wir senden Stahlbleche zurück und erhalten eine Gutschrift in Höhe des Bruttowertes von 856,80 EUR.
4. Wir senden einen Elektromotor wegen Beschädigung zurück und erhalten vom Lieferer eine Gutschrift in Höhe des Bruttowertes von 1 483,93 EUR.

1 Berechnung der Vorsteuerkorrektur:

119 % ≙ 142,80 EUR
100 % ≙ x EUR

$x = \frac{142{,}80 \cdot 100}{119} = 120{,}00 \text{ EUR}$

120,00 EUR · 19 % = 22,80 EUR

5. Auf eine Lieferung Pflegemittel (Handelswaren) gewährt uns der Lieferer nachträglich einen Rabatt in Form einer Gutschrift in Höhe des Bruttowertes von 452,20 EUR.
6. Vom Lieferer für die Computer-Steuerung der Maschinen erhalten wir am Jahresende einen Bonus in Höhe von 2 160,00 EUR zuzüglich 19 % Umsatzsteuer.
7. Wir kaufen Maschinenöl auf Ziel. Rechnungsbetrag einschließlich 19 % Umsatzsteuer 9 686,60 EUR.
8. Vom Lieferer für Schweißmaterial erhalten wir folgende Rechnung:

Warenwert	205,00 EUR
+ 19 % Umsatzsteuer	38,95 EUR
= Rechnungsbetrag	243,95 EUR

9. Unser Betriebsstoffe-Lieferer gewährt uns am Jahresende einen Bonus in Höhe von 820,00 EUR zuzüglich 19 % USt.
10. Wir senden Rohstoffe zurück und erhalten eine Gutschrift von 85,00 EUR zuzüglich 19 % USt.

48 Buchungssätze zu Preisnachlässen bei Werkstoffen nach Belegen

Bilden Sie für die Mannheim Möbel GmbH die Buchungssätze zu den nachfolgenden Buchungsbelegen!

Beleg 1

Holzwerke GmbH
Heilbronn

Holzwerke GmbH · Lindenstraße 15 · 74078 Heilbronn

Mannheim Möbel GmbH
Iffezheimer Str. 5
68239 Mannheim

Bitte stets angeben
Rechnungsdatum: 25.09.20..
Rechnungs-Nr.: 345376
Kunden-Nr.: 4711
Lieferdatum: 24.09.20..

Rechnungs-Nr. H 345 376

Pos.	Menge	Bezeichnung	Einzelpreis	Gesamtbetrag in EUR
1	46	Spanplatten 19 mm	40,25	1 851,50
		− 20 % Liefererrabatt		370,30
				1 481,20
		− 5 % Jubiläumsrabatt		74,06
				1 407,14
		+ 19 % USt		267,36
				1 674,50

Beleg 2

METALLWARENFABRIK
BERNHARD MÜLLER OHG

Bernhard Müller OHG · Waldkauzstr. 1 · 86804 Buchloe

Mannheim Möbel GmbH
Iffezheimer Str. 5
68239 Mannheim

Ihr Zeichen, Ihre Nachricht vom	Unser Zeichen, unsere Nachricht vom	Datum
ri/ka 18.09.20..	mü/fe 10.09.20..	20.09.20..

Sehr geehrte Frau Heinrich,

in der Rechnung über Bürotischgestelle vom 10. September 20.. haben wir versehentlich keinen Mengenrabatt gewährt.

Selbstverständlich erhalten Sie den vereinbarten Rabatt nachträglich per Gutschrift:

20 % Mengenrabatt vom Warenwert	42 500,00 EUR:	8 500,00 EUR
	+ 19 % USt	1 615,00 EUR
	Gutschrift	10 115,00 EUR

Entschuldigen Sie bitte unser Versehen.

Mit freundlichen Grüßen

B. Müller

Beleg 3

Mannheim Möbel GmbH

Mannheim Möbel GmbH · Iffezheimer Str. 5 · 68239 Mannheim

Innovation AG
Am Winkel 19
01109 Dresden

Mannheim, 20. 09. 20. .

Rechnungs-Nr. 7788/99

Aufgrund eines Furnierfehlers – „Eiche“ statt „Mahagoni“ – senden wir Furnier im Wert von 1 250,00 EUR zuzüglich 19 % USt zurück. Bitte nehmen Sie eine entsprechende Verrechnung in Ihrer Buchhaltung vor.

Mannheim Möbel GmbH
i. A. *Meyerling*

Beleg 4

SägGut OHG
Wir sägen – Sie bauen

SägGut OHG · Rahlstedter Str. 144 · 22143 Hamburg

Mannheim Möbel GmbH
Iffezheimer Str. 5
68239 Mannheim

Bestell-Nr.
2210
Bestelldatum
10. 09. 20. .
Lieferschein-Nr.
212/22
Telefon
040 6724-556
Fax
040 6724-587

Bei Zahlung unbedingt angeben:

Rechnungsdatum	Kunden-Nr.	Rechnungs-Nr.
20. 09. 20. .	3355	7788/99

Wir berechnen für unsere Lieferung vom 18. 09. 20. .

Artikel-Nr.	Menge (Stück)	Artikelbezeichnung	Einzelpreis EUR	Gesamtbetrag EUR
1032	50	Spanplatten „Mahagoni“ Top 1	131,20	6 560,00

Warenwert (netto)	6 560,00
+ Furnierzuschlag „Mahagoni“	500,00
	7 060,00
– 10 % Rabatt	706,00
	6 354,00
+ 19 % USt	1 207,26
Rechnungsbetrag	7 561,26

Beleg 5

Beleg für Kontoinhaber MANSDE66XXX

Sparkasse Rhein Neckar Nord

Nur für Überweisungen in Deutschland, in andere EU-/EWR-Staaten und in die Schweiz sowie nach Monaco in Euro.

Angaben zum Zahlungsempfänger: Name, Vorname/Firma (max. 27 Stellen, bei maschineller Beschriftung max. 35 Stellen)
Fritz Lernet OHG Hamburg

IBAN — Bei Überweisungen in Deutschland immer 22 Stellen → sonstige Länder 15 bis max. 34 Stellen
DE64200505500012365701

BIC des Kreditinstituts/Zahlungsdienstleisters (8 oder 11 Stellen)
Die Angabe des BIC kann entfallen, wenn die IBAN des Zahlungsempfängers mit DE beginnt.

Betrag: Euro, Cent
408,17——————

Kunden-Referenznummer - Verwendungszweck, ggf. Name und Anschrift des Zahlers - (nur für Zahlungsempfänger)
Rechnungsausgleich für gel. Hilfsstoffe:

noch Verwendungszweck (insgesamt max. 2 Zeilen à 27 Stellen, bei maschineller Beschriftung max. 2 Zeilen à 35 Stellen)
R.-Nr. 4155138 v. 24. September ./. 2 % Skonto

Angaben zum Kontoinhaber: Name, Vorname/Firma, Ort (max. 27 Stellen, keine Straßen- oder Postfachangaben)
Mannheim Möbel GmbH, Iffezheimer Str. 5, 68239 Mannheim

IBAN	Prüfziffer	Bankleitzahl des Kontoinhabers	Kontonummer (ggf. links mit Nullen auffüllen)	
D E	8 4	4 6 7 0 5 0 5 0	0 0 0 0 6 3 7 5 2 6	16

111 360.002 SE 35784

Datum: 27. Sept. 20. .
Unterschrift(en): *i. A. Bahne*

Beleg 6

SägGut OHG
Wir sägen – Sie bauen

SägGut OHG · Rahlstedter Str. 144 · 22143 Hamburg

Mannheim Möbel GmbH
Iffezheimer Str. 5
68239 Mannheim

Bestell-Nr.
Bestelldatum
Lieferschein-Nr.
Telefon
040 6724-556
Fax
040 6724-587

Bonusgutschrift

Auf die gelieferten Spanplatten „Mahagoni“ – Rechnung 7788/99 vom 20. 09. 20. . gewähren wir einen Umsatzbonus.

Bonus	53,01 EUR
+ 19 % Umsatzsteuer	10,07 EUR
Gutschrift	63,08 EUR

49 Buchung einer Eingangsrechnung, Zahlung mit Skontoabzug

Bilden Sie die Buchungssätze aus der Sicht der Franz Bäumler GmbH!

1. Für die Eingangsrechnung!
2. Für die Zahlung innerhalb von 8 Tagen unter Abzug von 2 % Skonto per Bankscheck!

Sprinz GmbH · Erlenhofstr. 10 · 56235 Ransbach-Baumbach

Rollladenfabrik SPRINZ GmbH

Kunststofffenster
Rollladen
Tore
Sonnenschutz

Franz Bäumler GmbH
Zeppelinstr. 102
88045 Friedrichshafen

Kunden-Nr.: 11737
Rechn.-Nr.: 0727
Datum: 27.07.20..

Rechnung

Ihr Auftrag vom 27. Juni 20.. Restlieferung Versand unfrei

Art.-Nr.	Artikel-Bezeichnung	Menge	E-Preis	EUR-Betrag
431	Kunststoff-Blöcke	4	563,00	2 252,00
127	Bleche für Rollladen-Laufschienen	20 m	8,50	170,00
301	Material für Rollladen-Gurtbänder	50 m	1,80	90,00
	Warenwert	MWSt %	MWSt EUR	Rechn.-Betrag
	2 512,00	19	477,28	2 989,28

Zahlbar innerhalb von 8 Tagen mit 2 % Skonto oder 30 Tage rein netto

Sie sparen 59,79

Sitz der Gesellschaft: Ransbach-Baumbach Registergericht Ransbach-Baumbach: HRB 71 St.-Nr.: 33/123

50 Buchungssätze zu Gutschrift vom Lieferer und Rücksendungen an den Lieferer

1. Formulieren Sie aufgrund der Belege den jeweils zugrunde liegenden Geschäftsvorfall!
2. Buchen Sie die Geschäftsvorfälle im Grundbuch der Fahrradfabrik Fritz Schnell e. Kfm!

Beleg 1

Epple Werke GmbH
Rostock

Fahrradfabrik
Fritz Schnell e. Kfm.
Hauffstr. 14
72762 Reutlingen

Rechnung Nr. 1420 Rostock: 5. März 20..

Sehr geehrter Herr Schnell,

aufgrund Ihrer Reklamation über gelieferte Schmiermittel erhalten Sie eine Gutschrift:

15 % von 4 500,00 EUR

Warenwert	675,00 EUR
+ 19 % USt	128,25 EUR
	803,25 EUR

Mit freundlichen Grüßen
i. V. *Mennel*

Sitz der Gesellschaft: Rostock Registergericht Rostock: HRB 1612 St.-Nr.: 207/3080

Beleg 2

Einkaufsverband Bayern GmbH
85221 Dachau, Isarstr. 15–18

Fahrradfabrik
Fritz Schnell e. Kfm.
Hauffstr. 14
72762 Reutlingen

Dachau: 6. März 20..

Sehr geehrter Herr Schnell,

wir bestätigen die Rücksendung von zwei Stahlrahmen wegen Qualitätsmangel

Warenwert	995,80 EUR
+ 19 % USt	189,20 EUR
Gesamtwert	1 185,00 EUR

Bitte nehmen Sie eine entsprechende Verrechnung in Ihrer Buchhaltung vor.

Mit freundlichen Grüßen
ppa. *Franz Maier*

Sitz der Gesellschaft: Dachau Registergericht Dachau: HRB 4080 St.-Nr.: 220/3456

8.2 Besondere Buchungen beim Verkauf von Fertigerzeugnissen und Handelswaren

8.2.1 Buchhalterische Behandlung von Sofortnachlässen

Die dem Kunden sofort bei Rechnungserteilung gewährten Nachlässe (Sofortnachlässe) vermindern die Verkaufserlöse und erscheinen nicht in der Buchführung.

Geschäftsvorfall	Konten	Soll	Haben
Wir verkaufen eigene Erzeugnisse auf Ziel laut folgender Ausgangsrechnung: Listenpreis 2 500,00 EUR – 10 % Rabatt 250,00 EUR 2 250,00 EUR + 19 % USt 427,50 EUR = Rechnungsbetrag 2 677,50 EUR	2400 Ford. a. L. u. L. an 5000 UE f. eig. Erzeugn. an 4800 Umsatzsteuer	2 677,50	 2 250,00 427,50

Sofortnachlässe an die Kunden werden **nicht gebucht.**

8.2.2 Rücksendungen durch Kunden

Beispiel:

Ausgangssituation: Folgende Ausgangsrechnung für auf Ziel verkaufte Erzeugnisse wurde bereits bei uns gebucht.

	Warenwert netto	20 000,00 EUR
+	19 % USt	3 800,00 EUR
=		23 800,00 EUR

Geschäftsvorfall: Von der bereits bei uns gebuchten Lieferung schickt uns der Kunde wegen Falschlieferung Erzeugnisse zurück im Werte von:

	Wert der Erzeugnisse netto	800,00 EUR
+	19 % USt	152,00 EUR
=	Rechnungsbetrag	952,00 EUR

Aufgaben:

1. Buchen Sie die Rücksendung des Kunden auf den Konten des Hauptbuches!
2. Bilden Sie dazu den Buchungssatz!

Lösungen:

Zu 1.: Buchung auf den Konten des Hauptbuches

S	2400 Ford. a. Lief. u. Leist.		H
5000/4800	23 800,00	5000/4800	952,00

S	5000 Umsatzerl. f. eig. Erzeugn.		H
2400	800,00	2400	20 000,00

S	4800 Umsatzsteuer		H
2400	152,00	2400	3 800,00

Zu 2.: Buchungssatz

Geschäftsvorfall	Konten	Soll	Haben
Ein Kunde sendet Erzeugnisse zurück: Nettowert 800,00 EUR + 19 % USt 152,00 EUR 952,00 EUR	5000 Umsatzerl. f. eig. Erz. 4800 Umsatzsteuer an 2400 Ford. a. Lief. u. Leist.	800,00 152,00	 952,00

Senden Kunden beanstandete Erzeugnisse zurück, vermindern sich die Umsatzerlöse. Die Umsatzsteuer ist anteilig zu berichtigen.

Kompetenztraining

51 Buchungssätze Sofortnachlässe, Rücksendungen

1. **Beleg 1:**

MÖBELFABRIK Wohnwelt AG

Möbelfabrik Wohnwelt AG · Brucknerstr. 8 – 10 · 90429 Nürnberg

Möbelhaus
Alex Hauser OHG
Friedrich-Ebert-Str. 15
75177 Pforzheim

Rechnung 1790

Ihre Bestellung	Lieferdatum	Rechnungsdatum
13.07.20..	15.09.20..	20.09.20..

Wir lieferten Ihnen eine Küchenzeile:

Listenpreis	1 890,00 EUR
– 30 % Kundenrabatt	567,00 EUR
	1 323,00 EUR
– 5 % Einführungsrabatt	66,15 EUR
	1 256,85 EUR
+ 19 % USt	238,80 EUR
Rechnungspreis	1 495,65 EUR

Beleg 2:

MÖBELFABRIK Wohnwelt AG

Möbelfabrik Wohnwelt AG · Brucknerstr. 8 – 10 · 90429 Nürnberg

Möbelhaus
Friedrich Lenz
Wielandstr. 21
88400 Biberach

Rechnung 1799

Ihre Bestellung	Lieferdatum	Rechnungsdatum
15.08.20..	18.09.20..	21.09.20..

Wir lieferten Ihnen einen Orientteppich:

Listenpreis	865,00 EUR
– 10 % Rabatt	86,50 EUR
	778,50 EUR
+ Zustellkosten	25,00 EUR
	803,50 EUR
+ 19 % USt	152,67 EUR
Rechnungspreis	956,17 EUR

Aufgabe:

Bilden Sie die Buchungssätze zu den Belegen 1 und 2 für die Möbelfabrik Wohnwelt AG!

2. Ausgangsrechnung Nr. 2654 für Handelswaren

Warenwert	2 652,00 EUR
+ 19 % USt	503,88 EUR
= Rechnungsbetrag	3 155,88 EUR

Aufgabe:

Bilden Sie den Buchungssatz für die Ausgangsrechnung!

3. 3.1 Ein Kunde kauft zwei Erzeugnisse im Bruttowert von 124,95 EUR je Erzeugnis gegen Rechnung. Bilden Sie den Buchungssatz!

   3.2 Nach einigen Tagen gibt er einen Artikel zurück und bezahlt den anderen bar. Bilden Sie den Buchungssatz!

8.2.3 Preisnachlässe gegenüber Kunden

(1) Grundlagen

Neben den Preisänderungen, die sofort bei Rechnungserteilung gewährt werden, gibt es im Verkaufsbereich Preisnachlässe, die nach der Buchung einer Ausgangsrechnung auftreten. Es sind drei Fälle zu unterscheiden:

- Preisnachlässe aufgrund beanstandeter Mängel des Kunden **(Mängelrüge),**
- den Kunden nachträglich gewährte Rabatte **(Umsatzboni),**
- den Kunden bei vorzeitiger Zahlung gewährte Skonti **(Kundenskonti).**

Durch die nachträgliche Preisänderung nehmen die Forderungen gegenüber den Kunden ab, d.h., die Umsatzerlöse werden geschmälert. Die Preisnachlässe werden nicht direkt auf dem betreffenden Konto Umsatzerlöse gebucht, sondern zunächst auf dem Konto **5001** bzw. **5101 Erlösberichtigungen** erfasst.

(2) Ein Kunde erhält eine Gutschrift aufgrund seiner Reklamation

Beispiel:

Ausgangssituation: Folgende Ausgangsrechnung für auf Ziel verkaufte Erzeugnisse wurde bereits bei uns gebucht: Warenwert 30000,00 EUR zuzüglich 19 % USt.

Geschäftsvorfall: Der Kunde reklamiert an den gelieferten Erzeugnissen Mängel und erhält daraufhin von uns einen Preisnachlass in Form einer Gutschrift in Höhe von

	Wert der Erzeugnisse netto	800,00 EUR
+	19 % USt	152,00 EUR
=	Kundengutschrift	952,00 EUR

Aufgaben:

1. Buchen Sie den Geschäftsvorfall auf den Konten des Hauptbuches!
2. Bilden Sie dazu den Buchungssatz!

Lösungen:

Zu 1.: Buchung auf den Konten des Hauptbuches

S	2400 Ford. a. Lief. u. Leist.		H
5000/4800	35700,00	5001/4800	952,00

S	5000 Umsatzerl. f. eig. Erzeugn.		H
		2400	30000,00

S	5001 Erlösberichtigungen		H
2400	800,00		

S	4800 Umsatzsteuer		H
2400	152,00	2400	5700,00

Zu 2.: Buchungssatz

Geschäftsvorfall	Konten	Soll	Haben
Wir gewähren einem Kunden eine Gutschrift aufgrund seiner Mängelrüge	5001 Erlösberichtigungen 4800 Umsatzsteuer an 2400 Ford. a. L. u. L.	800,00 152,00	 952,00

(3) Ein Kunde erhält eine Umsatzrückvergütung (Bonus) in Form einer Gutschrift

Die Buchung des Kundenbonus löst auf den Konten die gleichen Wirkungen aus und führt daher zum gleichen Buchungssatz.

Geschäftsvorfall	Konten	Soll	Haben
Wir gewähren einem Kunden auf gelieferte Erzeugnisse einen Umsatzbonus in Form einer Gutschrift 600,00 EUR zzgl. 19 % USt.	5001 Erlösberichtigungen 4800 Umsatzsteuer an 2400 Ford. a. L. u. L.	600,00 114,00	 714,00

(4) Kundenskonti

Zahlt der Kunde unter Skontoabzug, ist der Skonto auf dem Unterkonto **5001 Erlösberichtigungen** zu erfassen.

Beispiel:

Ein Kunde bezahlt eine bereits gebuchte Rechnung für die Lieferung von Fertigerzeugnissen in Höhe von	11900,00 EUR
unter Abzug von 2 % Skonto durch Banküberweisung	238,00 EUR
Bankgutschrift	11662,00 EUR

Aufgabe:

Bilden Sie den Buchungssatz!

Lösung:

Geschäftsvorfall	Konten	Soll	Haben
Ein Kunde überweist uns einen Rechnungsbetrag über 11900,00 EUR unter Abzug von 2 % Skonto 238,00 EUR Bankgutschrift 11662,00 EUR	2800 Bank 4800 Umsatzsteuer 5001 Erlösberichtigungen an 2400 Ford. a. L. u. Leist.	11662,00 38,00 200,00	 11900,00

Zur Berechnung der Steuerberichtigung:

Der Skontoabzug in Höhe von 238,00 EUR stellt eine nachträgliche Preisminderung dar, die eine Korrektur der ursprünglich gebuchten Umsatzsteuer nach sich ziehen muss. Da der Skontobetrag vom Bruttowert der Ausgangsrechnung berechnet wurde, ist der Korrekturbetrag im Skontobetrag enthalten. Er kann wie folgt berechnet werden:

$$119\,\% \triangleq 238{,}00 \text{ EUR}$$
$$19\,\% \triangleq x \text{ EUR}$$

$$x = \frac{238 \cdot 19}{119} = \underline{\underline{38{,}00 \text{ EUR}}}$$

Kompetenztraining

52 Buchungssätze Preisnachlässe

Bilden Sie zu den folgenden Geschäftsvorfällen die Buchungssätze:
(**Hinweis**: Bei allen Geschäftsvorfällen ist davon auszugehen, dass die ursprüngliche Rechnung bereits bei uns gebucht war.)

1. Aufgrund seiner Reklamation erhält ein Kunde auf die gelieferten Erzeugnisse nachträglich einen Preisnachlass in Form einer Gutschrift. Gutschriftbetrag einschließlich 19 % USt 476,00 EUR.
2. Ein treuer Kunde erhält durch Gutschriftanzeige den vierteljährlichen Umsatzbonus. Berechnen und buchen Sie den Bonus aufgrund folgender Daten:

   Erzielter Umsatz aus dem Verkauf von Fertigerzeugnissen einschließlich 19 % USt 177 310,00 EUR.

Bonusstaffelung:	Nettoumsatz:	bis	50 000,00 EUR	Bonus:	1 %
		bis	100 000,00 EUR		2 %
		bis	150 000,00 EUR		3 %
		über	150 000,00 EUR		4 %

3. Ein Kunde schickt einen Teil unserer Erzeugnisse zurück

Nettowert	291,30 EUR	
+ 19 % USt	55,35 EUR	346,65 EUR

4. Der Betriebsstoffe-Lieferer gewährt uns aufgrund unserer Reklamation einen Preisnachlass in Form einer Gutschrift über netto 720,00 EUR
   + 19 % USt 136,80 EUR — 856,80 EUR
5. Wir erteilen einem Kunden aufgrund einer Mängelrüge an zugesandten Erzeugnissen eine Gutschrift über brutto (19 % USt) 221,58 EUR

53 Warenrückgabe durch den Kunden

Quittung
Nr. 1420

Warenwert netto	EUR	850	Ct	00
19 % MWSt	EUR	161	Ct	50
gesamt	EUR	1 011	Ct	50

Gesamtbetrag EUR in Worten

eintausendelf

Cent wie oben

von Textilfabrik Albstadt GmbH
für Warenrückgabe
dankend erhalten

Ort Albstadt Datum 5. April 20 . .

Buchungsvermerke	Stempel/Unterschrift des Empfängers
	Hempel

Sitz der Gesellschaft: Albstadt Registergericht: Albstadt HRB 520 Steuer-Nr.: 8942/273

Bilden Sie den Buchungssatz für die Textilfabrik Albstadt GmbH!

54 Buchung einer Ausgangsrechnung, Zahlung des Kunden unter Abzug von Skonto

1. Bilden Sie die Buchungssätze aus der Sicht der Fritz Pfennig OHG!
   1.1 Für die Ausgangsrechnung!
   1.2 Für den Zahlungseingang auf dem Bankkonto der Fritz Pfennig OHG am 9. Juli unter Abzug des vereinbarten Skontobetrags.

Fritz Pfennig OHG · Fröbelstraße 10 · 09126 Chemnitz

Bürozentrum
Ulrike Schnell (e. Kfr.)
Humboldtstr. 57
71032 Böblingen

GfB
FRITZ PFENNIG OHG
Großhandlung für Bürobedarf

Rechnung Nr. 58/102

Rechnungsdatum: 30. Juni 20..

Menge	Artikel-Bezeichnung	Einzelpreis	Betrag EUR
	Warenlieferungen laut beiliegender Lieferkarte: Mai – Juni 20..		280,00
	10 % Rabatt		28,00
			252,00
	19 % USt		47,88
	Bei Bezahlung innerhalb 10 Tagen abzüglich 6,00 EUR Skonto.		299,88

Sitz der Gesellschaft: Chemnitz Registergericht: Chemnitz: HRA 107 Steuer-Nr.: 54710/91520

2. Bilden Sie den Buchungssatz für den nachfolgenden Beleg aus Sicht der Wipper GmbH!

IBAN		BIC
DE59 6505 0110 0009 4006 49	KREISSPARKASSE RAVENSBURG	SOLADES1RVB

Buchungstag	Tag der Wertstellung	Verwendungszweck/Buchungstext		alter Kontostand
				+ 4 791,20
12.05.	12.05.	Heimann KG Hunsrückstr. 12 44805 Bochum Rechnung-Nr. 2007 ./. 2 % Skonto	9224	+ 2 507,33

Wipper GmbH
Knollengraben 15
88212 Ravensburg

		neuer Kontostand
		+ 7 298,53
Kontoauszug vom	Auszug	Blatt
12.05.20..	24	1

SIK - KAD 8/98 S
Bitte beachten Sie die Hinweise auf der Rückseite
50/00

55 Buchung von Ausgangsrechnungen, Zahlung des Kunden unter Abzug von Skonto

1. Bilden Sie zu folgenden Geschäftsvorfällen die Buchungssätze!

1.1	Verkauf von Handelswaren bar	14 000,00 EUR
	– 10 % Rabatt	1 400,00 EUR
		12 600,00 EUR
	+ 19 % USt	2 394,00 EUR
		14 994,00 EUR
1.2	Ein Kunde überweist zum Ausgleich einer Rechnung auf unser Bankkonto	1 870,00 EUR

2.	Verkauf von Erzeugnissen auf Ziel	1 500,00 EUR
	– 15 % Rabatt	225,00 EUR
		1 275,00 EUR
	+ 19 % USt	242,25 EUR
		1 517,25 EUR

3. Bilden Sie zu dem nachfolgenden Beleg aus der Sicht der Isidor Kohler GmbH den Buchungssatz!

Kohler
KUNSTSTOFFFENSTER, ROLLLADEN, TORE UND SONNENSCHUTZ

ROLLLADENFABRIK KOHLER

Isidor Kohler GmbH · Illerweg 10 · 24146 Kiel

Raumausstattung
Konrad Wächter
Sachsenstr. 140
76137 Karlsruhe

EINGEGANGEN
24. Februar 20..
Erl.........................

Ihr Zeichen, Ihre Nachricht vom	Unser Zeichen, Unsere Nachricht vom	Telefon, Name	Datum
gl/ka 20.02.20..	fr/sa	0431 911/Dor.	22.02.20..

Gutschrift, Rechnung Nr. 1020

Sehr geehrte Damen und Herren,

Ihre Mängelrüge ist berechtigt. Wir erteilen folgende Gutschrift für mangelhafte Kunststofffenster

Kunststofffenster	4 225,00 EUR
19 % Umsatzsteuer	802,75 EUR
	5 027,75 EUR

Wir bitten, die mangelhafte Lieferung zu entschuldigen.

Mit freundlichen Grüßen

Kohler

Kohler

9 Anschaffungskosten ermitteln, den Werteverzehr des Anlagevermögens durch die lineare Abschreibung mithilfe der AfA-Tabelle monatsgenau erfassen, buchen und die Auswirkungen beschreiben

Seite 247 ff.

9.1 Ermittlung der Anschaffungskosten

Zum Anlagevermögen zählen die Vermögensposten, die dem Unternehmen **langfristig** dienen. Sie werden nur allmählich verbraucht (z. B. Gebäude, Büromaschinen, Fuhrpark). Beim Erwerb werden die Güter des Anlagevermögens mit ihren **Anschaffungskosten** erfasst.

Vermögensgegenstände des Anlagevermögens sind bei ihrer **Beschaffung** mit den **Anschaffungs- oder Herstellungskosten** zu bewerten [§ 253, S. 1 HGB].

Die **Berechnung der Anschaffungskosten** erfolgt nach folgendem Schema:

	Anschaffungspreis:	Nettopreis ohne Umsatzsteuer[1]
–	Anschaffungspreisminderungen:	z. B. Rabatte, Skonti, Boni, sonstige Nachlässe
+	Anschaffungsnebenkosten:	Typische Beispiele sind: Transport-, Umbau-, Montagekosten, Aufwendungen für Provisionen, Notariats-, Gerichts- und Registerkosten
=	Anschaffungskosten	

Anmerkung:

Finanzierungskosten (z. B. Kreditzinsen, Diskont, Gebühren) gehören **nicht** zu den Anschaffungskosten.

Beispiel:

Kauf von Lagerregalen zu Beginn der Geschäftsperiode gegen Rechnungsstellung. Nettopreis: 19 730,00 EUR zuzüglich 19 % USt. Die gesondert in Rechnung gestellten Transportkosten in Höhe von 1 230,00 EUR zuzüglich 19 % USt wurden sofort bar bezahlt.

Die Rechnung für die Regale wird später durch Banküberweisung unter Abzug von 3 % Skonto beglichen.

Aufgabe:

Berechnen Sie die Anschaffungskosten!

Lösung:

	Anschaffungspreis	19 730,00 EUR
–	3 % Skonto	591,90 EUR
=	vorläufige Anschaffungskosten	19 138,10 EUR
+	Transportkosten	1 230,00 EUR
=	Anschaffungskosten	20 368,10 EUR

1 Der Vorsteuerbetrag, soweit er bei der Umsatzsteuer abgezogen werden kann, gehört nach § 9b EStG i. V. m. § 10 I UStG nicht zu den Anschaffungskosten (dem „aufgewendeten Entgelt des Leistungsempfängers").

9.2 Ursachen der Abschreibung

Anlagegüter wie z. B. ein Gebäude, einen Aktenschrank, eine Maschine, einen Gabelstapler oder einen Lkw nutzt das Unternehmen langfristig. Durch den täglichen Gebrauch verlieren diese Anlagegüter an Wert **(abnutzbare Güter[1])**. Um ihren Wert auf dem Schlussbilanzkonto richtig darzustellen, ist der Betrag der **Wertminderung von dem Anschaffungspreis** abzuschreiben.

- **Abschreibungen erfassen die Wertminderung der abnutzbaren Anlagegüter.**
- Durch die Abschreibung werden die **Anschaffungskosten** auf die **Jahre der Nutzung als Aufwand** verteilt.

!

Für die Höhe der Abschreibung können folgende Gründe eine Rolle spielen:

Gebrauch	Jeder Gebrauchsgegenstand hat eine begrenzte Lebensdauer, die u. a. von der Häufigkeit der Nutzung abhängt. Je häufiger ein Gegenstand genutzt wird, desto schneller verschleißt er und desto mehr verliert er an Wert. Ein Auto, das 100 000 km gefahren wurde, ist weniger wert als das sonst gleiche Auto, das in der gleichen Zeit nur 50 000 km gefahren wurde.
Technischer Fortschritt	In der durch hohe Technisierung und starken Konkurrenzdruck gekennzeichneten Wirtschaft werden die Produkte immer weiter verbessert. Sobald ein verbessertes Produkt auf den Markt kommt, verliert das bisherige Produkt schlagartig an Wert.
Wirtschaftliche Überholung	Geht die Nachfrage nach einem Gut aufgrund neuer Erfindungen oder aufgrund eines Modewechsels zurück, so hat das wertmindernde Rückwirkungen sowohl auf die Güter selbst als auch auf die zu ihrer Herstellung benötigten Maschinen.
Natürlicher Verschleiß	Selbst wenn ein Gegenstand überhaupt nicht genutzt würde und auch die übrigen Ursachen der Abschreibung nicht zutreffen, würde z. B. durch Witterungseinflüsse (Wechsel von Wärme und Kälte, Nässe und Trockenheit) eine wertmindernde Veränderung des Gegenstandes eintreten.

Infolge der Abschreibung vermindern sich die Anschaffungskosten jährlich um die mit der Abschreibung erfassten Wertminderung, sodass sich der Buchwert von Jahr zu Jahr verringert.

Anschaffungskosten – Abschreibung = Buchwert

9.3 Berechnung der Abschreibung nach der linearen Methode

Seite 132 f.

Bei der linearen Abschreibung wird ein jährlich gleichbleibender Betrag von den **Anschaffungskosten** des Anlagegutes abgeschrieben. Auf diese Weise werden die gesamten Anschaffungskosten gleichmäßig auf die Nutzungsdauer verteilt. Nach Ablauf der Nutzungsdauer ist der Buchwert gleich null.

1 **Nicht abnutzbare Gegenstände des Anlagevermögens** sind zum Beispiel Beteiligungen, unbebaute Grundstücke und der Wert des Grund und Bodens bebauter Grundstücke. Da unbebaute Grundstücke im Allgemeinen im Wert nicht sinken, ist eine planmäßige Abschreibung darauf nicht erlaubt. Bei bebauten Grundstücken ist daher immer nur vom Gebäudewert abzuschreiben.

Beispiel:

Die Anschaffungskosten eines Kombiwagens zu Beginn der Geschäftsperiode betragen 30 000,00 EUR. Es wird eine Nutzungsdauer von sechs Jahren angenommen. In diesem Fall beträgt der jährliche Abschreibungsbetrag 5 000,00 EUR und der Abschreibungssatz $16^2/_3$ %.

Aufgabe:

Führen Sie rechnerisch die Abschreibung über die gesamte Laufzeit durch!

Lösung:

	Anschaffungskosten	30 000,00 EUR
–	$16^2/_3$ % Abschreibung 1. Jahr	5 000,00 EUR
	Buchwert Ende 1. Jahr	25 000,00 EUR
–	$16^2/_3$ % Abschreibung 2. Jahr	5 000,00 EUR
	Buchwert Ende 2. Jahr	20 000,00 EUR
–	$16^2/_3$ % Abschreibung 3. Jahr	5 000,00 EUR
	Buchwert Ende 3. Jahr	15 000,00 EUR
–	$16^2/_3$ % Abschreibung 4. Jahr	5 000,00 EUR
	Buchwert Ende 4. Jahr	10 000,00 EUR
–	$16^2/_3$ % Abschreibung 5. Jahr	5 000,00 EUR
	Buchwert Ende 5. Jahr	5 000,00 EUR
–	$16^2/_3$ % Abschreibung 6. Jahr	5 000,00 EUR
	Buchwert Ende 6. Jahr	0,00 EUR[1]

$$\text{Jährlicher Abschreibungsbetrag} = \frac{\text{Anschaffungskosten}}{\text{Nutzungsdauer}}$$

$$\text{Jährlicher Abschreibungssatz} = \frac{100\,\%}{\text{Nutzungsdauer}}$$

Bei der linearen Abschreibung geht man davon aus, dass sich das Wirtschaftsgut gleichmäßig abnutzt. Ein eventuell höherer Wertverlust durch technische oder wirtschaftliche Überholung oder infolge eines unterschiedlich hohen Verschleißes durch unterschiedliche Nutzung in den verschiedenen Nutzungsjahren wird dabei nicht berücksichtigt.

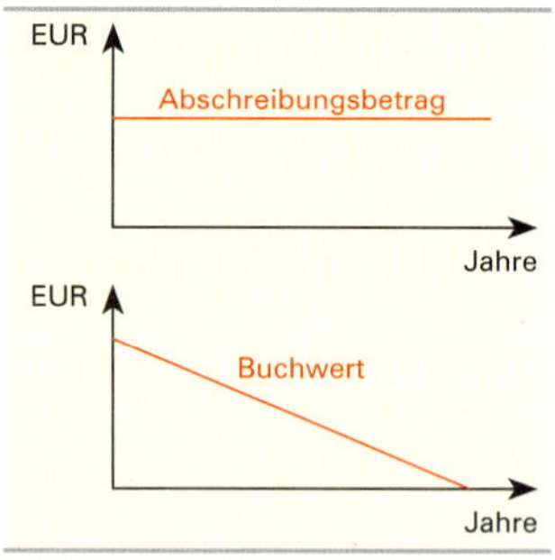

Die lineare Abschreibungsmethode hat insbesondere folgende Vorteile:

- einfache und nur einmalige Berechnung des Abschreibungsbetrags;
- gute Vergleichbarkeit der aufeinanderfolgenden Erfolgsrechnungen;
- gleichmäßige Aufwandsbelastung bzw. Belastung der Kostenrechnung mit Abschreibungen.

1 Die in der manuellen Buchführung übliche Abschreibung auf einen Erinnerungswert von 1,00 EUR, wenn das Wirtschaftsgut nach Ablauf der Nutzungsdauer noch weiter genutzt wird, ist in der als Nebenbuchhaltung betriebenen computerunterstützten Anlagenbuchführung nicht üblich. Hier wird auch bei Weiternutzung des Wirtschaftsgutes mit der letzten Rate auf den Restbuchwert von 0,00 EUR abgeschrieben.

Kompetenztraining

56 Berechnung der linearen Abschreibung, eigene Formulierung des Begriffs Abschreibung

Die Anschaffungskosten eines Autotelefons für den Geschäftswagen betragen zu Beginn der Geschäftsperiode 2 100,00 EUR.

Aufgaben:

1. Berechnen Sie den jährlichen Abschreibungsbetrag bei linearer Abschreibung und einer angenommenen Nutzungsdauer von fünf Jahren!
2. Bilden Sie eine Formulierung, in der das Wesen der Abschreibung zum Ausdruck kommt!

57 Berechnung der linearen Abschreibung

1. Eine Frankiermaschine wird am Ende des 3. Nutzungsjahres linear mit 930,00 EUR abgeschrieben, Abschreibungssatz: $12\,^1/_2\,\%$.

   Aufgabe:

   Berechnen Sie die Anschaffungskosten für die Frankiermaschine!

2.

Anlagegüter	Buchwert am 31. Dez.	Anschaffungskosten zu Beginn des Geschäftsjahres	Nutzungsdauer
Ladeneinrichtung (Werkstattverkauf)	52 500,00 EUR	84 000,00 EUR	8 Jahre
Kombiwagen	38 000,00 EUR	57 000,00 EUR	6 Jahre

   Aufgaben:

   2.1 Berechnen Sie den jeweiligen Abschreibungssatz bei linearer Abschreibung!

   2.2 Ermitteln Sie, wie viel Jahre die beiden Anlagegüter bisher abgeschrieben worden sind!

3. Die Anschaffungskosten für einen Warenautomaten zu Beginn der Geschäftsperiode betragen 6 550,00 EUR.

   Aufgabe:

   Berechnen Sie den jährlichen Abschreibungsbetrag bei linearer Abschreibung und einer angenommenen Nutzungsdauer von fünf Jahren!

9.4 Beginn der Abschreibung

Die Abschreibung beginnt mit der **Anschaffung des Anlagegutes.** Wird ein Anlagegut im Laufe des Geschäftsjahres angeschafft, kann in diesem Jahr die **Abschreibung nur zeitanteilig** verrechnet werden, wobei **monatsgenau** gerechnet wird und der **Monat der Anschaffung mitgezählt** wird.

Beispiel:

Kauf von Lagerregalen am 30. September 2018 im Wert von 20 000,00 EUR. Nutzungsdauer: 14 Jahre (Abschreibungssatz von 7,14 %). Eine Abschreibung auf die Lagerregale ist im Anschaffungsjahr nur für 4 Monate möglich.[1]

$$\text{Abschreibung} = \frac{20\,000 \cdot 7{,}14 \cdot 4}{100 \cdot 12} = \underline{\underline{476{,}00 \text{ EUR}}}$$

1 Da im ersten Jahr die Abschreibung nur für vier Monate erfolgen konnte, fehlt im letzten Jahr noch die Abschreibung für 8 Monate. Die Abschreibungszeit für die Lagerregale läuft daher von September 2018 bis August 2032.

8 Speth u.a. - ISBN 978-3-8120-0595-1

Kompetenztraining

58 Berechnung der linearen Abschreibung

1. Die Anschaffungskosten für einen am 15. Juli 20.. gekauften neuen Großrechner betragen 42000,00 EUR. Die Nutzungsdauer beträgt sieben Jahre.

   Aufgaben:

   1.1 Erstellen Sie die Abschreibungstabelle für die gesamte Nutzungsdauer bei linearer Abschreibung!

   1.2 Erklären Sie, warum die lineare Abschreibung für den Kaufmann sinnvoll ist!

2. 2.1 Die Anschaffungskosten für drei am 15. September 20.. gekaufte Laptops betragen 3528,00 EUR.

   Aufgaben:

   Ermitteln Sie den Bilanzwert der Laptops per 31. Dezember 20.. bei einer Nutzungsdauer von drei Jahren!

   2.2 Erläutern Sie, wodurch die lineare Abschreibung charakterisiert ist!

3. Eine Werkzeugfabrik kauft zu Beginn des Geschäftsjahres einen neuen Lkw. Der Lkw mit einer Nutzungsdauer von neun Jahren wird nach dreimaliger linearer Abschreibung in der Buchführung mit den fortgeführten Anschaffungskosten in Höhe von 52800,00 EUR ausgewiesen.

   Aufgaben:

   3.1 Berechnen Sie die Anschaffungskosten!

   3.2 Berechnen Sie die jährliche Abschreibung!

4. Am 9. Juni 20.. wurde eine computergesteuerte Wasserenthärtungsanlage im Werk installiert. Die Anschaffungskosten betrugen 24624,00 EUR. Die Nutzungsdauer beträgt zwölf Jahre. Es wird linear abgeschrieben.

   Aufgabe:

   Ermitteln Sie den Restbuchwert zum Ende des 8. Nutzungsjahres!

9.5 Ermittlung der betriebsgewöhnlichen Nutzungsdauer

Abnutzbare Anlagegüter sind planmäßig abzuschreiben [§ 253 III, S. 1 und S. 2 HGB]. Die Höhe der Abschreibung hängt von der **betriebsgewöhnlichen Nutzungsdauer** ab. Je geringer die betriebsgewöhnliche Nutzungsdauer angesetzt wird, desto höher ist der Abschreibungsbetrag und umgekehrt. Ein hoher Abschreibungsaufwand verringert den ausgewiesenen Gewinn und umgekehrt.

Da die Höhe des ausgewiesenen Gewinns die Steuerzahlung des Unternehmens beeinflusst, hat das Bundesministerium der Finanzen eine **AfA-Tabelle**[1] herausgegeben, aus der die betriebsgewöhnliche Nutzung des jeweiligen Anlagegutes hervorgeht. Die in der AfA-Tabelle angegebene Nutzungsdauer stellt eine Richtgröße dar. In der Handelsbilanz kann hiervon abgewichen werden.

1 Im Steuerrecht wird die Abschreibung als „**A**bsetzung **f**ür **A**bnutzung" **(AfA)** bezeichnet.

Auszug aus der AfA-Tabelle:

Anlagegüter	Nutzungsdauer
Laptop	3
Personenwagen	6
Lkw	9
Kopiergeräte	7
Notebooks	3
Frankiermaschine	8

Anlagegüter	Nutzungsdauer
Autotelefon	5
Ladeneinrichtung	8
Betonmischer	6
Kühlhallen	20
Entlüftungsgeräte (mobil)	10
Laderampen	25

9.6 Buchung der Abschreibungen

Die Wertminderung des Anlagevermögens stellt einen **betrieblichen Aufwand** dar. Er wird buchhalterisch auf dem Konto **6520 Abschreibungen auf Sachanlagen** erfasst.

Beispiel:

Die Anschaffungskosten zu Beginn einer Geschäftsperiode für eine EDV-Anlage betragen 21 000,00 EUR. Am Ende des Geschäftsjahres werden 7 000,00 EUR abgeschrieben.

Aufgaben:

1. Buchen Sie die Abschreibung auf Konten und schließen Sie die Konten ab!
2. Bilden Sie die Buchungssätze!

Lösungen:

Zu 1.: Buchung auf den Konten

S 0860 Büromaschinen H

AB	21 000,00	6520	7 000,00
		8010	14 000,00
	21 000,00		21 000,00

S 6520 Abschreib. auf Sachanlagen H

0860	7 000,00	8020	7 000,00

S 8010 SBK H

0860	14 000,00		

S 8020 GuV H

6520	7 000,00		

Wirkungen

- Erfassung der Wertminderung bei den Vermögensgegenständen.
- Dadurch richtiger Ausweis der Vermögenswerte in der Bilanz.

- Erfassung der Vermögensminderung als Aufwand.
- Dadurch Verringerung des Gewinns.

Zu 2.: Buchungssätze

Geschäftsvorfälle	Konten	Soll	Haben
Buchung der Abschreibung	6520 Abschr. a. Sachanlagen an 0860 Büromaschinen	7 000,00	 7 000,00
Buchungen beim Abschluss	8010 SBK an 0860 Büromaschinen 8020 GuV an 6520 Abschr. a. Sachanlagen	14 000,00 7 000,00	 14 000,00 7 000,00

Erläuterungen:

Für die ergebniswirksame Erfassung der jährlichen Abschreibungen auf das abnutzbare Anlagevermögen wird das Aufwandskonto **6520 Abschreibungen auf Sachanlagen** eingerichtet. Der Abschreibungsbetrag wird als Aufwand auf der **Sollseite** gebucht.

Die **Gegenbuchung** erfolgt auf dem entsprechenden **Anlagekonto auf der Habenseite,** im vorliegenden Fall auf dem Konto 0860 Büromaschinen. Dort bewirkt sie, dass der entsprechende Anlageposten auf den jeweils gültigen **Zeitwert** fortgeschrieben wird.

Kompetenztraining

59 Kauf von Anlagegütern, Berechnung und Buchung der Abschreibung, Abschluss der Konten

1. Wir kaufen (für die Warenauslieferung) zu Beginn des Geschäftsjahres einen Pkw für netto 27 996,00 EUR zuzüglich 19 % USt. Zahlung 15 000,00 EUR bar, 8 000,00 EUR werden mit Bankscheck beglichen und der Rest ist in 3 Monaten zur Zahlung fällig.

   Aufgaben:

   1.1 Bilden Sie den Buchungssatz beim Kauf!

   1.2 Bilden Sie den Buchungssatz für die Abschreibung am Ende des ersten Geschäftsjahres! Es wird linear abgeschrieben. Die Nutzungsdauer beträgt 6 Jahre.

2. Kauf eines kleinen Betonmischers für 9 000,00 EUR zuzüglich 19 % USt. Datum der Anlieferung: 15. August 20.., Nutzungsdauer: 6 Jahre.

   Aufgaben:

   2.1 Berechnen Sie die Abschreibung über die gesamte Nutzungsdauer nach dem linearen Abschreibungsverfahren!

   2.2 Buchen Sie die Abschreibung am Ende des 3. Jahres auf Konten und schließen Sie die Konten über das SBK und über das GuV-Konto ab!

3. Wir kaufen zu Beginn des Geschäftsjahres einen Pkw zum Anschaffungspreis von 48 500,00 EUR gegen Bankscheck. Der Autohändler gewährt uns einen Rabatt von 8 % sowie 2 % Skonto. Die Überführungskosten betragen 410,00 EUR, die Kosten für die Zulassung 118,40 EUR. Beide Beträge sind Nettowerte.

   Aufgaben:

   3.1 Berechnen Sie den jährlichen Abschreibungsbetrag bei linearer Berechnung und einer angenommenen Nutzungsdauer von sechs Jahren!

   3.2 Richten Sie folgende Konten ein:

   0840 Fuhrpark, 6520 Abschreibungen auf Sachanlagen, 8010 SBK, 8020 GuV!

   Tragen Sie die Anschaffungskosten auf dem Fuhrparkkonto als Anfangsbestand vor und buchen Sie die Abschreibung im ersten Jahr! Schließen Sie anschließend die Konten ab!

4. 4.1 Erläutern Sie, wie sich die Abschreibungen auf den Gewinn bzw. Verlust eines Unternehmens auswirken!

   4.2 Nennen Sie drei Ursachen, die der Abschreibung zugrunde liegen und bilden Sie hierzu jeweils ein Beispiel!

   4.3 Erklären Sie die Wirkung, die die Abschreibung auf der Aktivseite der Bilanz hat!

60 Berechnung und Buchung der Abschreibung

Der Elektrogerätehersteller Klein GmbH liegen folgende Eingangsrechnungen für Anlagegüter der Büromöbel Topauer KG vor:

Beleg 1

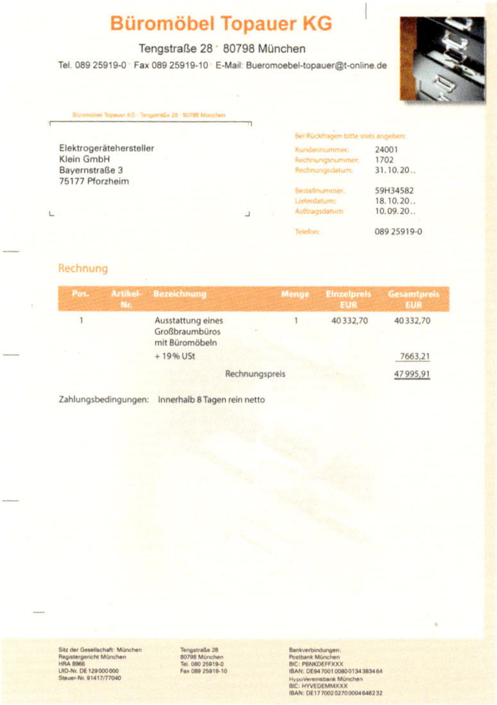

Büromöbel Topauer KG

Tengstraße 28 · 80798 München

Tel. 089 25919-0 · Fax 089 25919-10 · E-Mail: Bueromoebel-topauer@t-online.de

Büromöbel Topauer KG · Tengstraße 28 · 80798 München

Elektrogerätehersteller
Klein GmbH
Bayernstraße 3
75177 Pforzheim

Bei Rückfragen bitte stets angeben:
Kundennummer: 24001
Rechnungsnummer: 1702
Rechnungsdatum: 31.10.20..

Bestellnummer: 59H34582
Lieferdatum: 18.10.20..
Auftragsdatum: 10.09.20..

Telefon: 089 25919-0

Rechnung

Pos.	Artikel-Nr.	Bezeichnung	Menge	Einzelpreis EUR	Gesamtpreis EUR
1		Ausstattung eines Großbraumbüros mit Büromöbeln	1	40 332,70	40 332,70
		+ 19 % USt			7663,21
		Rechnungspreis			47 995,91

Zahlungsbedingungen: Innerhalb 8 Tagen rein netto

Sitz der Gesellschaft: München
Registergericht München
HRA 8966
UID-Nr. DE 129 000 000
Steuer-Nr. 91417/77040

Tengstraße 28
80798 München
Tel. 080 25919-0
Fax 089 25919-10

Bankverbindungen:
Postbank München
BIC: PBNKDEFFXXX
IBAN: DE94 7001 0080 0134 3834 64
HypoVereinsbank München
BIC: HYVEDEMMXXX
IBAN: DE17 7002 0270 0004 6462 32

Beleg 2

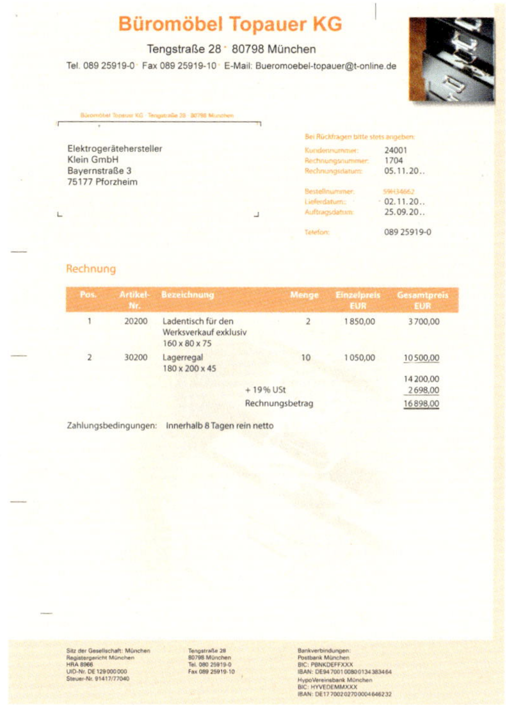

Büromöbel Topauer KG

Tengstraße 28 · 80798 München

Tel. 089 25919-0 · Fax 089 25919-10 · E-Mail: Bueromoebel-topauer@t-online.de

Büromöbel Topauer KG · Tengstraße 28 · 80798 München

Elektrogerätehersteller
Klein GmbH
Bayernstraße 3
75177 Pforzheim

Bei Rückfragen bitte stets angeben:
Kundennummer: 24001
Rechnungsnummer: 1704
Rechnungsdatum: 05.11.20..

Bestellnummer: 59H34662
Lieferdatum: 02.11.20..
Auftragsdatum: 25.09.20..

Telefon: 089 25919-0

Rechnung

Pos.	Artikel-Nr.	Bezeichnung	Menge	Einzelpreis EUR	Gesamtpreis EUR
1	20200	Ladentisch für den Werksverkauf exklusiv 160 x 80 x 75	2	1 850,00	3 700,00
2	30200	Lagerregal 180 x 200 x 45	10	1 050,00	10 500,00
					14 200,00
		+ 19 % USt			2 698,00
		Rechnungsbetrag			16 898,00

Zahlungsbedingungen: Innerhalb 8 Tagen rein netto

Sitz der Gesellschaft: München
Registergericht München
HRA 8966
UID-Nr. DE 129 000 000
Steuer-Nr. 91417/77040

Tengstraße 28
80798 München
Tel. 080 25919-0
Fax 089 25919-10

Bankverbindungen:
Postbank München
BIC: PBNKDEFFXXX
IBAN: DE94 7001 0080 0134 3834 64
HypoVereinsbank München
BIC: HYVEDEMMXXX
IBAN: DE17 7002 0270 0004 6462 32

Hinweis: Die gekauften Ladentische und Lagerregale benötigt die Elektrogerätehersteller Klein GmbH für den eigenen Betrieb.

Aufgaben:

1. Bilden Sie die Buchungssätze für die beiden Eingangsrechnungen!
2. Am Jahresende werden die Anlagegüter linear abgeschrieben. Die Nutzungsdauer beträgt für die Büromöbel 13 Jahre, für die Ladentische 8 Jahre und für die Lagerregale 14 Jahre. Berechnen Sie jeweils die Höhe der Abschreibung!
3. Bilden Sie die Buchungssätze für die Abschreibung!

10 Einen einfachen Jahresabschluss erstellen

10.1 Zusammenhang zwischen Buchführung und Jahresabschluss

Der Jahresabschluss einer Kapitalgesellschaft soll einen möglichst sicheren Einblick in die Vermögens-, Ertrags- und Finanzlage des Unternehmens gewährleisten. Deshalb stellt der Gesetzgeber hohe Anforderungen an den Inhalt und die Form des Jahresabschlusses.

Der **Jahresabschluss** ist ein **Dokument** (Beweisstück) und eine **Rechnungslegung** für eine bestimmte Rechnungsperiode.

Zwischen Jahresabschluss und Buchführung besteht ein enger wechselseitiger Zusammenhang. Da jeder Jahresabschluss auf den Zahlenunterlagen der Buchführung aufbaut, sind die gesetzlichen Vorschriften zum Jahresabschluss gleichzeitig auch Vorgaben für die Buchführung. Bevor jedoch die Zahlen der Buchführung in den Jahresabschluss übernommen werden dürfen, muss sichergestellt sein, dass sie auch den tatsächlichen Verhältnissen entsprechen. Deshalb müssen die **Werte der Buchführung (Sollwerte)** durch eine körperliche Bestandsaufnahme in Form einer Inventur kontrolliert und nötigenfalls an die **ermittelten Inventurwerte (Istwerte)** angepasst werden.[1] Insofern ist die Inventur ein unverzichtbarer Bestandteil für den Abschluss des Geschäftsjahres.

10.2 Ansatzgrundsätze für die Bilanzierung im Jahresabschluss

Die Ansatzgrundsätze legen gesetzlich fest, welche Inhalte der Jahresabschluss enthalten soll bzw. welche Verfahrensweisen einzuhalten sind:

Grundsatz der Vollständigkeit [§ 246 I, S. 1 HGB]	Der Jahresabschluss hat **sämtliche** Vermögensgegenstände, Schulden, Rechnungsabgrenzungsposten sowie Aufwendungen und Erträge zu enthalten, soweit gesetzlich nichts anderes bestimmt ist.
Grundsatz des rechtlichen Eigentums [§ 246 I, S. 2 HGB]	Vermögensgegenstände sind in der **Bilanz des Eigentümers** aufzunehmen. **Ausnahme:** Ist ein Vermögensgegenstand einem anderen **wirtschaftlich zuzuordnen,** hat dieser den Vermögensgegenstand zu bilanzieren. **Beispiel:** Leasinggut, das als Spezialanfertigung ausschließlich vom Leasingnehmer genutzt werden kann.
Verrechnungsverbot/ Verrechnungspflicht [§ 246 II HGB]	Posten der Aktivseite **dürfen nicht** mit Posten der Passivseite, Aufwendungen nicht mit Erträgen, Grundstücksrechte nicht mit Grundstückslasten verrechnet werden [§ 246 I, S. 1 HGB].
Grundsatz der Ansatzstetigkeit [§ 246 III HGB]	Die auf den vorhergehenden Jahresabschluss angewandten Ansatzmethoden sind beizubehalten. Daraus folgt, dass ein einmal in Anspruch genommenes Ansatzwahlrecht in den Folgejahren für diesen Fall nicht geändert werden darf.
Inhalt der Bilanz [§ 247 HGB]	■ In der **Bilanz** sind das Anlage- und das Umlaufvermögen, das Eigenkapital, die Schulden sowie die Rechnungsabgrenzungsposten **gesondert auszuweisen** und hinreichend **aufzugliedern.** ■ Beim **Anlagevermögen** sind nur die Gegenstände auszuweisen, die bestimmt sind, **dauernd** dem Geschäftsbetrieb zu dienen.
Unterzeichnung [§ 245 HGB]	„Der Jahresabschluss ist vom Kaufmann unter Angabe des Datums zu unterzeichnen. Sind mehrere persönlich haftende Gesellschafter vorhanden, so haben sie alle zu unterzeichnen." Die Unterschrift muss am Ende des Jahresabschlusses erfolgen, also nach der Gewinn- und Verlustrechnung.

1 Auf Inventurdifferenzen wird im Rahmen der fakultativen Inhalte auf S. 134f. eingegangen.

10.3 Beispiel eines einfachen Jahresabschlusses

Seite 134 f.

Beispiel:

I. Anfangsbestände:

0510 Bebaute Grundstücke 200 000,00 EUR, 0840 Fuhrpark 350 000,00 EUR, 2000 Rohstoffe 180 000,00 EUR, 2400 Forderungen aus Lieferungen und Leistungen 145 320,00 EUR, 2600 Vorsteuer 15 000,00 EUR, 2800 Bank 137 850,00 EUR, 3000 Eigenkapital 440 000,00 EUR, 4200 Verbindlichkeiten gegenüber Kreditinstituten 400 000,00 EUR, 4400 Verbindlichkeiten aus Lieferungen und Leistungen 119 450,00 EUR, 4800 Umsatzsteuer 68 720,00 EUR.

II. Kontenplan:

0510, 0840, 2000, 2400, 2600, 2800, 3000, 4200, 4400, 4800, 5000, 5710, 6000, 6160, 6520, 6700, 7020, 7510, 8010, 8020

III. Geschäftsvorfälle:

1.	Kauf von Rohstoffen auf Ziel	85 000,00 EUR	
	+ 19 % USt	16 150,00 EUR	101 150,00 EUR
2.	Eingangsrechnung für die Renovierung der Büroräume	17 500,00 EUR	
	+ 19 % Umsatzsteuer	3 325,00 EUR	20 825,00 EUR
3.	Verkauf von Erzeugnissen auf Ziel	185 300,00 EUR	
	+ 19 % Umsatzsteuer	35 207,00 EUR	220 507,00 EUR
4.	Banküberweisung für das gemietete Verwaltungsgebäude		12 000,00 EUR
5.	Die Bank belastet unser Kontokorrentkonto mit den Halbjahreszinsen für das aufgenommene Bankdarlehen		16 000,00 EUR
6.	Banküberweisung für die Grundsteuervorauszahlung		4 000,00 EUR
7.	Bankgutschrift für Zinsen		1 750,00 EUR

IV. Abschlussangaben:

1.	Der Rohstoffschlussbestand beträgt lt. Inventur	180 000,00 EUR
2.	Die Abschreibungen betragen auf	
	– 0510 Bebaute Grundstücke	15 000,00 EUR
	– 0840 Fuhrpark	12 000,00 EUR

V. Aufgaben:

1. Bilden Sie im Grundbuch die Buchungssätze!
2. Übertragen Sie anschließend die Vorgänge auf die Konten des Hauptbuches!
3. Schließen Sie die Konten ab!
4. Stellen Sie aufgrund der Zahlen der Buchführung einen Jahresabschluss in Form der Bilanz und der Gewinn- und Verlustrechnung auf!

Lösungen:

Zu 1.: Buchungssätze für die Geschäftsvorfälle

Nr.	Konten	Soll	Haben
1.	6000 Aufwendungen für Rohstoffe	85 000,00	
	2600 Vorsteuer	16 150,00	
	an 4400 Verbindlichkeiten aus Lieferungen und Leistungen		101 150,00
2.	6160 Fremdinstandhaltung	17 500,00	
	2600 Vorsteuer	3 325,00	
	an 4400 Verbindlichkeiten aus Lieferungen und Leistungen		20 825,00
3.	2400 Forderungen aus Lieferungen und Leistungen	220 507,00	
	an 5000 Umsatzerlöse für eigene Erzeugnisse		185 300,00
	an 4800 Umsatzsteuer		35 207,00
4.	6700 Mieten, Pachten	12 000,00	
	an 2800 Bank		12 000,00
5.	7510 Zinsaufwendungen	16 000,00	
	an 2800 Bank		16 000,00
6.	7020 Grundsteuer	4 000,00	
	an 2800 Bank		4 000,00
7.	2800 Bank	1 750,00	
	an 5710 Zinserträge		1 750,00

Zu 4.: Jahresabschluss

Aktiva	Schlussbilanz		Passiva
I. Anlagevermögen		**I. Eigenkapital**	465 550,00
1. Grundstücke und Bauten	185 000,00	**II. Verbindlichkeiten**	
2. And. Anl., Betr.- u. G.-Ausstattung	338 000,00	1. Verbindlichkeiten gegenüber Kreditinstituten	400 000,00
II. Umlaufvermögen		2. Verb. a. Lief. u. Leist.	241 425,00
1. Roh-, Hilfs- und Betriebsstoffe	180 000,00	3. Sonstige Verbindlichk.	69 452,00
2. Ford. a. Lief. u. Leist.	365 827,00		
3. Guthaben bei Kreditinstituten	107 600,00		
	1 176 427,00		1 176 427,00

Aufwendungen	Gewinn- und Verlustrechnung		Erträge
Aufwendungen für Rohstoffe	85 000,00	Umsatzerlöse	185 300,00
Instandhaltung und Reparaturen	17 500,00	Zinserträge	1 750,00
Abschreibungen auf Sachanlagen	27 000,00		
Aufwendungen für Miete	12 000,00		
Zinsaufwendungen	16 000,00		
Steuern	4 000,00		
Gewinn	25 550,00		
	187 050,00		187 050,00

Zu 2. und 3.: Darstellung auf den Konten des Hauptbuches und Abschluss der Konten

Bilanzkonten-Bereich

Aktivkonten

S 0510 Beb. Grundstücke H

S		H	
8000	200 000,00	6520	15 000,00
		8010	185 000,00
	200 000,00		200 000,00

S 0840 Fuhrpark H

S		H	
8000	350 000,00	6520	12 000,00
		8010	338 000,00
	350 000,00		350 000,00

S 2000 Rohstoffe H

S		H	
8000	180 000,00	8010	180 000,00

S 2400 Ford. a. Lief. u. Leist. H

S		H	
8000	145 320,00	8010	365 827,00
5000/ 4800	220 507,00		
	365 827,00		365 827,00

S 2600 Vorsteuer H

S		H	
8000	15 000,00	4800	34 475,00
4400	16 150,00		
4400	3 325,00		
	34 475,00		34 475,00

S 2800 Bank H

S		H	
8000	137 850,00	6700	12 000,00
5710	1 750,00	7510	16 000,00
		7020	4 000,00
		8010	107 600,00
	139 600,00		139 600,00

S 8000 EBK H

S		H	
3000	440 000,00	0510	200 000,00
4200	400 000,00	0840	350 000,00
4400	119 450,00	2000	180 000,00
4800	68 720,00	2400	145 320,00
		2600	15 000,00
		2800	137 850,00
	1 028 170,00		1 028 170,00

S 8010 SBK H

S		H	
0510	185 000,00	3000	465 550,00
0840	338 000,00	4200	400 000,00
2000	180 000,00	4400	241 425,00
2400	365 827,00	4800	69 452,00
2800	107 600,00		
	1 176 427,00		1 176 427,00

Passivkonten

S 3000 Eigenkapital H

S		H	
8010	465 550,00	8000	440 000,00
		8020	25 550,00
	465 550,00		465 550,00

S 4200 Verb. geg. Kreditinst. H

S		H	
8010	400 000,00	8000	400 000,00

S 4400 Verb. a.L.u.L. H

S		H	
8010	241 425,00	8000	119 450,00
		6000/ 2600	101 150,00
		6160/ 2600	20 825,00
	241 425,00		241 425,00

S 4800 Umsatzsteuer H

S		H	
2600	34 475,00	8000	68 720,00
8010	69 452,00	2400	35 207,00
	103 927,00		103 927,00

Erfolgskonten-Bereich

Aufwandskonten

S 6000 Aufw. f. Rohstoffe H

S		H	
4400	85 000,00	8020	85 000,00

S 6160 Fremdinstandh. H

S		H	
4400	17 500,00	8020	17 500,00

S 6520 Abschr. a. Sachanl. H

S		H	
0510	15 000,00	8020	27 000,00
0840	12 000,00		
	27 000,00		27 000,00

S 6700 Mieten/Pachten H

S		H	
2800	12 000,00	8020	12 000,00

S 7020 Grundsteuer H

S		H	
2800	4 000,00	8020	4 000,00

S 7510 Zinsaufwendungen H

S		H	
2800	16 000,00	8020	16 000,00

Ertragskonten

S 5000 UErl. f. eig. Erz. H

S		H	
8020	185 300,00	2400	185 300,00

S 5710 Zinserträge H

S		H	
8020	1 750,00	2800	1 750,00

S 8020 GuV H

S		H	
6000	85 000,00	5000	185 300,00
6160	17 500,00	5710	1 750,00
6520	27 000,00		
6700	12 000,00		
7020	4 000,00		
7510	16 000,00		
3000	25 550,00		
	187 050,00		187 050,00

Kompetenztraining

61 Einfacher Jahresabschluss

I. Anfangsbestände:

0510 Bebaute Grundstücke 950 000,00 EUR, 0720 Anlagen und Maschinen 298 000,00 EUR, 0840 Fuhrpark 210 500,00 EUR, 0860 Büromaschinen 110 750,00 EUR, 2000 Rohstoffe 120 000,00 EUR, 2020 Hilfsstoffe 60 000,00 EUR, 2030 Betriebsstoffe 85 700,00 EUR, 2400 Forderungen aus Lieferungen und Leistungen 138 410,00 EUR, 2800 Bank 210 700,00 EUR, 2880 Kasse 45 680,00 EUR, 3000 Eigenkapital 1 537 340,00 EUR, 4200 Verbindlichkeiten gegenüber Kreditinstituten 500 000,00 EUR, 4400 Verbindlichkeiten aus Lieferungen und Leistungen 180 000,00 EUR, 4800 Umsatzsteuer 12 400,00 EUR.

II. Kontenplan:

0510, 0720, 0840, 0860, 2000, 2020, 2030, 2400, 2600, 2800, 2880, 3000, 4200, 4400, 4800, 5000, 5710, 6000, 6020, 6030, 6200, 6520, 7030, 8010, 8020.

III. Geschäftsvorfälle:

1. Kauf von Rohstoffen auf Ziel		
Nettowert	55 000,00 EUR	
zuzüglich 19 % USt	10 450,00 EUR	65 450,00 EUR
2. Kauf von Betriebsstoffen gegen Banküberweisung		
Nettowert	15 500,00 EUR	
zuzüglich 19 % USt	2 945,00 EUR	18 445,00 EUR
3. Lohnzahlung durch Banküberweisung		40 000,00 EUR
4. Verkauf von Erzeugnissen auf Ziel einschl. 19 % Umsatzsteuer		238 000,00 EUR
5. Einkauf von Hilfsstoffen gegen Bankscheck		
Nettowert	20 050,00 EUR	
zuzüglich 19 % Umsatzsteuer	3 809,50 EUR	23 859,50 EUR
6. Bankgutschrift für Zinsen		1 250,00 EUR
7. Barverkauf von Erzeugnissen einschl. 19 % Umsatzsteuer		4 141,20 EUR
8. Kauf eines Computers für die Lagerbuchhaltung gegen Bankscheck einschl. 19 % Umsatzsteuer		10 115,00 EUR
9. Banküberweisung für Kraftfahrzeugsteuer		1 480,00 EUR

IV. Abschlussangaben:

1. Schlussbestände lt. Inventur	
2000 Rohstoffe	120 000,00 EUR
2020 Hilfsstoffe	60 000,00 EUR
2030 Betriebsstoffe	85 700,00 EUR
2. Abschreibungen auf	
0510 Bebaute Grundstücke	19 000,00 EUR
0720 Anlagen und Maschinen	13 800,00 EUR
0840 Fuhrpark	9 800,00 EUR
0860 Büromaschinen	10 200,00 EUR

3. Die Buchbestände stimmen mit den Inventurbeständen überein.

V. Aufgaben:

1. Eröffnen Sie die Konten mit den angegebenen Anfangsbeständen!
2. Bilden Sie zu den Geschäftsvorfällen die Buchungssätze und buchen Sie diese anschließend auf den eröffneten Konten!
3. Schließen Sie die Konten über die entsprechenden Abschlusskonten ab!
4. Stellen Sie die Schlussbilanz und die Gewinn- und Verlustrechnung auf!

10.4 Beleggeschäftsgang

Kompetenztraining

62 Beleggeschäftsgang

I. Sachverhalt:

Die Belege sind dem Geschäftsleben von Rudolf Walterbeck e. Kfm., Papierherstellung, Dortmund, entnommen. Bei Rudolf Walterbeck e. Kfm., Papierherstellung, Brügmannstr. 101, 44135 Dortmund, handelt es sich um eine kleine Papierfabrik mit den Erzeugnisgruppen: Druckpapiere, Korrespondenzpapiere, Kunststoffpapiere/Folien und Recyclingpapiere.

Die Konten weisen zum 25. März die folgenden Salden aus:

II. Saldenliste: Sachkonten zum 25. März

Konto	Bezeichnung	Sollbetrag	Habenbetrag
0500	Unbebaute Grundstücke	450 700,00	
0720	Anlagen und Maschinen	1 256 000,00	
0820	Werkzeuge	345 600,00	
0840	Fuhrpark	95 600,00	
0860	Büromaschinen	144 550,00	
2000	Rohstoffe	84 717,48	
2400	Forderungen a. Lief. u. Leist.	47 778,50	
2600	Vorsteuer	6 225,00	
2800	Bank	35 848,70	
2880	Kasse	1 250,00	
3000	Eigenkapital		2 023 853,00
4200	Verbindlichkeiten gegenüber Kreditinstituten		50 145,00
4400	Verbindlichkeiten a. Lief. u. Leist.		103 173,00
4800	Umsatzsteuer		20 077,00
5000	Umsatzerlöse für eigene Erzeugnisse		499 800,00
6000	Aufwendungen für Rohstoffe	187 382,52	
6050	Aufwendungen für Energie	2 685,80	
6300	Gehälter	28 620,00	
6520	Abschreibungen auf Sachanlagen		
6700	Mieten, Pachten	4 200,00	
6750	Kosten des Geldverkehrs	150,00	
6800	Büromaterial	1 580,00	
6820	Portokosten		
6830	Kosten für Telekommunikation	2 460,00	
6870	Werbung	1 700,00	
6900	Versicherungsbeiträge		

III. Aufgaben:

1. Übernehmen Sie die Saldovorträge zum 25. März 20..!
2. Bilden Sie zu den Belegen die Buchungssätze!
3. Buchen Sie die Belege im Hauptbuch!
4. Bereiten Sie den Abschluss zum 31. März 20.. unter Berücksichtigung folgender Abschlussangaben vor:

4.1	Schlussbestand an Rohstoffen lt. Inventur	84 717,48 EUR
4.2	Abschreibungen auf	
	– 0720 Anlagen und Maschinen	29 120,00 EUR
	– 0820 Werkzeuge	34 560,00 EUR
	– 0840 Fuhrpark	19 050,00 EUR
	– 0860 Büromaschinen	14 455,00 EUR
4.3	Abschluss der Vor- und Umsatzsteuer	

5. Führen Sie den Abschluss zum 31. März 20.. durch!
6. Erstellen Sie die Schlussbilanz!

Hinweis:

Fassen Sie aus Vereinfachungsgründen den Bankverkehr mit der Dortmunder Volksbank e.G. und der Postbank Dortmund auf dem Konto Bank zusammen.

III. Belege: Belegkreis 1: Eingangsrechnungen

1.1

KARL RANZAUER E. KFM.
Forstbetrieb, Sägewerk Lüdenscheid

Karl Ranzauer e. Kfm. · Hamburger Str. 124 · 58583 Lüdenscheid

Papierfabrik
Rudolf Walterbeck e. Kfm.
Brügmannstr. 101
44135 Dortmund

Kunden-Nr.:	12017
Rechnungs-Nr.:	1348302923
Ihre Auftrags-Nr.:	19123
Rechnungsdatum:	15.03.20..
Lieferdatum:	25.03.20..

Rechnung

Wir lieferten Ihnen

10 Festmeter Bruchholz, Fichte und Kiefer

Netto-Warenwert:	2582,52 EUR
19 % Umsatzsteuer:	490,68 EUR
Rechnungsbetrag:	3073,20 EUR

Zahlbar innerhalb von 30 Tagen netto Kasse.
Bei Zahlung innerhalb von 10 Tagen 3 % Skonto.

Sitz der Unternehmung: Lüdenscheid
Steuer-Nr.: 360/3460/1001
Karl Ranzauer e. Kfm.
Hamburger Str. 124
58583 Lüdenscheid
Tel.: 02351 518910

Registergericht: Lüdenscheid,
HRA 6589
Bankverbindung: Deutsche Bank
Niederlassung: Lüdenscheid
IBAN: DE56 4507 0002 0006 7890 00
BIC: DEUTDEDW450

1.2

BLATT 1

ANZEIGENRECHNUNG

ZEITUNGS GRUPPE WAZ

Westdeutsche Allgemeine
Neue Ruhr Zeitung / Neue Rhein Zeitung
Westfälische Rundschau · Westfalenpost

Ersch.-Datum Tag	M	J	Ausgabe	Manuskript Nr.	Rubrik	Sp	Höhe	Größe	Preis EUR	Cent	Rechn.-Brutto-Betrag EUR	Cent	Ausgaben- u. Kunden-Rabatt %	%	EUR	Cent	%	EUR	Cent	Off.-Geb. EUR	Cent	Rechn.-Netto-Betrag EUR	Cent
19	03	..	125	40 53616	007	20	78	156	4	40	686	40										343	20
				Sonder-Rabatt										50 00	343	20							

WAZ 45123 Essen, Tel. 0201 / 8040

Papierfabrik
Rudolf Walterbeck e. Kfm.
Brügmannstraße 101
44135 Dortmund

Bankverbindungen:
Westfalenbank AG Bochum
(BLZ 430 200 00), Kto.-Nr. 62 556 6
Sparkasse Essen
(BLZ 360 501 05), Kto.-Nr. 269 373

Postbank:
Essen (BLZ 360 100 43), Kto.-Nr. 184 22-430

Rechnungs-Datum 25.03.20..

Ber. W	Ihre Auftrags-Nummer	Kunden-Nr.	Rechnungs-Nr.
311		25350000	4155138

Bitte bei Zahlungen unbedingt angeben

Ges. Rech. Netto	343 20
Mehrwertsteuer	65 21
Gesamtbetrag	408 41

Zahlungsbedingungen:
Zahlbar 14 Tage nach Rechnungsdatum ohne Abzug. 2 % Skonto bei Vorauszahlung und Zahlungseingang innerhalb von 10 Tagen nach Rechnungsdatum auf Einzelrechnungsbeträge über EUR500,00 sowie bei Bankeinzugsverfahren

WIRTSCHAFTLICH IM WESTEN WERBEN

Belegkreis 2: Ausgangsrechnungen

1.3

F&P
Computertechnik GmbH

F&P Computertechnik GmbH, Reiserstraße 17–19, 44135 Dortmund

Papierfabrik
Rudolf Walterbeck e. Kfm.
Brügmannstr. 101
44135 Dortmund

Ihr Zeichen, Ihre Nachricht von	Unser Zeichen, unsere Nachricht vom	Telefon	Dortmund
		0231 523535	25. März 20..

Rechnung Nr. 65090

Lieferdatum : 18.03.20..

Menge	Bezeichnung	Einzelpreis	Gesamtpreis
2	F&P PC	1300,00	2600,00 EUR
2	Monitor	490,00	980,00 EUR
2	Streamer Archive	164,50	329,00 EUR
			3909,00 EUR
	+ 19 % USt		742,71 EUR
	Rechnungsbetrag		4651,71 EUR

F&P Computertechnik GmbH
Reiserstr. 17–19
44135 Dortmund
Steuer-Nr.: 381/2340/4680

Geschäftsführung
Gerhard Frabe
Tel.: 0231 523535

Sparkasse Dortmund
IBAN DE88 4405 0199 0001 0717 50
BIC DORTDE33XXX
HRB 1203

2.1

PAPIERFABRIK
Rudolf Walterbeck e. Kfm., Dortmund

Rudolf Walterbeck e. Kfm., · Brügmannstr. 101 · 44135 Dortmund

Merkur Verlag GmbH & Co. KG
Ritterstr. 24
31737 Rinteln

Ihr Zeichen, Ihre Nachricht von	Unser Zeichen, unsere Nachricht vom	Telefon	Dortmund
		0231 593535	25. März 20..

Rechnung Nr. 23081

Lieferdatum : 20.03.20..

Pos.	Menge	Bezeichnung	Einzelpreis	Gesamtpreis
1	10000 Bogen	IDEM-CB-80 Black Copy weiß 43,0 x 61,0	14,45 % Bogen	1445,00 EUR
2	10000 Bogen	IDEM-CB-53 Black Copy weiß 43,0 x 61,0	12,19 % Bogen	1219,00 EUR
3	10000 Bogen	IDEM-CB-90 Black Copy weiß 43,0 x 61,0	15,83 % Bogen	1583,00 EUR
				4247,00 EUR
		+ 19 % USt		806,93 EUR
		Rechnungsbetrag		5053,93 EUR

Sitz der Gesellschaft:
Brügmannstr. 101
44135 Dortmund
Telefon: 0231 593535
Telefax: 0231 593539

RG Dortmund: HRA 2020
Steuer-Nr.: 340/3142/4610

Dortmunder Volksbank eG
IBAN: DE93 4416 0014 0100 1088 00
BIC: GENODEM1DOR

Postbank Dortmund
IBAN: DE39 4401 0046 0134 3834 64
BIC: PBNKDEFFXXX

2.2

PAPIERFABRIK
Rudolf Walterbeck e. Kfm., Dortmund

Rudolf Walterbeck e. Kfm., · Brügmannstr. 101 · 44135 Dortmund

Unternehmensberatung
Wolfgang Döhmann e. Kfm.
Herbeder Str. 54
58455 Witten

Ihr Zeichen, Ihre Nachricht von	Unser Zeichen, unsere Nachricht vom	Telefon	Dortmund
		0231 593535	25. März 20..

Rechnung Nr. 23082

Lieferdatum : 20. 03. 20. .

Pos.	Menge	Bezeichnung	Einzelpreis	Gesamtpreis
1	1 000 Bogen	Salamander holzfrei ledergeprägt Umschlagkarton silbergrau 70,0 X 100,0	155,30 EUR % Bogen	1553,00 EUR
2	5 000 Bogen	100 RC Script satiniert aus 100 % Altpapier altweiß 43,0 x 61,0	5,69 EUR % Bogen	284,50 EUR
3	500 Bogen	Senator leinengeprägt Porzellankarton weiß 61,0 x 86,0	85,40 EUR % Bogen	427,00 EUR
				2 264,50 EUR
		+ 19 % USt		430,26 EUR
		Rechnungsbetrag		2 694,76 EUR

Sitz der Gesellschaft: Brügmannstr. 101, 44135 Dortmund, Telefon: 0231 593535, Telefax: 0231 593539
RG Dortmund: HRA 2020, Steuer-Nr.: 340/3142/4610
Dortmunder Volksbank eG, IBAN: DE93 4416 0014 0100 1088 00, BIC: GENODEM1DOR
Postbank Dortmund, IBAN: DE39 4401 0046 0134 3834 64, BIC: PBNKDEFFXXX

2.3

PAPIERFABRIK
Rudolf Walterbeck e. Kfm., Dortmund

Rudolf Walterbeck e. Kfm., · Brügmannstr. 101 · 44135 Dortmund

EDV-Systembetreuung
Ralf Weybeck e. Kfm.
Seydlitzstr. 42
44263 Donmund

Ihr Zeichen, Ihre Nachricht von	Unser Zeichen, unsere Nachricht vom	Telefon	Dortmund
		0231 593535	25. März 20..

Rechnung Nr. 23083

Lieferdatum : 20. 03. 20. .

Pos.	Menge	Bezeichnung	Einzelpreis	Gesamtpreis
1	30 000 Blatt	Primatcolor matt Offset chlorfrei gebleicht grün 61,0 x 86,0	20,00 EUR % Blatt	6000,00 EUR
				6 000,00 EUR
		+ 19 % USt		1 140,00 EUR
		Rechnungsbetrag		7 140,00 EUR

Sitz der Gesellschaft: Brügmannstr. 101, 44135 Dortmund, Telefon: 0231 593535, Telefax: 0231 593539
RG Dortmund: HRA 2020, Steuer-Nr.: 340/3142/4610
Dortmunder Volksbank eG, IBAN: DE93 4416 0014 0100 1088 00, BIC: GENODEM1DOR
Postbank Dortmund, IBAN: DE39 4401 0046 0134 3834 64, BIC: PBNKDEFFXXX

Belegkreis 3: Kasse

Kassenbuchblatt Nr. 12

Monat: März 20.. **12. Kalenderwoche**

Beleg Nr.	Beleg Datum	Text	Einnahmen in EUR	Ausgaben in EUR
3.1	26. März 20..	Tanken DO-BE 44		73,50
3.2	28. März 20..	Postwertzeichen		130,00
3.3	28. März 20..	Barabhebung Bank	1 500,00	
3.4	28. März 20..	Barverkauf	446,25	
3.5	30. März 20..	Miete		700,00
3.6	31. März 20..	Bareinzahlung Bank		1 000,00
Datum: *31. März 20..*		Summen	1 946,25	1 903,50
Unterschrift *Treu*		Anfangsbestand	1 250,00	
		Schlussbestand		1 292,75
		Kontrollsummen	3 196,25	3 196,25

3.1

RAN-STATION
Ingrid Häusle
Röntgenstraße 59
44369 Dortmund
TEL: 0231 593535 FAX: 593539

✶ 54,44 Liter SÄULENNr 3✶
✶Super Blfr. A 73,50 EUR✶
1,35 EUR/Liter
BAR 73,50 EUR

TOTAL 73,50 EUR

MWST 19,00 % A 11,74 EUR
NETTO 61,76 EUR

5112 26.03.20.. 13:17 B18 K.0001
StNr.Kraftst.: 121/174/53705
StNr.Shopware: 91158/58899

Vielen Dank für Ihren Einkauf
und gute Fahrt!

3.2

Deutsche Post AG
44135 Dortmund
82571613 3655 28. März 20..

130,00 EUR

Postwertzeichen ohne Zuschlag
Vielen Dank für Ihren Besuch.
Ihre Deutsche Post AG

3.3

QUITTUNG
IBAN DE93 4416 0014 0100 1088 00 EUR 1500,00

Name des Kontoinhabers Rudolf Walterbeck e. Kfm.

Von der DORTMUNDER VOLKSBANK eG empfing ich heute den Betrag von
—eintausendfünfhundert—

was ich hiermit bescheinige.

Dortmund, den 28. März 20.. *R. Walterbeck*
Unterschrift

10/92 ZV 87 22

Eingerahmtes Feld bitte nicht beschriften

3.4

PAPIERFABRIK
Rudolf Walterbeck e. Kfm., Dortmund

Rudolf Walterbeck e. Kfm., · Brügmannstr. 101 · 44135 Dortmund

EDV-Systembetreuung
Ralf Weybeck e. Kfm.
Seydlitzstr. 42
44263 Donmund

Ihr Zeichen, Ihre Nachricht von | Unser Zeichen, unsere Nachricht vom | Telefon 0231 593535 | Dortmund 28. März 20..

Barverkauf Nr. 192

Lieferdatum : 28.03.20..

Pos.	Menge	Bezeichnung	Einzelpreis	Gesamtpreis
1	50 000 Blatt	Kompass Copy Offset chlorfrei gebleicht holzfrei weiß 21,0 x 29,7	0,75 EUR % Blatt	375,00 EUR
				375,00 EUR
		+ 19 % USt		71,25 EUR
		Rechnungsbetrag		446,25 EUR

Es gelten unsere umseitigen Lieferungs- und Zahlungsbedingungen.
Betrag dankend erhalten.

Seelig

Sitz der Gesellschaft: Brügmannstr. 101, 44135 Dortmund, Telefon: 0231 593535, Telefax: 0231 593539
RG Dortmund: HRA 2020, Steuer-Nr.: 340/3142/4610
Dortmunder Volksbank eG, IBAN: DE93 4416 0014 0100 1088 00, BIC: GENODEM1DOR
Postbank Dortmund, IBAN: DE39 4401 0046 0134 3834 64, BIC: PBNKDEFFXXX

3.5

Quittung

EUR
Betrag: 700,00
Nr.
Inclusive % MwSt./Betrag
Betrag in Worten: siebenhundert ——
von: Walterbeck e. Kfm.
für: Garagenmiete März
dankend erhalten
Datum/Ort: 30. 03. 20 . Dortmund
Buchungsvermerke
Stempel/Unterschrift des Empfängers: K. Kluge

3.6

DORTMUNDER VOLKSBANK eG Dortmund — **Kassenbeleg**

Einzahlung
auf das nebenstehende Konto

DE93441600140100108800

Walterbeck
Name des Kontoinhabers

Anbei erhalten Sie zur Gutschrift auf das o. a. Konto: –1000,00

R. Walterbeck
Unterschrift des Einzahlers

Dortmund, den 31. März 20..

Name: eigene Einzahlung

10/92 ZV 87-2 1

Eingerahmtes Feld nicht beschriften (1)

9 Speth u.a. - ISBN 978-3-8120-0595-1

Belegkreis 4: Bankverkehr Dortmunder Volksbank e. G.

Der Bankverkehr wird durch die nachfolgenden Kontoauszugsblätter dokumentiert.

		IBAN	BIC	erstellt am	Auszug	Blatt
	Dortmunder Volksbank e. G.	DE93 4416 0014 0100 1088 00	GENODEM1DOR	29.03.20..	16	1

	Alter Kontostand					35 848,70	+
4.1	27.03.	300007	27.03.	Re-Nr. 4155138 Empfänger: WAZ Essen	Überweisung	408,41	–
4.2 (3.3)	28.03.	300102	28.03.	Auszahlung	Barauszahlung	1 500,00	–
4.3	29.03.	300103	29.03.	Miete März 20.. Empfänger: Immobilien Meister	Lastschrift	600,00	–
	Neuer Kontostand					33 340,29	+

Papierfabrik
Rudolf Walterbeck e. Kfm.
Brügmannstr. 101
44135 Dortmund

Kontoauszug

Bitte Rückseite beachten.

		Kontonummer		erstellt am	Auszug	Blatt
	Dortmunder Volksbank e. G.	DE93 4416 0014 0100 1088 00	GENODEM1DOR	31.03.20..	17	1

	Alter Kontostand					33 340,29	+
4.4	30.03.	300104	30.03.	Re-Nr. 23083 vom 25. März 20.. Auftraggeber: Ralf Weybeck	Gutschrift	7 140,00	+
4.5 (3.6)	31.03.	300105	31.03.	Eigene Einzahlung	Bareinzahlung	1 000,00	+
4.6	31.03.	300108	31.03.	Re-Nr. 65090 vom 25. März 20.. Empfänger: F&P Dortmund	Lastschrift	4 651,71	–
4.7	31.03.	300109	31.03.	Tilgungsrate März 20.. Kreditkonto 100 109 222	Lastschrift	5 000,00	–
4.8	31.03.	300110	31.03.	Re-Nr. 23042 vom 24. März 20.. Auftraggeber: Wolfgang Döhmann	Gutschrift	5 175,00	+
	Neuer Kontostand					37 003,58	+

Papierfabrik
Rudolf Walterbeck e. Kfm.
Brügmannstr. 101
44135 Dortmund

Kontoauszug

Bitte Rückseite beachten.

Belegkreis 5: Bankverkehr Postbank Dortmund

Bitte beachten Sie die Hinweise auf der Rückseite.

Kontoauszug in EUR — IBAN DE 39 4401 0046 0134 3834 64 — Datum 25.03.20.. — Auszug 3 — Blatt 1 — Postbank

	Vorgang / Buchungsinformation	PN-Nummer	Buchung	Wertstellung	Umsatz in EUR
5.1	· Lastschrift Telekom Fernmeldekonto 237800002380	114	25.03.	25.03.	315,45 –
5.2	· Lastschrift Finanzamt Dortmund Kfz-Steuer DO-BE 44	114	25.03.	25.03.	830,00–
5.3	· Lastschrift Anlage	117	25.03.	25.03.	847,60–
5.4	· Entgelte usw. Anlage	117	25.03.	25.03.	22,50–

150 / 01 / 012036 / 015 1,10
403298 – 1 – 1 – T

Zahlungseingänge	0,00+
Zahlungsausgänge	2.015,55–
Alter Kontostand	7.068,70+
Neuer Kontostand	5.053,15+

Papierfabrik
Rudolf Walterbeck e. Kfm.
Brügmannstr. 101
44135 Dortmund

Zinssatz für Dispositionskredit: 9,75%
Zinssatz für geduldete Überziehung: 13,25%
Dispositionskredit in EUR: 5.000,00

Postbank Dortmund · 44131 Dortmund · BIC PBNKDEFFXXX
Privatkunden Tel: 0180 3040500* Fax: 0180 3040800* · 7x24 Stunden direkt@postbank.de www.postbank.de
Geschäftskunden Tel: 0180 4440400** Fax: 0180 3040999* · 7x24 Stunden business@postbank.de
* 9 Cent/Min. **20 Cent/Anruf · dt. Festnetz; Mobiltarif max. 42 Cent/Min. oder 60 Cent/Anruf firmenkunden@postbank.de USt.-IdNr. DE169824467

Bitte beachten Sie die Hinweise auf der Rückseite.

IBAN: DE 39 4401 0046 0134 3834 64 — Datum 25.03.20.. — Anlage 1 — Blatt 1 — Postbank

Vorgang / Buchungsinformation	PN-Nummer	Buchung	Wertstellung	Umsatz in EUR

· Buchungsbestätigung

Gemäß Ihrem Auftrag haben wir am 25.03.20.. überwiesen

Betrag	: EUR 847,60
Zahlungsempfänger	: HDI Hannover
Kontonummer	: 5405 72-305
Bankleitzahl	: 25010030
Verwendungszweck	: Kfz-Haftpflicht
Referenz-Nr.	: 122032102365

Ihre Postbank

Postbank Dortmund · 44131 Dortmund · BIC PBNKDEFFXXX
Privatkunden Tel: 0180 3040500* Fax: 0180 3040800* · 7x24 Stunden direkt@postbank.de www.postbank.de
Geschäftskunden Tel: 0180 4440400** Fax: 0180 3040999* · 7x24 Stunden business@postbank.de
* 9 Cent/Min. **20 Cent/Anruf · dt. Festnetz; Mobiltarif max. 42 Cent/Min. oder 60 Cent/Anruf firmenkunden@postbank.de USt.-IdNr. DE169824467

Bitte beachten Sie die Hinweise auf der Rückseite.

IBAN: DE 39 4401 0046 0134 3834 64 — Datum 25.03.20.. — Anlage 2 — Blatt 1 — Postbank

Vorgang / Buchungsinformation	PN-Nummer	Buchung	Wertstellung	Umsatz in EUR
· Zinsen, Porto und Entgelte für das abgelaufene Quartal				
Kontoführungsentgelt				22,50–
Gesamtsumme für Konto	0134383464 per 31.03.			22,50–

Postbank Dortmund · 44131 Dortmund · BIC PBNKDEFFXXX
Privatkunden Tel: 0180 3040500* Fax: 0180 3040800* · 7x24 Stunden direkt@postbank.de www.postbank.de
Geschäftskunden Tel: 0180 4440400** Fax: 0180 3040999* · 7x24 Stunden business@postbank.de
* 9 Cent/Min. **20 Cent/Anruf · dt. Festnetz; Mobiltarif max. 42 Cent/Min. oder 60 Cent/Anruf firmenkunden@postbank.de USt.-IdNr. DE169824467

Kompetenzbereich 1: Fakultative Inhalte

1 Berechnung der Abschreibung nach der degressiven Methode

Bei der degressiven Abschreibung wird die Abschreibung durch einen gleichbleibenden Prozentsatz auf den jeweiligen Buchwert (Restbuchwert) ermittelt. Da der Buchwert von Jahr zu Jahr geringer wird, werden bei einem gleichbleibenden Prozentsatz auch die Abschreibungsbeträge von Jahr zu Jahr geringer.

Beispiel:

Die Anschaffungskosten eines Kombiwagens zu Beginn der Geschäftsperiode betragen 30 000,00 EUR. Die betriebsgewöhnliche Nutzungsdauer beträgt 6 Jahre.

Aufgaben:

1. Führen Sie rechnerisch die Abschreibung über die gesamte Laufzeit durch! Der Abschreibungssatz beträgt 25 %!
2. Berechnen Sie die Abschreibungsbeträge, wenn im vierten Nutzungsjahr von der degressiven zur linearen Abschreibung übergegangen wird!

Lösungen:

	Zu 1.: degressive Abschreibung			**Zu 2.: Übergang zur linearen Abschreibung**
	Anschaffungskosten	30 000,00 EUR		
–	25 % Abschreibung 1. Jahr	7 500,00 EUR		
	Buchwert Ende 1. Jahr	22 500,00 EUR		
–	25 % Abschreibung 2. Jahr	5 625,00 EUR		
	Buchwert Ende 2. Jahr	16 875,00 EUR		
–	25 % Abschreibung 3. Jahr	4 218,75 EUR		
	Buchwert Ende 3. Jahr	12 656,25 EUR	→	12 656,25 EUR
–	25 % Abschreibung 4. Jahr	3 164,06 EUR		4 218,75 EUR
	Buchwert Ende 4. Jahr	9 492,19 EUR		8 437,50 EUR
–	25 % Abschreibung 5. Jahr	2 373,05 EUR		4 218,75 EUR
	Buchwert Ende 5. Jahr	7 119,14 EUR		4 218,75 EUR
–	Abschreibung 6. Jahr (Restwert)	7 119,14 EUR		4 218,75 EUR
	Buchwert Ende 6. Jahr	0,00 EUR		0,00 EUR

Erkenntnisse:

- Bei degressiver Abschreibung sind die Abschreibungsbeträge in den **ersten Jahren höher als bei linearer Abschreibung.** Das ist zweifellos ein Vorteil, weil dadurch der anfänglich höhere Wertverlust beim Anlagegut ausgeglichen wird.
- Im Gegensatz zur linearen Abschreibung, bei der nach Ablauf der Nutzungsdauer die gesamten Anschaffungskosten abgeschrieben sind, bleibt bei degressiver Abschreibung noch ein **erheblicher Restwert.**
- Um auch bei (fortgesetzter) degressiver Abschreibung auf den Nullwert zu kommen, ist im letzten Jahr der zugrunde gelegten Nutzungsdauer der gesamte **verbleibende Restwert abzuschreiben.** Das führt dann zu einer sehr ungleichen Aufwandsbelastung.

- Um diesen Nachteil zu vermeiden, kann zu einem **beliebigen Zeitpunkt** ein **Wechsel zur linearen Abschreibung** vorgenommen werden. Dadurch wird der vorhandene Restwert gleichmäßig auf die noch verbleibende Nutzungsdauer verteilt. Es ist sinnvoll, diesen Wechsel zu dem Zeitpunkt vorzunehmen, von dem an die Abschreibungsbeträge bei linearer Abschreibung höher sind als bei der degressiven Abschreibung. Im vorgegebenen Beispiel ist dieser Übergang im vierten Jahr sinnvoll.

  Angenommen, der Wechsel findet am Ende des vierten Jahres (also nach der dritten Abschreibung) statt, ergibt sich für die Restlaufzeit der drei Jahre folgende Berechnung für die jährlichen Abschreibungsbeträge: 12656,25 EUR : 3 = 4218,75 EUR.

Die Abschreibungsmethode hat insbesondere folgende Vorteile:

- Die degressive Abschreibung geht von der Überlegung aus, dass der Wertverlust eines Wirtschaftsgutes in den ersten Nutzungsjahren wesentlich höher ist als in den Folgejahren.
- Dem Risiko, dass durch den technischen Fortschritt das Wirtschaftsgut schnell an Wert verlieren kann, wird durch die anfangs hohe Abschreibung entsprochen.
- Durch die Addition der jährlich abnehmenden Abschreibungsbeträge mit den jährlich ansteigenden Wartungs- und Reparaturaufwendungen (durch die Abnutzung des Wirtschaftsgutes) wird eine etwa gleichmäßige Gesamtbelastung der Erfolgs- und Kostenrechnung in den einzelnen Jahren erreicht.

Beachte:

Die degressive Abschreibung ist **steuerrechtlich nicht erlaubt.**

Kompetenztraining

63 Berechnung der degressiven Abschreibung

1. Die Anschaffungskosten für die Ladeneinrichtung zu Beginn der Geschäftsperiode betragen 35000,00 EUR. Die betriebsgewöhnliche Nutzungsdauer beträgt 8 Jahre. Abschreibungssatz: 20 %.

   Aufgaben:

   1.1 Führen Sie rechnerisch die degressive Abschreibung ohne Übergang zur linearen Abschreibung über die gesamte Laufzeit durch!

   1.2 Führen Sie rechnerisch die degressive Abschreibung mit Übergang zur linearen Abschreibung nach dem vierten Jahr über die gesamte Laufzeit durch!

2. Ein zu Beginn der Geschäftsperiode angeschaffter Gabelstapler wird mit 15 % degressiv abgeschrieben. Sein Buchwert beträgt am Ende des 2. Jahres (nach der Abschreibung) 16545,25 EUR.

   Aufgabe:

   Berechnen Sie die Anschaffungskosten!

64 Lineare und degressive Abschreibung

1. Für eine Verpackungsmaschine liegen folgende Informationen vor:

Anschaffungskosten:	15 300,00 EUR
betriebliche Nutzungsdauer:	13 Jahre

Aufgaben:

Erstellen Sie einen Abschreibungsplan für die ersten drei Nutzungsjahre

1.1 nach der linearen Abschreibung,

1.2 nach der degressiven Abschreibung bei einem Abschreibungssatz von 15 %!

2. Die Anschaffungskosten für ein am 17. Oktober 20.. gekauftes Reinigungsgerät betragen 4 200,00 EUR. Die Nutzungsdauer wird auf sieben Jahre geschätzt. Der Abschreibungssatz beträgt 20 %.

Aufgabe:

Erstellen Sie die Abschreibungstabelle für die gesamte Nutzungsdauer bei degressiver Abschreibung mit Übergang zur linearen Abschreibung nach dem dritten Jahr!

2 Inventurdifferenzen

2.1 Begriff und Ursachen von Inventurdifferenzen

Die in der Buchführung ermittelten Schlussbestände **(Sollbestände)** sind nicht immer mit den bei der Inventur ermittelten Beständen **(Istbestände)** identisch. Da es das wichtigste Ziel des Jahresabschlusses ist, den Eigentümern, Gläubigern, Mitarbeitern u.a. einen Überblick über die **tatsächliche Vermögens-, Finanz- und Ertragslage** des Unternehmens zu verschaffen, bilden die **Istbestände der Inventur** die **Grundlage für die Erstellung der Bilanz.**

Differenzen zwischen Soll- und Istbeständen entstehen vor allem durch

- **Buchungsfehler,** z.B. unterlassene Eingangs- bzw. Ausgangsbuchungen, doppelte Eingangs- oder Ausgangsbuchungen, Buchungen auf falschen Konten;
- **Wertveränderungen, die der Buchführung nicht bekannt sind,** z.B. Diebstahl, Bruch, Schwund.

Weichen Ist- und Sollbestände voneinander ab, müssen die **Sollbestände den Istbeständen durch Berichtigungsbuchungen** angepasst werden. Beispielhaft werden im Folgenden Inventurdifferenzen beim Werkstoffbestand dargestellt.

2.2 Inventurdifferenzen beim Werkstoffbestand

Eine **Inventurdifferenz beim Werkstoffbestand** liegt vor, wenn der in der Buchführung ausgewiesene Werkstoffbestand (Buchbestand, Sollbestand) vom Inventurbestand (Istbestand) abweicht.

Der ausgewiesene Buchbestand kann niedriger **(Werkstoffminderbestand)** oder höher **(Werkstoffmehrbestand)** sein als der Inventurbestand. In beiden Fällen ist der Buchbestand mit entsprechenden Buchungen an den Inventurbestand anzupassen.

Die **buchhalterische Berichtigung der Inventurdifferenz** erfolgt durch

- eine **Nachbuchung** bei einem **Werkstoffminderbestand** bzw.
- eine **Rückbuchung (Stornierung)** bei einem **Werkstoffmehrbestand.**

(1) Werkstoffminderbestand

Bei einem Minderbestand ist der in der Buchführung ausgewiesene Werkstoffbestand zu niedrig angesetzt. In diesem Fall muss der Werkstoffbestand durch eine **Nachbuchung** berichtigt werden.

Beispiel:

In einem Industriebetrieb beträgt der Anfangsbestand eines Rohstoffes 500 Stück zum Einkaufswert von 150,00 EUR je Stück. Im Laufe der Geschäftsperiode wurden 2100 Stück zum gleichen Stückpreis auf Ziel eingekauft und sofort als Aufwand gebucht. Es wurden aber nur 1850 Stück in die Produktion gegeben, sodass 250 Stück an das Reservelager gingen.

Laut Buchführung ergibt das einen Schlussbestand von 750 Stück. Laut Inventur sind aber nur 740 Stück vorhanden.

Die Nachforschung ergab, dass die Inventurdifferenz auf eine nicht gebuchte Rohstoffeingangsrechnung in Höhe von 1500,00 EUR zurückzuführen ist.

Aufgaben:

1. Ermitteln Sie rechnerisch die Inventurdifferenz!
2. Bilden Sie den Buchungssatz für die Nachbuchung der nicht gebuchten Rohstoffeingangsrechnung!
3. Richten Sie die Konten 2000, 6000, 8010 und 8020 ein. Buchen Sie auf den Konten mit den Zahlen der Inventur!

Lösungen:

Zu 1.: Rechnerische Lösung

Bestand an Rohstoffen lt. Buchführung	750 Stück · 150,00 EUR =	112500,00 EUR
Bestand an Rohstoffen lt. Inventur	740 Stück · 150,00 EUR =	111000,00 EUR
Inventurdifferenz (Minderbestand)	10 Stück · 150,00 EUR =	1500,00 EUR

Zu 2.: Bildung des Buchungssatzes für eine Nachbuchung

Geschäftsvorfall	Konten	Soll	Haben
Nachbuchung einer nicht gebuchten Rohstoffeingangsrechnung in Höhe von 1500,00 EUR.	6000 Aufw. f. Rohstoffe an 2000 Rohstoffe	1500,00	 1500,00

Zu 3.: Darstellung auf Konten

Soll	2000 Rohstoffe		Haben
AB	75 000,00	8010	111 000,00
6000	37 500,00	6000	1 500,00
	112 500,00		112 500,00

Soll	6000 Aufw. f. Rohstoffe		Haben
...[1]	315 000,00	2000	37 500,00
2000	1 500,00	8020	279 000,00
	316 500,00		316 500,00

Soll	8010 SBK		Haben
2000	111 000,00		

Soll	8020 GuV		Haben
6000	279 000,00		

(2) Rohstoffmehrbestand

Bei einem Rohstoffmehrbestand ist der in der Buchführung ausgewiesene Rohstoffbestand höher angesetzt als der in der Inventur ermittelte Rohstoffbestand. In diesem Fall muss der Rohstoffbestand durch eine **Rückbuchung (Stornierung)** berichtigt werden.

Beispiel:

Geschäftsvorfall	Konten	Soll	Haben
Rückbuchung (Stornierung) einer doppelt gebuchten Rohstoffeingangsrechnung in Höhe von 4 000,00 EUR.	2000 Rohstoffe an 6000 Aufw. f. Rohstoffe	4 000,00	4 000,00

Kompetenztraining

65 Buchhalterische Darstellung von Inventurdifferenzen bei Werkstoffen

1. Erläutern Sie die nachfolgende Grafik!

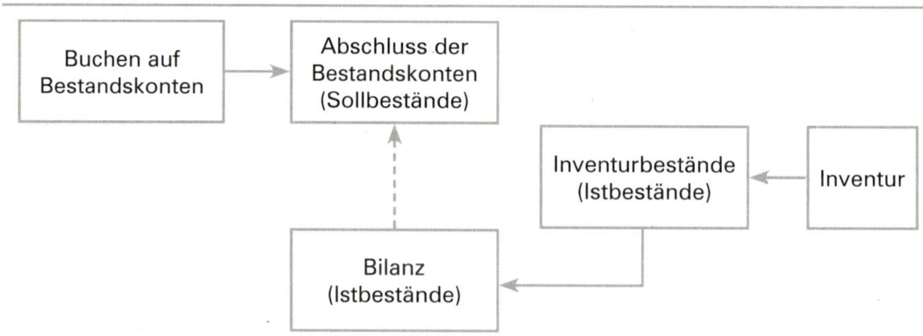

2. Begründen Sie, ob auf den Aufwands- und Ertragskonten Inventurdifferenzen auftreten können!

1 Aufwendungen für Rohstoffe: 2 100 Stück · 150,00 EUR = 315 000,00 EUR.

3. Das Konto 2030 Betriebsstoffe weist zum 31.12. einen Buchbestand von 32500,00 EUR auf. Die Inventur ermittelte einen Inventurbestand von
   (1) 30400,00 EUR. Die Nachforschung ergab, dass die Inventurdifferenz auf eine nicht gebuchte Betriebsstoffeingangsrechnung zurückzuführen ist.
   (2) 35000,00 EUR. Die Nachforschung ergab, dass die Inventurdifferenz auf eine doppelt gebuchte Betriebsstoffeingangsrechnung zurückzuführen ist.

   Aufgaben:

   3.1 Bilden Sie die Buchungssätze für die beiden Geschäftsvorfälle!

   3.2 Erläutern Sie die Berichtigungsbuchungen!

2.3 Inventurdifferenzen bei fertigen und unfertigen Erzeugnissen

Beispiel:

In einer Möbelfabrik, in der Tische hergestellt werden, befinden sich zu Beginn der Geschäftsperiode 120 Tische zu Herstellkosten zu je 85,00 EUR (Gesamtwert 10200,00 EUR) auf dem Fertigwarenlager.

Laut Lagerbuchhaltung müssen am Ende der Geschäftsperiode 135 Stück bei unveränderten Herstellkosten (Gesamtwert 11475,00 EUR) vorhanden sein.

Bei der Inventur stellt sich jedoch heraus, dass nur 133 Stück (Gesamtwert 11305,00 EUR) vorhanden sind.

Aufgaben:

1. Ermitteln Sie rechnerisch die Inventurdifferenz!
2. Stellen Sie die Inventurdifferenz auf Konten dar, indem Sie den Sachverhalt mit den Zahlen der Lagerbuchhaltung und denen der Inventur buchen!
3. Erläutern Sie die Auswirkungen der Inventurdifferenz unter erfolgsrechnerischen Gesichtspunkten!

Lösungen:

Zu 1.: Rechnerische Lösung

	Bestand lt. Lagerbuchhaltung	135 Stück	=	11475,00 EUR
–	Bestand lt. Inventur	133 Stück	=	11305,00 EUR
=	Inventurdifferenz	2 Stück	=	170,00 EUR

Zu 2.: Darstellung auf Konten

Darstellung auf den Konten mit den Zahlen der Lagerbuchhaltung

Soll — 2200 fertige Erzeugnisse — Haben

Soll		Haben	
AB	10200,00	8010	11475,00
5202	1275,00		
	11475,00		11475,00

Soll — 5202 Bestandsveränd. a. f. Erz. — Haben

Soll		Haben	
8020	1275,00	2000	1275,00

Soll — 8010 SBK — Haben

Soll		Haben	
2200	11475,00		

Soll — 8020 GuV — Haben

Soll		Haben	
		5202	1275,00

Darstellung auf den Konten mit den Zahlen der Inventur

Soll	2200 fertige Erzeugnisse		Haben
AB	10 200,00	8010	11 305,00
5202	1 105,00		
	11 305,00		11 305,00

Soll	5202 Bestandsveränd. a. f. Erz.		Haben
8020	1 105,00	2000	1 105,00

Soll	8010 SBK		Haben
2200	11 305,00		

Soll	8020 GuV		Haben
		5202	1 105,00

Zu 3.: Beschreibung der Auswirkungen in erfolgsrechnerischer Hinsicht

Für den Betriebserfolg bedeutet dies, dass durch die Berücksichtigung der Inventurdifferenz bei den fertigen Erzeugnissen der Ertrag der Geschäftsperiode um 170,00 EUR (1 275,00 EUR – 1 105,00 EUR) geringer ist. In der Lagerbuchhaltung muss die Sollmenge von 135 Stück um 2 Stück auf die Istmenge von 133 Stück korrigiert werden.

- Ist der **Inventurbestand** der fertigen Erzeugnisse **niedriger als der Buchbestand, vermindert** sich der **Ertrag** um den Wert der Bestandsdifferenz.
- Für die **unfertigen Erzeugnisse** trifft dies in entsprechender Weise zu.

Kompetenztraining

66 Buchung von Inventurdifferenzen, Ermittlung von Bestandsveränderungen bei fertigen und unfertigen Erzeugnissen

In einem Industrieunternehmen ergeben sich folgende Bestände bei den fertigen und unfertigen Erzeugnissen:

I. Bestände:

Fertige Erzeugnisse:	Anfangsbestand	1 185 710,00 EUR
	Schlussbestand	1 212 500,00 EUR
Unfertige Erzeugnisse:	Anfangsbestand	860 500,00 EUR
	Schlussbestand	740 300,00 EUR

Aufgrund der Inventur ergeben sich folgende Schlussbestände:

fertige Erzeugnisse	1 195 500,00 EUR
unfertige Erzeugnisse	739 125,00 EUR

II. Aufgaben:

1. Richten Sie die erforderlichen Konten ein, übernehmen Sie die Angaben der Aufgabe auf Konten und schließen Sie die Konten ab!
2. Bilden Sie die Buchungssätze
   2.1 für die Bestandsveränderungen bei den fertigen Erzeugnissen,
   2.2 für die Bestandsveränderungen bei den unfertigen Erzeugnissen!
3. Geben Sie an, wie und in welcher Höhe sich die Bestandsveränderungen ohne Berücksichtigung der Inventurdifferenzen in der Buchführung
   3.1 bei den fertigen Erzeugnissen und
   3.2 bei den unfertigen Erzeugnissen ausgewirkt hätten!
4. Geben Sie an, wie und in welcher Höhe sich die Bestandsveränderungen unter Berücksichtigung der Inventurdifferenzen in der Buchführung
   4.1 bei den fertigen Erzeugnissen und
   4.2 bei den unfertigen Erzeugnissen auswirken!

Kompetenzbereich 2: Dokumentation der Wertschöpfungsprozesse I

1 Sich die Aufgaben des betrieblichen Rechnungswesens bewusst machen und die Ziele des externen und internen Rechnungswesens unterscheiden

1.1 Aufgaben des betrieblichen Rechnungswesens

Aufgabe des betrieblichen Rechnungswesens ist, alle betrieblichen Vorgänge zahlenmäßig zu planen, zu erfassen, zu verarbeiten und zu kontrollieren.

Aufgaben der Kosten- und Leistungsrechnung	Beispiele
Dokumentation, Kontrolle Mengen- und wertmäßige Erfassung bzw. Überwachung aller im Unternehmen auftretenden Kosten- und Leistungsströme.	■ Ermittlung der Kosten und Leistungen einer Periode. ■ Erfassung der Daten für die Investitions- und Finanzrechnung. ■ Ermittlung des Unternehmens- und Betriebsergebnisses. ■ Bewertung des Vermögens und der Schulden. ■ Ermittlung der Kosten und der betrieblichen Leistungen (Kalkulation). ■ ...
Disposition Bereitstellung von Unterlagen für unternehmerische Entscheidungen und Planungsüberlegungen.	Unterlagen für ■ Preis- und Produktpolitik. ■ Eigenfertigung oder Fremdbezug von Produkten. ■ Werbung. ■ mögliche Fertigungsverfahren. ■ Informationsgewinnung, Investitionsentscheidungen. ■ ...
Wirtschaftlichkeitskontrolle Erfassung und Zeitvergleich von Bestands- und Erfolgsgrößen, um die Wirtschaftlichkeit und Rentabilität der betrieblichen Prozesse festzustellen.	■ Berechnung von Erfolgskennzahlen wie Rentabilität, Lagerkennzahlen, Kapitalumschlag. ■ Ermittlung der Kostenstruktur und der Kostenentwicklung. ■ Entwicklung der Produktivität. ■ Kontrolle der Geschäftsprozesse durch Soll-Ist-Vergleiche. ■ ...
Rechenschaftslegung und Bereitstellung von Informationen Rechenschaftslegung und Lieferung von Informationen über die Vermögens-, Finanz- und Ertragslage des Unternehmens.	■ Veröffentlichung des Jahresabschlusses. ■ Angaben über Auftragslage. ■ Einschätzungen über die Unternehmensentwicklung. ■ Bekanntgabe von Investitionsentscheidungen. ■ ...

1.2 Ziele des externen und internen Rechnungswesens

Nach dem **Informationsempfänger** unterscheidet man in externes Rechnungswesen und internes Rechnungswesen.

(1) Überblick

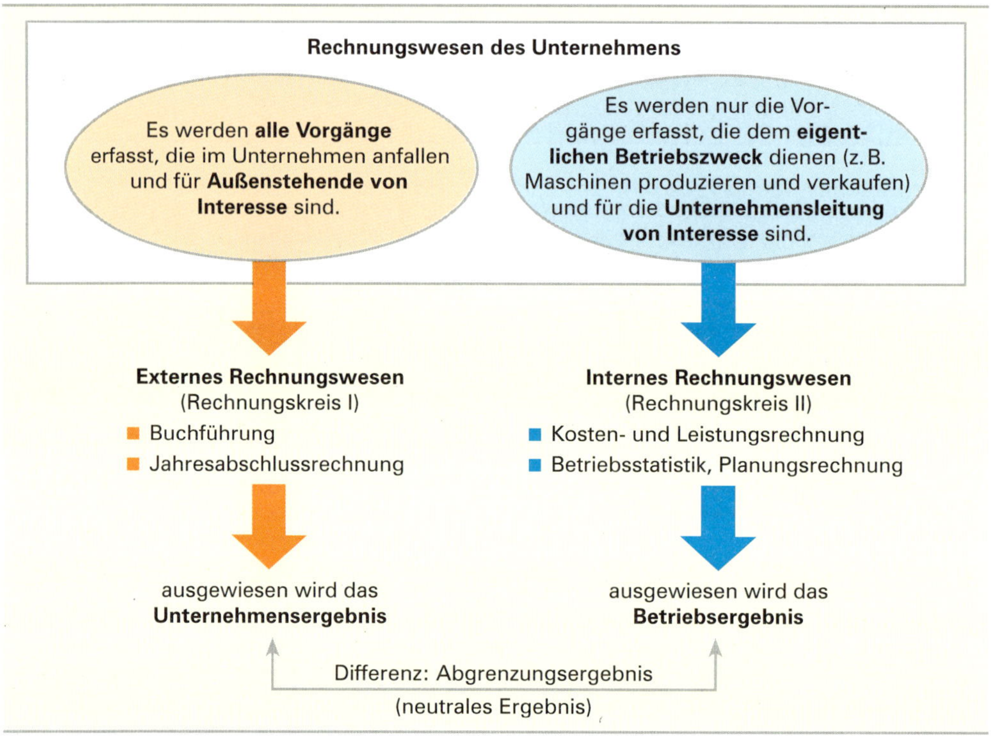

(2) Ziel des externen Rechnungswesens

Das externe Rechnungswesen hat das Ziel, interessierte Außenstehende (z. B. Gesellschafter, Steuerbehörden, Banken, Gerichte) über die Vermögens-, Finanz- und Ertragslage des Unternehmens zu informieren. Es ist **an gesetzliche Vorschriften gebunden.** Gesetzliche Bestimmungen finden sich insbesondere im HGB, AktG, GmbHG, EStG.

Das **externe Rechnungswesen** (Rechnungskreis I) umfasst die **Buchführung** und die **Jahresabschlussrechnung.**

Die Buchführung bildet die Grundlage für alle Teilbereiche des Rechnungswesens. Sie erfasst unter Beachtung handels- und steuerrechtlicher Vorschriften unabhängig vom Grund ihres Anfalles **alle Geschäftsvorfälle.** Diese Dokumentation liefert das Zahlenmaterial für den gesetzlich vorgeschriebenen **Jahresabschluss,** der allen Interessenten einen Einblick in die Vermögens-, Finanz- und Ertragslage des Unternehmens verschafft.

(3) Ziel des internen Rechnungswesens

Das interne Rechnungswesen hat das Ziel, alle innerbetrieblichen, zahlenmäßig erfassbaren Unternehmensdaten einer Abrechnungsperiode zu dokumentieren. Zudem hat es Alternativen für die künftige Unternehmensentwicklung zu planen. Die Informationen dienen internen Informationsempfängern (Geschäftsführern, Arbeitnehmervertretung, Mitarbeitern) zur Steuerung und Kontrolle der betrieblichen Abläufe. Sie sind Grundlage für die Produktions-, Absatz-, Investitions- und Finanzplanung. Das interne Rechnungswesen ist **nicht an gesetzliche Vorschriften gebunden.**

Das **interne Rechnungswesen** umfasst die **Kosten- und Leistungsrechnung,** die **Betriebsstatistik** und die **Planungsrechnung.**

Das **interne Rechnungswesen**

- erfasst alle **betrieblichen Leistungen** und die hierfür **anfallenden Kosten.**
- dient als **Grundlage für die Kalkulation** und **Kontrolle der Wirtschaftlichkeit.**
- ermittelt das **Betriebsergebnis.**
- stellt **Informationen für unternehmerische Entscheidungen** bereit.

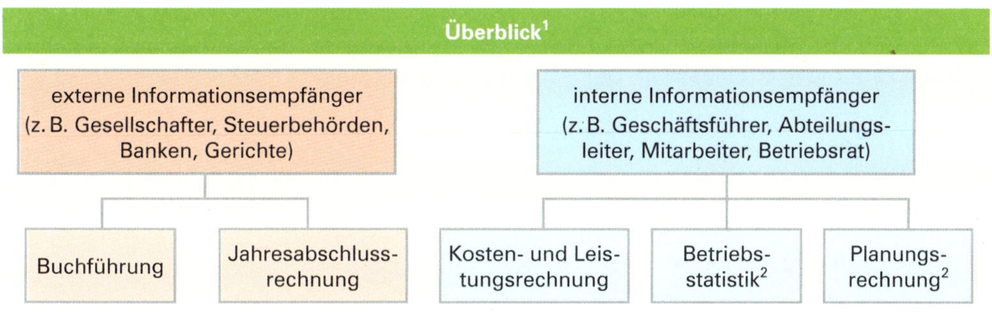

Kompetenztraining

67 Stoffvertiefung Rechnungswesen

1. Beschreiben Sie – nach Ihrer Wahl – zwei Aufgaben des betrieblichen Rechnungswesens!
2. Grenzen Sie die Kosten- und Leistungsrechnung von der Buchführung ab!
3. Das externe und das interne Rechnungswesen haben unterschiedliche Zielsetzungen. Erläutern Sie diese Aussage!

1 Quelle: Angelehnt an Steger, I.: Kosten- und Leistungsrechnung, 3. Aufl., München 2001, S. 6.

2 Auf diese Gebiete des Rechnungswesens wird im Folgenden aufgrund des Bildungsplans nicht eingegangen.

2 Grundbegriffe des Rechnungswesens unterscheiden

Die einzelnen Teilbereiche des betriebswirtschaftlichen Rechnungswesens arbeiten mit unterschiedlichen Rechengrößen:[1]

Verwendung der verschiedenen Grundbegriffe des Rechnungswesens			
Finanzrechnung	Einnahmenüberschuss-rechnung (Steuererklärungen von Kleinunternehmern)	Buchführung (GuV-Rechnung; Jahresabschluss)	Kosten- und Leistungsrechnung
↕	↕	↕	↕
Auszahlungen Einzahlungen	Ausgaben Einnahmen	Aufwendungen Erträge	Kosten Leistungen

2.1 Grundbegriffe der Finanz- und Einnahmenüberschussrechnung

(1) Auszahlungen und Einzahlungen

Die Summe aus **Kassenbeständen** und jederzeit verfügbaren **Bankguthaben** bezeichnet man als **Zahlungsmittelbestand.** Der Zahlungsmittelbestand ist **Teil des Geldvermögens.**

- Eine **Auszahlung** ist jeder Vorgang, bei dem der Zahlungsmittelbestand abnimmt.

Beispiele:

Barkauf von Werkstoffen, Barrückzahlung eines Darlehens, Kassenentnahmen, geleistete Anzahlungen.

- Eine **Einzahlung** ist jeder Vorgang, bei dem der Zahlungsmittelbestand zunimmt.

Beispiele:

Barverkauf von Erzeugnissen, Bareinlage von Gesellschaftern, erhaltene Anzahlungen, Aufnahme eines Barkredits.

(2) Ausgaben und Einnahmen

Ausgaben und Einnahmen verändern das Geldvermögen. Als **Geldvermögen** wird die Summe aus Zahlungsmittelbestand und Bestand an Forderungen[2] abzüglich des Bestandes an Verbindlichkeiten[2] bezeichnet.

Geldvermögen = Zahlungsmittelbestand + (Forderungen – Verbindlichkeiten)

- Eine **Ausgabe** ist jeder Geschäftsvorfall, der eine **Verminderung des Geldvermögens** hervorruft.

Ausgabe = Auszahlung + Forderungsabgang + Schuldenzugang

Beispiele:

Kauf von Werkstoffen auf Ziel (Schuldenzugang); Eingang einer Leistung, auf die eine Anzahlung geleistet worden war (Forderungsabgang).

1 Vgl. Wöhe, G.: Einführung in die Allgemeine Betriebswirtschaftslehre, 24. Aufl. 2010, S. 696.

2 Forderungen und Verbindlichkeiten werden hier als Geldforderungen und Geldverbindlichkeiten verstanden. Sachforderungen und Sachverbindlichkeiten werden nicht erfasst.

- Eine **Einnahme** ist jeder Geschäftsvorfall, der zu einer **Erhöhung des Geldvermögens** führt.

  Einnahme = Einzahlung + Forderungszugang + Schuldenabgang

Beispiele:

Verkauf von Waren auf Ziel (Forderungszugang); eine erhaltene Anzahlung eines Kunden wird durch die Lieferung der Leistung an den Kunden aufgehoben (Schuldenabgang).

2.2 Grundbegriffe der Buchführung

Der Begriff **Aufwand** wird in der **Buchführung** verwendet und erfasst **alle Geschäftsvorfälle,** die das **Eigenkapital mindern.** Der Begriff **Ertrag** wird ebenfalls in der **Buchführung** verwendet und erfasst **alle Geschäftsvorfälle,** die das **Eigenkapital erhöhen.** Dabei spielt es keine Rolle, ob die Ursache für die angefallenen Aufwendungen und Erträge in der Verfolgung des eigentlichen Betriebszweckes zu sehen ist oder ob es sich um Aufwendungen und Erträge handelt, die mit der Herstellung und dem Verkauf von Erzeugnissen nicht oder nur mittelbar in einem Zusammenhang stehen.

- **Aufwendungen** sind alle in Geld gemessenen **Wertminderungen des Eigenkapitals** innerhalb einer Abrechnungsperiode.
- **Erträge** sind alle in Geld gemessenen **Wertzugänge des Eigenkapitals** innerhalb einer Abrechnungsperiode.

2.3 Grundbegriffe der Kosten- und Leistungsrechnung

2.3.1 Begriffe Kosten, Grundkosten, neutrale Aufwendungen, Zusatzkosten

(1) Kosten

In der Kosten- und Leistungsrechnung werden nur die Aufwendungen erfasst, die ursächlich im Zusammenhang mit der Verfolgung des eigentlichen Betriebszweckes stehen, der bei Industriebetrieben in der Herstellung, der Lagerung und dem Verkauf von Gütern zu sehen ist.

Die **betrieblichen Aufwendungen** bezeichnet man als **Kosten.**

- **Kosten** sind der betriebliche und relativ regelmäßig anfallende Güter- und Leistungsverzehr innerhalb einer Abrechnungsperiode zur Erstellung betrieblicher Leistungen, gemessen in Geld.
- Aus **Sicht der Buchführung** handelt es sich um **betriebliche Aufwendungen (Zweckaufwendungen).**

(2) Neutrale Aufwendungen und Grundkosten

Die Aufwendungen der Buchführung können betrieblich bedingt sein oder mit dem eigentlichen Betriebszweck nichts zu tun haben.

- **Kosten,** die **gleichzeitig einen Aufwand** darstellen, nennt man **Grundkosten.**
- **Aufwendungen,** die **nicht betrieblich** bedingt sind oder aus anderen Gründen **nicht als Kosten verrechnet** werden sollen, bezeichnet man als **neutrale Aufwendungen.**

Art der neutralen Aufwendungen	Beispiele
Betriebsfremde Aufwendungen sind alle Aufwendungen, die mit dem eigentlichen Betriebszweck nichts zu tun haben.	Verluste aus Wertpapierverkäufen, Reparaturkosten an nicht betrieblich genutzten Gebäuden, Kursverluste bei Auslandsgeschäften, Abschreibungen auf Finanzanlagen, Aufwendungen aus Beteiligungen.
Periodenfremde Aufwendungen sind Aufwendungen, die zwar betrieblich sind, deren Verursachung aber in einer vorangegangenen Geschäftsperiode liegt.	Steuernachzahlungen, Nachzahlungen von Gehältern, Garantieverpflichtungen für Geschäfte aus dem vorangegangenen Geschäftsjahr.
Außergewöhnliche Aufwendungen sind Aufwendungen, die zwar betrieblich sind, die aber ungewöhnlich hoch oder äußerst selten anfallen.	Verluste aus Enteignungen, Verluste aus nicht durch Versicherungen gedeckten Katastrophenfällen.
Aufwendungen aus einer **Umstrukturierung des Vermögens.**	Verluste aus dem Abgang von Gegenständen des Sachanlagevermögens (Verkauf von Anlagegütern unter dem Buchwert).

- **Neutrale Aufwendungen** sind Aufwendungen, die in **keinem Zusammenhang mit dem Betriebszweck** stehen, die **nicht in der laufenden Periode** oder aber **unregelmäßig** oder in **außergewöhnlicher Höhe** anfallen.
- Die neutralen Aufwendungen werden in der **Kosten- und Leistungsrechnung** entweder **gar nicht** oder **nicht** in der in der **Buchführung ausgewiesenen Höhe** berücksichtigt.

(3) Zusatzkosten

Neben der Tatsache, dass es **Aufwendungen** gibt, die **keine Kosten darstellen,** nämlich die neutralen Aufwendungen, gibt es auch **Kosten,** die **keine Aufwendungen** sind. Es handelt sich um **Zusatzkosten.** Ein Beispiel hierfür ist der **kalkulatorische Unternehmerlohn.**[1]

Zusatzkosten sind Kosten, für die es **keine Aufwendungen** innerhalb der Buchführung gibt **(aufwandslose Kosten).**

Die Abgrenzung der Begriffe Aufwendungen und Kosten kann grafisch wie folgt dargestellt werden:

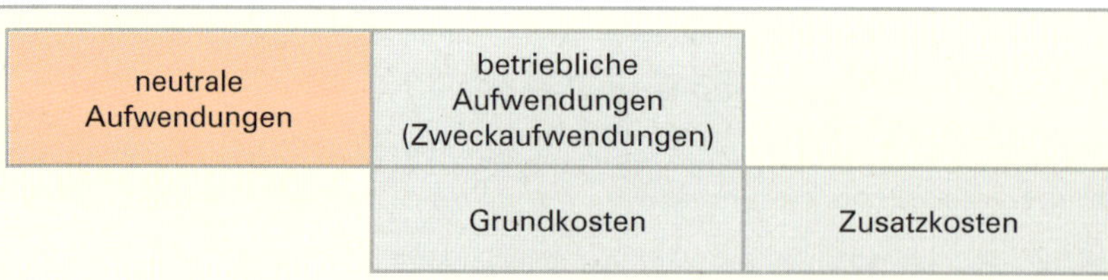

1 Zu Einzelheiten siehe S. 156.

2.3.2 Begriffe Leistungen, Grundleistungen, neutrale Erträge, Zusatzleistungen

(1) Leistungen

In der Kosten- und Leistungsrechnung werden nur die Erträge erfasst, die ursächlich im Zusammenhang mit der Verfolgung des eigentlichen Betriebszweckes stehen, der bei Industriebetrieben in der Herstellung, der Lagerung und dem Verkauf der Güter zu sehen ist.

Die **betrieblichen Erträge (Zweckerträge)** bezeichnet man als **Leistungen.**

- **Leistungen** sind die betrieblichen und relativ regelmäßig anfallenden Wertzugänge gemessen in Geld.
- Aus **Sicht der Buchführung** handelt es sich um **betriebliche Erträge (Zweckerträge).**

(2) Neutrale Erträge und Grundleistungen

Die Erträge der Buchführung können betrieblich bedingt sein oder mit dem eigentlichen Betriebszweck nichts zu tun haben.

- Die **Leistungen,** die **gleichzeitig einen Ertrag** darstellen, nennt man **Grundleistungen.**
- **Erträge,** die **nicht betrieblich bedingt** sind oder aus anderen Gründen **nicht als Leistungen verrechnet** werden sollen, bezeichnet man als **neutrale Erträge.**

Art der neutralen Erträge	Beispiele
Betriebsfremde Erträge sind alle Erträge, die mit dem eigentlichen Betriebszweck nichts zu tun haben.	Erträge aus Beteiligungen, Zinserträge, Erträge aus Wertpapieren des Umlaufvermögens, Erträge aus Finanzanlagen.
Periodenfremde Erträge sind Erträge, die zwar betrieblich sind, deren Verursachung aber in einer vorangegangenen Geschäftsperiode liegt.	Steuerrückerstattungen, Eingang einer bereits abgeschriebenen Forderung.
Außergewöhnliche Erträge sind Erträge, die zwar betrieblich sind, die aber ungewöhnlich hoch oder äußerst selten sind.	Erträge aus Gläubigerverzicht, Steuererlass, Erträge aus Schenkungen.
Erträge aus einer **Umstrukturierung des Vermögens.**	Erträge aus dem Abgang von Vermögensgegenständen (Verkauf von Anlagegütern über dem Buchwert).

- **Neutrale Erträge** sind Erträge, die in keinem Zusammenhang mit dem Betriebszweck stehen, die nicht in der laufenden Periode oder aber unregelmäßig oder in außergewöhnlicher Höhe anfallen.
- Die neutralen Erträge werden in der **Kosten- und Leistungsrechnung** entweder **gar nicht** oder **nicht** in der in **der Buchführung ausgewiesenen Höhe** berücksichtigt.

10 Speth u.a. - ISBN 978-3-8120-0595-1

(3) Zusatzleistungen

Neben der Tatsache, dass es **Erträge** gibt, die **keine Leistungen darstellen,** nämlich die neutralen Erträge, gibt es auch **Leistungen,** die **keine Erträge** sind. Es handelt sich um die **Zusatzleistungen.** Ein Beispiel für Zusatzleistungen sind Verkaufsprodukte, die gespendet oder verschenkt werden.

> **Zusatzleistungen** sind Leistungen, für die es keine Erträge innerhalb der Buchführung gibt **(ertragslose Leistungen).**

Die Abgrenzung der Begriffe Erträge und Leistungen kann grafisch wie folgt dargestellt werden:

neutrale Erträge	betriebliche Erträge (Zweckleistungen)	
	Grundleistungen	Zusatzleistungen

Überblick

Auszahlungen/Ausgaben		
Auszahlungen keine Ausgaben ①	Auszahlungen = Ausgaben ②	Ausgaben keine Auszahlungen ③
	Ausgaben	

① Bartilgung eines in einer früheren Periode aufgenommenen Kredits
② Kauf von Rohstoffen gegen Barzahlung
③ Betriebsstoffeinkauf auf Ziel (die Bezahlung erfolgt z. B. nach 30 Tagen)

Einzahlungen/Einnahmen		
Einzahlungen keine Einnahmen ①	Einzahlungen = Einnahmen ②	Einnahmen keine Einzahlungen ③
	Einnahmen	

① Aufnahme eines Kredits
② Verkauf von Fertigerzeugnissen gegen Barzahlung
③ Verkauf von Handelswaren auf Ziel (Zahlungsfrist z. B. 30 Tage)

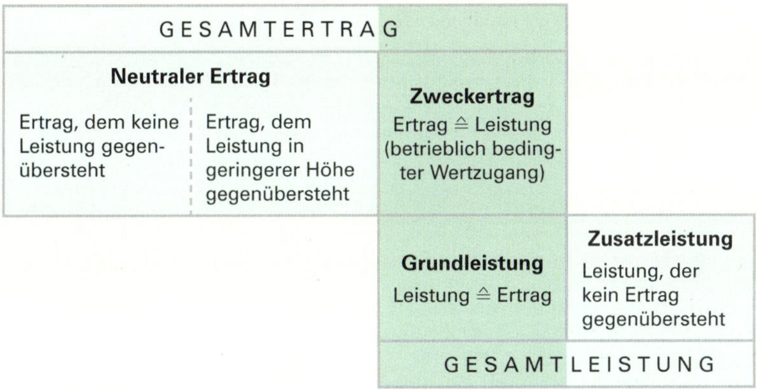

Kompetenztraining

68 Grundbegriffe und Zuordnung von Beispielen

1. Zeigen Sie die Beziehungen zwischen Ausgaben und Aufwendungen auf! Bilden Sie zu den einzelnen Beziehungen jeweils ein Beispiel!
2. Zeigen Sie die Beziehungen zwischen Einnahmen und Erträgen auf! Bilden Sie zu den einzelnen Beziehungen jeweils ein Beispiel!
3. Notieren Sie, ob folgende Vorgänge Einnahmen oder Ausgaben darstellen:

3.1	Kauf von Betriebsstoffen auf Ziel	14000,00 EUR
3.2	Verkauf von Erzeugnissen auf Ziel	5200,00 EUR
3.3	Bareinlage eines Gesellschafters	10000,00 EUR
3.4	Entnahme von Bargeld aus der Kasse für private Zwecke	2000,00 EUR
3.5	Aufnahme eines Barkredits	8500,00 EUR
3.6	Bartilgung eines in einer früheren Rechnungsperiode erhaltenen Bankkredits	7200,00 EUR

4. Erläutern Sie, wodurch sich Ausgaben und Einnahmen von Aus- und Einzahlungen unterscheiden!

5. Notieren Sie, welche Aussage zu den Aufgaben der Kosten- und Leistungsrechnung richtig ist!
   5.1 Durch sie wird der Erfolg des Unternehmens im Geschäftsjahr ermittelt.
   5.2 Sie vergleicht aufbereitete Daten, z. B. das Gesamtergebnis, mit denen anderer Unternehmen der gleichen Branche.
   5.3 Sie bucht Geschäftsvorfälle aufgrund der angefallenen Belege.
   5.4 Sie ermittelt den betrieblichen Erfolg des Geschäftsjahres.
   5.5 Sie hält alle Veränderungen der Vermögens- und Kapitalwerte fest.
6. Beurteilen Sie, bei welchen der genannten buchhalterischen Begriffe es sich um Begriffe der Kostenrechnung handelt!

   Abschreibungen auf Sachanlagen; Kosten für Ausgangsfrachten; Zinsaufwendungen; Umsatzsteuer auf den Verkauf von Erzeugnissen; Arbeitgeberanteil zur Sozialversicherung; Aufwendungen für Handelswaren; Aufwendungen für Roh-, Hilfs- oder Betriebsstoffe; Aufwendungen für Kommunikation.
7. Beurteilen Sie, bei welchen der genannten buchhalterischen Begriffe es sich um Begriffe der Leistungsrechnung handelt!

   Umsatzerlöse für Handelswaren; Provisionserträge; aktivierte Eigenleistungen; Rabatt beim Einkauf von Rohstoffen; Zinserträge; andere sonstige betriebliche Erträge; Erträge aus dem Abgang von Vermögensgegenständen; Erträge aus der Herabsetzung von Rückstellungen; Umsatzerlöse für eigene Erzeugnisse.
8. Ordnen Sie die nachfolgenden Aufwandsarten den betrieblichen oder neutralen Aufwendungen zu!

   Gehaltszahlungen, Aufwendungen für Handelswaren, Verkauf eines Anlagegutes unter dem Buchwert, Abschreibungen auf Sachanlagen, hoher Forderungsausfall durch die Zahlungsunfähigkeit eines Kunden, Aufwendungen für die Altersversorgung der Arbeitnehmer, Verluste durch Brandschäden, die nicht durch eine Versicherung gedeckt sind, Arbeitgeberanteil zur Sozialversicherung, Kursverluste aus einem Exportgeschäft, Mietzahlung für die Garage des Betriebs-Lkw, Aufwendungen für Rohstoffe, Steuernachzahlung für das vergangene Geschäftsjahr, Zahlung der Grundsteuer für das Betriebsgebäude, Zahlung der Gebäudeversicherung für ein nicht betriebsnotwendiges Gebäude.
9. Ordnen Sie die nachfolgenden Ertragsarten den betrieblichen oder neutralen Erträgen zu!

   Umsatzerlöse für Waren, Erträge aus Beteiligungen, Erträge aus dem Verkauf von Wertpapieren, Zinserträge, unerwarteter Eingang für eine bereits abgeschriebene Forderung, Mietertrag aus der Vermietung eines nicht betrieblich genutzten Gebäudes, Steuerrückvergütung für das vergangene Geschäftsjahr, Umsatzerlöse für eigene Erzeugnisse, Bestandsmehrung an unfertigen Erzeugnissen, Verkauf eines Anlagegutes über dem Buchwert, selbst hergestellte Regale für die Verwendung im eigenen Betrieb.
10. Bilden Sie ein Beispiel für Zusatzkosten!
11. Beschreiben Sie das besondere Merkmal der Zusatzkosten!

3 Eine Ergebnistabelle erstellen und die Ergebnisse interpretieren

3.1 Grundstruktur einer Ergebnistabelle

Ziel der Abgrenzungsrechnung ist es, aus den erfassten Aufwendungen und Erträgen der Buchführung die **Höhe der Kosten und Leistungen** zu ermitteln.

Für die Abgrenzungsrechnung hat sich als übliches Verfahren das sogenannte **Zweikreissystem** durchgesetzt. Die **Buchführung** stellt den **Rechnungskreis I** dar, die **Abgrenzungsrechnung** und die **Kosten- und Leistungsrechnung** den **Rechnungskreis II**. Instrument für die Darstellung der Abgrenzungsrechnung ist die **Ergebnistabelle.**

Rechnungskreis I			**Rechnungskreis II**					
Erfolgsbereich			Abgrenzungsbereich				Kosten- und Leistungsrechnung	
Buchführung			unternehmensbezogene Abgrenzung		kostenrechnerische Korrekturen			
Konten	Aufw.	Erträge	Aufw.	Erträge	Aufw.	Erträge	Kosten	Leistungen
⋮	⋮	⋮	⋮	⋮	⋮	⋮	⋮	⋮
Summen:								
Salden (Ergebnisse):								
	Unternehmensergebnis		Ergebnis aus unternehmensbezogener Abgrenzung		Ergebnis aus kostenrechnerischen Korrekturen		Betriebsergebnis	
			Abgrenzungsergebnis (neutrales Ergebnis)					

Um das Verständnis für die Abgrenzungstechnik zu erleichtern, werden die unternehmensbezogene Abgrenzungsrechnung und die Abgrenzung in Form der kostenrechnerischen Korrekturen zunächst getrennt behandelt und erst danach werden die beiden Stufen zusammengefasst.

3.2 Unternehmensbezogene Abgrenzungen

Ausgangspunkt für die unternehmensbezogene Abgrenzung der Aufwendungen und Erträge sind die Zahlen der Buchführung. Diese Werte werden **unverändert in den Rechnungskreis I** der Ergebnistabelle übernommen.

Die eigentliche Abgrenzung erfolgt im **Rechnungskreis II.** Dabei werden die Zahlen der Buchführung, die in den Rechnungskreis I übernommen wurden, unter dem Gesichtspunkt betrieblich oder neutral sortiert.

- Die **betrieblichen Aufwendungen (Kosten)** und die **betrieblichen Erträge (Leistungen)** werden in die **Kosten- und Leistungsrechnung** des Rechnungskreises II übertragen.
- Die **neutralen Aufwendungen und Erträge** werden innerhalb des Rechnungskreises II in die Spalte **unternehmensbezogene Abgrenzung** übernommen.

Der Abgrenzung der Kosten von den Aufwendungen und der Leistungen von den Erträgen liegen **vier Grundfälle** zugrunde.

Grundfälle	Beispiele	
① Die Aufwendungen sind gleich hoch wie die Kosten.	Aufwendungen für Büromaterial Kosten für Büromaterial	12000,00 EUR 12000,00 EUR
② Die Aufwendungen sind keine Kosten.	Periodenfremde Aufwendungen Kosten	4000,00 EUR 0,00 EUR
③ Die Erträge sind gleich hoch wie die Leistungen.	Erträge aus Umsatzerlösen Leistungen aus Umsatzerlösen	20000,00 EUR 20000,00 EUR
④ Die Erträge sind keine Leistungen.	Andere periodenfremde Erträge Leistungen	1500,00 EUR 0,00 EUR

Rechnungskreis I			Rechnungskreis II					
Erfolgsbereich			Abgrenzungsbereich				Kosten- und Leistungsrechnung	
Buchführung			unternehmensbezogene Abgrenzung		kostenrechnerische Korrekturen			
Konten	Aufw.	Erträge	Aufw.	Erträge	Aufw.	Erträge	Kosten	Leistungen
Umsatzerlöse		20000,00						20000,00
And. periodenfr. Ertr.		1500,00		1500,00				
Büromaterial	12000,00						12000,00	
Periodenfr. Aufw.	4000,00		4000,00					

Beispiel:

Das Industrieunternehmen Max Kluge KG weist beim Jahresabschluss nebenstehende Werte aus:

Konten	Betrag
Umsatzerlöse für eig. Erzeugnisse	750000,00
Periodenfremde Erträge	43800,00
Zinserträge	17950,00
Aufw. für Rohstoffe	480000,00
Löhne	135000,00
Mieten, Pachten	5610,00
Büromaterial	48950,00
Reisekosten	9460,00
Verl. a. d. Abg. v. Vermögensgeg.	2850,00
Periodenfremde Aufwendungen	25750,00

Aufgabe:

Ermitteln Sie mithilfe einer Ergebnistabelle das Unternehmensergebnis, das Ergebnis aus unternehmensbezogener Abgrenzung und das Betriebsergebnis!

Beispiel: Ergebnistabelle mit unternehmensbezogener Abgrenzung

Rechnungskreis I			**Rechnungskreis II**					
Erfolgsbereich			Abgrenzungsbereich				Kosten- und Leistungsrechnung	
Buchführung			unternehmensbezogene Abgrenzung		kostenrechnerische Korrekturen			
Konten	Aufw.	Erträge	Aufw.	Erträge	Aufw.	Erträge	Kosten	Leistungen
Umsatzerl. f. eig. Erzeugn.		750 000,00						750 000,00
Periodenfremde Erträge		43 800,00		43 800,00				
Zinserträge		17 950,00		17 950,00				
Aufw. f. Rohstoffe	480 000,00						480 000,00	
Löhne	135 000,00						135 000,00	
Mieten, Pachten	5 610,00						5 610,00	
Büromaterial	48 950,00						48 950,00	
Reisekosten	9 460,00						9 460,00	
Verl. a. d. Abg. v. VG[1]	2 850,00		2 850,00					
Periodenfremde Aufw.	25 750,00		25 750,00					
Summen:	707 620,00	811 750,00	28 600,00	61 750,00			679 020,00	750 000,00
Salden (Ergebnisse):	104 130,00		33 150,00				70 980,00	
	811 750,00	811 750,00	61 750,00	61 750,00			750 000,00	750 000,00
	Unternehmensergebnis		Ergebnis aus unternehmensbezogener Abgrenzung		Ergebnis aus kostenrechnerischen Korrekturen		Betriebsergebnis	

Unternehmensergebnis	–	**Abgrenzungsergebnis**	=	**Betriebsergebnis**
104 130,00 EUR	–	33 150,00 EUR	=	70 980,00 EUR

Erläuterungen zur unternehmensbezogenen Abgrenzung:

- Alle betrieblichen Aufwendungen und betrieblichen Erträge werden im Rechnungskreis II als Kosten und Leistungen in die Kosten- und Leistungsrechnung übernommen (Fall ① und Fall ③). Als Saldo ergibt sich das Betriebsergebnis.
- Die neutralen Aufwendungen und Erträge werden im Rechnungskreis II in die unternehmensbezogene Abgrenzung übernommen und dadurch von der Kosten- und Leistungsrechnung abgegrenzt, weil sie das Betriebsergebnis verfälschen würden (Fall ② und Fall ④).
- Auf das Beispiel bezogen, betrifft das
  - **auf der Ertragsseite:** die **periodenfremden Erträge** sowie die **Zinserträge.**
  - **auf der Aufwandsseite:** die **Verluste aus dem Abgang** von **Vermögensgegenständen** und die periodenfremden Aufwendungen. Der Saldo ergibt das Ergebnis aus unternehmensbezogener Abgrenzung.

1 Verluste aus dem Abgang von Vermögensgegenständen liegen dann vor, wenn Vermögensgegenstände unter dem Buchwert verkauft werden. (Zum Beispiel: Der Buchwert eines Firmen-Pkw beträgt 17 850,00 EUR. Der Erlös für den Firmen-Pkw beträgt 15 000,00 EUR. Es entsteht ein „Buchverlust" von 2 850,00 EUR).

Kompetenztraining

69 Berechnung von Unternehmens-, Abgrenzungs- und Betriebsergebnis

Übertragen Sie die nachfolgende Ergebnistabelle in Ihr Heft! Berechnen Sie aufgrund der vorliegenden Werte das Unternehmensergebnis, das Betriebsergebnis und das Ergebnis aus unternehmensbezogener Abgrenzung!

Buchführung			Abgrenzungsbereich unternehmensbezogene Abgrenzung		Kosten- und Leistungsrechnung	
Konten	Aufwend.	Erträge	Aufwend.	Erträge	Kosten	Leistungen
Umsatzerlöse für eigene Erzeugnisse Aufw. für Rohstoffe ⋮						
	581 980,00	654 710,00	23 705,00	39 140,00	558 275,00	615 570,00

70 Unternehmensbezogene Abgrenzung in einer Ergebnistabelle

Die Industriewerke Holzer & Wetzel OHG weisen für den Monat Juli in der Buchführung folgende Aufwendungen und Erträge aus:

Konten	Beträge
Umsatzerlöse für eigene Erzeugnisse	1 050 000,00 EUR
Sonstige Umsatzerlöse	3 175,00 EUR
Erträge aus dem Abgang von Vermögensgegenständen	17 500,00 EUR
Erträge aus der Herabsetzung von Rückstellungen	8 500,00 EUR
Erträge aus Beteiligungen	25 820,00 EUR
Aufwendungen für Rohstoffe	580 510,00 EUR
Löhne/Gehälter	120 750,00 EUR
Arbeitgeberanteil zur Sozialversicherung	48 690,00 EUR
Abschreibungen auf Sachanlagen[1]	60 510,00 EUR
Büromaterial	28 525,00 EUR
Versicherungsbeiträge	30 970,00 EUR
Abschreibungen auf Finanzanlagen	85 480,00 EUR

Aufgaben:

1. Übernehmen Sie die angegebenen Aufwendungen und Erträge in eine Ergebnistabelle!
2. Ermitteln Sie das Betriebsergebnis, das Ergebnis aus unternehmensbezogener Abgrenzung und das Unternehmensergebnis!

1 Sofern zwischen bilanziellen Abschreibungen und kalkulatorischen Abschreibungen nicht unterschieden wird, sind die angegebenen Abschreibungen auf Sachanlagen in die KLR zu übernehmen.

71

Rechnungskreis I			Rechnungskreis II			
Buchführung			unternehmensbezogene Abgrenzung		Kosten- und Leistungsrechnung	
Konten	Aufwend.	Erträge	Aufwend.	Erträge	Kosten	Leistungen
Umsatzerlöse für eigene Erzeugnisse		1 500 700,00				1 500 700,00
Aktivierte Eigenleistungen		15 500,00				15 500,00
Periodenfr. Erträge		68 500,00		68 500,00		
Erträge aus Beteiligungen		98 000,00		98 000,00		
Zinserträge		15 100,00		15 100,00		
Aufwendungen für Rohstoffe	767 900,00				767 900,00	
Frachten und Fremdlager	31 500,00				31 500,00	
Löhne/Gehälter	204 400,00		24 300,00		180 100,00	
Arbeitgeberanteil zur Sozialversicherung	84 370,00		4 680,00		79 690,00	
Abschreibungen auf Sachanlagen	65 300,00				65 300,00	
Leasing	28 910,00				28 910,00	
Büromaterial	48 700,00				48 700,00	
Versicherungsbeiträge	18 800,00				18 800,00	
Abschreibungen auf Finanzanlagen	24 600,00		24 600,00			
Gewerbesteuer	32 850,00		28 000,00		4 850,00	
Kapitalertragssteuer	1 900,00		1 900,00			
Summen	1 309 230,00	1 697 800,00	83 480,00	181 600,00	1 225 750,00	1 516 200,00

Aufgaben:

Berechnen Sie das Unternehmensergebnis, das Ergebnis aus unternehmensbezogener Abgrenzung sowie das Betriebsergebnis und analysieren Sie die ermittelten Daten!

3.3 Kostenrechnerische Korrekturen

3.3.1 Grundlegendes

Bei der Abgrenzung der Kosten von den Aufwendungen und der Leistungen von den Erträgen können zwei weitere Fälle auftreten:

- Für die **Kosten** fallen in der Buchführung **keine Aufwendungen** an **(Zusatzkosten).**
- Für die **Kosten** fallen in der Buchführung nur **teilweise Aufwendungen** an **(Anderskosten).**

- **Zusatzkosten** sind Kosten, für die es **keine Aufwendungen** innerhalb der Buchführung gibt.
- **Anderskosten** sind Aufwendungen, die in der **Kosten- und Leistungsrechnung** mit einem **anderen Betrag** als in der Buchführung angesetzt werden. Aus **Sicht der Buchführung** handelt es sich um **Andersaufwendungen.**
- **Anderskosten** und **Zusatzkosten** bilden zusammen den Umfang der **kalkulatorischen Kosten.**

3.3.2 Anderskosten

(1) Kalkulatorische Abschreibung

Für die **Kosten- und Leistungsrechnung (KLR)** muss die **tatsächliche Wertminderung** angesetzt werden. Für die Berechnung der Abschreibungshöhe in der **Buchführung** sind **handelsrechtliche Vorschriften** vorgegeben. Dies bedeutet, dass die Abschreibungsbeträge in erster Linie bestimmt werden durch finanzpolitische Strategien des Gesetzgebers und im Hinblick auf den tatsächlichen Werteverzehr zu hoch oder zu niedrig sein können.

Beispiel:

Ein Kombiwagen mit Anschaffungskosten von 45 000,00 EUR wird buchhalterisch linear über 6 Jahre mit jeweils $16^2/_3$ % abgeschrieben. Aufgrund der laufenden Preiserhöhungen muss in der Kostenrechnung von den Wiederbeschaffungskosten in Höhe von 51 000,00 EUR abgeschrieben werden.

Die bilanzielle Abschreibung beträgt somit 7 500,00 EUR, die kalkulatorische Abschreibung 8 500,00 EUR, sodass zusätzliche Kosten von jährlich 1 000,00 EUR entstehen. Der bilanzielle Restwert des Kombiwagens nach dem ersten Jahr beträgt damit 37 500,00 EUR, der kalkulatorische Restwert 42 500,00 EUR.

Da die Berechnung der Abschreibungshöhe innerhalb der Erfolgsrechnung nach anderen Kriterien vorgenommen wird als in der KLR, ist zwischen **kalkulatorischer** und **bilanzieller Abschreibung** zu unterscheiden.

- Die **bilanzielle Abschreibung** wirkt sich in der **Buchführung** aus,
- die **kalkulatorische Abschreibung** in der **Kosten- und Leistungsrechnung.**

Kalkulatorische Abschreibungen sind Kosten, die – unabhängig von gesetzlichen Vorschriften – den **tatsächlichen** Werteverzehr des Anlagevermögens erfassen.

(2) Kalkulatorische Zinsen

	Gesamtes Unternehmensvermögen
–	nicht betriebliches Vermögen[1]
=	vorläufiges betriebliches Vermögen
–	Abzugskapital
=	betriebliches Kapital[2]

Die **gezahlten Zinsen** für das aufgenommene **Fremdkapital** stellen einen betrieblichen Aufwand dar. Da der Unternehmer jedoch auch für das von ihm eingebrachte Eigenkapital eine Verzinsung beanspruchen kann, müssen in den Verkaufspreis auch Zinsen für das Eigenkapital eingerechnet werden. Die **kalkulatorischen Zinsen** erfassen somit die Verzinsung des **gesamten betrieblichen Kapitals,** und zwar unabhängig davon, ob es sich um Eigen- oder Fremdkapital handelt. Abgezogen werden allerdings die dem Unternehmen zinslos zur Verfügung stehenden Fremdmittel. Dieses sogenannte **Abzugskapital** setzt sich z.B. aus Verbindlichkeiten aus Lieferungen und Leistungen, aus Anzahlungen von Kunden und aus Rückstellungen zusammen.

Kalkulatorische Zinsen sind die **Kosten** für die **Nutzung des betrieblichen Kapitals.**

(3) Kalkulatorische Wagnisse

Jede unternehmerische Tätigkeit ist mit dem Risiko des Scheiterns verbunden und kann damit zu Verlusten führen. Dieses allgemeine **Unternehmenswagnis** (z.B. Nachfrageverschiebungen, technischer Fortschritt, politische Ereignisse, Konjunkturschwankungen) kann in der KLR **nicht berücksichtigt** werden. Es wird durch den Gewinn abgegolten.

Kalkulatorisch zu erfassen sind die **einzelnen betrieblichen Wagnisse** (z.B. Forderungsausfälle, Währungsverluste, Garantieleistungen, Diebstahl, Überalterung der Erzeugnisse), sofern sie nicht durch eine Fremdversicherung abgedeckt sind.

Wagnisverluste treten in der Praxis nur von Fall zu Fall und in unterschiedlicher Höhe auf. Sie werden in der Buchführung als Aufwand gebucht und beeinflussen damit das Unternehmensergebnis. Um eine Stetigkeit in der KLR zu erreichen, werden die vorausschaubaren Einzelwagnisse ermittelt und gleichzeitig als **kalkulatorischer Wagniszuschlag** auf die Rechnungsperioden verrechnet. Auf diese Weise werden Zufallseinflüsse von der KLR ferngehalten. Sofern ein Einzelwagnis durch eine Fremdversicherung abgedeckt ist, entfällt der Ansatz eines kalkulatorischen Wagniszuschlags.

Beispiel:

Der Aufwand für vertragliche Garantieleistungen und Kulanz bei einer Möbelfabrik betrug in den vergangenen 3 Jahren 150 000,00 EUR bei einem Werkstoffeinsatz von 6 Mio. EUR. Das bedeutet, dass 2,5 % des Werkstoffeinsatzes als kalkulatorischer Wagniszuschlag anzusetzen sind.

Beträgt der Werkstoffeinsatz im 1. Quartal 1 480 000,00 EUR, so sind 37 000,00 EUR an kalkulatorischen Wagnissen in die KLR einzurechnen.

Kalkulatorische Wagnisse sind Kosten für nicht versicherte Einzelwagnisse.

1 Auf der Vermögensseite zählen dazu z.B. nicht betrieblich genutzte Grundstücke, stillgelegte Betriebsanlagen.

2 Das **betriebliche Kapital** entspricht wertmäßig dem betrieblichen Vermögen.

3.3.3 Zusatzkosten

(1) Kalkulatorischer Unternehmerlohn

Die Arbeit des Unternehmers schlägt sich nicht bei allen Rechtsformen der Unternehmen als Aufwand in der Buchführung nieder. Ein Einzelunternehmer bzw. der mitarbeitende Gesellschafter einer Personengesellschaft (z. B. OHG-Gesellschafter, Komplementär) erhält für seine Arbeitsleistung kein Gehalt. Ihre Arbeit ist durch den Gewinn abgegolten. Demgegenüber zahlen vergleichbare Unternehmen aufgrund ihrer Rechtsform (z. B. GmbH) Geschäftsführergehälter, die sich als Aufwand niederschlagen.

Es ist daher – sowohl unter dem Gesichtspunkt einer exakten Kostenerfassung in der KLR als auch unter dem Gesichtspunkt der Vergleichbarkeit der Kostenstrukturen unterschiedlicher Unternehmen – unerlässlich, diese unternehmerische Tätigkeit in Geld zu bemessen und als Kosten zu erfassen. Die Höhe sollte dabei nach dem Arbeitseinsatz des Unternehmers bestimmt werden und sich am jeweils bestehenden Lohnniveau ausrichten. Dem kalkulatorischen Unternehmerlohn steht kein Aufwand gegenüber. Er stellt damit Zusatzkosten dar.

> Der **kalkulatorische Unternehmerlohn** erfasst bei Einzelunternehmen und Personengesellschaften die Kosten für die Arbeitsleistung der mitarbeitenden Unternehmer.

(2) Kalkulatorische Miete

Gelegentlich stellt ein Unternehmer Räume des Privatvermögens auch für betriebliche Zwecke zur Verfügung. Würde er solche Räume anmieten, müssten Mietkosten gezahlt werden. Obwohl keine Mietzahlungen anfallen, ist es unter kostenrechnerischen Gesichtspunkten gerechtfertigt, in der Kostenrechnung einen der ortsüblichen Miete entsprechenden Betrag (kalkulatorische Miete) anzusetzen. Für die Nutzung der betriebseigenen Räume wird kein Mietwert verrechnet.

> Vom Unternehmer unentgeltlich überlassene Privaträume für betriebliche Zwecke sind in der Kostenrechnung mit der ortsüblichen Miete **(kalkulatorischen Miete)** anzusetzen.

3.3.4 Abgrenzung der Anderskosten und der Zusatzkosten: Ergebnistabelle mit kostenrechnerischen Korrekturen[1]

Der Abgrenzung der Anderskosten und der Zusatzkosten in der Ergebnistabelle liegen **zwei Grundfälle** zugrunde. Sie ergänzen die vier Grundfälle der unternehmensbezogenen Abgrenzung.[2]

1 Auf die Leistungen, für die keine oder nur teilweise Erträge anfallen, wird im Folgenden nicht eingegangen.

2 Vgl. hierzu S. 150.

Grundfälle	Beispiele	
⑤ Kosten und Aufwendungen fallen nicht in gleicher Höhe an.	bilanzielle Abschreibung (Aufw.) kalkulatorische Abschreibung (Kosten) gezahlte Zinsen (Aufwendungen) kalkulatorische Zinsen (Kosten)	7 300,00 EUR 8 700,00 EUR 4 100,00 EUR 7 200,00 EUR
⑥ Kosten sind keine Aufwendungen.	Aufwendungen für Unternehmerlohn kalkulatorischer Unternehmerlohn	0,00 EUR 40 000,00 EUR

Rechnungskreis I			**Rechnungskreis II**					
Erfolgsbereich			Abgrenzungsbereich				Kosten- und Leistungsrechnung	
Buchführung			unternehmensbezogene Abgrenzung		kostenrechnerische Korrekturen			
Konten	Aufw.	Erträge	Aufw.	Erträge	Aufw.	Erträge	Kosten	Leistungen
bilanz. Abschreibung	7 300,00				7 300,00	8 700,00	8 700,00	
Zinsaufwendungen	4 100,00				4 100,00	7 200,00	7 200,00	
kalk. Unternehmerl.						40 000,00	40 000,00	

Beispiel:

Das Industrieunternehmen Max Kluge KG weist beim Jahresabschluss folgende Werte aus:

Konten	Betrag
Umsatzerlöse für eig. Erzeugnisse	547 820,00
Aufw. für Rohstoffe	230 400,00
Vertriebsprovisionen	20 320,00
Fremdinstandhaltung	6 940,00
Löhne	85 000,00
Abschreibungen auf Sachanlagen	10 870,00
Mieten, Pachten	12 500,00
Büromaterial	46 810,00
Reisekosten	9 480,00
Zinsaufwendungen	6 450,00

Angaben für kostenrechnerische Korrekturen:

- Statt der gezahlten Zinsen in Höhe von 6 450,00 EUR werden kalkulatorische Zinsen in Höhe von 9 780,00 EUR angesetzt.
- Statt der bilanziellen Abschreibungen in Höhe von 10 870,00 EUR sollen kalkulatorische Abschreibungen in Höhe von 8 950,00 EUR in Ansatz gebracht werden.
- Für die Abgeltung der Arbeitskraft des Komplementärs wird mit einem kalkulatorischen Unternehmerlohn in Höhe von 50 000,00 EUR gerechnet.

Aufgaben:

1. Erstellen Sie eine Ergebnistabelle unter Berücksichtigung der Angaben für die kostenrechnerischen Korrekturen!
2. Ermitteln Sie das Unternehmensergebnis, das Ergebnis aus kostenrechnerischen Korrekturen sowie das Betriebsergebnis!

Lösungen:

Rechnungskreis I			Rechnungskreis II					
Erfolgsbereich			Abgrenzungsbereich				Kosten- und Leistungsrechnung	
Buchführung			unternehmensbezogene Abgrenzung		kostenrechnerische Korrekturen			
Konten	Aufw.	Erträge	Aufw.	Erträge	Aufw.	Erträge	Kosten	Leistungen
UErl. f. eig. Erzeugn.		547 820,00						547 820,00
Aufw. f. Rohstoffe	230 400,00						230 400,00	
Vertriebsprovisionen	20 320,00						20 320,00	
Fremdinstandhaltung	6 940,00						6 940,00	
Löhne	85 000,00						85 000,00	
Abschr. a. Sachanl.	10 870,00				10 870,00	8 950,00	8 950,00	
Mieten, Pachten	12 500,00						12 500,00	
Büromaterial	46 810,00						46 810,00	
Reisekosten	9 480,00						9 480,00	
Zinsaufwendungen	6 450,00				6 450,00	9 780,00	9 780,00	
Kalk. U.-Lohn						50 000,00	50 000,00	
Summen:	428 770,00	547 820,00			17 320,00	68 730,00	480 180,00	547 820,00
Salden (Ergebnisse):	119 050,00				51 410,00		67 640,00	
	547 820,00	547 820,00			68 730,00	68 730,00	547 820,00	547 820,00
	Unternehmensergebnis		Ergebnis aus unternehmensbezogener Abgrenzung		Ergebnis aus kostenrechnerischen Korrekturen		Betriebsergebnis	

Unternehmensergebnis	–	**Abgrenzungsergebnis**	=	**Betriebsergebnis**
119 050,00 EUR	–	51 410,00 EUR	=	67 640,00 EUR

Erläuterungen zu den kostenrechnerischen Korrekturen:[1]

■ **Zu den Anderskosten** ⑤

Sollen die **Abschreibungen** in der KLR anders verrechnet werden, als es dem Betrag von 10 870,00 EUR in der Buchführung entspricht, dann wird zunächst der Betrag der Buchführung in Höhe von 10 870,00 EUR als Aufwand in den Bereich der kostenrechnerischen Korrekturen übernommen.

Der Betrag der kalkulatorischen Abschreibungen in Höhe von 8 950,00 EUR wird als Kosten in der KLR erfasst und als Ertrag bei den kostenrechnerischen Korrekturen. Die in dem Verkaufspreis einkalkulierten Abschreibungen stellen einen Ertrag dar. Sie werden durch den Verkauf erwirtschaftet, wenn die Erzeugnisse zumindest zu kostendeckenden Preisen verkauft werden können.

Sollen die **Zinsaufwendungen** in der KLR anders verrechnet werden als es dem Betrag von 6 450,00 EUR in der Buchführung entspricht, dann wird zunächst der Betrag der Buchführung in Höhe von 6 450,00 EUR als Aufwand in den Bereich der kostenrechnerischen Korrekturen übernommen.

1 Für die Zuordnung einzelner Beträge in die beiden Abgrenzungsstufen gibt es keine gesetzlichen Vorschriften. Aus didaktischen Gründen (klare Abgrenzung) ordnen wir alle in der KLR anders zu verrechnenden Beträge der Stufe der kostenrechnerischen Korrekturen zu.

Der Betrag der kalkulatorischen Zinsen in Höhe von 9 780,00 EUR wird als Kosten in der KLR erfasst und als Ertrag bei den kostenrechnerischen Korrekturen. Der Ertrag wird durch den Verkauf der Erzeugnisse erwirtschaftet, wenn zumindest kostendeckende Preise erzielt werden.

■ Zu den Zusatzkosten ⑥

Da es für den **kalkulatorischen Unternehmerlohn** keinen Aufwandsposten in der Buchführung gibt, kann auch kein Aufwand in die kostenrechnerischen Korrekturen übernommen werden. Der Unternehmerlohn kommt, sofern beim Verkauf der Erzeugnisse kostendeckende Preise erzielt werden, als Ertrag in das Unternehmen zurück. Daher erscheint der als Kosten in der KLR zu erfassende Unternehmerlohn in Höhe von 50 000,00 EUR sowohl unter den Kosten in der KLR als auch als Ertrag in der Spalte der kostenrechnerischen Korrekturen.

Da der kalkulatorische Unternehmerlohn einerseits Kosten darstellt und andererseits über die Umsatzerlöse als Ertrag zurückfließt, hat er **keinen Einfluss auf das Betriebsergebnis**. Im **Abgrenzungs- und Unternehmensergebnis** bewirkt der Unternehmerlohn dagegen eine **Ertragserhöhung.**

■ Zu dem Ergebnis aus kostenrechnerischen Korrekturen

Die Summe der einzelnen Differenzen, um die die verrechneten Kosten von den Aufwendungen der Buchführung abweichen, stellt das Ergebnis aus kostenrechnerischen Korrekturen dar. Da im vorliegenden Beispiel die Summe der Erträge höher ist als die Summe der Kosten, stellt das Ergebnis aus kostenrechnerischen Korrekturen einen Gewinn dar, der in unserem Beispiel 51 410,00 EUR beträgt. Um diese Differenz weicht das Betriebsergebnis vom Unternehmensergebnis ab. Da in Höhe dieser Differenz in der KLR mehr Kosten verrechnet wurden, als es den erfassten Aufwendungen in der Buchführung entspricht, ist das Betriebsergebnis um diese Differenz kleiner als das Unternehmensergebnis.

Überblick[1]

Aufwendungen		
neutraler Aufwand ①	Zweckaufwand = Grundkosten ②	kalk. Kosten Zusatzkosten 3.1 ③ Anderskosten 3.2
	Kosten	

① Spende an eine gemeinnützige Einrichtung
② Rohstoffverbrauch für die Produktion
③ 3.1 Kalkulation eines Unternehmerlohns, der nicht ausbezahlt wird
3.2 Verrechnung einer kalkulatorisch höheren Abschreibung als der bilanziellen Abschreibung

Erträge		
neutraler Ertrag ①	Zweckertrag = Grundleistung ②	Zusatzleistungen ③
	Leistungen	

① Erträge aus Spekulationsgeschäften mit Wertpapieren
② Verkauf von Fertigerzeugnissen
③ Neubewertung von Rohstoffen, deren Werte über den Anschaffungskosten liegen

1 Vgl. Jung, Hans: Allgemeine Betriebswirtschaftslehre, 2. Aufl., München; Wien 1996, S. 995.

Kompetenztraining

72 Abgrenzung von Aufwendungen und Kosten

1. Erklären Sie den Begriff Anderskosten und nennen Sie ein Beispiel!
2. Erläutern Sie, warum in der KLR kalkulatorische Abschreibungen angesetzt und nicht die in der Buchführung erfassten bilanziellen Abschreibungen übernommen werden!
3. Begründen Sie, warum es unter kostenmäßigen Gesichtspunkten berechtigt ist, für den Einzelunternehmer und für die mitarbeitenden Gesellschafter einer OHG jeweils entsprechende Kosten für deren Arbeitsleistung anzusetzen!
4. Erläutern Sie den Zweck der Verrechnung kalkulatorischer Kosten!
5. Unterscheiden Sie Anderskosten und Zusatzkosten!
6. Bei einer KG wird für die Mitarbeit des Komplementärs ein Unternehmerlohn in der Kalkulation berücksichtigt und über die Umsatzerlöse erwirtschaftet.

   Aufgabe:

   Erläutern Sie die Auswirkungen des einkalkulierten Unternehmerlohns auf das Betriebsergebnis und das Unternehmensergebnis!
7. Am 30. Juli 20.. haben wir einen Lkw angeschafft. Die Anschaffungskosten belaufen sich auf 81 000,00 EUR. Die Nutzungsdauer beträgt 9 Jahre. Es wird linear abgeschrieben.

   In der KLR wird der Lkw von den Wiederbeschaffungskosten abgeschrieben. Die Wiederbeschaffungskosten betragen 95 625,00 EUR. Die Abschreibung erfolgt ebenfalls linear.

   Aufgabe:

   Übertragen Sie das folgende Schema in Ihr Heft und tragen Sie die ermittelten Abschreibungsbeträge ein:

Neutraler Aufwand	Zweckaufwand	Grundkosten	Zusatzkosten

8. 8.1 Ein Industrieunternehmen bucht folgende Beträge:

   Abschreibungen

bilanzielle Abschreibungen	52 700,00 EUR
kalkulatorische Abschreibungen	48 900,00 EUR

   Unternehmerlohn

gezahlter Unternehmerlohn	0,00 EUR
kalkulatorischer Unternehmerlohn	15 000,00 EUR

   Aufgabe:

   Ermitteln Sie, in welcher Höhe jeweils neutraler Aufwand oder Zweckaufwand entstanden ist bzw. in welcher Höhe Grundkosten oder Zusatzkosten entstanden sind! Verwenden Sie hierzu die folgende Tabelle:

	Buchführung		Kosten- und Leistungsrechnung	
Vorgang	Neutraler Aufwand	Zweckaufwand	Grundkosten	Zusatzkosten

   8.2 Nennen Sie die Voraussetzungen, die erfüllt sein müssen, damit bei der bilanziellen bzw. der kalkulatorischen Abschreibung die reale Kapitalerhaltung gesichert ist!

73 Erstellen einer Ergebnistabelle mit kostenrechnerischen Korrekturen

Die Buchführung eines Industriebetriebs weist für den Monat Mai folgende Aufwendungen und Erträge auf (Auszug):

Umsatzerlöse für eigene Erzeugnisse	470 000,00 EUR
Aufwendungen für Rohstoffe	300 000,00 EUR
Löhne, Gehälter	100 000,00 EUR
Abschreibungen auf Sachanlagen	20 000,00 EUR
Mieten, Pachten	2 000,00 EUR
Reisekosten	4 000,00 EUR
Kfz-Steuer, Verbrauchssteuern	30 000,00 EUR
Zinsaufwendungen	15 000,00 EUR

Angaben zur Kosten- und Leistungsrechnung

1. Kalkulatorische Abschreibungen auf Sachanlagen	35 000,00 EUR
2. Kalkulatorische Zinsen	36 000,00 EUR
3. Kalkulatorischer Unternehmerlohn	12 000,00 EUR

Aufgabe:

Erstellen Sie eine Ergebnistabelle und ermitteln Sie das Unternehmensergebnis, das Betriebsergebnis sowie das Ergebnis aus kostenrechnerischen Korrekturen!

74 Erstellen einer Ergebnistabelle mit kostenrechnerischen Korrekturen

In einem Industrieunternehmen sind folgende Sachverhalte gegeben:

1. Das betriebliche Kapital beträgt 2 470 000,00 EUR. Der kalkulatorische Zinssatz wird mit 8 % angesetzt. Die tatsächlich gezahlten Fremdkapitalzinsen betragen im Geschäftsjahr 84 700,00 EUR.
2. Der Unternehmerlohn wird mit 120 000,00 EUR festgesetzt.
3. Der kalkulatorische Wagniszuschlag beträgt 48 000,00 EUR. Während des Geschäftsjahres sind Schadensfälle in Höhe von 72 000,00 EUR eingetreten.
4. Auf den Fuhrpark mit Anschaffungskosten in Höhe von 200 000,00 EUR werden aus steuerlichen Gründen 20 % bilanzmäßig abgeschrieben.

   Die verbrauchsbedingte kalkulatorische Abschreibung beträgt 15 % von den Wiederbeschaffungskosten in Höhe von 230 000,00 EUR.
5. Das Unternehmen rechnet mit einer kalkulatorischen Miete in Höhe von 30 000,00 EUR.
6. Die Umsatzerlöse für eigene Erzeugnisse betragen 500 000,00 EUR.

Stellen Sie die Vorgänge in einer Ergebnistabelle dar!

11 Speth u.a. - ISBN 978-3-8120-0595-1

3.3.5 Zusammenfassende Darstellung einer Ergebnistabelle mit unternehmensbezogener Abgrenzung und kostenrechnerischen Korrekturen

Im folgenden Beispiel werden die beiden zunächst getrennt dargestellten Abgrenzungsstufen zusammengefasst.

Rechnungskreis I			Rechnungskreis II					
Erfolgsbereich			Abgrenzungsbereich				Kosten- und Leistungsrechnung	
Buchführung			unternehmensbezogene Abgrenzung		kostenrechnerische Korrekturen			
Konten	Aufw.	Erträge	Aufw.	Erträge	Aufw.	Erträge	Kosten	Leistungen
UErl. f. eig. Erzeugn.		1 297 820,00						1 297 820,00
Periodenfr. Erträge		43 800,00		43 800,00				
Zinserträge		17 950,00		17 950,00				
Aufw. f. Rohstoffe	710 400,00						710 400,00	
Vertriebsprovisionen	20 320,00						20 320,00	
Fremdinstandhaltung	6 940,00						6 940,00	
Löhne	220 000,00						220 000,00	
Abschr. a. Sachanl.	10 870,00				10 870,00	8 950,00	8 950,00	
Mieten, Pachten	18 110,00						18 110,00	
Büromaterial	95 760,00						95 760,00	
Reisekosten	18 940,00						18 940,00	
Verl. a. d. Abg. v. VG	2 850,00		2 850,00					
Periodenfr. Aufw.	25 750,00		25 750,00					
Zinsaufwendungen	6 450,00				6 450,00	9 780,00	9 780,00	
Kalk. U.-Lohn						50 000,00	50 000,00	
Summen:	1 136 390,00	1 359 570,00	28 600,00	61 750,00	17 320,00	68 730,00	1 159 200,00	1 297 820,00
Salden (Ergebnisse):	223 180,00		33 150,00		51 410,00		138 620,00	
	1 359 570,00	1 359 570,00	61 750,00	61 750,00	68 730,00	68 730,00	1 297 820,00	1 297 820,00
	Unternehmensergebnis		Ergebnis aus unternehmensbezogener Abgrenzung		Ergebnis aus kostenrechnerischen Korrekturen		Betriebsergebnis	

Unternehmensergebnis	–	**Abgrenzungsergebnis**[1]	=	**Betriebsergebnis**
223 180,00 EUR	–	84 560,00 EUR	=	138 620,00 EUR

1 Ergebnis unternehmensbezogene Abgrenzung (Gewinn) 33 150,00 EUR
\+ Ergebnis kostenrechnerische Korrekturen (Gewinn) 51 410,00 EUR
= Abgrenzungsergebnis 84 560,00 EUR

Kompetenztraining

75 Erstellen einer vollständigen Ergebnistabelle

Die Buchführung eines Industriebetriebs weist folgende Quartalszahlen aus:

Konten	Beträge
Umsatzerlöse für eigene Erzeugnisse	1 500 700,00 EUR
Eigenverbrauch	15 500,00 EUR
Periodenfremde Erträge	8 500,00 EUR
Erträge aus Beteiligungen	28 000,00 EUR
Zinserträge	5 100,00 EUR
Aufwendungen für Rohstoffe	767 900,00 EUR
Frachten und Fremdlager	31 500,00 EUR
Löhne, Gehälter	204 400,00 EUR
Arbeitgeberanteil zur Sozialversicherung	84 370,00 EUR
Abschreibungen auf Sachanlagen	52 430,00 EUR
Leasing	28 910,00 EUR
Büromaterial	48 700,00 EUR
Verluste aus Schadensfällen	18 800,00 EUR
Grundsteuer	32 850,00 EUR
Abschreibungen auf Finanzanlagen	24 600,00 EUR
Zinsaufwendungen	12 870,00 EUR
Kapitalertragsteuer	1 900,00 EUR

Angaben zur Kosten- und Leistungsrechnung:

- In den Löhnen ist eine Lohnnachzahlung in Höhe von 24 300,00 EUR enthalten.
- Im Arbeitgeberanteil zur Sozialversicherung entspricht das einem Betrag von 4 680,00 EUR.
- Kalkulatorische Abschreibungen auf Sachanlagen 41 800,00 EUR.
- Kalkulatorische Wagnisse 15 000,00 EUR.
- In dem Betrag für die Grundsteuer ist eine Steuernachzahlung in Höhe von 28 000,00 EUR enthalten.
- Kalkulatorische Zinsen 42 800,00 EUR.
- Kalkulatorischer Unternehmerlohn 34 000,00 EUR.

Aufgabe:

Ermitteln Sie mithilfe einer Ergebnistabelle das Unternehmensergebnis, die Abgrenzungsergebnisse und das Betriebsergebnis!

76 Erstellen einer vollständigen Ergebnistabelle

Die Buchführung eines Industriebetriebs weist folgende Quartalszahlen aus:

Konten	Beträge
Umsatzerlöse für eigene Erzeugnisse	841 200,00 EUR
Erträge aus dem Abgang von Vermögensgegenständen	42 200,00 EUR
Erträge aus Wertpapieren des Umlaufvermögens	21 750,00 EUR
Zinserträge	4 800,00 EUR
Aufwendungen für Rohstoffe	391 850,00 EUR
Frachten und Fremdlager	22 400,00 EUR
Löhne, Gehälter	198 420,00 EUR
Arbeitgeberanteil zur Sozialversicherung	24 760,00 EUR
Abschreibungen auf Sachanlagen	19 540,00 EUR
Kosten des Geldverkehrs	4 700,00 EUR

Konten	Beträge
Büromaterial Verluste aus Schadensfällen Grundsteuer Abschreibungen auf Finanzanlagen Zinsaufwendungen	21 890,00 EUR 17 400,00 EUR 8 890,00 EUR 7 380,00 EUR 12 100,00 EUR

Angaben zur Kosten- und Leistungsrechnung:
- Die Aufwendungen für Rohstoffe werden in der KLR mit festen Verrechnungspreisen* in Höhe von 370 500,00 EUR erfasst.
- Kalkulatorische Abschreibungen auf Sachanlagen 18 700,00 EUR.
- In den Kosten für Büromaterial ist eine Rechnung aus der vergangenen Rechnungsperiode in Höhe von 1 500,00 EUR enthalten.
- Kalkulatorische Wagnisse 21 100,00 EUR.
- In der Grundsteuer ist eine Nachzahlung in Höhe von 2 000,00 EUR enthalten.
- Kalkulatorische Zinsen 28 900,00 EUR.
- Kalkulatorischer Unternehmerlohn 28 700,00 EUR.

Aufgabe:

Ermitteln Sie mithilfe einer Ergebnistabelle das Unternehmensergebnis, die Abgrenzungsergebnisse und das Betriebsergebnis!

* **Anmerkung:** Um Schwankungen in der Kalkulation, die sich durch mehr oder weniger zufallsabhängige Preisschwankungen im Einkauf ergeben können, zu vermeiden, verwenden Industriebetriebe in der Kosten- und Leistungsrechnung auch feste Verrechnungspreise für die Werkstoffe. Diese werden nur dann verändert, wenn sich die Marktpreise entscheidend nach oben oder unten verändern.

77 Analyse einer Ergebnistabelle

Für das laufende Geschäftsjahr enthält die Ergebnistabelle eines Industrieunternehmens folgende Daten (Zahlen in TEUR):

Ergebnistabelle (Zahlen in TEUR)								
Rechnungskreis I			**Rechnungskreis II**					
Erfolgsbereich			Abgrenzungsbereich				Kosten- und Leistungsrechnung	
Buchführung			unternehmensbezogene Abgrenzung		kostenrechnerische Korrekturen			
Konten	Aufw.	Erträge	Aufw.	Erträge	Aufw.	Erträge	Kosten	Leistungen
UErl. f. eig. Erzeugn.		4900						4900
Zinserträge		280		280				
Personalaufwend.	2600						2600	
Aufw. f. Roh-, Hilfs- u. Betriebsst.	1000						1000	
Abschr. a. Sachanl.	700				700	660	660	
Periodenfremde Aufwendungen	50		50					
Sonst. Aufwendungen	600		200				400	
Kalk. Unternehmerlohn						300	300	
Summen:	4950	5180	250	280	700	960	4960	4900
Ergebnisse:	230		30		260			60
	5180	5180	280	280	960	960	4960	4960

Aufgaben:

1. Erläutern Sie für die Positionen „Abschreibungen auf Sachanlagen" und „Zinsaufwendungen", warum die im Rechnungskreis I ausgewiesenen Werte von denen im Rechnungskreis II abweichen!
2. Die „sonstigen Aufwendungen" sind ein Sammelposten für verschiedene Vorgänge. Zeigen Sie für diese Position anhand zweier Geschäftsvorfälle die Ursache für die Abweichungen zwischen den Beträgen der Geschäftsbuchführung und der Kosten- und Leistungsrechnung!
3. Begründen Sie, warum für den „kalkulatorischen Unternehmerlohn" im Rechnungskreis I kein Betrag ausgewiesen ist, jedoch im Rechnungskreis II!
4. Bei der Besprechung des Jahresergebnisses im Gesellschafterkreis fallen folgende Äußerungen:
   - „Der Betrieb arbeitet unwirtschaftlich."
   - „Für die Gesellschafter hat sich das letzte Jahr überhaupt nicht gelohnt."
   - „Die Gewinnsituation war im letzten Jahr ganz ausgezeichnet. Für die Gesellschafter gibt es keinen Anlass zur Kritik."

   Nehmen Sie zu jeder dieser Äußerungen unter Beachtung der Ergebnistabelle begründet Stellung!

78 Erstellen und Beurteilen einer vollständigen Ergebnistabelle

Die Holzspielwarenfabrik Fritz Kehl OHG, Tübingen, weist zum 1. Januar 20.. folgende zusammengefasste Eröffnungsbilanz aus:

Aktiva — Bilanz zum 1. Jan. 20.. (in TEUR) — Passiva

Aktiva		Passiva	
Anlagevermögen		**Eigenkapital**	
Bebaute Grundstücke	2 000	Kapital Kehl	3 000
Maschinen, Fuhrpark	2 400	Kapital Kohn	2 480
(davon stillgelegte Maschinen 800)		**Rückstellungen**	200
Umlaufvermögen		**Verbindlichkeiten**	
Vorräte	2 500	Darlehen	3 000
Sonst. Umlaufvermögen	2 580	Verbindl. a. Lief. u. Leist.	800
(davon Wertpapiere 680)			
	9 480		9 480

Am 31. Dezember 20.. liegen folgende Zahlen der Buchführung vor (Angaben in TEUR):

Umsatzerlöse für eig. Erzeugnisse	14 600	Gehälter	1 200
Aktivierte Eigenleistungen	120	Abschreibungen auf Sachanl.	800
Zinserträge	20	Verluste a. d. Abgang von Vermögensgegenständen	340
Erträge aus Wertpapieren des UV	160	Zinsaufwendungen	240
Aufwendungen für Werkstoffe	4 600	Hilfslöhne	1 000
Fertigungslöhne	3 800		
Sonstige Kosten	1 940		

Berücksichtigen Sie außerdem die folgenden Angaben:

- Die bilanziellen Abschreibungen wurden nach handelsrechtlichen Gesichtspunkten vorgenommen. Der wirkliche Werteverzehr liegt um 15 % niedriger.
- Für die geschäftsführenden Gesellschafter Kehl und Kohn ist ein kalkulatorischer Unternehmerlohn zu verrechnen. Für zwei angestellte Geschäftsführer wäre vergleichsweise eine monatliche Vergütung von je 10 000,00 EUR aufzuwenden.
- Als kalkulatorische Zinsen sind 8 % vom betriebsnotwendigen Kapital in Höhe von 7 000 TEUR zu verrechnen.

Aufgaben:

1. Berechnen Sie die kalkulatorischen Abschreibungen, den kalkulatorischen Unternehmerlohn und die kalkulatorischen Zinsen!
2. Ermitteln Sie mithilfe einer Ergebnistabelle das Unternehmensergebnis, das Abgrenzungsergebnis sowie das Betriebsergebnis!
3. Eine Betriebsvereinbarung sieht vor, dass die Belegschaft am Betriebsgewinn beteiligt wird. Im Betriebsrat wurden Stimmen laut, wonach die Unternehmensleitung versucht habe, das Betriebsergebnis und damit den Gewinnanteil der Belegschaft durch Berücksichtigung von Zusatzkosten zu verringern.

   Beurteilen Sie den Vorwurf unter kalkulatorischen Gesichtspunkten!

4 In der Kostenartenrechnung Einzelkosten und Gemeinkosten voneinander abgrenzen

Die **Kostenartenrechnung** hat die Aufgabe, alle Kosten einer Abrechnungsperiode nach Arten eindeutig, periodengerecht und vollständig zu erfassen.

Die Kosten können nach unterschiedlichen Gesichtspunkten erfasst werden. Im Folgenden wird die Erfassung der Kosten nach der **Zurechenbarkeit auf Kostenträger**[1] dargestellt.

(1) Einzelkosten (direkte Kosten)

Einzelkosten sind Kosten, die **unmittelbar** einem **einzelnen Erzeugnis** zugerechnet werden können.

Beispiele:

Die wichtigsten **Einzelkosten** sind die **Aufwendungen für Rohstoffe** sowie die **Fertigungslöhne.** Daneben sind zu unterscheiden:

- **Sondereinzelkosten der Fertigung (SEKF):** Das sind Kosten für Sonderfertigungen oder zusätzliche Sonderwünsche der Besteller. Ferner zählen hierzu sonstige auftrags- oder serienweise erfassbare Kosten z.B. für Spezialwerkzeuge, Modelle, Stücklizenzgebühren usw.
- **Sondereinzelkosten des Vertriebs (SEKV):** Das sind insbesondere Vertreterprovisionen, Spezialverpackungen, besondere Transportkosten, Zölle.

(2) Gemeinkosten (indirekte Kosten)

Gemeinkosten sind Kosten, die gemeinsam für alle Erzeugnisse anfallen und daher **nicht unmittelbar** einem **einzelnen Erzeugnis** zugerechnet werden können.

Beispiele:

Gehälter, soziale Abgaben des Arbeitgebers, Mieten, betriebliche Steuern, Energiekosten, Werbe- und Reisekosten, Abschreibungen, Verbrauch von Betriebsstoffen, Verbrauchswerkzeuge, Instandhaltung.

1 Kostenträger sind Leistungseinheiten (z.B. Produkte), für die Kosten angefallen sind. Siehe auch S. 188.

- **Einzelkosten** können den Erzeugnissen **direkt** zugeordnet werden.
- **Gemeinkosten** fallen für alle Erzeugnisse gemeinsam an. Sie können den einzelnen Erzeugnissen nur **indirekt** zugerechnet werden.
- **Sondereinzelkosten** sind Kosten, die einzelnen Erzeugnissen, einem Auftrag oder einer Erzeugnisgruppe zugerechnet werden können.

(3) Verhalten der Einzel- und Gemeinkosten bei Änderung der Ausbringungsmenge

Ändert sich die Ausbringungsmenge, so verändern sich auch die Einzel- und Gemeinkosten. In welcher Weise sie sich ändern, hängt vom Einzelfall ab.

- Setzen sich die **Gemeinkosten** aus einem variablen und einem fixen Anteil[1] zusammen, so verändern sich die Gemeinkosten **unterproportional** bei einer **Erhöhung** und **überproportional** bei einem **Rückgang** der Ausbringungsmenge.

  Der Grund ist, dass sich der Fixkostenanteil der Gemeinkosten

  - bei einer **höheren Ausbringungsmenge** auf mehr Erzeugnisse verteilt, d. h., der **Gemeinkostenanteil pro Erzeugnis sinkt.**
  - bei einer **geringeren Ausbringungsmenge** auf weniger Erzeugnisse verteilt, d. h., der **Gemeinkostenanteil pro Erzeugnis steigt.**

Beispiel:

Die Mietkosten für ein Auslieferungslager betragen monatlich 8000,00 EUR. Werden 16000 Einheiten einer Ware ausgeliefert, so fallen Mietkosten von 0,50 EUR je Einheit an. Werden nur 10000 Einheiten ausgeliefert, betragen die Mietkosten je Einheit 0,80 EUR.

- **Einzelkosten** sind in der Regel voll variabel.

  Sie können allerdings auch einen Fixkostenanteil enthalten. In diesem Fall ergeben sich für die Einzelkosten die gleichen Auswirkungen wie für die Gemeinkosten.

  Für dieses Schulbuch wird vorausgesetzt:

  - Die **Einzelkosten** sind variabel.
  - Die **Gemeinkosten** können sowohl **fixe** als auch **variable Anteile** enthalten.

Beispiele:

- Werden für einen Mantel 2,5 m Stoff benötigt, so sind es bei zwei Mänteln des gleichen Modells 5 m Stoff.
- Mehrfacher Import von Fertigungsmaterial, für den eine einmalige Einfuhrgenehmigung erforderlich ist.

1 **Fixe Kosten** sind Kosten, die sich bei einer Änderung der Ausbringungsmenge in ihrer **absoluten Höhe nicht verändern.** **Variable Kosten** sind Kosten, die sich bei einer Änderung der Ausbringungsmenge in ihrer absoluten Höhe verändern. Zu Einzelheiten siehe S. 205.

Kompetenztraining

79 Kostenarten, Berechnung des Betriebsergebnisses

1. 1.1 Nennen Sie das Kriterium, nach welchem die Aufgliederung der Kosten in Einzel- und Gemeinkosten erfolgt!

   1.2 Erklären Sie an zwei Beispielen den Unterschied zwischen Einzel- und Gemeinkosten!

   1.3 Erläutern Sie, warum die Unternehmen möglichst viele Kostenarten als Einzelkosten zu erfassen versuchen!

   1.4 Ordnen Sie die folgenden Kostenarten den Einzelkosten bzw. Gemeinkosten zu!

   Miete für den Ausstellungsraum, Aufwendungen für Rohstoffe, Kraftfahrzeugsteuer, freiwillige soziale Aufwendungen, Gehälter, Aufwendungen für Handelswaren, bilanzielle Abschreibungen, Werbeanzeigekosten für ein Sonderangebot, Zustellentgelt für die Lieferungen der Erzeugnisse an die Kunden, Provisionsaufwendungen, Aufwendungen für Betriebsstoffe, kalkulatorische Abschreibungen.

2. Für die Reparatur eines Elektromotors rechnet das Unternehmen mit folgenden Kosten: Materialkosten 140,20 EUR, Lohnkosten 77,50 EUR. Die angefallenen Gemeinkosten werden pauschal mit 80 % auf die Summe aus Material- und Lohnkosten aufgeschlagen. Für die Rücksendung des Elektromotors fallen Frachtkosten in Höhe von 19,70 EUR an. Die Reparatur wird zum Selbstkostenpreis ausgeführt.

   Aufgaben:

   2.1 Berechnen Sie den Reparaturpreis, den das Unternehmen seinem Kunden in Rechnung stellt!

   2.2 Berechnen Sie den Reparaturpreis, wenn das Unternehmen einen Gewinn von 12 % erwirtschaften möchte!

3. Ein Industriebetrieb weist in der Ergebnistabelle folgende kostenrechnerische Korrekturen auf:

	Kostenrechnerische Korrekturen	
	Aufwendungen	**Erträge**
Abschreibung auf das Betriebsgebäude	42 000,00	63 000,00
Abschreibung auf technische Anlagen	252 000,00	189 000,00
Unternehmerlohn		234 000,00
	294 000,00	486 000,00

   Aufgaben:

   3.1 Ermitteln Sie das Betriebsergebnis, wenn keine unternehmensbezogene Abgrenzungen vorgenommen werden mussten! Das festgestellte Unternehmensergebnis beträgt 717 000,00 EUR.

   3.2 Erläutern Sie, unter welchen Voraussetzungen die kalkulatorischen Kosten zu betrieblichen Erträgen (Leistungen) werden!

   3.3 Geben Sie für die Anderskosten der beiden Abschreibungsposten jeweils die Höhe der Grundkosten und neutralen Aufwendungen bzw. Zusatzkosten an!

   3.4 Begründen Sie, warum Abschreibungen weder zu Auszahlungen noch zu Ausgaben führen!

4. Erläutern Sie, warum neben der Buchführung eine Kosten- und Leistungsrechnung erforderlich ist!

5 Gemeinkosten in der Kostenstellenrechnung mithilfe eines Betriebsabrechnungsbogens verrechnen

5.1 Begriff und Aufgaben der Kostenstellenrechnung

Produziert ein Unternehmen mehrere Produkte, so hat die Kostenrechnung die Aufgabe, die **anfallenden Gemeinkosten** am Ort ihrer Entstehung **zu erfassen** und auf die einzelnen Produkte **(Kostenträger)**[1] **verursachungsgerecht umzurechnen.** Damit wird erreicht, dass den einzelnen Produkten und Dienstleistungen der Anteil an Gemeinkosten zugerechnet wird, den diese verursacht haben. Die Zurechnung erfolgt mithilfe von **Zuschlagssätzen.** Mit der Erfassung der Gemeinkosten verbunden ist eine **Kostenkontrolle.**

Die Erfassung, Verteilung und Kontrolle der Gemeinkosten übernimmt die **Kostenstellenrechnung.**

- Die **Kostenstellenrechnung** erfasst die Gemeinkostenarten an den Stellen im Betrieb, an denen sie entstanden sind.
- Eine **Kostenstelle** ist ein Teilbereich eines Betriebs zur Erfassung der Gemeinkosten am Ort ihrer Entstehung.
- Die **Kostenstellenrechnung**
  - bereitet durch die Ermittlung von Zuschlagssätzen eine angemessene **Verrechnung der Gemeinkosten auf die Kostenträger** vor.
  - ermöglicht eine **wirksame Kontrolle** der in den einzelnen Teilbereichen des Betriebs angefallenen Gemeinkosten.

5.2 Kriterien für die Bildung von Kostenstellen

(1) Grundlegendes

Die Bildung von Kostenstellen kann nach **verschiedenen Kriterien** erfolgen.

- **Räumlich-geografische Gesichtspunkte**

Hier werden räumliche bzw. geografisch abgegrenzte Betriebsteile als Kostenstelle erfasst.

Beispiel:

Halle I, Halle II, Filiale Dresden, Filiale Hamburg, Werkstatt I, Werkstatt II.

- **Funktionsbereiche**

Hier werden gleichartige Arbeitsgänge zu einer Kostenstelle zusammengefasst.

Beispiel:

Material-, Fertigungs-, Verwaltungs- und Vertriebskostenstelle.

- **Verantwortungsbereiche**

Hier werden Organisationseinheiten zu Kostenstellen zusammengefasst. Damit wird ermöglicht, den Kostenstellenleiter für die angefallenen Kosten verantwortlich zu machen.

Beispiel:

Abteilung, Produktgruppe, Beschaffung, Werk, Vertrieb.

1 Vgl. hierzu die Ausführungen auf S. 188.

Im **Folgenden wird unterstellt,** dass die **Kostenstellen nach Funktionsbereichen** gebildet werden.

(2) Funktionsbereiche als Kriterium für die Bildung von Kostenstellen

Die Leistungserstellung eines Industriebetriebs vollzieht sich im Wesentlichen in den folgenden **vier Funktionsbereichen (Kostenbereichen):**

Material	z. B. Einkauf, Werkstoffabnahme, Werkstoffprüfung, Lagerung der Werkstoffe
Fertigung	z. B. Holzverarbeitung, Metallverarbeitung, Fräserei, Montage
Verwaltung	z. B. Personal, Buchhaltung, Kalkulation, Import und Export
Vertrieb	z. B. Verkauf, Werbung, Fertiglager, Versand

Jedem Kostenbereich können **Teilbereiche** zugeordnet werden. So zählen z. B. zum Kostenbereich

Material →
- Einkauf
- Warenabnahme und -prüfung
- Materialverwaltung und Lagerung
- Materialausgabe

5.3 Durchführung der Kostenstellenrechnung mithilfe des Betriebsabrechnungsbogens (BAB)

5.3.1 Begriff und Aufbau des Betriebsabrechnungsbogens

Technisches Mittel für die ordnungsmäßige Erfassung der angefallenen Gemeinkosten und ihre Verrechnung auf die Kostenstellen und die Kostenträger ist der **Betriebsabrechnungsbogen.**

Der **Betriebsabrechnungsbogen (BAB)** ist eine tabellarische Form der Kostenstellenrechnung.

Der **Betriebsabrechnungsbogen** hat folgende Grundstruktur:

Auf der rechten Hälfte des BABs werden horizontal die **einzelnen Kostenstellen** angeordnet. Auf der linken Seite werden vertikal die von der Kostenartenrechnung übernommenen **Gemeinkosten** aufgelistet. Bei der Verteilung der Gemeinkosten auf die Kostenstellen wird in einer Zwischenspalte ein Hinweis darauf gegeben, auf welcher Grundlage die Verteilung der jeweiligen Gemeinkostenart auf die verschiedenen Kostenstellen erfolgen soll. Man spricht daher auch von **Verteilungsgrundlage** bzw. von **Verteilungsschlüssel.**

Gemeinkostenarten	EUR	Verteilungsgrundlage	Kostenstellen			
			Material	Fertigung	Verwaltung	Vertrieb

5.3.2 Problem der Verrechnung der Gemeinkosten auf die Kostenstellen

(1) Direkte Verrechnung (Kostenstelleneinzelkosten[1])

Es gibt Gemeinkosten, die einen direkten Bezug zu den einzelnen Kostenstellen haben und sich daher auch direkt auf die einzelnen Kostenstellen verrechnen lassen. Man nennt sie **Kostenstelleneinzelkosten.**

Beispiele:

- Gehälter, Sozialkosten mithilfe von Gehaltslisten.
- Stromkosten mithilfe von Zählern.
- Abschreibungen einzelner Anlagegüter mittels Anlagendatei.
- Materialgemeinkosten mithilfe von Materialentnahmescheinen.
- Instandhaltung anhand von Belegen.

(2) Indirekte Verrechnung (Kostenstellengemeinkosten[1])

Bei einem großen Teil der Gemeinkosten wird eine direkte Verrechnung nicht möglich sein. Dann bleibt nur noch die Möglichkeit, die angefallenen Kosten mithilfe eines **Verteilungsschlüssels** auf die einzelnen Kostenstellen umzulegen. Dabei hängt die verursachungsgerechte Verteilung von der Wahl eines verursachungsgerechten Verteilungsschlüssels ab.

Der Verteilungsschlüssel sollte so gewählt werden, dass ein hohes Maß an Abhängigkeit zwischen dem Verteilungsschlüssel und den zu verrechnenden Kosten besteht. Im Idealfall – und der wird hier unterstellt – ist die Abhängigkeit proportional.

Beispiele:

- Miete nach m^2.
- Heizung nach m^3.
- Kfz-Kosten nach km.
- Unfallversicherung nach Anzahl der Beschäftigten je Kostenstelle.

- Der **BAB** ist ein abrechnungstechnisches Hilfsmittel für die Verteilung der **Gemeinkosten** auf die einzelnen Kostenstellen.
- Die **Verteilung der Gemeinkosten** erfolgt entweder
  - direkt aufgrund der einer Kostenstelle zurechenbaren Belege (**Kostenstelleneinzelkosten)** oder
  - indirekt über Verteilungsschlüssel **(Kostenstellengemeinkosten)**.
- Der **BAB baut auf der Kostenartenrechnung** auf.

---

1 Man spricht auch abgekürzt von **Stelleneinzelkosten** und **Stellengemeinkosten**.

Kompetenztraining

80 Grundlagen der Kostenstellenrechnung

1. Nennen Sie die wichtigsten Aufgaben der Kostenstellenrechnung!
2. Erläutern Sie die Begriffe Kostenstelle und Kostenbereich!
3. Nennen Sie Kriterien, die Sie bei der Bildung von Kostenstellen beachten sollten!
4. Begründen Sie, warum die Gemeinkosten auf die Kostenstellen verteilt werden!
5. Grenzen Sie die Kostenstelleneinzelkosten von den Kostenstellengemeinkosten ab!
6. Beschreiben Sie den Fall, der eintreten würde, wenn die Gemeinkosten nicht verursachungsgemäß auf die verschiedenen Produkte umgerechnet werden würden!
7. Beschreiben Sie die Grundstruktur eines Betriebsabrechnungsbogens!
8. Nennen Sie beispielhaft vier Gemeinkosten und geben Sie dafür die mögliche Verteilungsgrundlage an!
9. Formulieren Sie den Grundsatz, der bei der Wahl eines Verteilungsschlüssels beachtet werden muss!

5.3.3 Aufstellung eines einfachen Betriebsabrechnungsbogens

5.3.3.1 Beispiel eines einfachen Betriebsabrechnungsbogens

Beispiel:

Die Maschinenfabrik Hans Wacker GmbH produziert in einer Abteilung im Werk Bruchsal kleine Elektromotoren zum Antrieb von Bohrmaschinen.

Die Kostenartenrechnung der Hans Wacker GmbH weist für den Monat Januar folgende Gemeinkosten aus:

Betriebsstoffkosten	10 000,00 EUR	Betriebssteuern	2 500,00 EUR
Gehälter	9 000,00 EUR	Kalk. Abschreibungen	12 000,00 EUR
Sozialkosten	1 300,00 EUR	Energiekosten	3 000,00 EUR
Instandhaltung	11 500,00 EUR	Sonstige Kosten	4 800,00 EUR

Für die Erstellung des BAB ist folgender Verteilungsschlüssel zu verwenden:

Gemeinkostenarten	I Material	II Fertigung	III Verwaltung	IV Vertrieb
Betriebsstoffk. lt. Entnahmescheinen	2 700,00	5 300,00	100,00	1 900,00
Gehälter lt. Gehaltsliste	400,00	1 000,00	5 400,00	2 200,00
Sozialkosten	1	2	7	3
Instandhaltung lt. Arbeitsstunden	20	84	2	9
Betriebssteuern	–	4	1	–
Kalk. Abschreibungen	1	7	3	1
Energiekosten lt. kWh	4 000	40 000	10 000	6 000
Sonstige Kosten lt. Belegen	1	6	2	3

Aufgabe:

Stellen Sie einen BAB auf und verteilen Sie aufgrund der Vorgaben die Gemeinkosten auf die einzelnen Kostenstellen!

Lösung:

Betriebsabrechnungsbogen (BAB)

Gemeinkostenarten	Zahlen der KLR	Verteilungs-schlüssel	Kostenstellen			
			I Material	II Fertigung	III Verwaltung	IV Vertrieb
Betriebsstoffkosten	10000,00	Entnahmescheine	2700,00	5300,00	100,00	1900,00
Gehälter	9000,00	Gehaltsliste	400,00	1000,00	5400,00	2200,00
Sozialkosten	1300,00	1 : 2 : 7 : 3	100,00	200,00	700,00	300,00
Instandhaltung	11500,00	Arbeitsstunden	2000,00	8400,00	200,00	900,00
Betriebssteuern	2500,00	0 : 4 : 1 : 0	–	2000,00	500,00	–
Kalk. Abschreibungen	12000,00	1 : 7 : 3 : 1	1000,00	7000,00	3000,00	1000,00
Energiekosten	3000,00	Kilowatt-Std.	200,00	2000,00	500,00	300,00
Sonst. Kosten	4800,00	1 : 6 : 2 : 3	400,00	2400,00	800,00	1200,00
Summe der Gemeinkosten	54100,00	aufge-schlüsselt	6800,00	28300,00	11200,00	7800,00

Erläuterungen:

Die vertikal aufgelisteten Gemeinkosten werden der Kostenartenrechnung entnommen und **direkt** aufgrund von **Belegen** (Entnahmescheinen, Gehaltslisten, Stromzähler, Arbeitsstunden) oder **indirekt** aufgrund bestimmter **Umrechnungsschlüssel,** wobei der Einfachheit halber hier teilweise Verhältniszahlen angegeben wurden, auf die Kostenstellen verrechnet.

Kompetenztraining

81 Betriebsabrechnungsbogen: Verteilung der Gemeinkosten

Ein kleiner Industriebetrieb arbeitet mit den vier Kostenstellen Material, Fertigung, Verwaltung und Vertrieb. Laut Kostenartenrechnung sind die im Monat Oktober entstandenen Gemeinkosten den Kostenstellen wie folgt zuzuordnen:

	Zahlen der KLR	Kostenstellen			
		I Material	II Fertigung	III Verwaltung	IV Vertrieb
Stelleneinzelkosten lt. Belegen					
Betriebsstoffe	50000,00	10000,00	35000,00	2500,00	2500,00
Gehälter	180000,00	15000,00	30000,00	100000,00	35000,00
Fremdreparaturen	100000,00	5000,00	80000,00	10000,00	5000,00
Kalk. Abschreibungen	92000,00	12000,00	49000,00	23400,00	7600,00
Stellengemeinkosten lt. Verteilungsschlüssel					
Hilfslöhne	36000,00	1	4	–	1
Stromkosten	12000,00	5000 kWh	40000 kWh	10000 kWh	5000 kWh
Betriebssteuern	49000,00	1	3	2	1
Kalk. Unternehmerlohn	10000,00	1	4	3	2

Aufgabe:

Ermitteln Sie die Summe der Gemeinkosten je Kostenstelle!

5.3.3.2 Ermittlung der Zuschlagssätze für die Gemeinkosten

(1) Wahl der Zuschlagsgrundlagen (Bezugsgrößen)

Seite 181 ff.

Die Festlegung der verursachungsgerechten Zuschlagsgrundlagen ist maßgebend für die richtige Verrechnung der angefallenen Gemeinkosten auf die Kostenträger. In der Regel greift man in der Praxis auf **Wertgrößen** zurück.

Es ist z. B. in der Praxis üblich, die im Materialbereich anfallenden Gemeinkosten **(Materialgemeinkosten)** entsprechend dem **Verbrauch an Fertigungsmaterial,** die in der Fertigung anfallenden Gemeinkosten **(Fertigungsgemeinkosten)** entsprechend den **Fertigungslohnkosten** auf die einzelnen Kostenträger zu verrechnen. Dabei werden die jeweiligen Gemeinkosten in Prozenten zu den gewählten Zuschlagsgrundlagen ausgedrückt und mit diesen Zuschlagssätzen werden die einzelnen Gemeinkostenarten bei der Kalkulation erfasst.

Während zwischen Materialgemeinkosten und Materialeinzelkosten sowie zwischen Fertigungsgemeinkosten und Fertigungseinzelkosten eine Abhängigkeit unterstellt werden kann, ist die Wahl der Zuschlagsgrundlage für die **Verwaltungs- und Vertriebsgemeinkosten** wesentlich problematischer. In Ermangelung geeigneter Bezugsgrößen wählt man für diese Gemeinkosten als gemeinsame Zuschlagsgrundlage die **Herstellkosten der Rechnungsperiode (Herstellkosten der Produktion).**

(2) Ermittlung der Gemeinkostenzuschlagssätze

Beispiel:

Die Kostenartenrechnung der Hans Wacker GmbH weist für den Monat Januar folgende Kosten aus:

Verbrauch von Fertigungsmaterial	85 000,00 EUR	Sozialkosten	1 300,00 EUR
Hilfsstoffkosten	6 000,00 EUR	Instandhaltung	11 500,00 EUR
Betriebsstoffkosten	4 000,00 EUR	Betriebssteuern	2 500,00 EUR
Fertigungslöhne	56 600,00 EUR	Kalk. Abschreibungen	12 000,00 EUR
Gehälter	9 000,00 EUR	Energiekosten	3 000,00 EUR
		Sonstige Kosten	4 800,00 EUR

Bezugsgrößen für die Gemeinkosten:

- Die Materialgemeinkosten sind auf den Verbrauch von Fertigungsmaterial zu beziehen.
- Die Fertigungsgemeinkosten sind auf die Fertigungslöhne zu beziehen.
- Die Verwaltungs- und Vertriebsgemeinkosten sind auf die Herstellkosten der Rechnungsperiode zu beziehen.

Für die Erstellung des BAB ist folgender Verteilungsschlüssel zu verwenden:

Gemeinkostenarten	I Material	II Fertigung	III Verwaltung	IV Vertrieb
Hilfsstoffk. lt. Entnahmescheinen	1800,00	3000,00	–	1200,00
Betriebsstoffk. lt. Entnahmesch.	900,00	2300,00	100,00	700,00
Gehälter lt. Gehaltsliste	400,00	1000,00	5400,00	2200,00
Sozialkosten	1	2	7	3
Instandhaltung lt. Arbeitsstunden	20	84	2	9
Betriebssteuern	–	4	1	–
Kalk. Abschreibungen	1	7	3	1
Energiekosten lt. kWh	4000	40000	10000	6000
Sonstige Kosten lt. Belegen	1	6	2	3

Aufgaben:

1. Verteilen Sie aufgrund der angegebenen Verteilungsschlüssel die Gemeinkosten auf die einzelnen Kostenstellen!
2. Ermitteln Sie für jede Kostenstelle die Zuschlagssätze für die Gemeinkosten!
3. Ermitteln Sie die Selbstkosten der Rechnungsperiode (Monat: Januar)!

Lösungen:

Zu 1.: Verteilung der Gemeinkosten mithilfe des Betriebsabrechnungsbogens (BAB)

Gemeinkostenarten	Zahlen der KLR	Verteilungs-schlüssel	Kostenstellen			
			I Material	II Fertigung	III Verwaltung	IV Vertrieb
Hilfsstoffkosten	6000,00	Entnahmescheine	1800,00	3000,00	–	1200,00
Betriebsstoffkosten	4000,00	Entnahmescheine	900,00	2300,00	100,00	700,00
Gehälter	9000,00	Gehaltsliste	400,00	1000,00	5400,00	2200,00
Sozialkosten	1300,00	1 : 2 : 7 : 3	100,00	200,00	700,00	300,00
Instandhaltung	11500,00	Arbeitsstunden	2000,00	8400,00	200,00	900,00
Betriebssteuern	2500,00	0 : 4 : 1 : 0	–	2000,00	500,00	–
Kalk. Abschreibungen	12000,00	1 : 7 : 3 : 1	1000,00	7000,00	3000,00	1000,00
Energiekosten	3000,00	Kilowatt-Std.	200,00	2000,00	500,00	300,00
Sonst. Kosten	4800,00	1 : 6 : 2 : 3	400,00	2400,00	800,00	1200,00
Summe der Gemeinkosten	54100,00	aufge-schlüsselt	6800,00	28300,00	11200,00	7800,00
	Zuschlagsgrundlagen:					
	Materialverbrauch		85000,00			
	Fertigungslöhne			56600,00		
	Herstellkosten der Rechnungsperiode				176700,00	176700,00
	Zuschlagssätze[1]		8 %	50 %	6,34 %	4,41 %

1 Mit diesen **Zuschlagssätzen** werden im Rahmen der Kalkulation die Gemeinkosten erfasst.

Zu 2.: Ermittlung der Zuschlagssätze

■ Zuschlagssatz für die Materialgemeinkosten

Es wird unterstellt, dass die Materialgemeinkosten (MGK) vom Verbrauch an Fertigungsmaterial abhängen. Daher werden die MGK für ihre Verrechnung auf die Kostenträger in Prozenten zum Verbrauch von Fertigungsmaterial angegeben.

Verbrauch von Fertigungsmaterial	85 000,00 EUR ≙	100 %
MGK	6 800,00 EUR ≙	x %

$$x = \frac{100 \cdot 6\,800}{85\,000} = \underline{\underline{8\,\%}}$$

Der MGK-Zuschlagssatz von 8 % besagt, dass immer dann, wenn für 100,00 EUR Fertigungsmaterial verbraucht wurde, parallel und gleichzeitig 8,00 EUR Gemeinkosten im Materialbereich (z. B. Einkauf, Warenabnahme ...) anfallen.

$$\text{MGK-Zuschlagssatz} = \frac{\text{Materialgemeinkosten} \cdot 100}{\text{Verbrauch von Fertigungsmaterial}}$$

■ Zuschlagssatz für die Fertigungsgemeinkosten

Die Fertigungsgemeinkosten werden auf die aufgewendeten Fertigungslöhne bezogen. Dabei wird unterstellt, dass die anfallenden Fertigungsgemeinkosten von der Höhe der aufgewendeten Fertigungslöhne abhängen. Dies ist in der Praxis nur **bedingt der Fall,** und zwar insbesondere dann nicht, wenn der Betrieb maschinenintensiv ist.

Fertigungslöhne	56 600,00 EUR ≙	100 %
FGK	28 300,00 EUR ≙	x %

$$x = \frac{28\,300 \cdot 100}{56\,600} = \underline{\underline{50\,\%}}$$

$$\text{FGK-Zuschlagssatz} = \frac{\text{Fertigungsgemeinkosten} \cdot 100}{\text{Fertigungslöhne}}$$

In maschinenintensiven Betrieben werden in der Praxis in aller Regel die maschinenabhängigen Kosten gesondert erfasst und dafür Maschinenstundensätze errechnet.

■ Zuschlagssatz für die Verwaltungsgemeinkosten

Bei den Verwaltungs- und Vertriebsgemeinkosten wird eine Abhängigkeit von der Höhe der Herstellkosten der Rechnungsperiode unterstellt.

Berechnung der Herstellkosten der Rechnungsperiode

Verbrauch von Fertigungsmaterial	85 000,00 EUR	
+ Materialgemeinkosten (MGK)	6 800,00 EUR	
Materialkosten		91 800,00 EUR
Fertigungslöhne	56 600,00 EUR	
+ Fertigungsgemeinkosten (FGK)	28 300,00 EUR	
Fertigungskosten		84 900,00 EUR
= Herstellkosten der Rechnungsperiode		176 700,00 EUR

Herstellkosten der Rechnungsperiode	176 700,00 EUR ≙	100 %
VerwGK	11 200,00 EUR ≙	x %

$$x = \frac{11\,200 \cdot 100}{176\,700} = \underline{\underline{6{,}34\,\%}}$$

$$\text{VerwGK-Zuschlagssatz} = \frac{\text{Verwaltungsgemeinkosten} \cdot 100}{\text{Herstellkosten der Rechnungsperiode}}$$

■ Zuschlagssatz für die Vertriebsgemeinkosten

Herstellkosten der Rechnungsperiode	176 700,00 EUR ≙	100 %
VertrGK	7 800,00 EUR ≙	x %

$$x = \frac{7800 \cdot 100}{176\,700} = \underline{\underline{4{,}41\,\%}}$$

$$\text{VertrGK-Zuschlagssatz} = \frac{\text{Vertriebsgemeinkosten} \cdot 100}{\text{Herstellkosten der Rechnungsperiode}}$$

Zu 3.: Ermittlung der Selbstkosten der Rechnungsperiode (Monat: Januar)

Aufgrund der Zahlenangaben des Beispiels ergeben sich die Selbstkosten der Rechnungsperiode durch folgende Berechnung:

	Herstellkosten der Rechnungsperiode	176 700,00 EUR
+	Verwaltungsgemeinkosten	11 200,00 EUR
+	Vertriebsgemeinkosten	7 800,00 EUR
=	Selbstkosten der Rechnungsperiode	195 700,00 EUR

Bei der Ermittlung der Zuschlagssätze wurde zugrunde gelegt, dass es sich um Zahlenwerte der vergangenen Rechnungsperiode handelt, d. h. um **Istkosten.** Die berechneten Zuschlagssätze stellen somit **Istzuschlagssätze** dar.

Überblick

■ **Verrechnung der Kostenarten Einzelkosten und Gemeinkosten:**

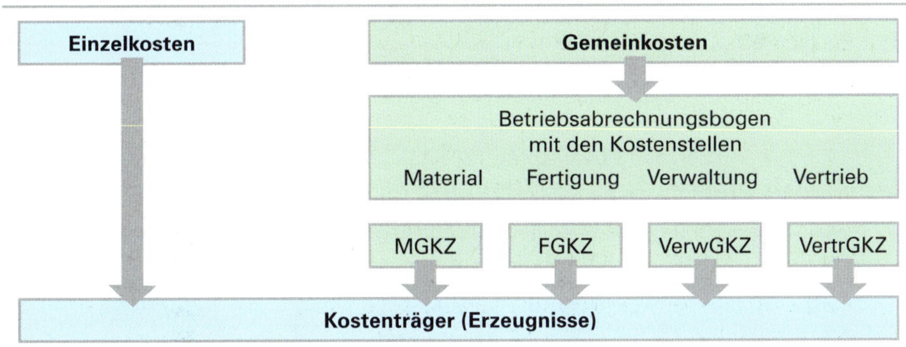

■ **Berechnung der Gemeinkostenzuschlagssätze:**

- $\text{MGK-Zuschlagssatz} = \frac{\text{Materialgemeinkosten} \cdot 100}{\text{Verbrauch von Fertigungsmaterial}}$
- $\text{FGK-Zuschlagssatz} = \frac{\text{Fertigungsgemeinkosten} \cdot 100}{\text{Fertigungslöhne}}$
- $\text{VerwGK-Zuschlagssatz} = \frac{\text{Verwaltungsgemeinkosten} \cdot 100}{\text{Herstellkosten der Rechnungsperiode}}$
- $\text{VertrGK-Zuschlagssatz} = \frac{\text{Vertriebsgemeinkosten} \cdot 100}{\text{Herstellkosten der Rechnungsperiode}}$

12 Speth u.a. - ISBN 978-3-8120-0595-1

- **Berechnung der Herstell- und Selbstkosten einer Rechnungsperiode:**

	Verbrauch von Fertigungsmaterial (Einzelkosten)
+	Materialgemeinkosten (MGK) lt. BAB
=	Materialkosten
+	Fertigungslöhne (Einzelkosten)
+	Fertigungsgemeinkosten (FGK) lt. BAB
=	Fertigungskosten
	Herstellkosten der Rechnungsperiode
+	Verwaltungsgemeinkosten (VerwGK) lt. BAB
+	Vertriebsgemeinkosten (VertrGK) lt. BAB
=	Selbstkosten der Rechnungsperiode

Kompetenztraining

82 Stoffwiederholung Kostenstellenrechnung, Zuschlagssätze

1. Erläutern Sie die Einordnung der Kostenstellenrechnung in den Gesamtbereich der Kosten- und Leistungsrechnung!

2. Beschreiben Sie den rechnungstechnischen Ablauf der Kostenstellenrechnung!

3. Nennen Sie die wichtigsten Kriterien bei der Einrichtung von Kostenstellen!

4. Notieren Sie die richtige(n) Aussage(n) zur Kostenstellenrechnung!

   4.1 Sie ermittelt für jede Kostenstelle das Betriebsergebnis.

   4.2 Sie gliedert die Aufwendungen auf in unternehmens- und betriebsbezogene Aufwendungen.

   4.3 Sie ermittelt den Verkaufspreis für ein Produkt.

   4.4 Sie erfasst für die einzelnen Betriebsabteilungen die Gemeinkosten.

   4.5 Sie errechnet für jede Kostenstelle die angefallenen Aufwendungen.

5. Das Verursachungsprinzip ist ein wichtiges Prinzip bei der Verteilung der Gemeinkostenarten. Prüfen Sie, welche Art der Verteilung am ehesten dem Verursachungsprinzip entspricht!

   5.1 Verteilung nach Zuschlagssätzen.

   5.2 Verteilung nach zuvor festgelegten Prozentsätzen.

   5.3 Verteilung aufgrund von Belegen.

   5.4 Gleichmäßige Verteilung aller Gemeinkosten auf die einzelnen Kostenstellen.

   Aufgabe:

   Übertragen Sie jeweils die richtige(n) Aussage(n) in Ihr Heft!

6. Die Kostenartenrechnung eines Industriebetriebs weist für den Monat Januar folgende Kosten aus, die wie folgt aufzuteilen sind:

	Zahlen der KLR	Material	Fertigung	Verwaltung	Vertrieb
Betriebsstoffkosten	36 000,00	12 000,00	Rest	–	–
Gehälter	90 000,00	7 500,00	7 500,00	37 500,00	Rest
Sozialkosten	30 000,00	2	2	3	3
Kalk. Abschreibungen	48 000,00	2	4	3	1
Steuern	45 000,00	1	4	4	1
Sonstige Kosten	210 000,00	1	5	6	2

Verbrauch von Fertigungsmaterial: 300 000,00 EUR
Fertigungslöhne: 180 000,00 EUR

Aufgaben:

6.1 Erstellen Sie den Betriebsabrechnungsbogen!

6.2 Berechnen Sie die Herstellkosten der Rechnungsperiode!

6.3 Ermitteln Sie den Zuschlagssatz je Kostenstelle für den Monat Januar!

83 Betriebsabrechnungsbogen, Zuschlagssätze

Ein Industriebetrieb führt die vier Kostenstellen Material, Fertigung, Verwaltung und Vertrieb. Aus den Zahlen der Kosten- und Leistungsrechnung ergeben sich folgende Gemeinkostenbeträge:

	TEUR
Hilfslöhne	500
Gehälter	1 000
Gesetzlicher Sozialaufwand	500
Stromkosten	100
Raumkosten	300
Kalk. Abschreibungen auf Anlagen	500
Kalk. Zinsen auf Anlage- und Umlaufvermögen[1]	900

Aufgaben:

1. Ermitteln Sie mithilfe eines Betriebsabrechnungsbogens die Gemeinkosten der vier Kostenstellen unter Verwendung der nachfolgend genannten Schlüssel:

	Material	Fertigung	Verwaltung	Vertrieb
Hilfslöhne	40 %	40 %	12 %	8 %
Gehälter	20 %	20 %	32 %	28 %
Gesetzlicher sozialer Aufwand nach der Zahl der Mitarbeiter	160	560	152	128
Stromverbrauch im Verhältnis	2	6	1	1
Raumkosten nach Fläche in m^2	500	1 500	600	400
Anlagevermögen TEUR	1 500	3 000	300	200
Umlaufvermögen TEUR (Material- und Erzeugnisbestände)	3 000	2 000	4 000	1 000

1 **Kalkulatorische Zinsen** sind die Kosten für die Nutzung des betrieblichen Kapitals.

2. Berechnen Sie die Zuschlagssätze (auf- bzw. abgerundet auf volle Prozentsätze)!
   Zusatzangaben hierfür: Verbrauch von Fertigungsmaterial 4850 TEUR
   Fertigungslöhne 1000 TEUR

84 Betriebsabrechnungsbogen, Zuschlagssätze

Die Kostenartenrechnung eines Industriebetriebs weist für den Monat November folgende Kosten aus, die wie folgt aufzuteilen sind:

	Zahlen der KLR	Material	Fertigung	Verwaltung	Vertrieb
Hilfsstoffkosten	145 700,00	2 050,00	129 450,00	3 500,00	10 700,00
Betriebsstoffkosten	22 400,00	1 700,00	14 400,00	4 100,00	2 200,00
Gehälter	130 500,00	4 100,00	98 900,00	18 600,00	8 900,00
Sozialkosten					
Mieten, Pachten	84 200,00	650 m^2	2 720 m^2	330 m^2	510 m^2
Büromaterial	91 100,00	3	2	11	4
Sonst. betr. Kosten	70 560,00	3	4	2	3
Kalk. Abschreibungen		2	8	4	1
Aufw. f. Schadensfälle	45 800,00	2	4	2	2

Verbrauch von Fertigungsmaterial: 1 046 553,80 EUR
Fertigungslöhne: 560 702,50 EUR

Weitere Angaben

- Die Sozialkosten betragen jeweils 80 % der Gehaltssumme.
- Kalkulatorische Abschreibungen je Jahr:
  auf das Betriebsgebäude
  2 % von den Anschaffungskosten 3 100 000,00 EUR
  auf die technischen Anlagen und Maschinen
  10 % vom Buchwert 1 690 600,00 EUR
  auf den Fuhrpark
  15 % vom Wiederbeschaffungswert 600 000,00 EUR

Aufgaben:

1. Erstellen Sie den Betriebsabrechnungsbogen!
2. Berechnen Sie den Zuschlagssatz je Kostenstelle für den Monat November!
3. Ermitteln Sie die Selbstkosten der Rechnungsperiode!

Kompetenzbereich 2: Fakultative Inhalte

1 Ermittlung der Gemeinkostenzuschlagssätze unter Berücksichtigung von Bestandsveränderungen[1]

(1) Grundlegendes

Bisher wurden die Verwaltungs- und Vertriebsgemeinkosten auf die **Herstellkosten der Rechnungsperiode** bezogen. Bezüglich der Verwaltungsgemeinkosten ist diese Bezugsgrundlage auch durchaus gerechtfertigt, weil man davon ausgehen kann, dass sich die **Verwaltungsgemeinkosten** in Abhängigkeit zu den **Herstellkosten der Rechnungsperiode** verändern.

In Bezug auf die Vertriebsgemeinkosten ist diese Beziehung jedoch nur bedingt vorhanden. Will man die Kalkulation genauer durchführen, müssen die **Vertriebsgemeinkosten** auf den Umsatz bezogen werden, genauer gesagt: auf die **Herstellkosten des Umsatzes (Herstellkosten der verkauften Erzeugnisse).** Der Grund ist darin zu sehen, dass Vertriebskosten in der Regel nur für die verkauften Erzeugnisse anfallen. Das bedeutet, die Einbeziehung der Bestandsveränderungen an fertigen und unfertigen Erzeugnissen ist erforderlich.

- **Bezugsgrundlage** für die Ermittlung des Zuschlagssatzes für die **Verwaltungsgemeinkosten** sind die **Herstellkosten der Rechnungsperiode.**
- **Bezugsgrundlage** für die Ermittlung des Zuschlagssatzes für die **Vertriebsgemeinkosten** sind die **Herstellkosten des Umsatzes (Herstellkosten der verkauften Erzeugnisse).**

(2) Berechnung der Herstellkosten des Umsatzes

■ Einbeziehung von Bestandsmehrungen an fertigen Erzeugnissen[2]

Eine **Bestandsmehrung** an fertigen Erzeugnissen bedeutet, dass innerhalb der Geschäftsperiode mehr Produkte hergestellt als verkauft wurden. Ein Teil der Produkte wanderte in das Lager, wodurch sich der Lagerbestand erhöht hat. Um von den Herstellkosten der Rechnungsperiode zu den Herstellkosten des Umsatzes (Herstellkosten der verkauften Erzeugnisse) zu gelangen, müssen die Bestandsmehrungen von den Herstellkosten der Rechnungsperiode abgezogen werden:

	Herstellkosten der Rechnungsperiode (Herstellkosten der produzierten Erzeugnisse)
–	Bestandsmehrungen bei fertigen Erzeugnissen
=	Herstellkosten des Umsatzes (Herstellkosten der verkauften Erzeugnisse)

1 **Erweiterung des Kompetenzbereichs 2,** Kapitel 5.3.3.2, S. 174ff.

2 Da die Einbeziehung von fertigen und unfertigen Erzeugnissen in der gleichen Weise erfolgt, wird im Folgenden, weil das leichter vorstellbar ist, von fertigen Erzeugnissen ausgegangen.

Einbeziehung von Bestandsminderungen an fertigen Erzeugnissen

Eine **Bestandsminderung** bedeutet, dass innerhalb der Geschäftsperiode mehr Güter verkauft wurden als hergestellt worden sind. Neben den in der Periode hergestellten Produkten wurden auch Lagerbestände verkauft. Dadurch vermindert sich der Lagerbestand. Um zu den Herstellkosten des Umsatzes zu gelangen, müssen die Bestandsminderungen zu den Herstellkosten der Rechnungsperiode hinzuaddiert werden.

	Herstellkosten der Rechnungsperiode (Herstellkosten der produzierten Erzeugnisse)
+	Bestandsminderungen bei fertigen Erzeugnissen
=	Herstellkosten des Umsatzes (Herstellkosten der verkauften Erzeugnisse)

Da sich die Bestandsveränderungen bei fertigen Erzeugnissen in unterschiedliche Richtungen bewegen können und die Bestandsveränderungen bei den unfertigen Erzeugnissen in der gleichen Weise einbezogen werden müssen, wird die **Berechnung der Herstellkosten des Umsatzes** in folgendem Schema zusammengefasst:

	Herstellkosten der Rechnungsperiode (Herstellkosten der produzierten Erzeugnisse)
–	Bestandsmehrungen
+	Bestandsminderungen
=	Herstellkosten des Umsatzes (Herstellkosten der verkauften Erzeugnisse)

Beispiel:

Die Kostenartenrechnung eines Industriebetriebs weist für das 1. Quartal folgende Daten aus:

Verbrauch v. Fertigungsmat.	256 000,00 EUR	Fertigungsgemeinkosten	672 300,00 EUR
Materialgemeinkosten	32 000,00 EUR	Verwaltungsgemeinkosten	77 000,00 EUR
Fertigungslöhne	695 825,00 EUR	Vertriebsgemeinkosten	64 800,00 EUR

Bestandsangaben:	Unfertige Erzeugnisse (UE)	Fertige Erzeugnisse (FE)
Anfangsbestände	175 000,00 EUR	214 000,00 EUR
Schlussbestände lt. Inventur	140 000,00 EUR	236 000,00 EUR

Aufgaben:

1. Berechnen Sie für jede Kostenstelle die Zuschlagssätze für die Gemeinkosten!
2. Ermitteln Sie die Selbstkosten des Umsatzes für das 1. Quartal!

Bezugsgrundlagen: Die VerwGK sind auf die Herstellkosten der Rechnungsperiode und die VertrGK auf die Herstellkosten des Umsatzes zu beziehen.

Lösungen:

Zu 1.: Berechnung der Zuschlagssätze

Gemeinkosten insgesamt	Kostenstellen			
	Material	Fertigung	Verwaltung	Vertrieb
846 100,00	32 000,00	672 300,00	77 000,00	64 800,00
	256 000,00 (≙ 100 %)	695 825,00 (≙ 100 %)	1 656 125,00 (≙ 100 %)	1 669 125,00 (≙ 100 %)
	12,50 %	96,62 %	4,65 %	3,88 %

Zu 2.: Berechnung der Selbstkosten des Umsatzes

	Verbrauch v. Fertigungsmaterial	256 000,00 EUR
+	MGK	32 000,00 EUR
+	Fertigungslöhne	695 825,00 EUR
+	FGK	672 300,00 EUR
	Herstellkosten der Rechnungsperiode	1 656 125,00 EUR
+	Bestandsminderung UE	35 000,00 EUR
–	Bestandsmehrung FE	22 000,00 EUR
	Herstellkosten des Umsatzes	1 669 125,00 EUR
+	Verwaltungsgemeinkosten	77 000,00 EUR
+	Vertriebsgemeinkosten	64 800,00 EUR
=	Selbstkosten des Umsatzes	1 810 925,00 EUR

Kompetenztraining

85 Berechnung von Zuschlagssätzen

1. In einem Industriebetrieb werden der KLR bzw. der Buchführung folgende Zahlen entnommen: Verbrauch von Fertigungsmaterial 310 700,00 EUR, MGK 24 856,00 EUR, Fertigungslöhne 205 800,00 EUR, FGK 174 930,00 EUR, SEKF 22 900,00 EUR, VerwGK 81 310,46 EUR, VertrGK 48 047,09 EUR.

	Fertige Erzeugnisse (FE)	Unfertige Erzeugnisse (UE)
Anfangsbestand	175 600,00 EUR	25 800,00 EUR
Schlussbestand lt. Inventur	150 100,00 EUR	46 400,00 EUR

Bezugsgrundlagen: Die VerwGK sind auf die Herstellkosten der Rechnungsperiode und die VertrGK auf die Herstellkosten des Umsatzes zu beziehen.

Aufgabe:

Berechnen Sie die Zuschlagssätze für die Gemeinkosten!

2. Im BAB eines Industrieunternehmens wurden für die Kostenstellen folgende Gemeinkosten errechnet:

Material	Fertigung	Verwaltung	Vertrieb
25 625,00	671 646,00	247 202,10	156 094,67

Für den gleichen Zeitraum wurden außerdem folgende Daten ermittelt: Verbrauch von Fertigungsmaterial 205 000,00 EUR, Fertigungslöhne 471 000,00 EUR, Bestandsmehrung an fertigen Erzeugnissen 51 000,00 EUR, Bestandsminderung an unfertigen Erzeugnissen 35 000,00 EUR.

Bezugsgrundlagen: Die VerwGK sind auf die Herstellkosten der Rechnungsperiode und die VertrGK auf die Herstellkosten des Umsatzes zu beziehen.

Aufgabe:

Berechnen Sie die Zuschlagssätze für die Gemeinkosten!

86 Erstellen eines Betriebsabrechnungsbogens, Berechnung der Zuschlagssätze

In einem Industriebetrieb fallen folgende Gemeinkosten an, die wie folgt aufzuteilen sind:

	Zahlen der KLR	Verteilungsschlüssel			
		Material	Fertigung	Verwaltung	Vertrieb
Hilfs- u. Betriebsstoffkosten	67 200,00	3	12	1	–
Energie	78 300,00	2	5	1	1
Hilfslöhne	23 800,00	3	4	–	–
Gehälter	91 200,00	1	2	7	2
Sozialkosten	43 510,00	4	6	7	2
Fremdreparaturen	24 150,00	1	5	1	–
Steuern	63 000,00	1	4	1	1
Kalkulatorische Kosten	88 200,00	2	8	3	1

Verbrauch von Fertigungsmaterial: 683 416,66 EUR; Fertigungslöhne 196 795,08 EUR

Bestände an fertigen und unfertigen Erzeugnissen:

	FE	UE
Anfangsbestand	58 600,00 EUR	18 800,00 EUR
Schlussbestand lt. Inventur	45 100,00 EUR	24 400,00 EUR

Bezugsgrundlagen: Die VerwGK sind auf die Herstellkosten der Rechnungsperiode und die VertrGK auf die Herstellkosten des Umsatzes zu beziehen.

Aufgaben:

1. Erstellen Sie den Betriebsabrechnungsbogen!
2. Berechnen Sie den Zuschlagssatz je Kostenstelle!
3. Erstellen Sie die Gesamtkalkulation für die Selbstkosten der verkauften Erzeugnisse!

2 Umsatzergebnis und Betriebsergebnis

Hinweis:

Das Thema „Umsatzergebnis und Betriebsergebnis" setzt Kenntnisse über die **Kostenträgerzeitrechnung** voraus. Die Kostenträgerzeitrechnung wird jedoch aufgrund des Bildungsplans erst im Kompetenzbereich 3 „Dokumentation der Wertschöpfungsprozesse II" dargestellt (siehe Kapitel 2, S. 199 ff.). Es ist sinnvoll, die Lerninhalte „Umsatzergebnis und Betriebsergebnis" erst zu bearbeiten, wenn die Kostenträgerzeitrechnung im Unterricht behandelt worden ist.

Die Kostenüber- oder Kostenunterdeckungen lassen sich im Kostenträgerblatt feststellen, wenn man die Normalkosten den Istkosten gegenüberstellt.

Beispiel:

Die Kosten- und Leistungsrechnung eines Industrieunternehmens weist für den Monat Oktober in der Vorkalkulation, in der die Gemeinkosten mit Normalzuschlagssätzen verrechnet werden, folgende Daten auf:

Verbr. v. Fertigungsmaterial	480 000,00 EUR	SEKF	8 100,00 EUR

Fertigungslöhne	210 000,00 EUR	SEKV	4 800,00 EUR
Nettoverkaufserlöse	1 460 000,00 EUR		

Die Normalzuschlagssätze betragen: MGK 12 %, FGK 85 %, VerwGK 18 %, VertrGK 7 %.

Bezugsgrundlagen: Die VerwGK sind auf die Herstellkosten der Rechnungsperiode und die VertrGK sind auf die Herstellkosten des Umsatzes zu beziehen.

Bestände an FE und UE:

	FE	UE
Anfangsbestand	31 400,00 EUR	14 300,00 EUR
Schlussbestand lt. Inventur	26 000,00 EUR	36 600,00 EUR

Aufgrund der Nachkalkulation ergeben sich für die Gemeinkosten die folgenden Istzuschlagssätze:

MGK 10 %	FGK 90 %	VerwGK 15 %	VertrGK 8 %

Aufgaben:

1. Ermitteln Sie die Selbstkosten des Umsatzes als Istkosten und bei Normalzuschlagssätzen!
2. Errechnen Sie die Kostenüber- bzw. Kostenunterdeckung!
3. Ermitteln Sie das Betriebsergebnis!

Lösungen:

Ziffer	Bezeichnungen	Istkosten	Normal-zuschlagssätze	Normal-kosten	Kostenüber-/-unterdeckungen
1	Verbrauch v. Fert.-Material	480 000,00		480 000,00	
2	+ 10 % Materialgemeinkosten	48 000,00	12 %	57 600,00	+ 9 600,00
3	= **Materialkosten** (1 + 2)	528 000,00		537 600,00	
4	Fertigungslöhne	210 000,00		210 000,00	
5	+ 90 % Fert.-Gemeinkosten	189 000,00	85 %	178 500,00	− 10 500,00
6	+ Sondereinzelkosten d. Fertigung	8 100,00		8 100,00	
7	= **Fertigungskosten** (4 + 5 + 6)	407 100,00		396 600,00	
8	= **Herstellk. d. Rech.-Periode** (3 + 7)	935 100,00		934 200,00	
9	+ Bestandsminderung UE	5 400,00		5 400,00	
10	− Bestandsmehrung FE	22 300,00		22 300,00	
11	**Herstellkosten des Umsatzes** (8 + 9 − 10)	918 200,00		917 300,00	
12	+ 15% Verw.-Gemeinkosten (v. 8)	140 265,00	18 %	168 156,00	+ 27 891,00
13	+ 8% Vertr.-Gemeinkosten (v. 11)	73 456,00	7 %	64 211,00	− 9 245,00
14	+ Sondereinzelkosten des Vertriebs	4 800,00		4 800,00	
15	= **Selbstkosten des Umsatzes** (11 + 12 + 13 + 14)	1 136 721,00		1 154 467,00	+ 17 746,00

16	**Nettoverkaufserlöse**	1 460 000,00		1 460 000,00
15	− Selbstkosten des Umsatzes	1 136 721,00		1 154 467,00
17	= **Umsatzergebnis**			305 533,00
18	+ Kostenüberdeckung			+ 17 746,00
19	= **Betriebsergebnis**	323 279,00		323 279,00

Erläuterungen: Vom Umsatzergebnis zum Betriebsergebnis (Ziffer 17 bis Ziffer 19)

Das Umsatzergebnis bei der Vorkalkulation ergibt sich durch folgende Rechnung:

Nettoverkaufserlöse – Selbstkosten des Umsatzes = Umsatzergebnis

Die Rechnung mit Normalzuschlagssätzen (Vorkalkulation) führt zu einem anderen Ergebnis als die Nachkalkulation mit Istkosten, da die **Gemeinkosten mit anderen Zuschlagssätzen** berechnet werden. Das Umsatzergebnis in der Normalkostenrechnung unterscheidet sich daher vom Betriebsergebnis in der Istkostenrechnung, und zwar um die **Differenz zwischen den Normalgemeinkosten und den Istgemeinkosten** (Kostenüber- bzw. Kostenunterdeckungen).

Da bei einer **Kostenüberdeckung** die verrechneten Normalkosten **über** den angefallenen Istkosten liegen, fällt das Umsatzergebnis niedriger aus als das mit Istkosten ermittelte Betriebsergebnis. Um im Falle einer Kostenüberdeckung vom Umsatzergebnis zum Betriebsergebnis zu gelangen, muss daher zum Umsatzergebnis eine **Kostenüberdeckung hinzuaddiert** werden.

Im vorliegenden Beispiel ergibt sich eine Kostenüberdeckung in Höhe von 17 746,00 EUR. Bei einem Umsatzergebnis in Höhe von 305 533,00 EUR (siehe Ziffer 17) führt das zu einem Betriebsergebnis in Höhe von (305 533,00 EUR + 17 746,00 EUR) 323 279,00 EUR (siehe Ziffer 19).

- Umsatzergebnis + Kostenüberdeckung = Betriebsergebnis
- Umsatzergebnis – Kostenunterdeckung = Betriebsergebnis

Kompetenztraining

87 Gegenüberstellung von Ist- und Normalkosten im Kostenträgerblatt

Ein Industrieunternehmen entnimmt der Abgrenzungstabelle folgende Zahlenwerte:

Betriebsabrechnungsbogen am Ende der Rechnungsperiode

Istgemeinkosten	Material	Fertigung	Verwaltung	Vertrieb
insgesamt	85 260,60 EUR	926 670,00 EUR	309 709,27 EUR	180 663,74 EUR

Einzelkosten und Leistungen

Verbrauch von Fertigungsmaterial	897 480,00 EUR
Fertigungslöhne	671 500,00 EUR
Nettoverkaufserlöse	3 247 200,00 EUR

Normalzuschlagssätze

MGK	9 %
FGK	136,2 %
VerwGK	13 %
VertrGK	6,5 %

Bezugsgrundlagen: Die VerwGK und die VertrGK sind auf die Herstellkosten des Umsatzes zu beziehen.

Aufgaben:

1. Ermitteln Sie die Selbstkosten des Umsatzes
   1.1 als Istkosten,
   1.2 bei Normalzuschlagssätzen!
2. Berechnen Sie die Kostenüber- bzw. Kostenunterdeckung sowie das Betriebsergebnis der Abrechnungsperiode!
3. Berechnen Sie die Istzuschlagssätze!

88 Gegenüberstellung von Ist- und Normalkosten im Kostenträgerblatt

Die Kosten- und Leistungsrechnung eines Industrieunternehmens liefert für den Monat Mai folgende Kalkulationsdaten:

Einzelkosten und Leistungen

Verbrauch von Fertigungsmaterial	210 700,00 EUR
Fertigungslöhne	140 500,00 EUR
SEKF	6 500,00 EUR
SEKV	5 200,00 EUR
Nettoverkaufserlöse	792 322,00 EUR

Zuschlagssätze	Material	Fertigung	Verwaltung	Vertrieb
Istzuschlagssätze	14 749,00 EUR	231 825,00 EUR	78 724,62 EUR	36 334,44 EUR
Normalzuschlagssätze	8 %	166 %	11,5 %	7,2 %

Bezugsgrundlagen: Die VerwGK und die VertrGK sind auf die Herstellkosten des Umsatzes zu beziehen.

Bestände an FE und UE	FE	UE
Anfangsbestand	71 700,00 EUR	18 400,00 EUR
Schlussbestand lt. Inventur	67 200,00 EUR	21 600,00 EUR

Aufgaben:

1. Ermitteln Sie die Selbstkosten des Umsatzes
   1.1 als Istkosten,
   1.2 bei Normalzuschlagssätzen!
2. Berechnen Sie die Kostenüber- bzw. Kostenunterdeckung sowie das Betriebsergebnis der Abrechnungsperiode!

89 Gegenüberstellung von Ist- und Normalkosten im Kostenträgerblatt

Die Pharmageräte AG kalkuliert mit folgenden Normalzuschlagssätzen:

MGK 12 %, FGK 140 %, VerwGK 15 %, VertrGK 10 %

Zur Überprüfung dieser Zuschlagssätze werden die Istkosten des vergangenen Abrechnungszeitraums herangezogen:

Verbrauch von Fertigungsmaterial	460 000,00 EUR
Fertigungslöhne	318 000,00 EUR
Materialgemeinkosten lt. BAB	58 700,00 EUR
Fertigungsgemeinkosten lt. BAB	412 300,00 EUR
Vertriebsgemeinkosten lt. BAB	135 014,00 EUR
Verwaltungsgemeinkosten lt. BAB	147 288,00 EUR
Nettoverkaufserlöse	1 580 000,00 EUR

Bezugsgrundlagen: Die VerwGK sind auf die Herstellkosten der Rechnungsperiode und die VertrGK auf die Herstellkosten des Umsatzes zu beziehen.

Bestandsveränderungen:

UE:	Bestandsminderung	17 100,00 EUR
FE:	Bestandsmehrung	38 700,00 EUR

Aufgaben:

1. Stellen Sie in einer Gesamtkalkulation die Istkosten und die Normalkosten einander gegenüber und ermitteln Sie, welche Kostenüber- bzw. Kostenunterdeckungen sich für die einzelnen Positionen feststellen lassen!
2. Ermitteln Sie die Ist-Gemeinkostenzuschlagssätze!
3. Berechnen Sie das Betriebsergebnis der Abrechnungsperiode!

Kompetenzbereich 3: Dokumentation der Wertschöpfungsprozesse II

1 In der Kostenträgerstückrechnung die Vorwärts-, Rückwärts- und Differenzkalkulation durchführen und zielorientiert anwenden

1.1 Allgemeines zur Kostenträgerrechnung

Die Leistungseinheiten, für die Kosten angefallen sind, nennt man **Kostenträger,** weil sie die Kosten zu tragen haben. Als Kostenträger können, je nach der Struktur des Betriebs, einzelne **Produkte** oder **Produktgruppen** dienen.

- **Kostenträger** sind Leistungseinheiten, für die Kosten angefallen sind.
- Als Kostenträger können einzelne **Produkte** oder auch die Zusammenfassung gleichartiger Produkte zu einer **Produktgruppe** dienen.

Die Hauptaufgabe der Kostenträgerrechnung besteht darin, festzustellen, wie viel Kosten auf die einzelnen Kostenträger entfallen.

- Bezieht sich die Zurechnung der Kosten auf eine **Abrechnungsperiode** (Monat, Jahr), spricht man von **Kostenträgerzeitrechnung.** In ihr können sowohl das Betriebsergebnis insgesamt als auch die auf Kostenträger bezogenen Teilergebnisse ermittelt werden.
- Sollen die Kosten für einen **einzelnen Auftrag** (z.B. ein einzelnes Stück) berechnet werden, spricht man von **Kostenträgerstückrechnung.** Sie wird auch als **Kalkulation** bezeichnet.

Die **Kostenträgerrechnung** verteilt die **Kosten** verursachungsgerecht auf die **Kostenträger.**

1.2 Begriffe Kostenträgerstückrechnung und Zuschlagskalkulation

(1) Kostenträgerstückrechnung

Die **Kostenträgerstückrechnung (Kalkulation)** ermittelt die Kosten für ein **Produkt** bzw. eine **Produktgruppe.**

(2) Zuschlagskalkulation

Werden unterschiedliche Produkte hergestellt – und davon wird im Folgenden ausgegangen – ist eine **individuelle Kostenermittlung** für jedes Produkt bzw. für jede Produktgruppe erforderlich. Diese Form der Kostenträgerstückrechnung bezeichnet man als **Zuschlagskalkulation.**

Bei der Zuschlagskalkulation gehen **alle Kosten,** die bei der Herstellung des Produkts anfallen, in die **Preisberechnung ein.** Es liegt eine **Vollkostenrechnung** vor.

Die Zuschlagskalkulation wird bei den Fertigungsverfahren Serien- und Einzelfertigung angewandt.

Serienfertigung Es werden unterschiedliche Produkte in verschiedenen Produktionsabläufen hergestellt, die unterschiedliche Kosten verursachen. Z. B Werkzeugmaschinen, Autos, Motorräder.	**Zuschlagskalkulation** Die Einzelkosten werden den Kostenträgern direkt zugerechnet, die Gemeinkosten werden den Kostenträgern indirekt über die in den Kostenstellen ermittelten Zuschlagssätze zugeordnet.
Einzelfertigung Es werden jeweils nur aufgrund von Einzelaufträgen einzelne Produkte (meist Großobjekte) hergestellt. Z. B. Flugzeugherstellung, Schiffbau, Brückenbau.	Den einzelnen Projekten werden alle angefallenen Kosten zugerechnet. Daher ergeben sich im Allgemeinen keine Zurechnungsprobleme.

Der **Verfahrensablauf einer Zuschlagskalkulation** ist folgender:

- Die **Einzelkosten** werden aus der Kostenartenrechnung **direkt** den Kostenträgern zugerechnet. Das betrifft im Wesentlichen das Fertigungsmaterial und die Fertigungslöhne.
- Die in der Kostenstellenrechnung erfassten **Gemeinkosten** werden den Kostenträgern **indirekt** über Zuschlagssätze zugeordnet.

Die nachfolgende Abbildung verdeutlicht die Zusammenhänge:

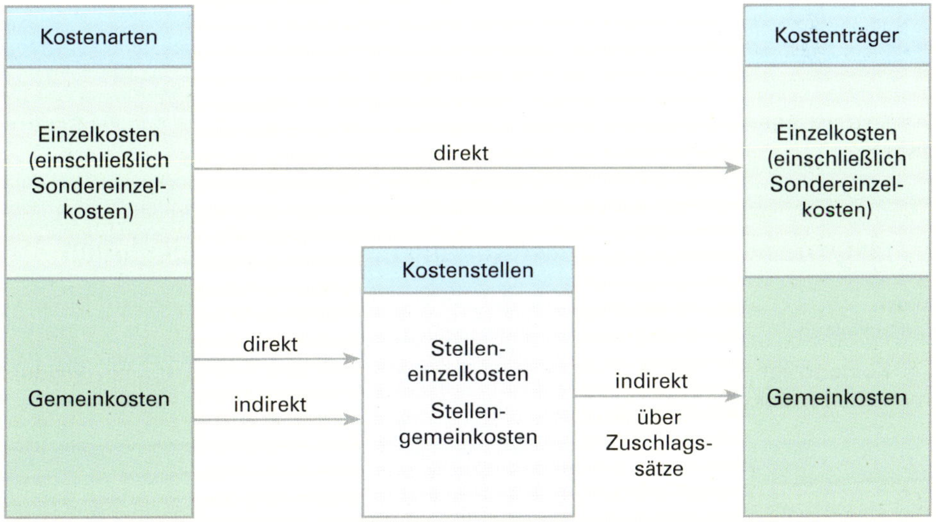

- **Einzelkosten** werden auf der Grundlage der Kostenartenrechnung **direkt** auf die **Kostenträger** verrechnet.
- **Gemeinkosten** werden direkt oder indirekt den Kostenstellen zugeschlagen und mithilfe der dort ermittelten **Zuschlagssätze** auf die **Kostenträger** verrechnet.

Seite 238 ff.

1.3 Anwendung der Zuschlagskalkulation als Angebotskalkulation

Je nach Bedarf wird die Angebotskalkulation

- als Vorwärtskalkulation,
- als Rückwärtskalkulation oder
- als Differenzkalkulation eingesetzt.

1.3.1 Vorwärtskalkulation

Um einen Verkauf tätigen zu können, ist es in der Praxis oft notwendig, ein Angebot mit einem verbindlichen Angebotspreis abzugeben. Das Unternehmen ist dann gezwungen, vor Beginn der Produktion eine Angebotskalkulation vorzunehmen.

Bei der Angebotskalkulation wird mit **voraussichtlichen Kosten (Normalkosten)** gerechnet. Ausgehend von den Istkosten der Vergangenheit müssen daher alle bis zum Leistungsabschluss zu erwartenden Veränderungen einschließlich eines Risikozuschlags für nicht vorhersehbare Veränderungen einkalkuliert werden.

Normalkosten sind die aus den Istkosten vergangener Perioden abgeleiteten durchschnittlichen Kosten.

Bei der Berechnung der Vorwärtskalkulation werden die Einzel- und Gemeinkosten unterschiedlich ermittelt und eingerechnet:

Zu den Einzelkosten	■ Bei einer Angebotskalkulation kann der **Verbrauch von Fertigungsmaterial** aufgrund von Stücklisten ermittelt werden. Die benötigten Preise ergeben sich aus vorliegenden Preisen der Vergangenheit bzw. derzeitigen Angebotspreisen, wobei die zu erwartenden Preisänderungen zu berücksichtigen sind. ■ Die **Lohnkosten** ergeben sich aufgrund der Fertigungszeiten, bei denen auf Erfahrungen der Vergangenheit bzw. auf vorhandene Zeitvorgaben zurückgegriffen werden kann. Zu erwartende Lohnänderungen sind auch hier zu berücksichtigen.
Zu den Gemeinkosten	Die Gemeinkosten werden über Zuschlagssätze einkalkuliert. Diese werden innerhalb des Betriebsabrechnungsbogens ermittelt. Da man bei einer Angebotskalkulation nicht bis zum Abschluss der laufenden Geschäftsperiode warten kann, wird mit Normalzuschlagssätzen gearbeitet.

Beispiel:

Eine Maschinenfabrik errechnet zur Abgabe eines Angebots für eine Abfüllmaschine den Listenverkaufspreis. Es wird mit folgenden Kosten kalkuliert:

Verbrauch von Fertigungsmaterial	17 200,00 EUR	SEKF	1 400,00 EUR
Fertigungslöhne	21 400,00 EUR	SEKV	890,00 EUR

Normalzuschlagssätze: MGK 9 %, FGK 110 %, VerwGK 18 %, VertrGK 6 %.

Bei der Angebotskalkulation der Abfüllmaschine sollen 15 % Gewinn, 7 % Vertreterprovision (vom Zielverkaufspreis), 10 % Kundenrabatt und 2 % Skonto einkalkuliert werden.

Aufgabe:

Berechnen Sie den Listenverkaufspreis (Nettoverkaufspreis)!

Lösung:

Vorwärtskalkulation

	100 %	Materialeinzelkosten	17 200,00 EUR	
	9 %	+ Materialgemeinkosten	1 548,00 EUR	
		Materialkosten		18 748,00 EUR
100 %	←	Fertigungslöhne	21 400,00 EUR	
110 %		+ Fertigungsgemeinkosten	23 540,00 EUR	
		Zwischensumme	44 940,00 EUR	
		+ Sondereinzelkosten der Fertigung (SEKF)	1 400,00 EUR	
		Fertigungskosten		46 340,00 EUR
	100 %	**Herstellkosten**		65 088,00 EUR
	18 %	+ Verwaltungsgemeinkosten	11 715,84 EUR	
	6 %	+ Vertriebsgemeinkosten	3 905,28 EUR	
		+ Sondereinzelkosten des Vertriebs (SEKV)	890,00 EUR	16 511,12 EUR
100 %	←	**Selbstkosten**		81 599,12 EUR
15 %		+ Gewinn		12 239,87 EUR
→	91 %	**Barverkaufspreis**		93 838,99 EUR
	7 %	+ Vertreterprovision		7 218,38 EUR
	2 %	+ Kundenskonto		2 062,40 EUR
90 %	100 %	**Zielverkaufspreis**		103 119,77 EUR
10 %		+ Kundenrabatt		11 457,75 EUR
100 %		= **Listenverkaufspreis (Nettoverkaufspreis)**		114 577,52 EUR

Erläuterungen: Zur Berechnung von Gewinnaufschlag, Kundenskonto, Vertreterprovision und Kundenrabatt

■ Gewinnaufschlag

Nach der Berechnung der Selbstkosten geht es bei der Angebotskalkulation um den Gewinnaufschlag, der in Prozenten zu den Selbstkosten erfolgt. Da in den Zuschlagssätzen für die Fertigungsgemeinkosten die Eigenkapitalverzinsung, der Unternehmerlohn und die speziellen Risiken des Unternehmers bereits einkalkuliert sind, muss **über den Gewinn** das **allgemeine Unternehmerrisiko** abgedeckt werden.

Eine allgemeine Regel für die Festsetzung der Höhe des Gewinnaufschlags (Gewinnzuschlagssatzes) kann man nicht geben. Sofern es sich um Produkte handelt, für die Marktpreise vorliegen, sind dem Unternehmen durch die Konkurrenzsituation enge Grenzen gesetzt. Bei nicht marktgängigen Produkten muss sich das Unternehmen mit Fingerspitzengefühl an den Angebotspreis herantasten, den der Markt hergibt.

■ Kundenskonto und Vertreterprovision

Die Kunden erwarten im Allgemeinen bei Zahlung innerhalb der Skontofrist einen Preisnachlass. Soll dieser Preisnachlass nicht zulasten des Gewinnes gehen, muss er im Angebotspreis vorher einkalkuliert werden.

Da der Kunde den Skonto vom Zielverkaufspreis berechnet, dieser also aus der Sicht des Kunden 100 % ausmacht, entspricht der Barverkaufspreis aus der Sicht des Anbieters dem verminderten Grundwert (100 % – Prozentsatz des Skontos). Der Skonto muss somit durch eine „im Hundertrechnung" auf den Barverkaufspreis aufgeschlagen werden.

Da auch eine evtl. noch anfallende Vertreterprovision den Gewinn schmälern würde, muss auch diese vorher einkalkuliert werden. Beide Prozentsätze können zusammengefasst werden. Beträgt z. B. die Vertreterprovision 7 % und der Kundenskonto 2 %, entspricht der vorläufige Verkaufspreis 91 %.

- **Kundenrabatt**

Aus den gleichen Gründen muss auch der vom Kunden erwartete Rabatt in den Angebotspreis einkalkuliert werden. Da der Kunde den Rabatt durch eine „vom Hundertrechnung" vom Angebotspreis (Nettoverkaufspreis, Listenverkaufspreis) abzieht, muss der Anbieter ihn durch eine „im Hundertrechnung" aufschlagen. Soll z. B. der Kundenrabatt 10 % betragen, entspricht der Zielverkaufspreis bei der Angebotskalkulation 90 %.

Kompetenztraining

90 Vorwärtskalkulation

Eine Fensterfabrik soll ein Angebot für die Lieferung eines Fensters bestimmter Größe abgeben. Bei günstigem Angebot wird die Bestellung einer größeren Menge in Aussicht gestellt.

Aufgrund der betrieblichen Unterlagen liegen folgende Kalkulationsdaten vor:

Verbrauch von Fertigungsmaterial 44,30 EUR, Fertigungslöhne 61,25 EUR, Sondereinzelkosten der Fertigung 157,66 EUR. Die Normalzuschlagssätze für die Gemeinkosten betragen: Materialgemeinkosten 6,7 %, Fertigungsgemeinkosten 157,4 %, Verwaltungsgemeinkosten 16,4 %, Vertriebsgemeinkosten 9,8 %. Außerdem sollen einkalkuliert werden: 12,5 % Gewinn, 5 % Kundenrabatt, 3 % Kundenskonto und 8 % Vertreterprovision.

Aufgabe:

Berechnen Sie den Angebotspreis (Listenverkaufspreis)!

91 Vorwärtskalkulation

Zur Herstellung einer Spezialmaschine rechnet ein Industriebetrieb mit folgenden Kosten: Verbrauch von Fertigungsmaterial 8 420,00 EUR; Fertigungslöhne 3 720,00 EUR. Aus der Kostenstellenrechnung werden die folgenden Zuschlagssätze (Normalzuschlagssätze) entnommen: Materialzuschlag (MGK) 10,5 %, Lohnzuschlag (FGK) 145 %, Verwaltungs- und Vertriebsgemeinkostenzuschlag 13,7 %. Die Sondereinzelkosten der Fertigung betragen 890,00 EUR.

Aufgaben:

1. Berechnen Sie die Selbstkosten!
2. Die Maschine wird unter Einrechnung von 12 % Gewinn, von 15 % Kundenrabatt und 2 % Kundenskonto angeboten.

   Berechnen Sie den Listenverkaufspreis!

92 Berechnung der Zuschlagssätze, Vorwärtskalkulation

Im BAB einer Möbelfabrik wurden für die Kostenstellen folgende Gemeinkosten errechnet:

Material	Fertigung	Verwaltung	Vertrieb
9 180,00 EUR	179 400,00 EUR	60 955,92 EUR	37 693,50 EUR

Für den gleichen Zeitraum wurden außerdem folgende Daten ermittelt: Fertigungslöhne 195 000,00 EUR, Verbrauch von Fertigungsmaterial 108 000,00 EUR, Bestandsmehrung an unfertigen Erzeugnissen 14 000,00 EUR, Bestandsminderung an fertigen Erzeugnissen 25 000,00 EUR.

Bezugsgrundlage: VerwGK und VertrGK werden auf die Herstellkosten des Umsatzes bezogen.

Aufgaben:

1. Berechnen Sie die Zuschlagssätze für die Gemeinkosten!
2. Ermitteln Sie mit den errechneten Zuschlagssätzen den Listenverkaufspreis für eine Büroanbauwand, wenn mit folgenden Daten gerechnet wird: Fertigungsmaterial 480,00 EUR, Fertigungslöhne 760,00 EUR, SEKF 120,00 EUR, Gewinnzuschlag 20 %, Kundenskonto 3 %, Vertreterprovision 9 %, Kundenrabatt 15 %!

93 Berechnung der Zuschlagssätze, Vorwärtskalkulation

Der BAB einer Lederfabrik enthält für den Monat März folgende Angaben über die Gemeinkosten:

Material	Fertigung	Verwaltung	Vertrieb
42 100,50 EUR	785 680,00 EUR	224 035,00 EUR	173 118,00 EUR

An Einzelkosten fallen an:

Verbrauch von Fertigungsmaterial	647 700,00 EUR
Fertigungslöhne	561 200,00 EUR

Aufgaben:

1. Berechnen Sie die Zuschlagssätze!
2. Ermitteln Sie den Listenverkaufspreis eines Auftrags, für den folgende Angaben vorliegen: Fertigungsmaterial 1 040,00 EUR, Fertigungslöhne 35 Stunden zu je 78,50 EUR, Gewinnzuschlag 20 %, Vertreterprovision 5 %, Kundenskonto 2 % und Kundenrabatt 10 %!

1.3.2 Rückwärtskalkulation (retrograde Kalkulation)

Liegt der Listenverkaufspreis aufgrund der gegebenen Markt- bzw. Konkurrenzsituation fest, so eignet sich das Kalkulationsschema in umgekehrter Richtung **von unten nach oben** zur Errechnung der aufwendbaren Materialeinzelkosten **(retrograde Kalkulation; Rückwärtskalkulation)**. Dabei werden bei vorgegebenen Kalkulationsbedingungen die Materialeinzelkosten errechnet, die höchstens gezahlt werden dürfen, um den angestrebten Gewinn zu erreichen.

13 Speth u.a. - ISBN 978-3-8120-0595-1

Beispiel:

Aufgrund der Marktsituation muss die Maschinenfabrik Ottmar Zeh OHG eine Schleifmaschine zum Listenverkaufspreis in Höhe von 127 480,00 EUR anbieten. Die Maschinenfabrik muss branchenüblich 10 % Kundenrabatt und 2 % Kundenskonto gewähren. Die einzurechnende Vertreterprovision vom Zielverkaufspreis beläuft sich auf 7 %. Es soll ein Gewinn von 15 % erzielt werden.

Es wird mit folgenden Kosten kalkuliert:

Fertigungslöhne 19 800,00 EUR, SEKF 900,00 EUR, SEKV 940,00 EUR

Zuschlagssätze lt. BAB dieser Abrechnungsperiode:

MGK 8,5 % FGK 108 % VerwGK 19 % VertrGK 6,8 %

Aufgabe:

Ermitteln Sie, wie teuer die Materialeinzelkosten höchstens sein dürfen!

Lösung:[1]

100 %			Materialeinzelkosten	27 038,94 EUR	
8,5 %		–	Materialgemeinkosten	2 298,31 EUR	
108,5 %			**Materialkosten**		29 337,25 EUR
	100 %		Fertigungslöhne	19 800,00 EUR	
	108 %	+	Fertigungsgemeinkosten	21 384,00 EUR	
	208 %		Zwischensumme	41 184,00 EUR	
		+	Sondereinzelkosten der Fertigung	900,00 EUR	
			Fertigungskosten		42 084,00 EUR
100 %			**Herstellkosten**		71 421,25 EUR
19 %		–	Verwaltungsgemeinkosten	13 570,04 EUR	
6,8 %		–	Vertriebsgemeinkosten	4 856,64 EUR	18 426,68 EUR
125,8 %			Zwischensumme		89 847,93 EUR
		–	Sondereinzelkosten des Vertriebs		940,00 EUR
	100 %		**Selbstkosten**		90 787,93 EUR
	15 %	–	Gewinn		13 618,19 EUR
91 %	115%		**Barverkaufspreis**		104 406,12 EUR
7 %		–	Vertreterprovision	8 031,24 EUR	
2 %		–	Kundenskonto	2 294,64 EUR	10 325,88 EUR
100%	90%		**Zielverkaufspreis**		114 732,00 EUR
	10%	–	Kundenrabatt		12 748,00 EUR
	100 %	=	**Listenverkaufspreis (Nettoverkaufspreis)**		127 480,00 EUR

Rückwärtskalkulation

Ergebnis: Die Materialeinzelkosten dürfen höchstens 27 038,94 EUR betragen.

Allgemeiner Rechenweg:

- Stellen Sie zuerst das Kalkulationsschema von **oben nach unten** auf und tragen Sie die in der Aufgabe vorgegebenen Prozentsätze und EUR-Beträge ein.

1 Die Rechenzeichen verstehen sich aus der Sicht der Rückwärtsrechnung.

- Überlegen Sie bei jedem Rechenschritt, ob es sich bei der Rückwärtsrechnung um eine Rechnung **vom Hundert** (Kundenrabatt, Vertreterprovision, Kundenskonto) oder **auf Hundert** (Gewinn, VerwGK, VertrGK, MGK) handelt.
- **Sonderfall: Berechnung der Fertigungskosten.** Sofern Sondereinzelkosten der Fertigung vorliegen, müssen zunächst die Fertigungskosten in einer Zwischenrechnung im Rahmen einer Vorwärtskalkulation ermittelt (Fertigungslöhne + Fertigungsgemeinkosten = Zwischensumme + Sondereinzelkosten der Fertigung) und von den in der Rückwärtsrechnung ermittelten Herstellkosten subtrahiert werden.
- **Überprüfen** Sie das Ergebnis durch eine **Vorwärtskalkulation.**

Kompetenztraining

94 Rückwärtskalkulation

Aufgrund der starken Konkurrenz können wir eine Maschine für höchstens 55 000,00 EUR verkaufen. Es liegen folgende Kalkulationsdaten vor:

Fertigungslöhne	4 800,00 EUR
Sondereinzelkosten des Vertriebs	300,00 EUR
Sondereinzelkosten der Fertigung	500,00 EUR

Kundenskonto	2 %	Verwaltungsgemeinkosten	10 %
Vertriebsgemeinkosten	15 %	Fertigungsgemeinkosten	450 %
Gewinnzuschlag	12,5 %	Kundenrabatt	10 %
Materialgemeinkosten	25 %	Vertreterprovision (vom Zielverkaufspreis)	3 %

Aufgabe:

Berechnen Sie die aufwendbaren Kosten für das Fertigungsmaterial!

95 Rückwärtskalkulation

Eine Druckerei erhält eine Anfrage, ob ein Posten Prospekte zu einem Nettopreis von 15 500,00 EUR gedruckt werden kann.

Berechnen Sie, wie viel EUR die Papierkosten höchstens betragen dürfen, wenn folgende Kosten anfallen: Fertigungslöhne 2 800,00 EUR, FGK 94 %, MGK 8 %, SEKF 560,00 EUR, VerwGK 18 %, VertrGK 7 %. Der Kunde erwartet einen Nachlass von 2 % Skonto.

Aufgabe:

Berechnen Sie die höchstmöglichen Papierkosten, wenn ein Gewinn von 10 % erwirtschaftet werden soll!

96 Bestimmung der Kosten für das erforderliche Fertigungsmaterial

Der neue Wohnwagen „Family" soll den Händlern zum Listenverkaufspreis von 24 450,00 EUR angeboten werden. Die Kalkulationssätze des Wohnwagenherstellers sind: 7 % Materialgemeinkosten, 110 % Fertigungsgemeinkosten, 10 % Verwaltungsgemeinkosten, 6 % Vertriebsgemeinkosten, 9 % Gewinn, 2 % Kundenskonto und 20 % Kundenrabatt. Die anfallenden Fertigungslöhne betragen 4 360,00 EUR.

Aufgabe:

Ermitteln Sie die Kosten für das erforderliche Fertigungsmaterial!

1.3.3 Differenzkalkulation

Häufig verhindert es die „Marktlage“, dass das Unternehmen weder die Kosten des Materialeinsatzes noch den Listenverkaufspreis gestalten kann. In diesem Fall muss durch Kalkulation festgestellt werden, ob der so erwirtschaftete Gewinn ausreichend ist.

Wird die Höhe des anfallenden Gewinnes errechnet, spricht man von **Differenzkalkulation.**[1] Da sowohl die **Kosten** als auch der **Listenverkaufspreis** festliegen, muss von **beiden** Werten aus mit dem Rechenweg begonnen werden, und zwar einmal als **Vorwärtskalkulation** (von den Materialeinzelkosten bis zu den Selbstkosten) und zum anderen als **Rückwärtskalkulation** (vom Listenverkaufspreis bis zum Barverkaufspreis).

Beispiel:

Bei der Herstellung eines Wäschetrockners fielen 280,00 EUR Materialeinzelkosten und 160,00 EUR Fertigungslöhne an. Es wird mit folgenden Zuschlagssätzen gerechnet: MGK 11 %, FGK 120 %, VerwGK 10,5 %, VertrGK 6 %, SEKV 40,00 EUR.

Aufgabe:

Berechnen Sie, mit welchem Gewinn in EUR und in Prozent der Hersteller rechnen kann, wenn er 12 % Vertreterprovision (vom Zielverkaufspreis), 3 % Kundenskonto und 15 % Kundenrabatt einrechnet und einen Listenverkaufspreis von 1 259,00 EUR ansetzt!

Lösung:

100 %			Materialeinzelkosten	280,00 EUR	
11 %		+	Materialgemeinkosten	30,80 EUR	
			Materialkosten		310,80 EUR
⟶	100 %		Fertigungslöhne	160,00 EUR	
	120 %	+	Fertigungsgemeinkosten	192,00 EUR	
			Fertigungskosten		352,00 EUR
100%	⟵		**Herstellkosten**		662,80 EUR
10,5 %		+	Verwaltungsgemeinkosten	69,59 EUR	
6,5 %		+	Vertriebsgemeinkosten	39,77 EUR	109,36 EUR
			Zwischensumme		772,16 EUR
		+	Sondereinzelk. d. Vertriebs (SEKV)		40,00 EUR
⟶	100 %		**Selbstkosten**		812,16 EUR
	x %	–	Gewinn		97,47 EUR
85 %			**Barverkaufspreis**		909,63 EUR
12 %		–	Vertreterprovision	128,42 EUR	
3 %		–	Kundenskonto	32,10 EUR	160,52 EUR
100 %	85 %		**Zielverkaufspreis**		1 070,15 EUR
	15 %	–	Kundenrabatt		188,85 EUR
	100 %	=	**Listenverkaufspreis (Nettoverkaufspreis)**		1 259,00 EUR

Vorwärtskalkulation +

Berechnung des Gewinnzuschlagssatzes:

812,16 EUR ≙ 100 %
97,47 EUR ≙ x %

$$x = \frac{100 \cdot 97{,}47}{812{,}16} = 12\,\%$$

Rückwärtskalkulation –

Ergebnis: Der Hersteller kann mit einem Gewinn von 12 %, das sind 97,47 EUR, rechnen.

1 Die Differenz zwischen Barverkaufspreis und Selbstkosten stellt den Gewinn/Verlust dar. Man spricht daher auch von **Gewinnkalkulation.**

Allgemeiner Rechenweg:

- Stellen Sie zuerst das Kalkulationsschema **von oben nach unten** auf und tragen Sie die in der Aufgabe vorgegebenen Prozentsätze und EUR-Beträge ein!
- Kennzeichnen Sie den Rechenweg durch Pfeile und errechnen Sie stufenweise durch **Vorwärtskalkulation** die **Selbstkosten** bzw. durch **Rückwärtskalkulation** den **Barverkaufspreis!**
- Ermitteln Sie den **Gewinn als Differenz zwischen dem Barverkaufspreis und den Selbstkosten!**
- Berechnen Sie anschließend den **Gewinn in Prozent zu den Selbstkosten** (Gewinnzuschlagssatz)!

Kompetenztraining

97 Differenzkalkulation, Vorwärtskalkulation

Eine Maschinenfabrik kalkuliert eine Fräsmaschine nach folgenden Angaben:

– Verbrauch von Fertigungsmaterial	7350,00 EUR	– MGK	12 %
– Fertigungslohn 58 Std. zu je	52,00 EUR	– FGK	15 %
– Fremdarbeiten 48 Std. zu je	95,00 EUR	– VerwGK + VertrGK	25 %
– Konstruktionszeichnung	400,00 EUR	– Kundenskonto	3 %
		– Vertreterprovision	5 %

Die Maschinenfabrik verkauft die Fräsmaschine für 24500,00 EUR netto.

Aufgabe:

Ermitteln Sie den Gewinn in EUR und in Prozent!

98 Vorwärtskalkulation, Angleichung des Angebotspreises an ein Konkurrenzangebot, Berechnung der Selbstkosten

Aufgrund der Anfrage der Schreinerei Stuckenberg OHG kalkuliert die Maschinenfabrik Peter GmbH den Angebotspreis für den Schnelltrenn-Säge-Automaten UNI 9 mit folgenden Kalkulationsdaten:

Verbrauch von Fertigungsmaterial:		4900,00 EUR			
Fertigungslöhne:		1260,00 EUR			
Gemeinkostenzuschläge:	MGK	8,4 %		VerwGK	11 %
	FGK	106 %		VertrGK	7 %

Es wird mit 20 % Gewinn, 4 % Vertreterprovision vom Zielverkaufspreis, 2 % Kundenskonto und 15 % Kundenrabatt gerechnet.

Aufgaben:

1. Berechnen Sie den Angebotspreis!
2. Ein Konkurrenzunternehmen hat ein Angebot von 13980,00 EUR unterbreitet.
   Ermitteln Sie, wie viel Gewinn in EUR und in Prozent verbleiben, wenn der Angebotspreis der Konkurrenz um 600,00 EUR unterboten werden soll!

99 Vorwärtskalkulation, Berechnung der Selbstkosten

Ein Fahrradhersteller produziert die Modelle Alpha und Beta. Die Absatzmenge für Produkt Alpha beträgt 500 Stück bei 200,00 EUR Herstellkosten je Stück. Die Absatzmenge für Produkt Beta beträgt 1500 Stück bei 300,00 EUR Herstellkosten je Stück. Die Produktionskapazität ist damit voll ausgelastet.

An Verwaltungsgemeinkosten sind insgesamt 71500,00 EUR angefallen.

In der Kostenstelle Vertrieb sind insgesamt 55 000,00 EUR Kosten aufgelaufen. Die Kostenstelle Vertrieb ist für beide Produkte tätig. Alle Produkte werden einzeln verkauft. Die Tätigkeiten im Rahmen der Verwaltungs- und Verkaufsprozesse sind bei beiden Produkten stets die gleichen. Die maximale Kapazität der Vertriebsabteilung beträgt 2 500 Verkaufsvorgänge.

Aufgabe:

Berechnen Sie die Selbstkosten je Stück!

Überblick

Vergleich der Kalkulationsverfahren

Art	Vorwärtskalkulation (Verkaufskalkulation)	Rückwärtskalkulation (retrograde Kalkulation)	Differenzkalkulation
Zweck	Ermittlung des Verkaufspreises (Angebotspreises)	Ermittlung der höchstmöglichen Kosten für das Fertigungsmaterial	Ermittlung von Gewinn/Gewinnzuschlag bei gegebenem Listenverkaufspreis und gegebenen Einzelkosten
Rechenweg	Fertigungsmaterial + MGK v. H. = **Materialkosten** Fertigungslöhne + FGK v. H. + Sondereinzelkosten der Fertigung = **Fertigungskosten** **Herstellkosten** + VerwGK v. H. + VertrGK v. H. + Sondereinzelkosten des Vertriebs = **Selbstkosten** + Gewinn v. H. = **Barverkaufspreis** + Vertreterprovision i. H. + Kundenskonto i. H. = **Zielverkaufspreis** + Kundenrabatt i. H. = **Listenverkaufspreis** (Nettoverkaufspreis)	Fertigungsmaterial – MGK a. H. = **Materialkosten** Fertigungslöhne + FGK v. H. + Sondereinzelkosten der Fertigung = **Fertigungskosten** **Herstellkosten** – VerwGK a. H. – VertrGK a. H. – Sondereinzelkosten des Vertriebs = **Selbstkosten** – Gewinn a. H. = **Barverkaufspreis** – Vertreterprovision v. H. – Kundenskonto v. H. = **Zielverkaufpreis** – Kundenrabatt v. H. = **Listenverkaufspreis** (Nettoverkaufspreis)	Fertigungsmaterial + MGK v. H. = **Materialkosten** Fertigungslöhne + FGK v. H. + Sondereinzelkosten der Fertigung = **Fertigungskosten** **Herstellkosten** + VerwGK v. H. + VertrGK v. H. + Sondereinzelkosten des Vertriebs = **Selbstkosten** – Gewinn v. H. = **Barverkaufspreis** – Vertreterprovision v. H. – Kundenskonto v. H. = **Zielverkaufspreis** – Kundenrabatt v. H. = **Listenverkaufspreis** (Nettoverkaufspreis)

2 In der Kostenträgerzeitrechnung Normalkosten und -zuschlagssätze sowie Kostenüberdeckungen und Kostenunterdeckungen ermitteln und analysieren

2.1 Inhalt und Aufgaben der Kostenträgerzeitrechnung sowie Klärung der Begriffe Istkosten und Normalkosten

Seite 184 ff.

2.1.1 Inhalt und Aufgaben der Kostenträgerzeitrechnung

Bei der Kostenträgerzeitrechnung werden die **Selbstkosten des Umsatzes** ermittelt und den **Nettoverkaufserlösen der Rechnungsperiode** gegenübergestellt. Die **Differenz** zwischen den **Nettoverkaufserlösen** und den **Selbstkosten des Umsatzes** ergibt das **Umsatzergebnis.** Technisches Hilfsmittel zur Berechnung des Umsatzergebnisses ist das **Kostenträgerblatt.**

- Bei der **Kostenträgerzeitrechnung** werden die ermittelten **Selbstkosten des Umsatzes** den **Nettoverkaufserlösen** gegenübergestellt.
- Die **Differenz** zwischen den erzielten **Nettoverkaufserlösen** und den **Selbstkosten des Umsatzes** ergibt das **Umsatzergebnis.**

Grundlage der Kalkulation **während der Rechnungsperiode** sind die **Normalkosten.** Nach **Abschluss einer Rechnungsperiode** (z. B. eines Monats) muss festgestellt werden, ob die tatsächlich entstandenen Kosten **(Istkosten)** auch gedeckt worden sind.

2.1.2 Istkosten und Normalkosten

(1) Istkosten

Istkosten sind die **tatsächlich angefallenen Kosten** einer **abgelaufenen Rechnungsperiode.**

Werden die Istkosten auf die in der gleichen Abrechnungsperiode hergestellten und abgesetzten Erzeugnisse weiterverrechnet, dann wirken sich alle Zufallsschwankungen, denen die Kosten unterliegen können (z. B. Preisschwankungen auf den Rohstoffmärkten, erhöhter Ausschuss, Großreparaturen, erhöhter Energieverbrauch, Überstunden usw.), auf die Preiskalkulation in dieser Rechnungsperiode aus.

(2) Normalkosten

Normalkosten sind **Durchschnittswerte der Istkosten** mehrerer Abrechnungsperioden.

Die Durchschnittswerte gleichen die im Zeitablauf auftretenden Schwankungen der Kosten aus. Außerdem werden in die Normalkosten in der Regel auch zukünftig zu erwartende Schwankungen der Kosten (z. B. Lohnsteigerungen, Steigerung von Rohstoffpreisen) eingerechnet. Angebote werden überwiegend zu Normalkosten kalkuliert **(Vorkalkulation).** Durch den Vergleich der Normalkosten mit den Istkosten lässt sich die Kostenentwicklung in einer Rechnungsperiode kontrollieren **(Nachkalkulation).**

2.2 Ermittlung der Normalkosten

Die Verrechnung der Gemeinkosten auf die Kostenträger auf der Basis von Normalkosten erfolgt mithilfe von Normalzuschlagssätzen. Diese ergeben sich z. B. aus den Durchschnittswerten der Istkostenzuschlagssätze vergangener Geschäftsperioden, unter Berücksichtigung der Preiserwartungen auf der Beschaffungsseite und der erwarteten Beschäftigung. Diese Durchschnittssätze haben den Vorteil der Stetigkeit und Verfügbarkeit. Eine solche Vorgehensweise ermöglicht eine genauere Vorkalkulation (z. B. bei der Abgabe von Angeboten, bei der Erstellung von Preislisten). Da die Einzelkosten auf der Grundlage vorhandener Stücklisten und Fertigungszeiten und den bekannten Preisen relativ problemlos kalkuliert werden können, geht es bei der Normalkostenrechnung nur um die „Normalisierung" der Zuschlagssätze für die Gemeinkosten.

Beispiel:

Für das erste Halbjahr liegen folgende monatliche Ist-Fertigungsgemeinkostensätze vor:

Januar:	57,8 %	März:	58,5 %	Mai:	62,7 %
Februar:	60,1 %	April:	59,8 %	Juni:	56,9 %

Aufgabe:

Berechnen Sie aus den sechs vorliegenden Istzuschlagssätzen den Normalzuschlagssatz für die Fertigungsgemeinkosten!

Lösung:

$$\text{Normalzuschlagssatz} = \frac{57{,}8\,\% + 60{,}1\,\% + 58{,}5\,\% + 59{,}8\,\% + 62{,}7\,\% + 56{,}9\,\%}{6} = \underline{\underline{59{,}3\,\%}}$$

2.3 Kostenüberdeckungen und Kostenunterdeckungen

(1) Begriffe Kostenüberdeckung und Kostenunterdeckung

Normalkosten > Istkosten = Kostenüberdeckung
Normalkosten < Istkosten = Kostenunterdeckung

Nach Ablauf der festgelegten Abrechnungsperiode können die **angefallenen Kosten (Istkosten)** den **vorkalkulierten Kosten (Normalkosten)** gegenübergestellt werden. In der Regel weichen die Normalkosten von den Istkosten ab. Die **Abweichungen** bei den Kosten in der Vor- und in der Nachkalkulation beruhen einerseits auf **unterschiedlichen Einzelkosten** und andererseits auf den **unterschiedlichen Zuschlagssätzen** in der Vor- und Nachkalkulation.

Sind die **Normalkosten höher als die Istkosten,** liegt eine **Kostenüberdeckung** vor. Sind die **Normalkosten niedriger als die Istkosten,** liegt eine **Kostenunterdeckung** vor. Liegen erhebliche Abweichungen zwischen der Vor- und Nachkalkulation vor, so sind die Gründe für die aufgetretenen Abweichungen zu ermitteln.

- Bei der **Kostenunterdeckung** liegen die **Normalkosten unter den Istkosten,** d. h., die tatsächlich angefallenen Selbstkosten werden durch die einkalkulierten Kosten nicht mehr gedeckt.
- Bei der **Kostenüberdeckung** liegen die **Normalkosten über den Istkosten,** d. h., die einkalkulierten Selbstkosten sind höher als die wirklich angefallenen Selbstkosten.

(2) Ursachen für Kostenabweichungen

Preisabweichungen

Preiserhöhungen (Preissenkungen) bei Werkstoffen bzw. Energie, Gehaltserhöhungen (Rückgang der Gehälter durch Entlassungen) oder Erhöhungen der Versicherungsbeiträge (Rückgang der Versicherungsbeiträge durch Absenken der Versicherungssummen) u.Ä. führen zu einer höheren (niedrigeren) Belastung der Kostenstellen mit Gemeinkosten und damit zu höheren (niedrigeren) Zuschlagssätzen.

Beispiel:

Bei einem Hersteller von Tiefkühlkost erhöhen sich die Strompreise um 5 % gegenüber den Normalkosten. Dies führt zu erhöhten Kosten bei der Lagerhaltung der Fertigprodukte und damit zu einer Kostenunterdeckung bei den Vertriebskosten. Eine solche Kostenabweichung hat der Leiter des Vertriebs nicht zu vertreten.

Verbrauchsabweichungen

Es ist nicht immer möglich, geplante Fertigungszeiten bzw. Materialvorgaben einzuhalten. Ein Über- oder Unterschreiten der Planvorgaben führt zu steigenden oder fallenden Gemeinkosten und damit zu schwankenden Zuschlagssätzen.

Beispiel:

Bei Überlastung der Produktion fallen mehr qualitativ mangelhafte Erzeugnisse als gewöhnlich an. Damit erhöhen sich die Fertigungskosten. Es kommt zu einer Kostenunterdeckung. Diese Kostenabweichung hat der Leiter der Fertigung zu vertreten.

Änderung der Ausbringungsmenge (Beschäftigung)

Wird die Produktion z.B. ausgeweitet, so fallen mehr **Einzelkosten** wie Material- oder Lohnkosten an. Einzelkosten sind **variable Kosten.** Hier geht man davon aus, dass sich die Kosten **proportional zur Ausbringungsmenge** verhalten.

Bei den **Gemeinkosten** geht man davon aus, dass sie **variable und fixe Kosten**[1] **enthalten.** Während die **variablen Kosten** bei einer Erhöhung der Ausbringungsmenge **proportional ansteigen,** bleibt der **Fixkostenanteil der Gemeinkosten unverändert.** Die Folge ist, die Gemeinkosten **steigen unterproportional** bei einer **Ausweitung der Ausbringungsmenge** (die fixen Kosten verteilen sich auf eine größere Menge) und **steigen überproportional** bei einem **Rückgang der Ausbringungsmenge** (die fixen Kosten verteilen sich auf eine geringere Menge).

Beispiel:

Bei einem Industriebetrieb betragen die Fertigungslöhne 45 000,00 EUR bei einer Produktion von 1 500 Stanzteilen. An Fertigungsgemeinkosten fallen 24 000,00 EUR an (18 000,00 EUR fix, 6 000,00 EUR variabel).

Durch einen Großauftrag erhöht sich die Ausbringungsmenge im Folgemonat auf 2 800 Stanzteile. Der Großauftrag wird mit dem bisher verwendeten Normal-FGK-Zuschlagssatz kalkuliert.

Aufgaben:

1. Berechnen Sie den bei der Produktion von 1 500 Stanzteilen verwendeten Normal-FGK-Zuschlagssatz!
2. Berechnen Sie den bei der Produktion von 2 800 Stanzteilen tatsächlich anfallenden FGK-Zuschlagssatz!
3. Berechnen Sie die Kostenabweichung!

1 Vgl. hierzu auch die Ausführungen auf S. 205.

Lösungen:

Zu 1.: Berechnung des Normal-FGK-Zuschlagssatzes

$$\text{Normal-FGK-Zuschlagssatz} = \frac{24\,000 \cdot 100}{45\,000} = \underline{\underline{53{,}33\,\%}}$$

Zu 2.: Berechnung des tatsächlichen FGK-Zuschlagssatzes bei 2800 Stanzteilen

	FGK fix	18 000,00 EUR
+	FGK variabel 2 800 Stück · 4,00 EUR/Stück	11 200,00 EUR
=	Fertigungsgemeinkosten	29 200,00 EUR

$$\text{FGK-Zuschlagssatz} = \frac{29\,200 \cdot 100}{84\,000} = \underline{\underline{34{,}76\,\%}}$$

Ergebnis: Mit zunehmender Ausbringungsmenge sinkt der FGK-Zuschlagssatz. Wird die erhöhte Ausbringungsmenge mit dem Normal-FGK-Zuschlagssatz kalkuliert, entsteht eine Kostenüberdeckung.

Zu 3.: Höhe der Kostenabweichung

	Fertigungslöhne	84 000,00 EUR	
+	53,33 % Normal-FGK	44 797,20 EUR	
=	Fertigungsgemeinkosten		128 797,20 EUR
–	Fertigungslöhne	84 000,00 EUR	
+	34,76 % Tatsächlicher FGK	29 198,40 EUR	
=	Fertigungsgemeinkosten		113 198,40 EUR
=	Kostenabweichung (Kostenüberdeckung)		15 598,80 EUR

Die beispielhaft für die Fertigungsgemeinkosten dargestellte Entwicklung der Gemeinkosten bei einer Änderung der Ausbringungsmenge gilt in gleicher Weise für die übrigen Gemeinkosten.

- Ändert sich die Ausbringungsmenge, so kommt es bei der Zuschlagskalkulation zu **Abweichungen** bei den **Zuschlagssätzen für die Gemeinkosten.**
- **Ursache der Abweichungen** ist der **Fixkostenanteil in den Gemeinkosten,** da bei der Zuschlagskalkulation unterstellt wird, dass sich auch die fixen Kosten proportional zu den Einzelkosten ändern. Fixkosten bleiben jedoch konstant.

2.4 Rechnerischer Ablauf der Kostenträgerzeitrechnung

Beispiel:

Die Kosten- und Leistungsrechnung eines Industrieunternehmens weist für den Monat Oktober in der Vorkalkulation, in der die Gemeinkosten mit Normalzuschlagssätzen verrechnet werden, folgende Gesamtdaten auf:

Verbrauch von Fertigungsmaterial 480 000,00 EUR, Fertigungslöhne 210 000,00 EUR, Nettoverkaufserlöse 1 460 000,00 EUR.

Die Normalzuschlagssätze betragen: MGK 12 %, FGK 85 %, VerwGK 18 %, VertrGK 7 %.

Die Sondereinzelkosten der Fertigung betragen 8100,00 EUR. Die Sondereinzelkosten des Vertriebs betragen 4 800,00 EUR.

Die Nachkalkulation ergibt folgende Istzuschlagssätze:

MGK: 10 %	FGK: 90 %	VerwGK: 15 %	VertrGK: 8 %

Aufgaben:

1. Ermitteln Sie die Selbstkosten der Rechnungsperiode mit Istkosten und mit Normalkosten!
2. Berechnen Sie die Kostenüber- bzw. Kostenunterdeckung!
3. Ermitteln Sie das Betriebsergebnis!

Lösungen:

Ziffer	Bezeichnungen	Istkosten	Normal-zuschlagssätze	Normal-kosten	Kostenüber-/-unterdeckungen
1	Verbrauch v. Fert.-Material	480 000,00		480 000,00	
2	+ 10 % Materialgemeinkosten	48 000,00	12 %	57 600,00	+ 9 600,00
3	**Materialkosten** (1 + 2)	528 000,00		537 600,00	
4	Fertigungslöhne	210 000,00		210 000,00	
5	+ 90 % Fert.-Gemeinkosten	189 000,00	85 %	178 500,00	– 10 500,00
6	+ Sondereinzelkosten d. Fertigung	8 100,00		8 100,00	
7	**Fertigungskosten** (4 + 5 + 6)	407 100,00		396 600,00	
8	**Herstellk. d. Rech.-Periode** (3 + 7)	935 100,00		934 200,00	
9	+ 15 % Verw.-Gemeinkosten	140 265,00	18 %	168 156,00	+ 27 891,00
10	+ 8 % Vertr.-Gemeinkosten	74 808,00	7 %	66 394,00	– 9 414,00
11	Sondereinzelkosten d. Vertriebs	4 800,00		4 800,00	
12	**Selbstkosten d. Rech.-Periode** (9+10+11)	1 154 973,00		1 172 550,00	+ 17 577,00
13	Nettoverkaufserlöse	1 460 000,00		1 460 000,00	
12	– Selbstkosten der Rech.-Periode	1 154 973,00		1 172 550,00	
14	**Umsatzergebnis**			287 450,00	
15	+ Kostenüberdeckung			17 577,00	
16	**Betriebsergebnis**	305 027,00		305 027,00	

Erläuterungen: Vom Umsatzergebnis zum Betriebsergebnis (Ziffer 14 bis 16)

Das Umsatzergebnis bei der Vorkalkulation ergibt sich durch folgende Rechnung:

Nettoverkaufserlöse – Selbstkosten der Rechnungsperiode = Umsatzergebnis

Da bei einer **Kostenüberdeckung** die verrechneten Normalkosten **über** den angefallenen Istkosten liegen, fällt das Umsatzergebnis niedriger aus als das mit Istkosten ermittelte Betriebsergebnis. Um im Falle einer Kostenüberdeckung vom Umsatzergebnis zum Betriebsergebnis zu gelangen, muss daher zum Umsatzergebnis eine **Kostenüberdeckung hinzuaddiert** werden.

Im vorliegenden Beispiel ergibt sich per Saldo eine Kostenüberdeckung in Höhe von 17 577,00 EUR. Bei einem Umsatzergebnis in Höhe von 287 450,00 EUR (siehe Ziffer 14) führt das zu einem Betriebsergebnis in Höhe von (287 450,00 EUR + 17 577,00 EUR) 305 027,00 EUR (siehe Ziffer 16).

Bei einer **Kostenunterdeckung** sind die **Normalkosten niedriger** als die tatsächlich angefallenen **Istkosten.** Daher ist das Umsatzergebnis höher als das tatsächliche Ergebnis. Um vom Umsatzergebnis zum Betriebsergebnis zu gelangen, muss daher eine **Kostenunterdeckung vom Umsatzergebnis subtrahiert** werden.

- Umsatzergebnis + Kostenüberdeckung = Betriebsergebnis
- Umsatzergebnis – Kostenunterdeckung = Betriebsergebnis

Kompetenztraining

100 Gegenüberstellung von Ist- und Normalkosten

Ein Industrieunternehmen entnimmt der Ergebnistabelle folgende Zahlenwerte:

Betriebsabrechnungsbogen am Ende der Rechnungsperiode

Gemeinkosten	Material	Fertigung	Verwaltung	Vertrieb
insgesamt	85 260,60 EUR	926 670,00 EUR	309 709,27 EUR	180 663,73 EUR

Einzelkosten und Leistungen

Verbrauch von Fertigungsmaterial	897 480,00 EUR
Fertigungslöhne	671 500,00 EUR
Nettoverkaufserlöse	3 247 200,00 EUR

Normalzuschlagssätze

MGK	9 %
FGK	136,2 %
VerwGK	13 %
VertrGK	6,5 %

Aufgaben:

1. Ermitteln Sie die Selbstkosten der Rechnungsperiode mit Istkosten und mit Normalkosten!
2. Berechnen Sie die Kostenüber- bzw. Kostenunterdeckung sowie das Betriebsergebnis der Abrechnungsperiode!
3. Führen Sie die Berechnung der Istzuschlagssätze durch!

101 Gegenüberstellung von Ist- und Normalkosten, Ursachen der Kostenabweichung, Änderung der Beschäftigung

Ein Maschinenbaubetrieb ist als Zulieferer für mehrere Maschinenfabriken tätig. Die Nettoverkaufserlöse betrugen in der vergangenen Abrechnungsperiode 1 560 000,00 EUR. Im gleichen Zeitraum fielen folgende Kosten an:

Verbrauch von Fertigungsmaterial	732 800,00 EUR
Fertigungslöhne	240 000,00 EUR
Sondereinzelkosten des Vertriebs	20 000,00 EUR

In der vergangenen Abrechnungsperiode wurde mit folgenden Zuschlagssätzen gerechnet: MGK 10 %, FGK 110 %, VerwGK 8 % und VertrGK 5 %.

Die Istgemeinkosten sind im BAB wie folgt aufgeteilt:

	Zahlen der KLR	Material-bereich	Fertigungs-bereich	Verwaltung	Vertrieb
Summe der Gemeinkosten	489 624,80	69 940,00	245 740,00	95 347,52	78 597,28

Aufgaben:

1. Ermitteln Sie auf einem Kostenträgerblatt die Istzuschlagssätze (auf eine Dezimale gerundet) sowie die Über- und Unterdeckungen und das Betriebsergebnis!
2. Die Kostenanalyse zeigt, dass abgesehen von den Vertriebsgemeinkosten die Istgemeinkosten in allen anderen Kostenstellen niedriger sind als die Normalgemeinkosten.
   2.1 Begründen Sie, ob diese niedrigeren Istgemeinkosten zu einer Kostenüber- bzw. -unterdeckung führen!
   2.2 Nennen Sie zwei Ursachen, die diese Entwicklung ausgelöst haben könnten!
   2.3 Stellen Sie die Auswirkungen der festgestellten Kostenabweichung auf das Betriebsergebnis dar!
3. Die Auftragslage des Maschinenbaubetriebs ist rückläufig. Erläutern Sie die Auswirkungen einer rückläufigen Beschäftigung auf die Zuschlagskalkulation!

3 Teilkostenrechnung als einstufige Deckungsbeitragsrechnung durchführen und ihr Ergebnis bewerten

3.1 Begriff Teilkostenrechnung sowie fixe und variable Kosten

(1) Begriff Teilkostenrechnung

- Die **Teilkostenrechnung** ist eine Kostenrechnung, die nur einen Teil der Kosten (die variablen Kosten) auf die Kostenträger verrechnet.
- Die **Teilkostenrechnung** erfordert eine Aufgliederung der Kosten in **fixe Kosten** und **variable Kosten.**

Eine weitverbreitete Form der Teilkostenrechnung ist die **Deckungsbeitragsrechnung.**[1]

(2) Fixe und variable Kosten

Betrachtet man die Gesamtkosten einer Geschäftsperiode, so stellt man fest, dass sich ein Teil der Kosten bei einer Veränderung der Ausbringungsmenge nicht verändert, andere Kosten sich jedoch verändern. Es sind daher zwei Arten von Kosten zu unterscheiden: die **fixen Kosten** und die **variablen Kosten.**

Fixe Kosten

Fixe Kosten (K_{fix}) sind Kosten, die sich bei Änderung der Ausbringungsmenge in ihrer **absoluten Höhe nicht verändern.**

Beispiele:

Mieten, Gehälter der Angestellten, Abschreibungen, Versicherungsbeiträge, Grundsteuern.

Fixe Kosten fallen an, unabhängig davon, ob und wie viel ein Unternehmen produziert. Man nennt sie daher auch **Kosten der Betriebsbereitschaft.**

Variable Kosten

Variable Kosten (K_v) sind die Kosten, die sich bei Änderung der Ausbringungsmenge in ihrer **absoluten Höhe verändern.**

Beispiele:

Leistungsabhängige Löhne, Verbrauch von Werkstoffen, Treibstoffen, Büromaterial, Versicherungsbeiträge, Reparaturen.

3.2 Aufbau der Deckungsbeitragsrechnung

Bei der Deckungsbeitragsrechnung werden **Deckungsbeiträge** ermittelt. Diese ergeben sich, indem man von den **Nettoverkaufserlösen** der Produkte die **variablen Kosten** abzieht. In Höhe der Deckungsbeiträge sind die Produkte an der Deckung der noch nicht verrechneten Fixkosten beteiligt.

Das **Grundschema der Deckungsbeitragsrechnung** lautet:

  Nettoverkaufserlöse
– variable Kosten
= Deckungsbeitrag

1 Für den Begriff „Deckungsbeitragsrechnung" wird in der betriebswirtschaftlichen Literatur auch der Begriff **„Direct Costing"** verwandt.

- **Nettoverkaufserlöse** sind die Erlöse, die dem Unternehmen nach Abzug der Umsatzsteuer und etwaiger Erlösschmälerungen (z. B. Kundenrabatt, Kundenskonto, Vertreterprovision) tatsächlich verbleiben.[1]
- Der **Deckungsbeitrag** ist der Überschuss der Nettoverkaufserlöse über die variablen Kosten.
- Der Deckungsbeitrag gibt an, welchen Beitrag ein Kostenträger zur **Deckung der fixen Kosten** leistet.

3.3 Deckungsbeitragsrechnung als Stückrechnung

Beispiel:

Aus Wettbewerbsgründen ist ein Hersteller gezwungen, den Listenverkaufspreis für ein Trimmgerät auf 816,32 EUR festzusetzen. Den Sportartikelgroßhändlern werden 25 % Rabatt und 2 % Skonto eingeräumt. Die variablen Kosten betragen 400,00 EUR.

Aufgaben:

1. Berechnen Sie den Deckungsbeitrag je Stück!
2. Stellen Sie den Deckungsbeitrag je Stück grafisch dar!

Lösungen:

Zu 1.: Berechnung des Deckungsbeitrags

	Listenverkaufspreis (netto)	816,32 EUR
–	25 % Rabatt	204,08 EUR
	Zielverkaufspreis	612,24 EUR
–	2 % Skonto	12,24 EUR
	Nettoverkaufserlös (Barverkaufspreis)	600,00 EUR
–	variable Kosten	400,00 EUR
=	Deckungsbeitrag	200,00 EUR

Zu 2.: Grafische Darstellung

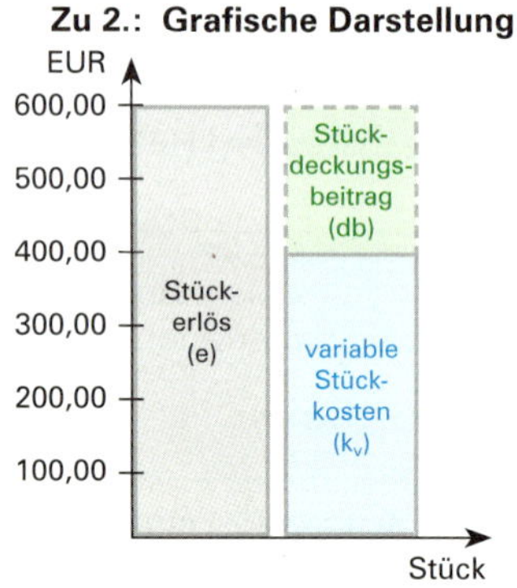

	Nettoverkaufserlös je Stück (Barverkaufspreis je Stück)
–	variable Kosten je Stück
=	Deckungsbeitrag je Stück

Erläuterung:

Der Deckungsbeitrag besagt, dass je Trimmgerät 200,00 EUR zur Deckung der Fixkosten zur Verfügung stehen. Ob der Deckungsbeitrag ausreicht, um neben der Deckung der fixen Kosten auch einen **Stückgewinn** zu erzielen, bleibt offen. Sicher ist aber, dass jeder Preis, der **über** den **variablen Kosten** liegt, zur Deckung der fixen Kosten beiträgt. Insofern dient der **Stückdeckungsbeitrag** als **Entscheidungshilfe** für die **Annahme oder Ablehnung von Aufträgen.**

1 Der Nettoverkaufserlös entspricht dem Barverkaufspreis im Kalkulationsschema.

- Jeder Deckungsbeitrag trägt zur **Verbesserung des Betriebsergebnisses** bei.
- Ob ein **Stückgewinn** erzielt wird und gegebenenfalls in welcher Höhe, kann nicht bestimmt werden.

Kompetenztraining

102 Fixe und variable Kosten

1. Nennen Sie die Kostenarten, die fixe Kosten sind!

   Frachtkosten beim Verkauf von Erzeugnissen, linearer Abschreibungsbetrag für die Lagerausstattung, Bankzinsen für einen Kontokorrentkredit, Bezugskosten beim Einkauf von Betriebsstoffen, Miete für ein Großlager, Aufwendungen für Rohstoffe, Gehälter, Vertreterprovision, Verpackungs- und Transportkosten.

2. Die variablen Kosten für eine Erzeugnisgruppe betragen bei einem Absatz von 2600 Stück 23140,00 EUR. Die fixen Kosten der Erzeugnisgruppe betragen bis zu einem Umsatz von 2800 Stück 8500,00 EUR. Der Listenverkaufspreis beträgt je Stück 14,80 EUR. Der Verlauf der variablen Kosten ist proportional.

   Aufgaben:

   2.1 Berechnen Sie den Betriebsgewinn/Betriebsverlust bei einem Absatz von

   2.1.1 1200 Stück bzw.

   2.1.2 2500 Stück!

   2.2 Berechnen Sie die jeweiligen Stückkosten!

3. Erklären Sie die Aussage des folgenden Schemas!

fixe Kosten (K_{fix})	Gemeinkosten
variable Kosten (K_v)	Einzelkosten

103 Grundlagen der Deckungsbeitragsrechnung

1. Erläutern Sie den Begriff Deckungsbeitrag!
2. Erklären Sie, bei welchen wichtigen Unternehmensaufgaben die Deckungsbeitragsrechnung sinnvolle Hilfestellung leisten kann!
3. Begründen Sie, worin Sie den entscheidenden Unterschied zwischen der Vollkostenrechnung und der Deckungsbeitragsrechnung sehen!
4. Notieren Sie außerhalb des Buches, welche Aussage über den Deckungsbeitrag richtig ist!

   4.1 Er deckt höchstens die fixen Kosten ab.

   4.2 Er steigt, wenn bei konstanten Stückerlösen die variablen Stückkosten steigen.

   4.3 Er sinkt, wenn bei konstanten Stückerlösen die variablen Stückkosten steigen.

   4.4 Er errechnet sich als Differenz zwischen den variablen Kosten und den Selbstkosten.

   4.5 Verrechnete Gemeinkosten minus Istgemeinkosten ergeben den Deckungsbeitrag.

104 Stückdeckungsbeitragsrechnung

Aus Wettbewerbsgründen ist ein Betonwerk gezwungen, den Listenverkaufspreis für ein Bauelement auf 2 448,96 EUR festzusetzen. Den Bauunternehmen werden 25 % Rabatt und 2 % Skonto eingeräumt. Die variablen Kosten betragen 1 200,00 EUR.

Aufgaben:

1. Berechnen Sie den Deckungsbeitrag!
2. Stellen Sie den Deckungsbeitrag je Stück grafisch dar!
3. Beschreiben Sie die Rolle des Stückdeckungsbeitrags bei der Entscheidung über die Annahme oder Ablehnung eines Auftrags!
4. Arbeiten Sie das Hauptproblem bei der Anwendung der Deckungsbeitragsrechnung heraus!
5. Die Kosten- und Leistungsrechnung eines Industriebetriebs liefert uns folgende Zahlen:

   Der Listenverkaufspreis je Stück beträgt 1 297,84 EUR. Dem Großhandel werden folgende Bedingungen gewährt: Kundenrabatt ?, Kundenskonto $2^1/_2$ %. Die variablen Kosten betragen 260,00 EUR je Stück. Es wird ein Deckungsbeitrag von 625,78 EUR erzielt.

   Aufgaben:

   5.1 Berechnen Sie den Kundenrabatt in EUR und in Prozent, der bei dem vorgegebenen Listenverkaufspreis höchstens gewährt werden kann!

   5.2 Um den Marktanteil zu erhöhen, begnügt sich der Industriebetrieb für eine Werbeaktion mit der Deckung der variablen Kosten. Es wird mit den Bedingungen aus der Aufgabe 5.1 kalkuliert. Ermitteln Sie den Listenverkaufspreis für das Sonderangebot!

6. Die Teilkostenrechnung eines Unternehmens weist für ein bestimmtes Produkt folgende Ergebnisse aus:

   Aufgaben:

   6.1 Nettoverkaufserlös > variable Stückkosten.

   6.2 Nettoverkaufserlös < variable Stückkosten.

   6.3 Nettoverkaufserlös = variable Stückkosten.

   6.4 Stückdeckungsbeitrag = 0,00 EUR.

   Notieren Sie außerhalb des Buches, bei welchem Ergebnis das Produkt nicht mehr verkauft werden sollte!

7. Die Selbstkosten für eine Küchenmaschine betragen 540,00 EUR. Die Deckungsbeitragsrechnung ermittelt variable Kosten in Höhe von 290,00 EUR.

   Aufgabe:

   Begründen Sie, unter welcher Voraussetzung es langfristig sinnvoll ist, die Küchenmaschine in das Produktprogramm aufzunehmen!

3.4 Deckungsbeitragsrechnung als Periodenrechnung

Bei der Deckungsbeitragsrechnung als Periodenrechnung werden zur Ermittlung des Betriebsergebnisses die fixen Kosten in einem Block von der Summe der Deckungsbeiträge abgezogen.

Ihr liegt folgendes Berechnungsschema zugrunde:

Erzeugnis A	+	**Erzeugnis B**		**usw.**
Nettoverkaufserlöse – variable Kosten		Nettoverkaufserlöse – variable Kosten		
= Deckungsbeitrag von Erzeugnis A		= Deckungsbeitrag von Erzeugnis B	⟶	Summe der Deckungsbeiträge – fixe Kosten[1]
				= Betriebsergebnis (Betriebsgewinn/Betriebsverlust)

Beispiel:

Die KLR eines Industrieunternehmens liefert uns für den Monat Juni für die Erzeugnisse A und B folgende Zahlen:

	Erzeugnis A	Erzeugnis B
Produktions- und Absatzmenge	300 Stück	400 Stück
Nettoverkaufserlös je Stück	500,00 EUR	750,00 EUR
Variable Kosten je Stück	160,00 EUR	505,00 EUR
Fixe Kosten des Unternehmens für den Monat Juni	150 000,00 EUR	

Aufgaben:

1. Berechnen Sie den Deckungsbeitrag je Erzeugnis und die Deckungsbeiträge insgesamt!
2. Ermitteln Sie das Betriebsergebnis für den Monat Juni!
3. Berechnen Sie den Stückdeckungsbeitragssatz für das Erzeugnis A sowie den Gesamtdeckungsbeitragssatz!

Lösungen:

Zu 1. und 2.: Berechnung der Deckungsbeiträge und des Betriebsergebnisses

	Erzeugnis A	Erzeugnis B	Gesamtbeträge
Nettoverkaufserlöse (E)	150 000,00 EUR	300 000,00 EUR	450 000,00 EUR
– variable Kosten (K_v)	48 000,00 EUR	202 000,00 EUR	250 000,00 EUR
= Deckungsbeiträge (DB)	102 000,00 EUR	98 000,00 EUR	200 000,00 EUR
– fixe Kosten (K_{fix})			150 000,00 EUR
= Betriebsergebnis (Betriebsgewinn)			50 000,00 EUR

1 Die fixen Kosten lassen sich bei einem Mehrproduktunternehmen nicht verursachungsgerecht auf die einzelnen Produkte aufteilen.

14 Speth u.a. - ISBN 978-3-8120-0595-1

Zu 3.: Berechnung der Stück- und Gesamtdeckungsbeitragssätze

Der Deckungsbeitragssatz[1] gibt an, welcher Teil der Nettoverkaufserlöse in Prozent zur Deckung der fixen Kosten bereitsteht. Der Deckungsbeitragssatz kann als **Stückdeckungsbeitragssatz (db-Satz)** oder als **Gesamtdeckungsbeitragssatz (DB-Satz)** definiert werden.

$$\text{db-Satz} = \frac{\text{db} \cdot 100}{\text{Nettoverkaufserlöse/Stück}} \qquad \text{DB-Satz} = \frac{\text{DB} \cdot 100}{\text{Nettoverkaufserlöse/Zeitraum}}$$

$$\text{db-Satz für das Erzeugnis A} = \frac{340 \cdot 100}{500} = 68\,\% \qquad \text{DB-Satz} = \frac{200\,000 \cdot 100}{450\,000} = 44{,}44\,\%$$

Die Gewinnermittlung bei der Deckungsbeitragsrechnung lässt sich schematisch wie folgt darstellen:[2]

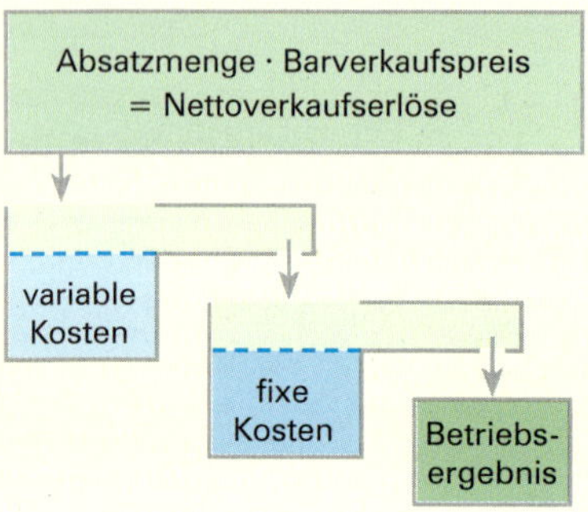

	Nettoverkaufserlöse (Gesamterlöse)
–	variable Kosten
=	Deckungsbeiträge (Gesamtdeckungsbeitrag)
–	fixe Kosten
=	Betriebsergebnis

Kompetenztraining

105 Deckungsbeitragsrechnung als Periodenrechnung

Ein Motorenwerk stellt von einem Motor drei verschiedene Modelle her. Die KLR liefert für den Monat Mai folgende Zahlen:

	Modell 1	Modell 2	Modell 3
Verbr. v. Fertigungsmaterial/Stück	900,00 EUR	780,00 EUR	410,00 EUR
Fertigungslöhne/Stück	420,00 EUR	525,00 EUR	190,00 EUR
variable Gemeinkosten/Stück	360,00 EUR	305,00 EUR	280,00 EUR
Summe d. variablen Kosten/Stück	1 680,00 EUR	1 610,00 EUR	880,00 EUR
produzierte u. verkaufte Anzahl	300 Stück	400 Stück	700 Stück
Nettoverkaufserlöse je Stück	2 910,00 EUR	2 200,00 EUR	1 510,00 EUR

Die Fixkosten im Monat Mai betragen 820 000,00 EUR.

Aufgaben:

1. Ermitteln Sie das Betriebsergebnis für den Monat Mai!
2. Berechnen Sie den Stückdeckungsbeitragssatz für das Modell 1!
3. Bestimmen Sie den Gesamtdeckungsbeitragssatz!

1 Der Deckungsbeitragssatz kann auch als **Deckungsbeitragsfaktor** formuliert werden:

$$\text{db-Faktor} = \frac{\text{db}}{\text{Nettoverkaufserlöse/Stück}} \qquad \text{DB-Faktor} = \frac{\text{DB}}{\text{Nettoverkaufserlöse/Zeitraum}}$$

2 Vgl. Zdrowomyslaw, Norbert/Götze, Wolfgang: Kosten-, Leistungs- und Erlösrechnung, München/Wien 1995, S. 461.

106 Deckungsbeitragsrechnung als Periodenrechnung, Betriebsergebnis

Die Hohmann AG stellt drei verschiedene Typen von Gartenstühlen her. Für den Monat Oktober legt die Kosten- und Leistungsrechnung folgende Zahlen vor:

	Typ A	Typ B	Typ C
Nettoverkaufserlöse je Stück	120,00 EUR	85,00 EUR	76,00 EUR
variable Stückkosten	85,00 EUR	69,00 EUR	65,00 EUR
Verkaufsmengen in Stück	1500	3500	5200

Die fixen Kosten der Rechnungsperiode werden mit 95 000,00 EUR veranschlagt.

Aufgaben:

1. Berechnen Sie für jeden Typ den Deckungsbeitrag je Stück!
2. Stellen Sie unter dem Gesichtspunkt der erzielten Stückdeckungsbeiträge eine Rangfolge der Erzeugnisarten auf!
3. Stellen Sie den Stückdeckungsbeitrag für den Kostenträger A grafisch dar!
4. Ermitteln Sie für jeden Typ die Deckungsbeiträge der Rechnungsperiode!
5. Führen Sie die Betriebsergebnisrechnung der Periode durch!
6. Der Produktionsleiter weist auf Rationalisierungsmöglichkeiten in der Produktion hin und empfiehlt der Geschäftsleitung, die Produktion auf zwei Modelle zu begrenzen. Begründen Sie aus Sicht der Kostenrechnung, ob die Geschäftsleitung diesem Vorschlag folgen soll!

107 Deckungsbeitragsrechnung als Periodenrechnung, Betriebsergebnis

Die Kludi GmbH stellt Haushaltskühlschränke und Wäschetrockner her. Auf dem Absatzmarkt gelten folgende Listenverkaufspreise: für Kühlschränke 600,00 EUR, für Wäschetrockner 420,00 EUR. An Einzelkosten fallen an: für einen Kühlschrank 220,00 EUR, für einen Wäschetrockner 185,00 EUR. Die variablen Gemeinkosten betragen jeweils 85 % der Einzelkosten.

Den Abnehmern werden 10 % Rabatt und 2 % Skonto gewährt. Die Fixkosten der Rechnungsperiode betragen 350 000,00 EUR. Die Absatzmengen betrugen bei den Kühlschränken 5 000 Stück, bei den Wäschetrocknern 3 500 Stück.

Aufgaben:

1. Ermitteln Sie die Deckungsbeiträge:
   1.1 für jedes Erzeugnis,
   1.2 für die Rechnungsperiode insgesamt!
2. Ermitteln Sie das Betriebsergebnis der Rechnungsperiode!

3.5 Teilkostenrechnung als betriebswirtschaftliche Entscheidungshilfe bei der Produktions- und Absatzplanung durchführen und beurteilen

3.5.1 Kurz- und langfristige Preisuntergrenzen ermitteln und reflektieren

(1) Bestimmung der kurzfristigen und langfristigen Preisuntergrenze

Die Tatsache, dass ein positiver Deckungsbeitrag zur Deckung der Fixkosten beiträgt, kann das Unternehmen dazu nutzen, die Deckungsbeitragsrechnung als Instrument der Preispolitik einzusetzen. Kurzfristig kann das Unternehmen nämlich den Preis so absenken, dass lediglich die variablen Kosten abgedeckt sind.[1] Für eine kurze Zeit kann es die fixen Kosten außer Acht lassen, denn diese fallen an, ob ein Verkauf getätigt wird oder nicht. Die **Summe der variablen Kosten** ist damit die **kurzfristige Preisuntergrenze (absolute Preisuntergrenze).** Liegt der erzielte Stückpreis unter den variablen Kosten, sollte die Produktion des Erzeugnisses eingestellt bzw. ein Auftrag abgelehnt werden.

Langfristig kann ein Unternehmen nicht mit Verlusten produzieren, es muss zumindest kostendeckend arbeiten. Die **langfristige Preisuntergrenze** wird daher durch die **Stückkosten** bestimmt.

- Die **kurzfristige (absolute) Preisuntergrenze** liegt bei dem Preis, bei dem der Stückerlös die **variablen Kosten je Einheit** abdeckt. Der Deckungsbeitrag ist in diesem Fall gleich null.

$$e = k_v$$

- Die **langfristige Preisuntergrenze** liegt bei dem Preis, bei dem der Stückerlös die entstandenen **Stückkosten je Einheit** abdeckt.

$$e = \frac{K_{fix}}{\text{erzeugte Menge}} + k_v$$

Beispiel:

Ein Industrieunternehmen stellt nur ein Erzeugnis her. Für den Monat Februar weist die KLR folgende Daten aus: variable Stückkosten 60,00 EUR, Fixkosten 115 000,00 EUR, Produktionsmenge 7 000 Stück.

Aufgaben:

1. Ermitteln Sie die kurzfristige Preisuntergrenze!
2. Berechnen Sie die langfristige Preisuntergrenze!

Lösungen:

Zu 1.: Kurzfristige Preisuntergrenze: 60,00 EUR

[1] Wiederholen Sie hierzu die Ausführungen auf S. 206 f.

Zu 2.: Langfristige Preisuntergrenze:

$$\frac{115\,000{,}00 \text{ EUR}}{7\,000 \text{ Stück}} + 60{,}00 \text{ EUR} = \underline{\underline{76{,}43 \text{ EUR/Stück}}}$$

Wird die Ausbringungsmenge erhöht, muss die **Fixkostenproblematik beachtet** werden, d. h. steigt die Ausbringungsmenge nimmt der Fixkostenanteil je Einheit ab. Die Stückkosten sinken. Bei einer Verringerung der Ausbringungsmenge tritt der umgekehrte Effekt ein.[1]

(2) Vorteile und Gefahren der Bestimmung von Preisuntergrenzen

■ Vorteile

Aus den Formeln ist zu erkennen, dass die **langfristige Preisuntergrenze** mit **zunehmender Ausbringungsmenge absinkt (Degressionseffekt der Fixkosten)**, während die **kurzfristige Preisuntergrenze** von der **jeweiligen Ausbringungsmenge unabhängig** ist.

Eine Preissenkung bei einzelnen Erzeugnissen bzw. Erzeugnisgruppen kann das Unternehmen dazu nutzen, auf sein Produktprogramm aufmerksam zu machen. Es hofft darauf, dass die niedrig kalkulierten Erzeugnisse Auslöser dafür sind, dass die Kunden auch die übrigen Erzeugnisse des Produktprogramms bestellen. Auf diese Weise erreicht das Unternehmen eine Umsatz- und Gewinnsteigerung.

Durch die Vorgabe von Preisuntergrenzen bzw. festgelegten Deckungsbeiträgen wird die **Absatzpolitik des Unternehmens flexibler** (beweglicher). So muss z. B. der Reisende für sein Produktprogramm lediglich sein vorgegebenes Deckungssoll erreichen. Er ist also in der Lage, auf das Marktgeschehen einzugehen und in schlechten oder umkämpften Absatzgebieten geringere Preise in Kauf zu nehmen, sofern es ihm gelingt, in guten Absatzgebieten Preise zu erzielen, die über dem vorgegebenen Deckungsbeitrag liegen. Bei richtiger Anwendung können so Marktchancen besser wahrgenommen werden.

■ Gefahren

Die große **Gefahr der Deckungsbeitragsrechnung als Stückrechnung** liegt darin, dass das Unternehmen insgesamt ein **zu niedriges Preisniveau akzeptiert.** Die Deckungsbeitragsrechnung verführt dazu, dass sich der Verkauf lediglich an einem positiven Deckungsbeitrag orientiert, ohne dabei genau zu wissen, ob die fixen Kosten insgesamt gedeckt sind bzw. ob ein Gewinn erwirtschaftet wird. Es besteht die Gefahr, den Blick auf „einen Teil der Kosten bzw. auf den Gewinn zu vernachlässigen". Erst die Deckungsbeitragsrechnung als Zeitrechnung offenbart dann, ob ein Betriebsgewinn oder ein Betriebsverlust erwirtschaftet wurde.

- Durch die **Vorgabe von Preisuntergrenzen** bzw. festgelegten Deckungsbeiträgen wird die **Absatzpolitik des Unternehmens flexibler** (beweglicher).
- Bei der Deckungsbeitragsrechnung besteht die **Gefahr,** eine zu **nachgiebige Preispolitik** zu betreiben und eine vollständige Kostendeckung zu vernachlässigen.

1 Wiederholen Sie hierzu die Ausführungen auf S. 201 f.

Kompetenztraining

108 Deckungsbeitrag, Preisuntergrenzen

1. Stellen Sie dar, wie die Begriffe „kurzfristige Preisuntergrenze" und „langfristige Preisuntergrenze" bestimmt sind!
2. Entscheiden Sie begründet, ob ein Industriebetrieb langfristig überleben kann, wenn er die Preise für seine Erzeugnisse an der langfristigen Preisuntergrenze ausrichtet!
3. Die Kostenrechnung eines Industriebetriebs liefert uns für den Monat Januar folgende Zahlen:

	Erzeugnis A	Erzeugnis B
Produktions- und Absatzmenge	700 Stück	1 300 Stück
Lieferverkaufspreis je Stück	580,00 EUR	410,00 EUR
Kundenrabatt	10 %	12 %
Kundenskonto	3 %	2 %
variable Kosten je Stück	280,00 EUR	302,00 EUR
fixe Kosten	98 500,00 EUR	

Aufgaben:

3.1 Bestimmen Sie den Deckungsbeitrag für die Erzeugnisse A und B!

3.2 Errechnen Sie das Betriebsergebnis!

3.3 Nennen Sie die absolute Preisuntergrenze für die Erzeugnisse A und B!

3.4 Erläutern Sie, warum die Ausbringungsmenge keinen Einfluss auf die kurzfristige Preisuntergrenze hat!

109 Preisuntergrenzen, Kapazitätsänderungen, Preispolitik

Eine Maschinenfabrik stellt Abfüllmaschinen her. Vom Typ A werden im Monat Januar 10 Maschinen hergestellt. Hierfür sind folgende Kosten (linearer Kostenverlauf) in den einzelnen Kostenstellen angefallen:

Kostenstellen \ Gesamtkosten	Einzelkosten	Gemeinkosten	
		fixe Kosten	variable Kosten
Material	170 000,00 EUR	10 000,00 EUR	18 000,00 EUR
Fertigung	80 000,00 EUR	35 000,00 EUR	24 000,00 EUR
Verwaltung/Vertrieb		15 000,00 EUR	

Die Maschine des Typs A erzielt einen Nettoverkaufspreis von 36 000,00 EUR. Von der Maschine A können maximal 10 Stück je Monat hergestellt werden.

Aufgaben:

1. Ermitteln Sie die kurzfristige Preisuntergrenze je Maschine des Typs A!
2. Berechnen Sie die langfristige Preisuntergrenze!
3. Die Maschinenfabrik plant eine Erweiterungsinvestition zur Herstellung des Maschinentyps A. Die Kapazität erhöht sich dadurch um 20 %.
   Die Kostenstruktur ändert sich wie folgt: Die fixen Kosten steigen um 40 %, die variablen Kosten sinken um 25 %.
   3.1 Berechnen Sie die neuen Stückkosten je Maschine!
   3.2 Bestimmen Sie den Gewinn, der sich dadurch je Maschine ergibt!

4. Die Preispolitik ist abhängig von der Entwicklung der Beschäftigung. Erläutern und begründen Sie die Preispolitik, die Sie umsetzen würden, wenn
   4.1 die Beschäftigung sinkt,
   4.2 die Beschäftigung steigt!

110 Vergleich Produkteliminierung Vollkostenrechnung und Deckungsbeitragsrechnung, Preisuntergrenze

Sachverhalt

Die Geschäftsleitung der Kleiderfabrik Pforzheim GmbH vermutet, dass die Produktion von Hosen mit Verlust verbunden ist. Sie möchte deshalb herausfinden, ob sie nicht besser die Produktion der Hosen einstellen sollte.

Entscheidungshilfe hierzu erwartet sie von den Ergebnissen der Kosten- und Leistungsrechnung.

Am Ende eines Rechnungsabschnitts stehen folgende Zahlen zur Verfügung:

Einzelkosten	Hosen	Jacken
Verbrauch von Fertigungsmaterial	25 000,00 EUR	45 000,00 EUR
Fertigungslöhne	35 000,00 EUR	70 000,00 EUR
Sondereinzelkosten des Vertriebs	5 000,00 EUR	–

Gemeinkosten	fix	variabel
Materialstelle	2 000,00 EUR	1 500,00 EUR
Fertigungsstelle Hosen	18 000,00 EUR	14 000,00 EUR
Fertigungsstelle Jacken	53 000,00 EUR	35 000,00 EUR
Verw.- und Vertriebsstelle	25 000,00 EUR	–

Hergestellt wurden 2 100 Hosen, die zu 55,00 EUR/Stück und 3 500 Jacken, die zu 85,00 EUR/Stück verkauft wurden. Auf beide Produkte wurden 15 % Rabatt gewährt.

Aufgaben:

1. Überprüfen Sie mithilfe der Vollkostenrechnung, ob die Vermutung der Geschäftsleitung bezüglich der Hosen zutrifft!

   Kalkulieren Sie mit einem Material-Gemeinkostenzuschlagssatz von 5 % und einem Verwaltungs- und Vertriebsgemeinkostenzuschlagssatz von 8 %!

2. Stellen Sie eine Deckungsbeitragsrechnung für beide Produkte auf!

   Beurteilen Sie das Ergebnis dahingehend, ob die Hosen aus der Produktion genommen werden sollten!

   Verteilen Sie die variablen Materialgemeinkosten auf die Produkte Hosen und Jacken im Verhältnis 1 : 2!

3. Ermitteln Sie die kurzfristige Preisuntergrenze für die Hosen!

4. Erläutern Sie, welche Aufgaben nur die Vollkostenrechnung und welche nur die Teilkostenrechnung erfüllen kann!

3.5.2 Sich unter Kostenaspekten für Eigenfertigung oder Fremdbezug entscheiden

Im Fall noch freier Produktionskapazitäten muss ein Unternehmen prüfen, ob es nicht kostengünstiger wäre, bisher fremdbezogene Vorprodukte/Erzeugnisse künftig zur Auslastung der Kapazitäten selbst herzustellen. In den Vergleich dürfen nur die variablen Herstellkosten einbezogen werden, da die anteiligen Fixkosten auch bei Fremdbezug weiterhin entstehen.

Beispiel:

Ein Industriebetrieb hat noch freie Kapazität. Die Geschäftsleitung überlegt daher, ob sie das Getriebe für die neue Maschine selbst herstellen oder von einem Zulieferer beziehen soll. Folgende Daten liegen vor:

Fremdbezug: Bareinkaufspreis 148,00 EUR je Stück, Frachtkosten pauschal 1 % des Bareinkaufspreises.

Eigenfertigung: Verbrauch von Fertigungsmaterial 30,00 EUR, variable MGK 8 %, Fertigungslöhne 45,00 EUR, variable FGK 62 %.

Aufgabe:

Entscheiden Sie, ob sich die Eigenfertigung lohnt!

Lösung:

Kosten bei Fremdbezug

	Bareinkaufspreis	148,00 EUR
+	1 % Frachtkosten pauschal	1,48 EUR
=	Einstandspreis je Getriebe	149,48 EUR

Kosten bei Eigenfertigung[1]

	Materialeinzelkosten	30,00 EUR
+	8% variable MGK	2,40 EUR
	Fertigungslöhne	45,00 EUR
+	62 % variable FGK	27,90 EUR
=	variable Herstellkosten je Getriebe	105,30 EUR

Eigenfertigung oder Fremdbezug?

	Einstandspreis je Getriebe bei Fremdbezug	149,48 EUR
–	variable Herstellkosten je Getriebe bei Eigenfertigung	105,30 EUR
=	Kostenvorteil bei Eigenfertigung	44,18 EUR

Ergebnis: Bei der Eigenfertigung entsteht gegenüber dem Fremdbezug ein Kostenvorteil in Höhe von 44,18 EUR. Die Eigenfertigung ist daher vorteilhafter.

Bei **freier Kapazität** ist die Eigenfertigung dem Fremdbezug dann vorzuziehen, wenn die variablen Herstellkosten unter dem Einstandspreis bei Fremdbezug liegen.

1 Die fixen Kosten sind durch die bisherige Beschäftigung bereits in voller Höhe abgedeckt. Relevante Kosten sind daher ausschließlich die variablen Kosten.

Kompetenztraining

111 Deckungsbeitragsrechnung, Eigenfertigung oder Fremdbezug

Ein Baumaschinenhersteller plant aufgrund noch freier Kapazität ein bisher fremdbezogenes Motorengehäuse selbst herzustellen. Die Produktion des Motorengehäuses verursacht folgende Kosten: Materialkosten 195,00 EUR, variable MGK 7,5 %, Fertigungslohn je Stunde 43,80 EUR, variable FGK 101 %, Sondereinzelkosten der Fertigung 132,50 EUR, Produktionszeit je Motorengehäuse 50 Minuten. Der Einstandspreis des Zulieferers für das Motorengehäuse beträgt 564,95 EUR. Der Nettoverkaufserlös des Motorengehäuses beläuft sich auf 634,95 EUR.

Aufgaben:

1. Berechnen Sie die Gesamtkosten der Eigenproduktion für das Motorengehäuse!
2. Beurteilen Sie, ob sich die Eigenfertigung der Motorengehäuse lohnt!
3. Nennen Sie drei Entscheidungskriterien, die trotz eines Kostenvorteils gegen einen Fremdbezug sprechen!

112 Deckungsbeitragsrechnung, Eigenfertigung oder Fremdbezug

Ein Industrieunternehmen hat folgende Kostenstruktur ermittelt:

Nettoverkaufserlöse insgesamt	1 503 000,00 EUR
Fixkosten insgesamt	551 986,00 EUR
maximale Kapazität	14 400 Stück
Beschäftigungsgrad[1]	85 %
variable Selbstkosten je Stück	64,79 EUR
variable Herstellkosten je Stück	52,20 EUR

Aufgaben:

1. Ermitteln Sie den Deckungsbeitrag je Stück!
2. Berechnen Sie den gegenwärtigen Stückgewinn und das Betriebsergebnis mittels einer Deckungsbeitragsrechnung!
3. Ein Zulieferer bietet weitere benötigte Stücke zu einem Preis von 56,40 EUR je Stück an, wobei noch 1,15 EUR Bezugskosten hinzukommen.

   Entscheiden Sie mit Begründung zwischen Eigenfertigung und Fremdbezug!
4. Eine Maschinenfabrik bietet für unsere inzwischen abgenutzte eine moderne Anlage an. Die variablen Herstellkosten je Stück belaufen sich dann bei Vollauslastung auf 40,50 EUR. Die Fixkosten der Produktion pro Monat würden allerdings auf 674 836,00 EUR steigen.

   Als Alternative käme eine Maschine infrage, die die gleiche Kostenstruktur aufweist wie die alte Anlage. Die Verwaltungs- und Vertriebsgemeinkosten sind in beiden Fällen gleich.

   Bestimmen Sie, ab welcher Planmenge die modernere Anlage kostengünstiger ist!

1 Der **Beschäftigungsgrad** drückt das prozentuale Verhältnis der tatsächlichen Ausbringungsmenge (Beschäftigung) zur Kapazität aus. **Kapazität** ist die Ausbringungsmenge, die bei gegebener Ausstattung erreichbar ist. An der Kapazitätsgrenze beträgt der Beschäftigungsgrad 100 %.

3.5.3 Über die Annahme eines Zusatzauftrags bei freien Kapazitäten unter Berücksichtigung des absoluten Deckungsbeitrags entscheiden

Zusatzaufträge sind solche Aufträge, die **unterhalb der derzeitigen Verkaufspreise** angenommen werden. Bei **nicht ausgelasteter Produktionskapazität** kann unter bestimmten Bedingungen das Betriebsergebnis verbessert werden.

Ein Zusatzauftrag führt dann zu einer Verbesserung des Betriebsergebnisses, wenn die Nettoverkaufserlöse höher liegen als die variablen Kosten des Auftrags. Die fixen Kosten können außer Betracht bleiben, da sie ja unabhängig davon anfallen, ob der Zusatzauftrag angenommen wird oder nicht. Der erzielbare Deckungsbeitrag ist das Kriterium für die Annahme oder Ablehnung des Zusatzauftrags.

- Für die Annahme bzw. die Ablehnung eines Zusatzauftrags gilt:
  - Deckungsbeitrag > 0 → Annahme des Zusatzauftrags
  - Deckungsbeitrag < 0 → Ablehnung des Zusatzauftrags
- Zusatzaufträge tragen zur besseren Produktionsauslastung und zur Arbeitsplatzerhaltung bei.

Beispiel:

Im laufenden Monat ist folgende Produktions- und Absatzsituation gegeben:

	Erzeugnis I	Erzeugnis II
Nettoverkaufserlös	198,00 EUR	270,00 EUR
variable Stückkosten	112,00 EUR	120,00 EUR
fixe Kosten insgesamt	150 000,00 EUR	
Absatzmenge	700 Stück	950 Stück
Kapazität	900 Stück	1 200 Stück

Das Unternehmen hat die Möglichkeit, von Erzeugnis II 210 Stück zum Festpreis von 180,00 EUR als Sondermodell zu verkaufen.

Aufgabe:

Prüfen Sie, ob sich die Hereinnahme des Zusatzauftrags lohnt!

Lösung:

	Erzeugnis I	Erzeugnis II	Zusatzauftrag
Nettoverkaufserlöse	138 600,00 EUR	256 500,00 EUR	37 800,00 EUR
– variable Kosten	78 400,00 EUR	114 000,00 EUR	25 200,00 EUR
= Deckungsbeitrag	60 200,00 EUR	142 500,00 EUR	12 600,00 EUR
– fixe Kosten	150 000,00 EUR		
= Betriebsgewinn ohne Zusatzauftrag	52 700,00 EUR		
+ Deckungsbeitrag Zusatzauftrag	12 600,00 EUR		
= Betriebsgewinn mit Zusatzauftrag	65 300,00 EUR		

Ergebnis: Die Hereinnahme des Zusatzauftrags lohnt sich, da dadurch der Betriebsgewinn um 12 600,00 EUR gesteigert werden kann.

Hinweis:

Sofern ein positiver Deckungsbeitrag erzielt werden kann, würde sich die Hereinnahme des Zusatzauftrags auch im Fall eines Betriebsverlusts lohnen. Ein positiver Deckungsbeitrag trägt dann dazu bei, den Betriebsverlust zu verringern.

Kompetenztraining

113 Deckungsbeitragsrechnung, Zusatzauftrag

Ein Industrieunternehmen produziert drei verschiedene Erzeugnisse. Die KLR gibt hierfür folgende Daten an:

	Erzeugnis I	Erzeugnis II	Erzeugnis III
Nettoverkaufserlöse	1420,00 EUR	3390,00 EUR	7710,00 EUR
variable Stückkosten	1600,00 EUR	2910,00 EUR	5850,00 EUR
Absatzmenge	20 Stück	30 Stück	15 Stück
Kapazität	25 Stück	50 Stück	30 Stück
fixe Kosten insgesamt		45100,00 EUR	

Das Unternehmen erhält einen Zusatzauftrag über 12 Stück des Erzeugnisses III zum Festpreis von 6200,00 EUR. Das Industrieunternehmen nimmt den Zusatzauftrag aus arbeitsmarktpolitischen Gründen an.

Aufgaben:

1. Berechnen Sie den Betriebsgewinn bzw. Betriebsverlust!
2. Unterbreiten Sie einen Vorschlag zur Produktionsprogrammplanung!
3. Stellen Sie dar, unter welchen Voraussetzungen es sinnvoll ist, Zusatzaufträge anzunehmen, wenn dafür eine Kapazitätserweiterung erforderlich ist!

114 Betriebsergebnis, Zusatzauftrag

Ein Industrieunternehmen produziert drei verschiedene Typen einer Kaffeemaschine. Die KLR ermittelt für den Monat Juli folgende Zahlen:

	Typ A	Typ B	Typ C
produziert und verkauft	6500 Stück	9750 Stück	10400 Stück
Nettoverkaufserlös je Stück	58,50 EUR	88,40 EUR	104,00 EUR
variable Stückkosten	49,40 EUR	73,45 EUR	89,70 EUR

Aufgaben:

1. Berechnen Sie für jeden Typ den Deckungsbeitrag je Stück und den Deckungsbeitrag insgesamt!
2. Ermitteln Sie das Betriebsergebnis für den Monat Juli, wenn die Fixkosten insgesamt 241150,00 EUR betragen!
3. Begründen Sie rechnerisch, ob es unter wirtschaftlichen Gesichtspunkten empfehlenswert ist, einen Zusatzauftrag von 3900 Stück von Typ B anzunehmen, wenn entsprechend von Typ C dann 3900 Stück weniger produziert werden können!

4. Kostensteigerungen beim Typ C führen zu einer Erhöhung der variablen Stückkosten um 2,30 EUR. Von einem Exporteur kommt gleichzeitig ein Zusatzauftrag über 5000 Kaffeemaschinen des Typs C. Der Exporteur verlangt einen Preisabschlag von 12 % auf den Nettoverkaufspreis.

   Berechnen Sie den zusätzlichen Betriebsgewinn/-verlust und begründen Sie, ob das Industrieunternehmen den Auftrag annehmen soll!

115 Entscheidung über Zusatzauftrag und Preis

Die Geschäftsleitung der Kunststoffwerke Erler GmbH beschließt, die Deckungsbeitragsrechnung einzuführen. Das Unternehmen erwartet für das kommende Quartal folgende Daten:

	Produkt A	Produkt B
Absatzmenge	350 Stück	800 Stück
Nettoverkaufserlös je Stück	450,00 EUR	325,00 EUR
variable Kosten je Stück	300,00 EUR	200,00 EUR
fixe Kosten	74000,00 EUR	

Aufgaben:

1. Ermitteln Sie das voraussichtliche Betriebsergebnis mithilfe der Deckungsbeitragsrechnung!
2. Mit der Absatzmenge des Produkts A ist die Kapazität des Produktbereichs A nicht ausgelastet. Daher kann noch ein Zusatzauftrag über 40 Einheiten A angenommen werden.

   Bestimmen Sie die Preisuntergrenze für diesen Zusatzauftrag, wenn aus diesem Auftrag noch ein zusätzlicher Gewinn von 2000,00 EUR erwirtschaftet werden soll!
3. Die Deckungsbeitragsrechnung ermöglicht eine marktorientierte Mengenplanung und Preispolitik. Begründen Sie diese Aussage!

3.5.4 Bei einem Kapazitätsengpass über die Annahme eines Zusatzauftrages sowie über die Gestaltung des Produktionsprogramms unter Berücksichtigung des relativen Deckungsbeitrags entscheiden

3.5.4.1 Bei einem Kapazitätsengpass über die Annahme eines Zusatzauftrages entscheiden

(1) Annahme eines Zusatzauftrages bei ausgelasteter Kapazität mit Kapazitätserweiterung

Ist die Kapazität eines Unternehmens ausgelastet, kann ein Zusatzauftrag für ein anderes Unternehmen nur dann angenommen werden, wenn die bestehende Kapazität erweitert wird. Durch die Erweiterung der Kapazität fallen **zusätzliche Kosten** an (z. B. Abschreibungen für eine neue Produktionshalle, neue Maschinen). Die Annahme eines Zusatzauftrages ist daher nur sinnvoll, wenn der **Erlös des Zusatzauftrages** die zusätzlichen fixen Kosten abdeckt bzw. zu einer Verbesserung des Betriebsergebnisses führt.

Beispiel:

Die Maschinenfabrik Zeh GmbH stellt die Getriebe für ihre Maschinen selbst her. Die Herstellkosten je Getriebe betragen 105,30 EUR. Ein neuer Kunde bietet der Zeh GmbH langfristig Zusatzaufträge für spezielle Getriebe an. Der Angebotspreis je Getriebe beträgt 149,48 EUR.

Da die Kapazität der Zeh GmbH ausgelastet ist, muss im Fall der Annahme des Zusatzauftrages die Kapazität für die Getriebefertigung erweitert werden. Es ist mit Anschaffungskosten in Höhe von 720 000,00 EUR zu rechnen. Die Nutzungsdauer für die neue Anlage beträgt 8 Jahre. Ferner fallen zusätzliche Fixkosten für Instandhaltung, Versicherungen usw. in Höhe von 4 500,00 EUR an.

Aufgaben:

1. Berechnen Sie, ob sich die Annahme des Zusatzauftrages bei einer Fertigungsmenge von 2 000 Getrieben pro Jahr lohnt!
2. Bestimmen Sie rechnerisch und grafisch die Übergangsmenge (kritische Menge[1]), ab der sich die Annahme der Zusatzaufträge lohnt!

Lösungen:

Zu 1.: Erlös bei Annahme des Zusatzauftrages

Erlös je Getriebe	149,48 EUR
Erlös von 2 000 Getrieben	298 960,00 EUR

Kosten bei Annahme des Zusatzauftrages

Variable Herstellkosten je Getriebe	105,30 EUR
variable Herstellkosten von 2 000 Getrieben	210 600,00 EUR
+ kalkulatorische Abschreibung	90 000,00 EUR
+ zusätzliche Fixkosten	4 500,00 EUR
= Herstellkosten	305 100,00 EUR

Ergebnis: Bei Annahme des Zusatzauftrages entsteht bei einer Fertigungsmenge von 2 000 Getrieben ein Kostennachteil in Höhe von 6 140,00 EUR. Die Annahme des Zusatzauftrages lohnt sich nicht.

1 Die **kritische Menge** ist die Ausbringungsmenge, bei der die Erlöse der Zusatzaufträge die zusätzlichen fixen Kosten abdeckt.

Erlös des Zusatzauftrages = Kosten bei Kapazitätserweiterung

$$e \cdot x = k_v \cdot x + K_{fix}$$

Zu 2.: Berechnung der kritischen Menge

$$149{,}48\,x = 105{,}30\,x + 94\,500$$
$$44{,}18\,x = 94\,500$$
$$x = \underline{\underline{2\,138{,}98}}$$

Ergebnis: Die Annahme des Zusatzauftrages ist erst ab einer Fertigungsmenge von 2139 Getrieben lohnend.

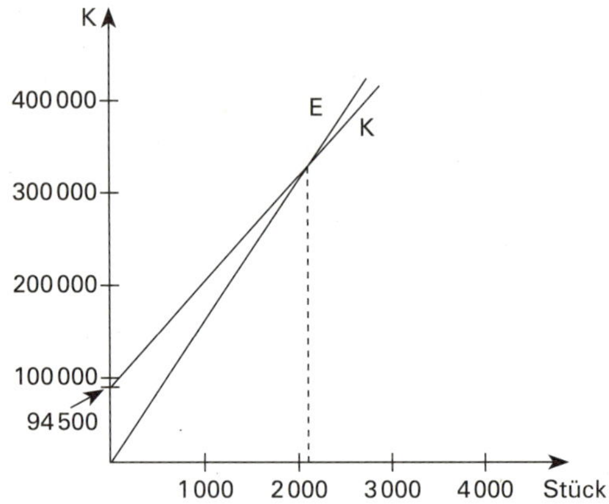

- Bei ausgelasteter Kapazität ist die Annahme eines Zusatzauftrages dann sinnvoll, wenn dessen Erlös die für die Kapazitätserweiterung entstehenden fixen Kosten übersteigt.
- In diesem Fall führt die Annahme des Zusatzauftrages zu einer Verbesserung des Betriebsergebnisses.

(2) Annahme eines Zusatzauftrages bei ausgelasteter Kapazität ohne Kapazitätserweiterung

Ist die Kapazität eines Unternehmens ausgelastet, kann ein Zusatzauftrag für ein anderes Unternehmen auch dann angenommen werden, wenn dafür auf die Eigenfertigung von Produkten zugunsten des Zusatzauftrages verzichtet wird. Geht man davon aus, dass die Fertigung der bisherigen Produkte einen Deckungsbeitrag erwirtschaftet hat, dann setzen sich die relevanten Kosten der bisherigen Produkte zusammen aus

- den **variablen Kosten der Fertigung** und
- dem **Deckungsbeitrag des verdrängten Produkts (Opportunitätskosten**[1])

Beispiel:

Die Möbelfabrik Bruno Bernhard OHG stellt Kleiderschränke her. Die variablen Kosten je Kleiderschrank betragen 460,00 EUR, die Stückkosten 520,00 EUR. Der Nettoverkaufserlös je Kleiderschrank beträgt 613,00 EUR. Die Kapazität der Bruno Bernhard OHG ist auf absehbare Zeit ausgelastet. Ein Hersteller für Büroschreibtische bietet langfristig Zusatzaufträge für die Fertigung von Büroschreibtischen an. Als Preis je Schreibtisch werden 598,00 EUR vereinbart. Jährlich werden 1800 Schreibtische abgenommen. Um den Zusatzauftrag annehmen zu können, müsste die Bruno Bernhard OHG die Produktion der Kleiderschränke um 1800 Einheiten verringern.

Aufgabe:

Ermitteln Sie, ob sich die Annahme des Zusatzauftrages für die Bruno Bernhard OHG lohnt!

1 **Opportunität:** Zweckmäßigkeit in der gegenwärtigen Situation. Opportunitätskosten können durch entgangene Deckungsbeiträge entstehen.

Lösung:

	Variable Kosten der Fertigung der Kleiderschränke 460,00 EUR/Stück · 1800 Stück	828 000,00 EUR
+	wegfallender Deckungsbeitrag bei Verzicht auf die Produktion der Kleiderschränke (Opportunitätskosten) (613,00 EUR/Stück – 520,00 EUR/Stück) · 1800 Stück	167 400,00 EUR
=	Kosten der Fertigung für nicht produzierte Kleiderschränke	995 000,00 EUR
–	Erlöse aus Zusatzauftrag Schreibtische 598,00 EUR/Stück · 1800 Stück	1 076 400,00 EUR
=	Erhöhung des Betriebsgewinns durch die Annahme des Zusatzauftrages	81 000,00 EUR

Kompetenztraining

116 Verlustprodukt und Zusatzauftrag

Im Zweigwerk des Autozulieferers Gustav Heine KG werden verschiedene Typen von Radkappen gefertigt.

Produkt	Radkappe A	Radkappe B	Radkappe C
Deckungsbeitrag pro Stück	26,00 EUR	10,00 EUR	30,00 EUR
Produktions- und Absatzmenge in Stück	3900	2500	8100
Anteil an den Fixkosten	25 %	14 %	61 %

Die gesamten Fixkosten betragen 280 000,00 EUR pro Jahr. Der Nettoverkaufspreis von Radkappe A beläuft sich auf 40,00 EUR.

Aufgaben:

1. Ermitteln Sie die Deckungsbeiträge, das Betriebsergebnis je Produkt und das Betriebsergebnis insgesamt!
2. Die Gustav Heine KG überlegt, die Produktion des Verlustproduktes einzustellen. Dadurch könnte der Anteil der fixen Kosten für die Radkappe B um 80 % abgebaut werden.

   Berechnen Sie, wie sich das Betriebsergebnis durch diese Maßnahme verändern würde!
3. Die Produktion der Radkappe B wird nicht eingestellt. Die Radkappe B wird ausschließlich an die Autosport GmbH verkauft. Die Autosport GmbH würde langfristig von Radkappe B zwischen 7 000 und 8 000 Stück pro Jahr beziehen, wenn der bisherige Nettoverkaufspreis (40,00 EUR) um 10 % gesenkt würde.

   Da die bisherige Kapazität für die Produktion der Radkappe B nicht ausreicht, fallen durch die Annahme des Zusatzauftrages zusätzliche Fixkosten in Höhe von 5 800,00 EUR/Jahr an. Die variablen Stückkosten würden sich dadurch nicht ändern.

   Bestimmen Sie die Mindestabnahmemenge, die von der Autosport GmbH zugesagt werden müsste, damit die Radkappe B keinen negativen Beitrag zum Betriebsergebnis leistet!

117 Fixkostenproblematik, Preisuntergrenze

Der Unternehmer Gscheidle hat ein besonders leistungsfähiges Gerät zum Empfang von Satelliten-Sendern entwickelt. Er will es in seiner Fabrik, der Gscheidle AG, bauen. Die maximale Jahresproduktion beträgt 3500 Stück. Bei einem Beschäftigungsgrad von 50 % entstehen Gesamtkosten von 900 000,00 EUR, bei der erwarteten Auslastung von 90 % 1 020 000,00 EUR. Verkauft werden die Empfangsgeräte für 490,00 EUR/Stück.

Aufgaben:

1. Berechnen Sie Gesamtgewinn bei einer maximalen Jahresproduktion!
2. Da sich das Produkt gut verkauft, entschließt sich die Gscheidle AG, die Produktionskapazität um 50 % zu erhöhen. Dadurch steigen die Fixkosten um 40 %.
   2.1 Erklären Sie diesen unterproportionalen Anstieg an zwei Beispielen!
   2.2 Das Risiko hat sich durch diese Investition verändert. Erläutern Sie diese Aussage!
3. Die ursprünglich sehr positive Entwicklung setzt sich nicht weiter fort, da viele Konkurrenten „die Preise verderben".

   Bestimmen Sie den Preis, bis zu welchem die Gscheidle AG bei der gegebenen Kostenstruktur mithalten kann, wenn sie auf Dauer mit einer 70 %igen Auslastung der erhöhten Kapazität rechnet!

118 Zusatzauftrag, Opportunitätskosten

Der Baumaschinenhersteller BauMaG GmbH produziert für sein Produkt „Zementmischer" die Motoren in Eigenfertigung. Daneben beliefert die BauMaG GmbH auch andere Maschinenfabriken mit ihren Motoren. Variable Herstellkosten je Motor 226,00 EUR, Stückkosten 290,00 EUR, Nettoverkaufserlös 360,00 EUR. Die Kapazität der BauMaG GmbH ist auf absehbare Zeit ausgelastet. Ein Hersteller von Landmaschinen bietet der BauMaG GmbH langfristig Zusatzaufträge für Motorengehäuse an. Sie bietet je Motorengehäuse einen Preis von 210,00 EUR an. Als jährliche Abnahme werden 500 Motorengehäuse vorgeschlagen. Um den Zusatzauftrag annehmen zu können, müsste auf die Produktion von 420 Motoren verzichtet werden.

Aufgabe:

Ermitteln Sie, ob sich die Annahme des Zusatzauftrages für die BauMaG GmbH lohnt!

3.5.4.2 Bei einem Kapazitätsengpass über die Gestaltung des Produktionsprogramms unter Berücksichtigung des relativen Deckungsbeitrags entscheiden

(1) Überblick

Ist in einem Teilbereich des Betriebs, den alle Produkte durchlaufen müssen, die Kapazitätsgrenze erreicht, entsteht ein Engpass. Die Produktionsmenge kann dann nicht in der Weise gesteigert werden, wie es von der Absatzseite her möglich wäre **(Engpass in der Produktion)**. In diesem Fall gilt:

> Bei **voll ausgelasteter Kapazität** müssen die Deckungsbeiträge auf **eine Einheit der Engpasskapazität** umgerechnet werden.

Die neuen Fragestellungen lauten:

- Wie lange wird die **Engpassabteilung** von den einzelnen Produkten während des Produktionsprozesses in **Anspruch genommen?**
- Welcher Deckungsbeitrag wird je beanspruchte Zeiteinheit von den einzelnen Produkten erzielt **(relativer Deckungsbeitrag)?**

Beachte:

Eine weitere Ursache für eine Engpasssituation kann darin bestehen, dass ein für die Produktion benötigter Rohstoff nicht rechtzeitig in dem benötigten Umfang beschafft werden kann **(Engpass bei der Beschaffung).** Allerdings ändert sich in diesem Fall die Problemsituation nicht grundlegend, da sich auch in diesem Fall das Produktionsprogramm am relativen Deckungsbeitrag ausrichtet.

(2) Engpass in der Produktion

Beispiel:

Bei der Maschinenfabrik Gottfried Sauter KG durchlaufen alle Motorentypen die Abteilung Qualitätsprüfung. Diese Abteilung bildet mit 2400 Stunden pro Monat den betrieblichen Engpass. Für die Qualitätsprüfung werden folgende Prüfzeiten aufgewendet:

	Motorentypen			
	A	B	C	D
Prüfzeiten in Minuten	30	40	15	20
absolute Stückdeckungsbeiträge	4330,00	5290,00	2180,00	4540,00

Aufgaben:

1. Berechnen Sie den relativen Deckungsbeitrag und ermitteln Sie die Rangfolge der Motorentypen bei der Produktionsentscheidung!
2. Bestimmen Sie das optimale Produktionsprogramm, wenn im Monat Juni folgende absetzbare Mengen möglich sind:

	Motorentypen			
	A	B	C	D
absetzbare Menge (Stück)	1260	1500	2280	2460

3. Berechnen Sie den im Monat Juni erzielten Betriebsgewinn, wenn Fixkosten in Höhe von 23071800,00 EUR anfallen!

Lösungen:

Zu 1.: Berechnung der relativen Deckungsbeiträge und die Rangfolge der Motorentypen bei der Produktionsentscheidung

Zunächst muss der absolute Stückdeckungsbeitrag auf eine Einheit der Engpasskapazität (hier: 1 Stunde) umgerechnet werden. Das Ergebnis ist der relative Deckungsbeitrag pro Stunde.

$$\text{Relativer Deckungsbeitrag} = \frac{\text{absoluter Stückdeckungsbeitrag}}{\text{verbrauchte Engpasseinheit (z. B. je Stunde, Stück)}}$$

15 Speth u.a. - ISBN 978-3-8120-0595-1

Motorentyp	Prüfzeit je Motor	verbrauchte Engpasseinheit je Stück	(absoluter) Stückdeckungsbeitrag	relativer Deckungsbeitrag je Stunde	Rangfolge
A	30 Min.	30/60[1]	4330,00 EUR	8660,00 EUR	III
B	40 Min.	40/60	5290,00 EUR	7935,00 EUR	IV
C	15 Min.	15/60	2180,00 EUR	8720,00 EUR	II
D	20 Min.	20/60	4540,00 EUR	13620,00 EUR	I

Ergebnis: Die Rangfolge, in der die einzelnen Motorentypen produziert werden, lautet: D, C, A, B.

Zu 2.: Bestimmung des optimalen Produktionsprogramms

Rang	Motorentyp	absetzbare Menge	geprüfte Stücke je Stunde	Prüfzeit insgesamt in Stunden	Produktionsmenge in Stück (optimales Produktionsprogramm)
I	D	2460 :	3 =	820	2460
II	C	2280 :	4 =	570	2280
III	A	1260 :	2 =	630	1260
				2020	
IV	B	1500	1,5 x	380	= 570
				2400	

Erläuterungen:

Die Motorentypen D, C und A können in der absetzbaren Menge produziert werden. Dafür werden in der Engpassabteilung Qualitätsprüfung 2020 Stunden benötigt. Für den mit dem niedrigsten relativen Deckungsbeitrag ausgestatteten Motorentyp B, der bei der absetzbaren Menge von 1500 Stück 1000 Prüfstunden benötigen würde (1500 Stück : 1,5 Stück/Std.), verbleibt nur noch eine Prüfzeit von 380 Stunden. In dieser Zeit können lediglich 570 Motoren (1,5 Stück/Std. · 380 Std. restliche Prüfzeit) dieses Motorentyps geprüft werden. Damit können auch nur 570 Stück dieses Motorentyps produziert werden.

Zu 3.: Berechnung des Betriebsgewinns

Motorentyp	produzierte Motoren	absoluter Stückdeckungsbeitrag	Deckungsbeitrag insgesamt
A	1260 Stück	4330,00 EUR	5455800,00 EUR
B	570 Stück	5290,00 EUR	3015300,00 EUR
C	2280 Stück	2180,00 EUR	4970400,00 EUR
D	2460 Stück	4540,00 EUR	11168400,00 EUR

	Summe aller Deckungsbeiträge	24609900,00 EUR
–	Fixkosten	23071800,00 EUR
=	Betriebsgewinn	1538100,00 EUR

- Liegt in einem Teilbereich der Produktion ein Engpass vor, so sind die **Deckungsbeiträge je verbrauchter Engpasseinheit** (relative Deckungsbeiträge) zu ermitteln.
- Die Entscheidung, in welcher Menge eine Erzeugniseinheit produziert wird, richtet sich nach der **Höhe des relativen Deckungsbeitrags.**

1 Pro Stunde können 2 Motoren geprüft werden.

(3) Engpass bei der Beschaffung

Beispiel:

Eine Maschinenfabrik produziert Verpackungsmaschinen in vier verschiedenen Ausführungen. Für alle vier Maschinentypen werden Kugellager benötigt, die nur von einem Unternehmen bezogen werden können. Der Einstandspreis je Kugellager beträgt 7 200,00 EUR.

Die folgende Tabelle enthält die benötigte Menge an Kugellagern je Maschine, die Summe der übrigen variablen Kosten und die Nettoverkaufspreise je Maschine.

Maschinen-ausführung	Kugellager je Maschine	übrige variable Kosten	Nettoverkaufs-erlöse
I	6	24 000,00 EUR	69 900,00 EUR
II	4	31 400,00 EUR	61 760,00 EUR
III	1	14 700,00 EUR	22 110,00 EUR
IV	5	18 600,00 EUR	57 200,00 EUR

Aufgaben:

1. Berechnen Sie die gesamten variablen Kosten je Maschine!
2. Ermitteln Sie den Deckungsbeitrag je Maschine!
3. Bestimmen Sie den Deckungsbeitrag je Engpasseinheit!
4. Stellen Sie die Reihenfolge des gewinnoptimalen Produktionsprogramms auf, wenn kurzfristig nur 15 Kugellager bezogen werden können!

Lösungen:

Zu 1. bis 3.:

Maschinen-ausführung	gesamte variable Kosten je Maschine	Deckungsbeitrag je Maschine	Stückdeckungsbeitrag/ Engpasseinheit
I	67 200,00 EUR	2 700,00 EUR	450,00 EUR
II	60 200,00 EUR	1 560,00 EUR	390,00 EUR
III	21 900,00 EUR	210,00 EUR	210,00 EUR
IV	54 600,00 EUR	2 600,00 EUR	520,00 EUR

Lösungsschritte am Beispiel der Maschinenausführung I:

1. Schritt. Berechnung der gesamten variablen Kosten je Maschine

	6 Kugellager zu je 7 200,00 EUR =	43 200,00 EUR
+	übrige variable Kosten	24 000,00 EUR
		67 200,00 EUR

2. Schritt:

	Nettoverkaufserlöse	69 900,00 EUR
–	variable Kosten	67 200,00 EUR
=	Stückdeckungsbeitrag	2 700,00 EUR

3. Schritt: Stückdeckungsbeitrag/Engpasseinheit $= \frac{2\,700}{6} = 450{,}00$ EUR

Zu 4.: Die Reihenfolge des gewinnoptimalen Produktionsprogramms lautet:
Maschine IV (5 Kugellager), Maschine I (6 Kugellager), Maschine II (4 Kugellager).
Maschine III kann mangels eines Kugellagers nicht produziert werden.

Kompetenztraining

119 Optimierung des Fertigungsprogramms bei Engpass

In einer Möbelfabrik werden vier verschiedene Formen von Wohnzimmertischen (A, B, C, D) hergestellt. Für den Monat November liefert die KLR folgende Zahlen:

	Wohnzimmertische			
	A	B	C	D
Nettoverkaufserlöse je Stück	1 080,00 EUR	940,00 EUR	510,00 EUR	280,00 EUR
variable Stückkosten	720,00 EUR	690,00 EUR	370,00 EUR	115,00 EUR
absetzbare Stückzahlen	700 Stück	220 Stück	320 Stück	200 Stück
Zeitbedarf je Stück in der Engpassstufe	30 Minuten	12 Minuten	15 Minuten	20 Minuten
Fertigungsstunden insgesamt in der Engpassstufe	360 Stunden			
fixe Gesamtkosten	279 900,00 EUR			

Aufgaben:

1. Berechnen Sie die relativen Deckungsbeiträge!
2. Bestimmen Sie das optimale Produktionsprogramm!
3. Ermitteln Sie den Betriebsgewinn im Monat November, wenn die gesamten Fixkosten 279 900,00 EUR ausmachen!
4. Stellen Sie die wichtigsten Merkmale der Deckungsbeitragsrechnung und der Vollkostenrechnung einander gegenüber!

120 Optimierung des Fertigungsprogramms bei Zusatzauftrag

Ein Industrieunternehmen stellt drei Produkte (A, B und C) her. Der Produktionsplan für die 24. Woche enthält folgende Daten:

Produktart	geplante Stückzahl	Stückzeit in Minuten	variable Stückkosten	Nettoverkaufserlöse je Stück
A	240	30	40,00 EUR	56,00 EUR
B	120	40	64,00 EUR	90,00 EUR
C	50	48	84,00 EUR	120,00 EUR

Die Fixkosten betragen insgesamt 6 100,00 EUR. In der Montageabteilung, die die Engpassstufe darstellt, stehen pro Woche 240 Arbeitsstunden zur Verfügung.

Aufgaben:

1. Ermitteln Sie den absoluten Deckungsbeitrag je Stück sowie insgesamt für jede Produktart und berechnen Sie den Betriebsgewinn!
2. Für die 25. Woche ist folgendes Produktionsprogramm vorgesehen: A 120 Stück, B 30 Stück, C 200 Stück.

   Vor Beginn der Produktion fragt ein Kunde an, ob 200 Stück von dem Sondermodell D zum Stückpreis von 60,00 EUR kurzfristig geliefert werden können. Der Auftrag kann nur ganz oder gar nicht angenommen werden. Die variablen Stückkosten betragen hierfür 46,00 EUR und die Stückzeit beträgt 24 Minuten. Die Produktion des Sondermodells muss in der 25. Woche durchgeführt werden.

2.1 Ermitteln Sie, ob das Industrieunternehmen diesen Auftrag annehmen soll (rechnerischer Nachweis)!

2.2 Erstellen Sie, sofern der Auftrag angenommen wird, das neue Produktionsprogramm für die 25. Woche!

121 Optimierung des Fertigungsprogramms bei Engpass

In einem Betrieb weist die kurzfristige Erfolgsrechnung des Vormonats folgende Daten aus:

	Gesamt	Produkt A	Produkt B	Produkt C
Nettoverkaufserlöse variable Kosten	2 362 000,00 1 197 200,00	780 000,00 468 000,00	936 000,00 312 000,00	646 000,00 417 200,00
Deckungsbeitrag fixe Kosten	1 164 800,00 910 000,00	312 000,00	624 000,00	228 800,00
Betriebsgewinn	254 800,00			
hergestellte Stückzahl Fertigungszeit pro Stück verfügbare Kapazität	 2 600 Stunden	1 560 25 Min.	2 080 30 Min.	1 040 15 Min.

Aufgaben:

1. Berechnen Sie, wie viel Prozent die freie Kapazität im Vormonat betrug!
2. Ermitteln Sie den Deckungsbeitrag je Erzeugnis und Produktionsstunde und geben Sie die Reihenfolge der Förderungswürdigkeit der Produkte an:
   2.1 bei freier Kapazität und
   2.2 bei einer Engpasssituation!
3. Bestimmen Sie das Betriebsergebnis bei einer Kapazitätsausnutzung von 1 170 Stunden und einer entsprechenden Programmbereinigung, wenn die bisherigen Stückzahlen nicht erhöht werden können!
4. Angenommen, die Kapazität beträgt 1 690 Stunden.
   4.1 Ermitteln Sie das Betriebsergebnis!
   4.2 Geben Sie an, wie viel Stück von den einzelnen Produkten hergestellt werden!
5. Berechnen Sie das Betriebsergebnis bei einer Kapazitätsauslastung von 90 %, wenn das Produkt mit dem höchsten relativen Deckungsbeitrag zusätzlich hergestellt würde! Berücksichtigen Sie zur Lösung das Ergebnis von 1.

122 Optimierung des Produktionsprogramms bei Rohstoffengpass

Eine Schokoladenfabrik stellt vier Sorten Schokolade her (A, B, C, D). Für alle vier Sorten wird Kakao benötigt, der jedoch aufgrund von Ernteausfällen nur in beschränktem Umfang bezogen werden kann. Die Einkaufsabteilung erhielt insgesamt 960 kg Kakao zu 36,00 EUR/kg. Im vergangenen Quartal konnten von jeder Schokoladensorte 30 000 Tafeln zu je 100 g abgesetzt werden.

Die folgende Tabelle enthält (je 100-g-Tafel) die benötigte Menge Kakaobutter (in Gramm), die Summe der übrigen variablen Kosten und die Nettoverkaufserlöse:

Sorte	Menge Kakao	übrige variable Kosten	Nettoverkaufspreis
A	30 g	1,20 EUR	2,82 EUR
B	20 g	1,44 EUR	2,76 EUR
C	5 g	1,80 EUR	2,10 EUR
D	10 g	1,08 EUR	1,92 EUR

Aufgaben:

1. Berechnen Sie die gesamten variablen Kosten je 100-g-Tafel!
2. Ermitteln Sie den Deckungsbeitrag je 100-g-Tafel!
3. Bestimmen Sie den Deckungsbeitrag je Engpasseinheit!
4. Stellen Sie das gewinnoptimale Produktionsprogramm auf!

123 Optimierung des Fertigungsprogramms bei Preisdifferenzierung

Die Herzog GmbH hat ihre Produktpalette um das Steckspiel mit dem Markennamen Stick erweitert. Das Produkt Stick wird als Standardkasten vertrieben. Im vergangenen Geschäftsjahr verkaufte die Herzog GmbH ausschließlich im Inland über den Fachhandel 56000 Kästen mit einem durchschnittlichen Nettoverkaufserlös von 25,00 EUR je Stück.

In einer Sitzung der Geschäftsleitung behauptet der Leiter des Rechnungswesens, dass Stick ein Flop sei; die anderen Produkte müssten Stick mitfinanzieren. Zum Beweis seiner Aussage legt er folgende Kostenanalyse aus dem vergangenen Geschäftsjahr vor:

Gesamte proportional-variable Kosten für Stick	812000,00 EUR
Fixe Kosten der Produktions- und Verpackungsmaschinen, die ausschließlich dem Produkt Stick zuzuordnen sind:	388000,00 EUR
Von den Fixkosten des Unternehmens wurden im Rahmen der Vollkostenrechnung auf das Produkt Stick verteilt:	700000,00 EUR

Aufgaben:

1. Begründen Sie, ob es falsch war, Stick in das Produktionsprogramm aufzunehmen! Belegen Sie Ihre Auffassung rechnerisch!
2. Erörtern Sie, welche Argumente unabhängig von Kostengesichtspunkten dagegen sprechen könnten, das Produkt Stick aus dem Produktionsprogramm zu nehmen!
3. Im Exportbereich ließe sich ein zusätzlicher Absatz von 22000 Kästen Stick pro Jahr bei einem Nettoverkaufserlös von 18,50 EUR pro Stück erzielen.

   Prüfen Sie, ob die Herzog GmbH unter dem Gesichtspunkt der Gewinnmaximierung diese Strategie der Preisdifferenzierung realisieren sollte!

4 Vollkosten- und Teilkostenrechnung abgrenzen und deren Vor- und Nachteile beurteilen

Mit der Vollkostenrechnung und der Deckungsbeitragsrechnung (Teilkostenrechnung) wurden zwei verschiedene Abrechnungssysteme der Kosten- und Leistungsrechnung vorgestellt. In der nachfolgenden Übersicht sind die **wichtigsten Zielsetzungen** der **beiden Kostenrechnungssysteme** zusammengestellt.

Vollkostenrechnung	Deckungsbeitragsrechnung
■ Es werden alle **angefallenen Kostenarten** auf die Kostenträger verrechnet. ■ Ziel der Vollkostenrechnung ist es, die Herstell- und Selbstkosten für die einzelnen Kostenträger zu ermitteln. Um alle Kostenarten auf die einzelnen Kostenträger aufteilen zu können, gliedert sie die Kostenarten nach der Zurechenbarkeit der Kostenarten auf die Kostenträger in **Einzelkosten** und **Gemeinkosten** auf. ■ Für die **langfristige Produktions- und Absatzentscheidung** ist von Bedeutung, dass die Selbstkosten erwirtschaftet werden. Daher werden jeweils alle Kosten in die Kostenträger eingerechnet. ■ Die Vollkostenrechnung ist geeignet für die **Preisbildung von Auftragsfertigungen** (öffentliche und private Auftraggeber), für **Preiskontrollen** (Erlöse – Selbstkosten – Vergleiche), für die **Ermittlung von Inventurwerten für die Handels- und Steuerbilanz** und für die **Ergebnisermittlung.** ■ Die Vollkostenrechnung geht von der innerbetrieblichen Kostenstruktur aus und ermittelt für die einzelnen Leistungseinheiten einen Preis. Das Unternehmen versucht dann, diesen **Preis am Markt durchzusetzen.** Der **Preis wird als Funktion der Kosten gesehen.** ■ In der Vollkostenrechnung lautet die **Fragestellung: Wie viel muss der Betrieb für jede Produktionseinheit mindestens erhalten, um die mit der Produktion direkt und indirekt verbundenen Kosten (Gesamtkosten) zu erwirtschaften?** ■ Die Vollkostenrechnung liefert mit zeitlicher Verzögerung Informationsmaterial über die Vergangenheit. Sie kann damit **keine kurzfristigen Entscheidungshilfen** bereitstellen.	■ Es wird nur **ein Teil der angefallenen Kosten** auf die Kostenträger verrechnet. ■ Die Gesamtkosten werden aufgespalten, und zwar in einen Teil, der durch die Produktion entstanden ist **(variable Kosten)** und in einen Teil, den die Aufrechterhaltung der Betriebsbereitschaft verursacht hat **(fixe Kosten).** ■ Da für die **kurzfristige Produktions- und Absatzentscheidung** nur die variablen Kosten von Bedeutung sind, wird nur dieser Kostenbestandteil auf die Kostenträger verrechnet. ■ Die Deckungsbeitragsrechnung ist geeignet, **Preisuntergrenzen** zu bestimmen, das **Produktionsprogramm zu optimieren** und die **Anpassung des Betriebs an Beschäftigungsschwankungen** zu erleichtern. ■ Die variablen Kosten werden von den erzielten Umsatzerlösen subtrahiert. Die Deckungsbeitragsrechnung sieht die Umsatzerlöse als Bezugsgröße an. Sie geht von den erzielten Umsatzerlösen aus und subtrahiert hiervon die Kosten. Damit wird die **Marktorientierung** dokumentiert und ein retrograder Rechenweg ausgelöst. ■ In der Deckungsbeitragsrechnung lautet die **Fragestellung**: **Wie viel muss der Betrieb bei gegebener Betriebsbereitschaft mindestens erhalten, um die variablen Stückkosten für diese Produktionseinheit ersetzt zu bekommen?** ■ Durch die Orientierung der Deckungsbeitragsrechnung an den Umsatzerlösen kann sie **kurzfristige Entscheidungshilfen** anbieten. ■ Die Deckungsbeitragsrechnung ist **ein brauchbares Verfahren** im Rahmen der Preispolitik und Produktpolitik.

Beachte:

Die Kostenrechnung kann die vielfältigen Aufgaben der modernen Wirtschaftspraxis (Entscheidungsvorbereitung, Kostenkontrolle, Preisbildung und Preiskontrolle, Inventurbewertung, Ergebnisermittlung und Bereitstellung von Informationsdaten) nur in der Form einer **Kombination** von **Vollkosten- und Deckungsbeitragsrechnung** bewältigen.

Kompetenztraining zur Wiederholung der Vollkosten- und Deckungsbeitragsrechnung

124 Vergleich Zuschlagskalkulation, Deckungsbeitragsrechnung, Produkteliminierung, Zusatzauftrag

Die Sportgerätefabrik Spogefa GmbH hat sich auf die Fabrikation von Tennisschlägern spezialisiert. Gefertigt werden die Modelle Miniwing, Woodwing und Graphitwing.

In der letzten Rechnungsperiode wurden 1000 Miniwing, 2000 Woodwing und 1500 Graphitwing hergestellt und verkauft. Dies entsprach einer Auslastung von ca. 70 % der Fertigungskapazität.

Die Einzelkosten und Verkaufspreise betrugen:

	Fertigungsmaterial EUR/Stück	Fertigungslöhne EUR/Stück	Nettoverkaufserlöse EUR/Stück
Miniwing	20,00	30,00	80,00
Woodwing	25,00	40,00	120,00
Graphitwing	40,00	60,00	210,00

Das Unternehmen ist in die drei Kostenbereiche Material, Fertigung und Verwaltung/Vertrieb unterteilt.

Die Gemeinkosten verteilen sich in der letzten Rechnungsperiode gemäß Betriebsabrechnungsbogen auf diese Kostenbereiche wie folgt:

Materialbereich	13000,00 EUR (davon fix 100 %)
Fertigungsbereich	160000,00 EUR (davon fix 80 %)
Verwaltungs-/Vertriebsbereich	100600,00 EUR (davon fix 50 %)

Aufgaben:

1. Ermitteln Sie die Gemeinkostenzuschlagssätze für den Material-, Fertigungs- und Verwaltungs-/Vertriebsbereich!
2. Berechnen Sie das Betriebsergebnis der letzten Abrechnungsperiode insgesamt und je Kostenträger! Wählen Sie dazu eine geeignete tabellarische Form!
3. Herr Abele, der Verkaufsleiter der Spogefa GmbH, schlägt vor, den Verlustartikel Miniwing einzustellen.
   3.1 Weisen Sie Herrn Abele rechnerisch nach, um welchen Betrag sich das Betriebsergebnis des Unternehmens in der Abrechnungsperiode verändert, wenn die Unternehmensleitung seinem Vorschlag folgt!
   3.2 Erläutern Sie die Ursache der von Ihnen gefundenen Ergebnisveränderung!
   3.3 Führen Sie zwei Argumente an, weshalb die Sportgerätefabrik den Tennisschläger Miniwing im Produktprogramm belässt, unabhängig vom Ergebnis Ihrer Rechnung!
4. Ein Auslandskunde ist bereit, 500 Woodwing zum Nettoverkaufserlös von 110,00 EUR/Stück abzunehmen. Herr Abele lehnt ab, da der Nettoverkaufserlös nicht die Selbstkosten decken würde.

   Prüfen Sie rechnerisch, ob der Auftrag angenommen werden sollte, um das Betriebsergebnis insgesamt zu verbessern!

5. Die Unternehmensleitung der Spogefa GmbH erwägt, den Kostenbereich Verwaltung/Vertrieb in zwei getrennte Kostenbereiche mit eigenen Zuschlagssätzen aufzuteilen. Der Versand erfolgt mittels Bahn frei Haus einschließlich Verpackung.

   Nennen Sie jeweils drei typische Kostenstellen des Verwaltungs- und Vertriebsbereichs!
6. Nennen Sie zwei Hauptmängel der Vollkostenrechnung und erläutern Sie diese mithilfe von Beispielen!

125 Kosten- und Erlösfunktionen, Deckungsbeitragsrechnung

Der Autozulieferer Meurer OHG hat einen neuartigen Ölfilter entwickelt. Die Nachfrage nach diesem Bauteil ist im letzten Monat gestiegen.

	Mai	Juni
Beschäftigungsgrad	71 %	91 %
Gesamtkosten	1 200 000,00 EUR	1 400 000,00 EUR

Die Kapazitätsgrenze für den Ölfilter liegt bei 200 000 Stück pro Monat. Der Verkaufspreis beträgt 9,90 EUR je Stück. Kosten- und Erlösverlauf sind linear.

Aufgaben:

1. Ermitteln Sie die variablen Stückkosten und die Fixkosten je Monat für den Geschäftsbereich Ölfilter!
2. Bestimmen Sie den maximalen Stückgewinn!
3. Stellen Sie den Sachverhalt grafisch dar (20 000 Stück = 1 cm; 3,00 EUR = 1 cm)!

   Hinweis: Erstellen Sie zunächst eine Tabelle – in 20 000 Stück Schritten – bis zur einer Gesamtmenge von 200 000 Stück nach folgendem Muster:

Menge	K_{fix}	K_v	Stückkosten	Stückerlös	Stückgewinn/ -verlust
20 000 40 000					

4. Die Meurer OHG produziert auch drei verschiedene Wischerblätter als Ersatzteile für den Handel. Hierfür liegen folgende Daten vor:

Typ	A	B	C
Verkaufspreis (EUR)	19,50	30,20	17,40
Fertigungszeit (Min.)	6	12	8
sonstige variable Stückkosten (EUR)	9,10	15,60	6,60

   Die Lohnkosten je Fertigungsstunde betragen 48,00 EUR.

   4.1 Ein Großhändler bestellt insgesamt 1 200 Wischerblätter. Von jedem Typ verlangt er eine Mindestmenge von 260 Stück. Die Kapazität der Meurer OHG ist für die Ausführung des Auftrags ausreichend.

   Ermitteln Sie aus Sicht der Meurer OHG die optimale Zusammensetzung dieses Auftrags.

   4.2 Von jedem Typ Wischerblätter können pro Monat 13 000 Stück abgesetzt werden. Für die Produktion stehen 3 900 Fertigungsstunden zur Verfügung.

   Bestimmen Sie das optimale Produktionsprogramm!

4.3 Für das Wischerblatt Typ A soll eine Sonderaktion gestartet werden. Bestimmen Sie die kurzfristige Preisuntergrenze!

4.4 Erläutern Sie, ob für das Wischerblatt Typ A mit dem vorliegenden Daten eine langfristige Preisuntergrenze berechnet werden kann!

126 Deckungsbeitragsrechnung, Produktionsengpass

1. Im Zweigwerk Biberach stellt die VELO AG unterschiedliche Fahrradreifen (A, B, C, D) her. Die vier Produkte müssen zwei Maschinengruppen durchlaufen. Im Monat Mai beträgt die Fertigungskapazität der Maschinengruppe I (M I) 4500 Stunden und der Maschinengruppe II (M II) 2000 Stunden. Damit besteht bei M II ein Produktionsengpass. Für die vier Produkte liegen im Monat Mai folgende Zahlen vor:

	A	B	C	D
Fertigungszeit auf M I (in Min.)	12	10	7	16,5
Fertigungszeit auf M II (in Min.)	8	3	4,8	8
Variable Stückkosten (in EUR)	19,90	17,00	18,50	23,30
Stückerlöse (in EUR)	21,50	18,05	19,70	24,10
Lieferverpflichtungen (in Stück)	2500	4000	5000	1900
Höchstabsatzmenge (in Stück)	3750	9000	10000	2000

Aufgabe:

Bestimmen Sie das gewinnmaximale Produktionsprogramm!

127 Zusatzauftrag, Kapazitätserweiterung, optimales Produktionsprogramm, Begriffsklärungen

Der Einzelunternehmer Gerhard Maurer e.K. betreibt eine Töpferei. Bisher stellte er Blumentöpfe und eine Sorte Blumenübertöpfe her. Er strebt eine Umsatzausweitung durch die Produktion einer Ziervase an.

Aufgaben:

1. Vor der Einführung der Ziervase wird eine Kostenanalyse für den Produktionsbereich Blumentöpfe durchgeführt. Folgende Informationen liegen vor:
   - maximale Monatsproduktion 25000 Stück
   - Verkaufspreis 0,90 EUR/St

	Januar	Februar
Kapazitätsauslastung Gesamtkosten	85 % 18500,00 EUR	90 % 19000,00 EUR

1.1 Ermitteln Sie die variablen Stückkosten und die Fixkosten je Monat für den Geschäftsbereich Blumentöpfe!

1.2 Die Kapazität könnte durch Anschaffung neuer Formpressen um monatlich 10000 Stück erhöht werden. Die Zusatzproduktion kann voll abgesetzt werden.
Anschaffungskosten der neuen Presse insgesamt 400000,00 EUR,
geschätzte Nutzungsdauer 10 Jahre,
lineare kalkulatorische Abschreibung vom 20 % höheren Wiederbeschaffungswert,
weitere Fixkosten von 1000,00 EUR je Monat,
Verringerung der variablen Stückkosten um 25 % für die Zusatzproduktion.

1.2.1 Weisen Sie die Gesamterlöse, die Gesamtkosten sowie das Betriebsergebnis je Monat an den jeweiligen Kapazitätsgrenzen rechnerisch nach!

1.2.2 Ermitteln Sie, wie viele Blumentöpfe nach der Kapazitätserweiterung verkauft werden müssten, um denselben Gewinn wie bei Vollauslastung der bisherigen Kapazitäten zu erzielen!

1.2.3 Beurteilen Sie die Kapazitätserweiterung aus betriebswirtschaftlicher Sicht!

2. Im Produktionsbereich Blumenübertöpfe werden jährlich 250 000 Stück mit variablen Gesamtkosten von 300 000,00 EUR hergestellt.

   Im laufenden Geschäftsjahr wird zusätzlich die Ziervase mit variablen Stückkosten von 1,40 EUR produziert. Die Fixkosten in der gesamten Töpferei betragen 591 800,00 EUR/Jahr.

   Hinweis: Die Kapazitätserweiterung (vgl. 1.2) wurde nicht durchgeführt.

Produkt	Blumenübertopf	Ziervase	Blumentopf
Nettoverkaufserlös pro Stück	2,75 EUR	3,40 EUR	0,90 EUR
Dauer eines Brennvorgangs	$2^1/_2$ Std.	$2^1/_2$ Std.	$1^1/_4$ Std.
maximale jährliche Absatzmenge	250 000 Stück	200 000 Stück	320 000 Stück

   Die Brennöfen stehen dem Unternehmen insgesamt 1 400 Stunden zur Verfügung. Während eines Brennvorgangs können jeweils 1 000 Stück eines der drei Produkte gebrannt werden.

   2.1 Ermitteln Sie das optimale Produktionsprogramm!

   2.2 Berechnen Sie das im laufenden Geschäftsjahr zu erwartende Betriebsergebnis!

128 Preisuntergenze

Die INTER AG erzielte im Monat Mai mit Ledergeldbörsen bei einem Nettoverkaufserlös von 6,40 EUR/Stück einen Gesamtumsatz von 115 200,00 EUR. Die Selbstkosten beliefen sich dabei auf 107 220,00 EUR. Vollkostendeckung wird bei einer Absatzmenge von 10 400 Stück/Monat erreicht. Der relative Stückdeckungsbeitrag liegt bei 19,20 EUR/Stunde.

Aufgaben:

Berechnen Sie

1. den Stückdeckungsbeitrag,
2. die gesamten Fixkosten,
3. die kurzfristige Preisuntergrenze und
4. die Fertigungszeit/Stück in Minuten!

129 Betriebsergebnis, Engpass im Vertrieb

Eine Lebkuchenfabrik stellt in einem Zweigwerk drei Sorten Lebkuchen her (A, B und C). Für die vergangene Periode liegen folgende Zahlen vor:

Erzeugnis	erzeugte und verkaufte Menge in kg	Nettoverkaufserlös in EUR je kg	variable Kosten in EUR je kg
A	14 000	14,00	8,40
B	21 000	16,80	8,40
C	11 200	21,00	9,10

Die Fixkosten betrugen im gleichen Zeitraum 224 000,00 EUR.

Aufgaben:

1. Berechnen Sie die Deckungsbeiträge der drei Sorten sowie das Betriebsergebnis der vergangenen Rechnungsperiode!
2. Analysieren Sie das Betriebsergebnis der vergangenen Rechnungsperiode!
3. Weisen Sie rechnerisch nach, wie weit der Gesamterlös – bei gleichen Produktrelationen – zurückgehen könnte, bis kein Betriebsgewinn mehr entsteht!
4. Die Kostenstelle „Verpackung" stellt einen Engpass dar. Sie wird von den drei Produkten mit folgenden Zeiten beansprucht:

   A: 2 Min./kg, B: 1,5 Min./kg und C: 6 Min./kg.

   Untersuchen Sie, welche Bedeutung dies für die Disposition der Unternehmensleitung hat!

130 Kostenstellenrechnung, BAB, Kostenträgerstückrechnung

Die Schönberger KG stellt in ihrem Hauptwerk in Gaggenau exklusive Küchen her. Folgende Zahlen ergeben sich aus der Kosten- und Leistungsrechnung für den Monat Februar:

- Fertigungsmaterial: 620 000,00 EUR
- Fertigungslöhne: 560 000,00 EUR

Die folgenden Gemeinkosten sollen im Betriebsabrechnungsbogen verteilt werden:

- Gehälter im Verhältnis: 1:3:2:2
- Raumkosten nach m^2: 450 : 700 : 250 : 100

Aufgaben:

1. Vervollständigen Sie den Betriebsabrechnungsbogen für den Monat Februar und ermitteln Sie die Summe der Istgemeinkosten der einzelnen Kostenstellen!

		Kostenstellen			
Gemeinkostenarten	Betrag in EUR	Material in EUR	Fertigung in EUR	Verwaltung in EUR	Vertrieb in EUR
Gehälter	240 000,00				
Raumkosten	90 000,00				
Sonstige Gemeinkosten	833 700,00	126 000,00	543 000,00	98 800,00	65 900,00
Summe	1 163 700,00				

2. Bei der Schönberger KG wird mit folgenden Normal-Gemeinkostenzuschlagssätzen kalkuliert:

   MGKZ 20 %, FGKZ 130 %, VwGKZ 10 %, VtGKZ 8 %

   Berechnen Sie im Rahmen einer Gesamtkalkulation nach folgendem Muster:

Kalkulationsschema	Istkosten		Normalkosten		Kostenüber-/unterdeckung in EUR
	in %	in EUR	in %	in EUR	

   - die Ist-Gemeinkostenzuschlagssätze
   - die Selbstkosten und
   - die Kostenabweichungen in den Kostenstellen!

3. Da in der Vergangenheit öfter Kostenabweichungen aufgetreten sind, fordert die Geschäftsleitung der Schönberger KG Aufklärung.

   3.1 Der Leiter der Kostenstelle Verwaltung argumentiert, dass der Normal-Gemeinkostenzuschlagssatz gleich groß sei wie der Ist-Gemeinkostenzuschlagssatz. Deswegen habe er die vorliegende Kostenabweichung in der Kostenstelle Verwaltung nicht zu vertreten.

   Nehmen Sie Stellung zu dieser Aussage!

   3.2 Der Leiter der Kostenstelle Material wird ebenfalls aufgefordert, die Kostenabweichung in seiner Abteilung zu begründen.

   Erläutern Sie zwei Ursachen von Kostenabweichungen, welche der Kostenstellenleiter anführen könnte, ohne die Verantwortung für die Abweichung übernehmen zu müssen!

4. Im Zweigwerk Rastatt der Schönberger KG werden Gartenmöbel hergestellt. Im Februar trifft eine Anfrage über 200 Gartentische der Modellreihe „Teak" ein. Folgende Zahlen sind aus der Kosten- und Leistungsrechnung bekannt:
   - Fertigungsmaterial pro Gartentisch: 140,00 EUR
   - Fertigungslöhne pro Gartentisch: 2,5 Stunden zu je 46,00 EUR/Std.
   - Im Zweigwerk der Schönberger KG wird mit folgenden Normal-Gemeinkostenzuschlagssätzen kalkuliert: MGKZ 17 %, FGKZ 90 %, VwGKZ 9 %, VtGKZ 5 %.
   - Die Schönberger KG gewährt ihren Kunden 25 % Rabatt und 3 % Skonto. Der Gewinnzuschlagssatz beträgt 18 %.

   4.1 Berechnen Sie den Listenverkaufspreis für einen Gartentisch!

   4.2 Aus Konkurrenzgründen muss die Schönberger KG den Listenverkaufspreis für einen Gartentisch „Teak" auf 679,00 EUR senken.

   Berechnen Sie den Gewinn in EUR und in Prozent, den die Schönberger KG je Gartentisch erzielt!

Kompetenzbereich 3: Fakultative Inhalte

1 Maschinenstundensätze

1.1 Grundlagen zur Berechnung von Maschinenstundensätzen

Durch die fortschreitende Mechanisierung der Betriebe gewinnt die Maschinenstundensatzkalkulation immer größere Bedeutung. In dem Maße wie Personal immer mehr durch Maschinen ersetzt wird, vergrößert sich der Anteil der maschinenabhängigen Gemeinkosten gegenüber den lohnabhängigen Gemeinkosten. Daher ist es im Sinne einer genaueren Kalkulation erforderlich, die **Fertigungsgemeinkosten** in die **maschinenabhängigen** und in die **lohnabhängigen Fertigungsgemeinkosten (Rest-Fertigungsgemeinkosten)** aufzuteilen.

Für die **maschinenabhängigen Fertigungsgemeinkosten** werden die **Maschinenlaufzeiten** als Bezugsgrundlage gewählt, für die **lohnabhängigen Rest-Fertigungsgemeinkosten** wie bisher die **Fertigungslöhne**.

Fertigungsgemeinkosten

Maschinenabhängige Fertigungsgemeinkosten

- kalk. Abschreibungen je Maschine
- kalk. Zinsen für das in die Maschine investierte Kapital
- Energiekosten der Maschine
- Instandhaltungskosten (einschließlich Werkzeugkosten) je Maschine
- Raumkosten der Maschine

Zuschlagsgrundlage: Maschinenlaufzeit

Lohnabhängige Fertigungsgemeinkosten (Rest-Fertigungsgemeinkosten)

- Gehälter
- Hilfslöhne
- soziale Kosten

Zuschlagsgrundlage: Fertigungslöhne

Sind in einem Betrieb **unterschiedlich teure Maschinen** vorhanden, die bei der Herstellung der einzelnen Erzeugnisse aufgrund der verschiedenartigen Produktionsverfahren **unterschiedlich lange beansprucht** werden, so ist es erforderlich, die Maschinenkosten für **jede Maschine bzw. Maschinenart** gesondert zu erfassen.

Werden die anfallenden maschinenabhängigen Gemeinkosten auf die Maschinenlaufzeit bezogen, so erhält man den **Maschinenstundensatz.**

1.2 Berechnung der maschinenabhängigen Gemeinkosten

Der erste Schritt bei der Berechnung der Maschinenstundensätze besteht in der Ermittlung der effektiv für die Produktion der Erzeugnisse angefallenen Maschinenlaufzeit.

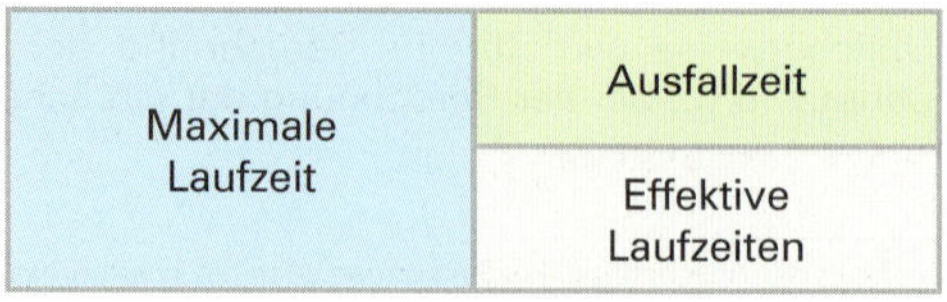

Beispiel:

Für die Maschinen in einem Industriebetrieb mit 37,5-Stunden-Woche und 7,5 Stunden täglicher Arbeitszeit fallen im laufenden Jahr Stillstandszeiten durch 14 Feiertage, 22 Urlaubstage, 6 Krankheitstage sowie 35 Ausfallstunden für Instandhaltung an.

Aufgabe:

Berechnen Sie die effektive Maschinenlaufzeit!

Lösung:

	Maximal mögliche Maschinenlaufzeit (52 Wochen zu 37,5 Stunden)		1 950 Std.
–	Instandhaltungszeit		35 Std.
–	Stillstandszeiten	14 Feiertage zu 7,5 Stunden	105 Std.
		22 Urlaubstage zu 7,5 Stunden	165 Std.
		6 Krankheitstage zu 7,5 Stunden	45 Std.
=	effektive Maschinenlaufzeit im laufenden Jahr		1 600 Std.

Im zweiten Schritt werden zunächst die maschinenabhängigen Gemeinkosten durch die Laufzeit der Maschine/Periode dividiert. Durch die anschließende Addition der einzelnen Gemeinkosten je Maschinenstunde erhält man dann den Maschinenstundensatz.

Beispiel:

Die Anschaffungskosten der Beschichtungsmaschine belaufen sich auf 214 500,00 EUR. Es wird von Wiederbeschaffungskosten in Höhe von 234 000,00 EUR ausgegangen. Die Nutzungsdauer wird mit 13 Jahren angesetzt. Die jährliche Maschinenlaufzeit beträgt 1 600 Stunden. Kalkulatorisch wird nach der linearen Abschreibungsmethode abgeschrieben. Es wird mit einem kalkulatorischen Zinssatz von 8 % gerechnet. Für die Gesamtnutzungsdauer der Maschine werden die Instandhaltungskosten auf 62 400,00 EUR geschätzt. Der Raumkostensatz beträgt pro Jahr und m^2 212,00 EUR. Die Maschine hat einen Raumbedarf von 24,50 m^2. Der Strombedarf der Maschine beträgt 45 kWh, der Strompreis 0,15 EUR je kWh.

Aufgabe:

Berechnen Sie den Maschinenstundensatz der Beschichtungsmaschine!

Lösung:

■ **Abschreibungen je Maschinenstunde:**

Für die Berechnung der Abschreibung wird die kalkulatorische Abschreibung herangezogen. Berechnungsgrundlage sind die Wiederbeschaffungskosten.

$$\text{Abschreibungsbetrag je Maschinenstunde} = \frac{234\,000}{13 \cdot 1600} = \underline{\underline{11{,}25 \text{ EUR}}}$$

$$\text{Abschreibungsbetrag je Maschinenstunde} = \frac{\text{Wiederbeschaffungskosten}}{\text{Nutzungsdauer} \cdot \text{Laufzeit/Jahr}}$$

■ **Zinskosten je Maschinenstunde:**

Üblicherweise wird für die Berechnung der kalkulatorischen Zinsen das Durchschnittsverfahren benutzt, d. h., bei der Berechnung der jährlichen Zinsen wird jeweils von den halben Anschaffungskosten[1] ausgegangen.

1 Statt der Anschaffungskosten können auch die Wiederbeschaffungskosten angesetzt werden.

$$\text{Zinskosten je Maschinenstunde} = \frac{214\,500 \cdot 8}{2 \cdot 100 \cdot 1600} = \underline{\underline{5{,}36\ \text{EUR}}}$$

$$\text{Zinskosten je Maschinenstunde} = \frac{\frac{1}{2}\ \text{Anschaffungskosten} \cdot \text{kalk. Zinssatz}}{100 \cdot \text{Laufzeit/Jahr}}$$

- **Instandhaltungskosten je Maschinenstunde:**

Die auf eine Maschine entfallenden Instandhaltungskosten (Reparaturen, Werkzeuge, Wartung) sind nicht exakt voraussehbar. Man muss daher auf die Angaben des Herstellers oder auf Erfahrungswerte der Vergangenheit zurückgreifen.

$$\text{Instandhaltungskosten je Maschinenstunde} = \frac{62\,400}{13 \cdot 1600} = \underline{\underline{3{,}00\ \text{EUR}}}$$

$$\text{Instandhaltungskosten je Maschinenstunde} = \frac{\text{gesamte Instandhaltungskosten}}{\text{Nutzungsdauer} \cdot \text{Laufzeit/Jahr}}$$

- **Raumkosten je Maschinenstunde:**

Die Raumkosten einer Maschine sind abhängig vom Raumbedarf und vom Raumkostensatz.

- Der **Raumbedarf** einer Maschine (gemessen in m^2) umfasst die Grundfläche der Maschine, Bedienungsflächen sowie die Abstellfläche für die Werkstücke.
- Im **Raumkostensatz** werden die anteiligen Abschreibungen, Zinsen, Instandhaltungskosten für Gebäude, ferner die anteiligen Heizungs-, Licht-, Klimatisierungs- und Versicherungskosten sowie die anteiligen personellen Kosten erfasst.

$$\text{Raumkosten je Maschinenstunde} = \frac{24{,}50 \cdot 212{,}00}{1600} = \underline{\underline{3{,}25\ \text{EUR}}}$$

$$\text{Raumkosten je Maschinenstunde} = \frac{\text{Raumbedarf je Maschine} \cdot \text{Raumkostensatz je Maschine}}{\text{Laufzeit/Jahr}}$$

- **Energiekosten je Maschinenstunde:**

Der Energieverbrauch einer Maschine ist je nach Energieart in Litern/Stunde (z. B. Diesel, Benzin), in m^3/Stunde (z. B. Gas, Dampf) oder in kWh (Strom) anzugeben. Der durchschnittliche Energieverbrauch wird vom Hersteller der Maschine in aller Regel in der Betriebsanleitung ausgewiesen. Allerdings ist in der Praxis davon auszugehen, dass der tatsächliche Energieverbrauch nicht mit 100 % anzusetzen ist, da eine Maschine im Durchschnitt nicht mit der vollen Leistungsfähigkeit belastet wird.

Bei der Berechnung der Energiekosten geht man von der Annahme (Fiktion) aus, dass sich die Energiekosten proportional zu der tatsächlichen Leistungsaufnahme verhalten.

Energiekosten je Maschinenstunde[1] = $45 \cdot 0{,}15 = \underline{\underline{6{,}75\ \text{EUR}}}$

1.3 Ermittlung des Maschinenstundensatzes

Der **Maschinenstundensatz** ergibt sich aus der Addition der einzelnen maschinenabhängigen Kosten je Stunde.

Maschinenstundensatz: $11{,}25 + 5{,}36 + 3{,}00 + 3{,}25 + 6{,}75 = \underline{\underline{29{,}61\ \text{EUR}}}$

1 Eine allgemeine Formel zur Berechnung der Energiekosten je Maschinenstunde kann nicht angeboten werden.

Kompetenztraining

131 Berechnung der Maschinenkosten

1. Die Kosten- und Leistungsrechnung einer Metallwarenfabrik weist für die Maschinengruppe Formpresse folgende Daten aus:

   Das Unternehmen arbeitet mit 8 gleichartigen Formpressen. Die Anschaffungskosten einer Formpresse betragen 32600,00 EUR. Die jährliche Arbeitszeit in der Abteilung beträgt 240 Tage, die tägliche Arbeitszeit $8^1/_2$ Stunden. An Ausfallzeit (Leerstunden) sind für die Abteilung 220 Arbeitsstunden anzusetzen.

   Die kalkulatorische Nutzungsdauer[1] beträgt 8 Jahre. Die Wiederbeschaffungskosten je Maschine werden mit 36400,00 EUR angesetzt. Kalkulatorisch wird linear abgeschrieben.

   Als Zinssatz für das in die Maschinen investierte Kapital sind 7,5 % von den halben Anschaffungskosten zu veranschlagen.

   Für die Instandhaltung aller Formpressen sind jährlich 48594,00 EUR zu berücksichtigen.

   Der Raumbedarf je Formpresse beträgt 32 m^2. Als Raumkostensatz werden je m^2 164,00 EUR pro Jahr angesetzt.

   Der Strombedarf für eine Formpresse beträgt 72 kWh, der Strompreis 0,16 EUR je kWh.

   Aufgabe:

   Berechnen Sie den Maschinenstundensatz!

2. In einer Möbelfabrik sind drei Maschinengruppen vorhanden.

Maschinengruppe	Anzahl	Wiederbeschaffungskosten/Stück	Nutzungsdauer in Jahren	kWh-Verbrauch	m^2-Bedarf
Sägemaschine	10	42000,00 EUR	8	12	24
Schleifmaschine	8	28000,00 EUR	10	14	16
Hobelmaschine	14	56000,00 EUR	12	16	26

   Der Quartals-BAB weist folgende Gemeinkosten aus:

   Kostenstelle Werkstattgebäude (4200 m^2) 37800,00 EUR
   Kostenstelle Heizung (beheizte Fläche 3700 m^2) 13320,00 EUR

   Die kalkulatorischen Zinsen betragen 9 %. Sie werden von den halben Anschaffungskosten berechnet. Die Anschaffungskosten der Maschinengruppen betragen: Sägemaschine 40000,00 EUR, Schleifmaschine 25500,00 EUR, Hobelmaschine 52800,00 EUR. Die gesamten (geschätzten) Instandhaltungskosten belaufen sich bei der Maschinengruppe Sägemaschine auf 20 %, bei der Maschinengruppe Schleifmaschine auf 25 % und bei der Maschinengruppe Hobelmaschine auf 30 % der Wiederbeschaffungskosten. Es wird die lineare Abschreibungsmethode verwendet.

   Der Strompreis beträgt 0,16 EUR je kWh.

   Aufgaben:

   2.1 Berechnen Sie die Maschinenstundensätze, wenn jährlich je Maschine 2400 Laufstunden anfallen!

   2.2 Berechnen Sie die monatlichen Maschinenkosten, wenn alle Maschinen je Monat 200 Betriebsstunden gelaufen sind!

1 Das ist die erwartete Nutzungsdauer, mit der das Unternehmen kalkuliert.

16 Speth u.a. - ISBN 978-3-8120-0595-1

1.4 Behandlung der Rest-Fertigungsgemeinkosten

Im Rahmen des BAB werden die Gemeinkosten der Fertigung aufgeteilt in maschinenabhängige Gemeinkosten und in lohnabhängige Rest-Fertigungsgemeinkosten. Als Bezugsgrundlage für die maschinenabhängigen Fertigungsgemeinkosten werden die Maschinenlaufzeiten gewählt, für die lohnabhängigen Rest-Fertigungsgemeinkosten die Fertigungslöhne.

Bei der Anwendung der Zuschlagskalkulation mit Maschinenstundensätzen ändert sich z. B. die Kostenstelle Fertigung im BAB wie folgt:

Fertigung					
Gemeinkosten	Maschinenabhängige Gemeinkosten			Lohnabhängige Gemeinkosten (Rest-Fertigungsgemeinkosten)	
	Maschine I	Maschine II	Maschine III		
Summe der Gemeinkosten	13 632,00 EUR	14 892,00 EUR	7 728,00 EUR		21 981,60 EUR
effektive Laufzeit	160 Std.	120 Std	140 Std.	Fertigungslöhne	28 400,00 EUR
Maschinen-Std.-Satz	85,20 EUR	124,10 EUR	55,20 EUR	Rest-FGK-Satz	77,4 %

- Maschinenstundensatz $= \dfrac{\text{maschinenabhängige Gemeinkosten}}{\text{effektive Maschinenlaufzeit}}$

- Rest-Fertigungsgemeinkostensatz $= \dfrac{\text{Rest-FGK} \cdot 100}{\text{Fertigungslöhne}}$

Kompetenztraining

132 Berechnung Maschinenstundensatz, Maschinenkosten und Rest-Fertigungsgemeinkostensatz

Die Zinngießerei Clemens Altaner GmbH möchte ihre Kosten genauer erfassen und deshalb den BAB in Maschinenkosten und Rest-Fertigungsgemeinkosten aufgliedern. Die Kosten- und Leistungsrechnung weist bisher folgende Daten auf:

Ausschnitt aus dem BAB:

Kostenarten	Fertigung		
	Summe der Gemeinkosten	Maschinenkosten	Rest-Fertigungsgemeinkosten
Hilfsstoffe	571 800,00		
Betriebsstoffe	223 400,00		
Energiekosten	114 980,00	______	
Personalkosten	739 545,00		
Instandhaltungskosten	268 820,00	______	
Betriebssteuern	96 300,00		
Raumkosten	77 245,30	______	
Abschreibungen	1 591 885,12	______	
Zinsen	81 140,00	______	

Maschinenbestand (gleiche Kostenstruktur)	Wiederbeschaffungs-kosten je Maschine	Nutzungs-dauer	Raumbedarf in m^2 je Maschine	Strombedarf in kWh je Maschine
12	62 000,00	8	30	18

Die jährliche Arbeitszeit beträgt 260 Tage, die tägliche Arbeitszeit 8 Stunden. An Leerstunden sind monatlich 8 Arbeitsstunden anzusetzen.

Der Zinssatz für das investierte Kapital beläuft sich auf 7,5 %. Die Anschaffungskosten je Maschine betragen 60 500,00 EUR.

Die jährlichen Instandhaltungskosten betragen 4 600,00 EUR je Maschine (Schätzung).

Es wird kalkulatorisch nach der linearen Abschreibungsmethode abgeschrieben.

Der Raumkostensatz je m^2 beträgt 99,20 EUR jährlich. Der Strompreis beträgt 0,19 EUR je kWh.

Aufgaben:

1. Berechnen Sie den Maschinenstundensatz je Maschine!
2. Übertragen Sie den BAB in Ihr Übungsheft. Berechnen Sie die Maschinenkosten und die Rest-Fertigungsgemeinkosten und tragen Sie die Beträge in den BAB ein! Dabei wird vorausgesetzt, dass sämtliche Maschinen die Sollleistung erbracht haben.
3. Berechnen Sie den Rest-Fertigungsgemeinkostensatz, wenn 4 114 506,00 EUR an Fertigungslöhnen angefallen sind!

1.5 Kalkulation mit Maschinenstundensätzen

Beispiel:

Für einen Auftrag, bei dem nach den auf S. 239f. ermittelten Maschinenstundensätzen nur Maschine I und Maschine II zum Einsatz kommen, ist der Selbstkostenpreis aufgrund folgender Angaben zu berechnen:

Verbrauch von Fertigungsmaterial	1 210,00 EUR	Maschine I	3 Std. zu je	85,20 EUR
Fertigungslöhne	820,00 EUR	Maschine II	2 Std. zu je	124,10 EUR

Die Zuschlagssätze betragen:	MGK	8 %	VerwGK	12 %
	Rest-FGK	77,4 %	VertrGK	8 %

Aufgabe:

Berechnen Sie die geplanten Selbstkosten des Auftrags!

Lösung:

Materialeinzelkosten	1 210,00 EUR	
8 % Materialgemeinkosten	96,80 EUR	
Materialkosten		1 306,80 EUR
Fertigungslöhne	820,00 EUR	
77,4 % Rest-FGK	634,68 EUR	
Maschine I: 3 Std. · 85,20 EUR/Std.	255,60 EUR	
Maschine II: 2 Std. · 124,10 EUR/Std.	248,20 EUR	
Fertigungskosten		1 958,48 EUR
Herstellkosten		3 265,28 EUR
12 % Verwaltungsgemeinkosten		391,83 EUR
8 % Vertriebsgemeinkosten		261,22 EUR
Selbstkosten		3 918,33 EUR

Kompetenztraining

133 Berechnung der Gemeinkostenzuschlagssätze und der Maschinenstundensätze, Vorwärtskalkulation mit Maschinenstundensatz, Beispiele für Maschinenkosten

1. Der BAB eines Industriebetriebs weist folgende Zahlen aus:

Material	Fertigung				Verwaltung	Vertrieb
	Maschine A	Maschine B	Maschine C	Rest-FGK		
75 000,00 EUR	320 000,00 EUR	400 000,00 EUR	500 000,00 EUR	396 000,00 EUR	201 476,00 EUR	323 422,00 EUR

Verbrauch von Fertigungsmaterial: 600 000,00 EUR
Fertigungslöhne: 360 000,00 EUR

Die Laufzeit der einzelnen Maschinen beträgt:
Maschine A: 1 600 Std., Maschine B: 5 000 Std., Maschine C: 4 000 Std.

Aufgaben:

1.1 Berechnen Sie die Gemeinkostenzuschlagssätze und die Maschinenstundensätze!
Anmerkung: Die Rest-Fertigungsgemeinkosten sind auf die Fertigungslöhne, die Verwaltungs- und die Vertriebsgemeinkosten sind auf die Herstellkosten der Rechnungsperiode zu beziehen.

1.2 Für die Herstellung eines Produkts kalkuliert der Industriebetrieb zusätzlich mit folgenden Daten: Fertigungsmaterial 210,00 EUR, Fertigungslöhne 170,00 EUR, Beanspruchung von Maschine A 12 Min., Maschine B 9 Min. und Maschine C 18 Min. Des Weiteren werden eingerechnet: 25 % Gewinn, 12 % Vertreterprovision, 3 % Kundenskonto und 20 % Kundenrabatt.
Ermitteln Sie den Listenverkaufspreis!

1.3 Nennen Sie Kostenarten, die zu den maschinenabhängigen Kosten zu rechnen sind und geben Sie an, wie aus diesen der Maschinenstundensatz errechnet wird!

1.4 Erklären Sie, welche Folgen sich aus der Anwendung der Maschinenstundensatzrechnung für den Aufbau des BABs ergeben!

1.5 Erläutern Sie, wodurch sich die Herstellkosten der Rechnungsperiode von den Herstellkosten des Umsatzes unterscheiden! Wiederholen Sie hierzu die Ausführungen zu „Kompetenzbereich 2, fakultative Inhalte“, S. 181 f.

2. Die Metall-Design Richter GmbH richtet nach Anschaffung einer neuen Multifunktionsmaschine eine zusätzliche Kostenstelle für die Fertigung ein.

Aufgabe:

Ermitteln Sie den Maschinenstundensatz für die Multifunktionsmaschine aufgrund folgender Angaben: Anschaffungskosten 580 000,00 EUR, Wiederbeschaffungskosten 600 000,00 EUR, betriebliche Nutzungsdauer 10 Jahre, jährliche Maschinenlaufzeit je Anlage 1 944 Stunden, kalkulatorischer Zinssatz 9 % p. a., Instandhaltungskosten 22 770,00 EUR jährlich, jährliche Raumkosten 104,00 EUR pro m^2 bei einem Platzbedarf von 30 m^2, Energiebedarf 25 kW; Strompreis 0,15 EUR/kWh, Grundgebühr monatlich 80,00 EUR.

134 Berechnung der Gemeinkostenzuschlagssätze, Vorwärtskalkulation mit Maschinenstundensätzen

Aus der Kosten- und Leistungsrechnung eines Industriebetriebs stehen folgende Zahlen und Angaben zur Verfügung (Gemeinkosten lt. BAB):

Material	Fertigung			Verwaltung	Vertrieb
	Maschine A	Maschine B	Rest-FGK		
380 000,00 EUR	159 225,00 EUR	207 400,00 EUR	148 500,00 EUR	308 688,75 EUR	228 161,25 EUR

Einzelkosten: Verbrauch von Fertigungsmaterial: 304 000,00 EUR
Fertigungslöhne: 135 000,00 EUR

Bestände	Anfangsbestand	Schlussbestand
Unfertige Erzeugnisse	48 000,00 EUR	46 000,00 EUR
Fertige Erzeugnisse	57 000,00 EUR	51 000,00 EUR

Laufzeit der Maschinen	
Maschine A	1 650 Stunden
Maschine B	1 700 Stunden

Aufgaben:

1. Berechnen Sie die Gemeinkostenzuschlagssätze und die Maschinenstundensätze (Ergebnisse auf ganze Zahlen aufrunden)! Bezugsgröße für die Verwaltungsgemeinkosten und die Vertriebsgemeinkosten sind die Herstellkosten der Rechnungsperiode und für die Rest-Fertigungsgemeinkosten die Fertigungslöhne.
2. Ein Kunde des Betriebs bestellt 150 Stück eines Produkts, dessen Herstellung (pro Stück) Maschine A 9 Min. und Maschine B 18 Min. in Anspruch nimmt. Pro Stück wird Fertigungsmaterial im Wert von 16,50 EUR benötigt, die Fertigungslöhne betragen 24,00 EUR.

   Ermitteln Sie den Listenverkaufspreis je Produkt, wenn 7,93 % Gewinn, 2 % Kundenskonto und 10 % Vertreterprovision zu berücksichtigen sind!

135 Vorwärtskalkulation, Kalkulation eines Sonderpreises

Eine Maschinenfabrik rechnet für einen neuen Maschinentyp mit folgenden Kalkulationsdaten:

Verbrauch von Fertigungsmaterial		1 040,00 EUR		
Fertigungslöhne		870,00 EUR		
Gemeinkostenzuschläge:	MGK	5 %	VerwGK	9 %
	Rest-FGK	85 %	VertrGK	7 %
Nutzung von Maschinen:	Maschine A:	25 Minuten 108,00 EUR Maschinenstundensatz		
	Maschine B:	13 Minuten 78,00 EUR Maschinenstundensatz		

Gewinnzuschlag $33^1/_3$ %, Vertreterprovision 12,5 %, Kundenskonto $2^1/_2$ % und Kundenrabatt 20 %.

Aufgaben:

1. Berechnen Sie den Listenverkaufspreis!
2. Um den Absatz zu steigern, wird die Maschine zum Sonderpreis von 5 421,14 EUR angeboten. Berechnen Sie, wie viel Gewinn in EUR und in Prozent dem Unternehmen verbleiben!
3. Nennen Sie zwei Gründe, warum im Allgemeinen die Kalkulation der Fertigungskosten auf der Basis von Maschinenstundensätzen genauer wird!

2 Verkauf von Anlagevermögen

(1) Berechnung des Buchwertes

Durch die Nutzung des Anlagegutes tritt eine Wertminderung ein. Sie wird durch die Abschreibung am Ende des Geschäftsjahres erfasst. Wird das Anlagegut während des Geschäftsjahres verkauft, so ist zunächst über eine **zeitanteilige Abschreibung** der Buchwert zu ermitteln. Zeitanteilig heißt, das **Anlagegut ist bis zu seinem Ausscheiden aus dem Betriebsvermögen abzuschreiben,** wobei der **Monat des Ausscheidens berücksichtigt wird.**[1]

Beispiel:

Ein betriebseigener Pkw hat am 1. Januar des laufenden Geschäftsjahres einen Buchwert von 12500,00 EUR. Die Abschreibung erfolgt jährlich mit 6000,00 EUR. Der Pkw wird am 15. September des gleichen Jahres verkauft.

Aufgabe:

Berechnen Sie den Buchwert des Pkw zum Zeitpunkt des Verkaufs!

Lösung:

	Buchwert des Pkw am 1. Januar	12500,00 EUR
–	Abschreibung für 9 Monate (9/12)	4500,00 EUR
=	Buchwert am Verkaufstag	8000,00 EUR

(2) Buchungen beim Verkauf eines Anlagegutes

Der Verkauf von Anlagegütern stellt ein Hilfsgeschäft dar und ist umsatzsteuerpflichtig [§ 1 I, Nr. 1 UStG]. Die Umsatzsteuer wird vom erzielten Nettoverkaufspreis berechnet. Um am Jahresende die Umsatzsteuerverprobung leicht durchführen zu können, werden in der Praxis **alle umsatzsteuerpflichtigen Vorgänge auf Erlöskonten** gebucht.

- Der Verkauf von Anlagegütern wird über das **Konto 5410 Sonstige Erlöse (z. B. aus Anlagenabgänge)** gebucht.
- Die Auflösung des Restwertes des betreffenden Anlagegutes wird nach zeitanteiliger Abschreibung über das Konto **6979 Anlagenabgänge** gebucht.

Beim Verkauf von gebrauchten Anlagegütern sind **drei Fälle** denkbar:

1. Fall: Der Nettoverkaufspreis entspricht genau dem Buchwert.
2. Fall: Der Nettoverkaufserlös übersteigt den Buchwert (Buchgewinn).
3. Fall: Der Nettoverkaufserlös ist niedriger als der Buchwert (Buchverlust).

1 **Hinweis bei der Berechnung der zeitanteiligen Abschreibung**
Grundsätzlich ist es möglich, den Abgangsmonat voll abzuschreiben oder diesen nicht mehr abzuschreiben [R 7.4 EStR und z. B. Beck'scher Bilanzkommentar, 9. Aufl. 2014]. In diesem Schulbuch gehen wir von folgender Regelung aus: Bei der Anschaffung **und** beim Verkauf zählt der Anschaffungs- bzw. Verkaufsmonat bei der Berechnung der Abschreibung mit.

1. Fall: Der Nettoverkaufspreis entspricht dem Buchwert

Beispiel:

Ein betriebseigener Pkw weist unter Berücksichtigung der zeitanteiligen Abschreibung am Verkaufstag einen Buchwert von 8000,00 EUR auf. Wir verkaufen den Pkw bar zum Buchwert von 8000,00 EUR zuzüglich 19 % USt.

	Erzielter Nettoverkaufspreis	8000,00 EUR
–	errechneter Buchwert	8000,00 EUR
=	Buchgewinn/Buchverlust	0,00 EUR

Aufgaben:

1. Stellen Sie den Geschäftsvorfall auf den Konten dar!
2. Schließen Sie die Konten 0840 Fuhrpark, 6979 Anlagenabgänge und 5410 Sonstige Erlöse ab!
3. Bilden Sie die Buchungssätze beim Verkauf des Pkw und die Ausbuchung des Buchwertes!

Lösungen:

Zu 1. und 2.: Buchung auf den Konten

S 0840 Fuhrpark H

S			H
AB	8000,00	6979	8000,00

S 2880 Kasse H

S			H
5410/4800	9520,00		

S 6979 Anlagenabgänge H

S			H
0840	8000,00	8020	8000,00

S 5410 Sonstige Erlöse H

S			H
8020	8000,00	2880	8000,00

S 4800 Umsatzsteuer H

S			H
		2880	1520,00

S 8020 GuV-Konto H

S			H
6979	8000,00	5410	8000,00

Zu 3.: Buchungssätze

Geschäftsvorfälle	Konten	Soll	Haben
Buchung des Anlageverkaufs	2880 Kasse an 5410 Sonstige Erlöse an 4800 Umsatzsteuer	9520,00	 8000,00 1520,00
Ausbuchung des Buchwertes	6979 Anlagenabgänge an 0840 Fuhrpark	8000,00	 8000,00

Erklärung:

- Der Verkauf des Pkw stellt einen umsatzsteuerpflichtigen Erlös dar. Aus diesem Grund ist auf den Konten 5410 Sonstige Erlöse und 4800 Umsatzsteuer zu buchen.
- Durch den Verkauf scheidet der Pkw aus dem Vermögensbestand aus. Demzufolge muss der Bestand auf dem Konto 0840 Fuhrpark ausgebucht werden. Dies geschieht über das Konto 6979 Anlagenabgänge.

2. Fall: Der Nettoverkaufspreis ist höher als der Buchwert

Beispiel:

Ein betriebseigener Pkw weist unter Berücksichtigung der zeitanteiligen Abschreibung am Verkaufstag einen Buchwert von 8000,00 EUR auf. Wir verkaufen den Pkw bar für 8500,00 EUR zuzüglich 19 % USt.

	Erzielter Nettoverkaufspreis	8500,00 EUR
−	errechneter Buchwert	8000,00 EUR
=	Buchgewinn	500,00 EUR

Aufgaben:

1. Stellen Sie den Geschäftsvorfall auf den Konten dar!
2. Schließen Sie die Konten 0840 Fuhrpark, 6979 Anlagenabgänge und 5410 Sonstige Erlöse ab!
3. Bilden Sie die Buchungssätze beim Verkauf des Pkw und die Ausbuchung des Buchwertes!

Lösungen:

Zu 1. und 2.: Buchung auf den Konten

S	0840 Fuhrpark		H
AB	8000,00	6979	8000,00

S	2880 Kasse		H
5410/4800	10115,00		

S	6979 Anlagenabgänge		H
0840	8000,00	8020	8000,00

S	5410 Sonstige Erlöse		H
8020	8500,00	2880	8500,00

S	4800 Umsatzsteuer		H
		2880	1615,00

S	8020 GuV-Konto		H
6979	8000,00	5410	8500,00

Zu 3.: Buchungssätze

Geschäftsvorfälle	Konten	Soll	Haben
Buchung des Anlageverkaufs	2880 Kasse an 5410 Sonstige Erlöse an 4800 Umsatzsteuer	10115,00	 8500,00 1615,00
Ausbuchung des Buchwertes	6979 Anlagenabgänge an 0840 Fuhrpark	8000,00	 8000,00

Erklärung:

- Der Verkauf des Pkw stellt einen umsatzsteuerpflichtigen Erlös dar, der auf den Konten 5410 Sonstige Erlöse und 4800 Umsatzsteuer zu erfassen ist.
- Durch den Verkauf scheidet der Pkw aus dem Vermögensbestand aus. Demzufolge muss der Bestand auf dem Konto 0840 Fuhrpark in Höhe von 8000,00 EUR ausgebucht werden. Dies geschieht über das Konto 6979 Anlagenabgänge.
- Der Buchgewinn in Höhe von 500,00 EUR wird auf dem GuV-Konto ausgewiesen.

3. Fall: Der Nettoverkaufspreis ist niedriger als der Buchwert

Beispiel:

Ein betriebseigener Pkw weist unter Berücksichtigung der zeitanteiligen Abschreibung am Verkaufstag einen Buchwert von 8000,00 EUR auf. Wir verkaufen den Pkw bar für 7000,00 EUR zuzüglich 19 % USt.

Erzielter Nettoverkaufspreis	7000,00 EUR
– errechneter Buchwert	8000,00 EUR
= Buchverlust	1000,00 EUR

Aufgaben:

1. Stellen Sie den Geschäftsvorfall auf den Konten dar!
2. Schließen Sie die Konten 0840 Fuhrpark, 6979 Anlagenabgänge und 5410 Sonstige Erlöse ab!
3. Bilden Sie die Buchungssätze beim Verkauf des Pkw und die Ausbuchung des Buchwertes!

Lösungen:

Zu 1. und 2.: Buchung auf den Konten

S	0840 Fuhrpark		H
AB	8000,00	6979	8000,00

S	2880 Kasse		H
5410/4800	8330,00		

S	6979 Anlagenabgänge		H
0840	8000,00	8020	8000,00

S	5410 Sonstige Erlöse		H
8020	7000,00	2880	7000,00

S	4800 Umsatzsteuer		H
		2880	1330,00

S	8020 GuV-Konto		H
6979	8000,00	5410	7000,00

Zu 3.: Buchungssätze

Geschäftsvorfälle	Konten	Soll	Haben
Buchung des Anlageverkaufs	2880 Kasse	8330,00	
	an 5410 Sonstige Erlöse		7000,00
	an 4800 Umsatzsteuer		1330,00
Ausbuchung des Buchwertes	6979 Anlagenabgänge	8000,00	
	an 0840 Fuhrpark		8000,00

Erklärung:

- Der Verkauf des Pkw stellt einen umsatzsteuerpflichtigen Erlös dar, der auf den Konten 5410 Sonstige Erlöse und 4800 Umsatzsteuer zu erfassen ist.
- Durch den Verkauf scheidet der Pkw aus dem Vermögensbestand aus. Demzufolge muss der Bestand auf dem Konto 0840 Fuhrpark in Höhe von 8000,00 EUR ausgebucht werden. Dies geschieht über das Konto 6979 Anlagenabgänge.
- Der Buchverlust in Höhe von 1000,00 EUR wird auf dem GuV-Konto ausgewiesen.

- Der **Verkauf von Anlagegütern** stellt einen **umsatzsteuerpflichtigen Erlös** dar und ist daher auf dem Erlöskonto **5410 Sonstige Erlöse** zu buchen.
- Der Restbuchwert des jeweils betroffenen Anlagekontos wird über das Konto **6979 Anlagenabgänge** ausgebucht.
- Ein **Buchgewinn** bzw. ein **Buchverlust** wird auf dem **Gewinn- und Verlustkonto** ausgewiesen.

Kompetenztraining

136 Buchungen beim Verkauf gebrauchter Anlagegüter, Stoffvertiefung

Ein Kombiwagen hat unter Berücksichtigung der zeitanteiligen Abschreibung am Verkaufstag einen Restbuchwert von 7200,00 EUR. Der Verkauf erfolgt bar, und zwar

1.1	zum Preis von	7200,00 EUR
	+ 19 % USt	1368,00 EUR
		8568,00 EUR
1.2	zum Preis von	8100,00 EUR
	+ 19 % USt	1539,00 EUR
		9639,00 EUR
1.3	zum Preis von	6000,00 EUR
	+ 19 % USt	1140,00 EUR
		7140,00 EUR

Aufgaben:

1. Stellen Sie jeweils zu 1.1, 1.2 und 1.3 den gesamten Vorgang auf Konten dar! Schließen Sie die Konten 0840, 6979 und 5410 ab! Bilden Sie die Buchungssätze für den Verkaufsvorgang und den Abschluss der angegebenen Konten!
2. Erläutern Sie, warum in der Praxis die Erlöse aus Anlageverkäufen zunächst immer auf einem Erlöskonto erfasst werden!

137 Buchungen beim Verkauf gebrauchter Anlagegüter

Ein Warenautomat mit Anschaffungskosten zu Beginn des Geschäftsjahres in Höhe von 7500,00 EUR und einer Nutzungsdauer von 5 Jahren wird linear abgeschrieben. Der Warenautomat wird im Dezember des 3. Nutzungsjahres für 2400,00 EUR zuzüglich 19 % USt gegen Bankscheck verkauft.

Aufgaben:

1. Nennen Sie den Buchungssatz für die jährliche Abschreibung!
2. Ermitteln Sie, welcher Betrag bis zum Verkauf des Warenautomaten insgesamt abgeschrieben wurde!
3. Errechnen Sie den Veräußerungsgewinn bzw. -verlust beim Verkauf des Warenautomaten!
4. Bilden Sie die Buchungssätze für den Verkauf des Warenautomaten!

138 Buchungen beim Verkauf gebrauchter Anlagegüter

DURCHSCHRIFT

EUR

Quittung

Betrag 190,40

Nr.

inclusive 19 % MwSt./Betrag 30,40

Betrag in Worten Einhundertneunzig ——

von Altmetallhandel K. Töll, Tübingen

für Eisenregale (Schrott)

dankend erhalten

Datum/Ort 05. 02. 20.. Tübingen

Buchungsvermerke

Stempel/Unterschrift des Empfängers
Papiergroßhandlung
Tiermann OHG
Tübingen
i. V. Meyer

Zweckform Quittung

Aufgaben:

1. Bilden Sie den Buchungssatz aus Sicht der Papiergroßhandlung Tiermann OHG für die vorliegende Quittung!

   (Die Eisenregale waren voll abgeschrieben und standen mit einem Erinnerungswert[1] von 1,00 EUR in der Buchführung.)

2. Bilden Sie die Buchungssätze für die Ausbuchung des Buchwertes und den Abschluss der Konten 6979 und 5410!

139 Berechnung des Buchwertes, Abschreibung, Buchungen beim Verkauf gebrauchter Anlagegüter

Eine Verpackungsmaschine hat am 1. Januar einen Buchwert von 15000,00 EUR. Es werden jährlich 5400,00 EUR abgeschrieben. Die Verpackungsmaschine wird am 15. Mai des gleichen Jahres gegen Bankscheck verkauft.

Aufgaben:

1. Berechnen Sie den Buchwert am Veräußerungstag!
2. Bilden Sie den Buchungssatz für die Erfassung der zeitanteiligen Abschreibung!
3. Bilden Sie die Buchungssätze für den Verkauf der Verpackungsmaschine für

   3.1 16400,00 EUR zuzüglich 19 % USt

   3.2 12500,00 EUR zuzüglich 19 % USt

   sowie für die Ausbuchung des Buchwertes und den Abschluss der Konten 6979 und 5410!

1 Die in der manuellen Buchführung übliche Abschreibung auf einen **Erinnerungswert** von 1,00 EUR, wenn das Wirtschaftsgut nach Ablauf der Nutzungsdauer noch weiter genutzt wird, ist in der als Nebenbuchhaltung betriebenen computerunterstützten Anlagenbuchführung nicht üblich. Hier wird auch bei Weiternutzung des Wirtschaftsgutes mit der letzten Rate auf den Restbuchwert von 0,00 EUR abgeschrieben.

Exkurs: Prozentrechnung

1 Einführung in die Prozentrechnung

Die Prozentrechnung ist dazu geeignet, Zahlenverhältnisse besser zu durchschauen und vergleichen zu können. Zum Vergleich benötigt man einen einheitlichen **Vergleichsmaßstab.** Beim **Prozentrechnen** ist es die Zahl **100.** Bei der **Promillerechnung** ist es die Zahl **1 000.**

Prozent bedeutet stets: bezogen auf 100

pro → für

centum → 100

Beispiel:

Einer Einkaufsabteilung liegen 2 Rechnungen zur Zahlung vor:

Rechnung 1: Rechnungspreis	480,00 EUR
Rechnung 2: Rechnungspreis	1 440,00 EUR

Auf jede Rechnung wird ein Rabatt von 144,00 EUR gewährt. Obwohl der Rabatt betragsmäßig in beiden Fällen gleich hoch ist, ist der Rabatt auf der ersten Rechnung im Verhältnis zur zweiten Rechnung wesentlich höher.

Aufgabe:

Weisen Sie die Richtigkeit dieser Aussage nach!

Lösung:

Das **Verhältnis Rechnungsbetrag zu Rabatt** bei den beiden Rechnungen ist **direkt nicht vergleichbar,** da die Rechnungsbeträge unterschiedlich hoch sind. Ein Vergleich ist erst möglich, wenn der Rabatt auf einen **gleich großen Betrag (Vergleichszahl)** bezogen wird. Als Vergleichszahl wird zweckmäßigerweise die **Zahl 100** genommen.

Neue Aufgabenstellung: Berechnen Sie, wie viel EUR der Rabatt, bezogen auf 100,00 EUR beträgt!

Die **Lösung der neuen Aufgabenstellung** erfolgt mithilfe des **Dreisatzes:**

Rechnung 1:

Bei 480,00 EUR Re.-Betrag 144,00 EUR Rabatt
Bei 100,00 EUR Re.-Betrag x EUR Rabatt

$$x = \frac{144 \cdot 100}{480} = \underline{\underline{30{,}00 \text{ EUR Rabatt}}}$$

Der Rabatt beträgt
30,00 EUR je 100,00 EUR Rechnungsbetrag
→ entspricht: 30 vom Hundert (pro centum)
→ kürzer: 30 v. H. → 30 Prozent → 30 %

Rechnung 2:

Bei 1 440,00 EUR Re.-Betrag 144,00 EUR Rabatt
Bei 100,00 EUR Re.-Betrag x EUR Rabatt

$$x = \frac{144 \cdot 100}{1\,440} = \underline{\underline{10{,}00 \text{ EUR Rabatt}}}$$

Der Rabatt beträgt
10,00 EUR je 100,00 EUR Rechnungsbetrag
→ 10 vom Hundert (pro centum)
→ 10 v. H. → 10 Prozent → 10 %

Ergebnis: Verglichen mit einem Rechnungsbetrag von 100,00 EUR sind die beiden Rechnungsnachlässe verschieden hoch. Der Rabatt bei Rechnung 1 beträgt 30 %, bei Rechnung 2 nur 10 %.

- Der **Prozentsatz** gibt an, wie hoch ein Wert ist, wenn man die Zahl 100 (1 000) als Bezugsgrundlage wählt.
- Die **Prozentrechnung** ist eine **Vergleichsrechnung.** Verschiedene Werte (EUR-Beträge, kg, Liter, cm usw.) werden vergleichbar gemacht, indem man sie auf die **Vergleichszahl 100** bezieht.[1]

Die Prozentrechnung ist eine angewandte Dreisatzrechnung. Wir unterscheiden **drei Begriffe:**

Beispiel:

Ein Großhändler verkauft Waren an einen Einzelhändler im Wert von 480,00 EUR. Der Großhändler gewährt 30 % Sonderrabatt. Das sind 144,00 EUR.

Rechnungsbetrag 480,00 EUR	**Rabattsatz** 30 %	**Rabattwert** 144,00 EUR
↓	↓	↓
Grundwert ist der Ausgangswert, der das Ganze betrifft. In Prozenten ausgedrückt, muss er immer 100 % betragen.	**Prozentsatz** gibt an, wie viel Teile vergleichsweise auf 100 entfallen (Anzahl der Hundertstel).	**Prozentwert** ist der wertmäßige (absolute) Betrag (EUR, kg, Liter usw.), der dem Prozentsatz entspricht.

Von den **drei Größen** Prozentwert (bzw. Promillewert), Grundwert und Prozentsatz (bzw. Promillesatz) müssen stets **zwei Größen in der Aufgabe gegeben sein,** um die dritte Größe mithilfe des Dreisatzes errechnen zu können.

2 Prozentrechnung vom Hundert

2.1 Berechnung des Prozentwertes

Beispiel:

Auf eine Lieferantenrechnung über 1 450,00 EUR erhält ein Einzelhandelsgeschäft 3 % Skonto.

Aufgabe:

Berechnen Sie den Skontobetrag!

Lösung:

Gegeben:	Grundwert:	1 450,00 EUR
	Prozentsatz:	3 %
Gesucht:	Prozentwert:	?

1 Ist die Vergleichszahl 1 000, so spricht man von **Promillerechnung**. 5 ‰ entspricht 5 von 1 000.

Bedingungssatz 100 % ≙ 1 450,00 EUR
Fragesatz 3 % ≙ x EUR

Bruchsatz $x = \frac{1450 \cdot 3}{100}$

$x = 43{,}50\ \text{EUR}$

Ergebnis: Der Skonto beträgt 43,50 EUR.

Berechnung des Prozentwertes mithilfe der Formel:

$$\text{Prozentwert} = \frac{\text{Grundwert} \cdot \text{Prozentsatz}}{100}$$

$$\frac{\text{Grundwert}}{100} = 1\,\%\ \text{des Grundwertes}$$

Prozentwert = 1 % des Grundwertes · Prozentsatz

Kompetenztraining

140 1. Die Einkaufsabteilung hat für den Kauf eines hochauflösenden Monitors drei Angebote vorliegen.

Angebot 1: 3 250,00 EUR bar ohne Abzug.

Angebot 2: 3 310,00 EUR bar bei 3 % Skonto

Angebot 3: 3 380,00 EUR bar bei 5 % Rabatt

Ermitteln Sie das billigste Angebot!

2. Ein Fernseher ist mit 999,00 EUR ausgezeichnet. Bei Barzahlung werden 2 % Skonto gewährt.

Ermitteln Sie, um wie viel EUR der Ratenkauf teurer ist, wenn der Händler 225,00 EUR Anzahlung und 8 Monatsraten zu 100,00 EUR verlangt!

3. Das Bruttogehalt eines Mitarbeiters betrug 2 680,00 EUR. Durch Tarifänderungen hat sich das Gehalt innerhalb eines Jahres zunächst um 3,5 % und dann nochmals um 1,75 % erhöht. Am Ende des Geschäftsjahres erhielt der Mitarbeiter noch eine hausinterne Leistungszulage von 1,5 %.

Berechnen Sie den Bruttolohn nach diesen Erhöhungen!

4. Das Elektrohaus Hans Lanz e.K. bietet seinen Kunden die Zahlung mit Girocard und mit Kreditkarte an. Ein Kunde kauft einen Kühlschrank für 389,00 EUR.

   Aufgabe:

   Ermitteln Sie, wie viel EUR das Elektrohaus Hans Lanz e.K. bei Zahlung mit der Kreditkarte bzw. bei Girocard-Zahlung erhält, wenn folgende Gebühren anfallen: Kreditkarte 2,5 % vom Umsatz, Girocard 0,4 % vom Umsatz, mindestens 0,10 EUR!

5. Überprüfen Sie den nachfolgenden Lieferschein auf seine Richtigkeit! Nehmen Sie außerhalb des Buches eventuell erforderliche Korrekturen bei den Einzelposten und beim Nettobetrag vor und berechnen Sie die anfallende Umsatzsteuer (19 %)!

Lt. Lieferschein Nr. 407 lieferten wir Ihnen am 10. April 20..

Artikel-Nr.	Artikel-Bezeichnung	Menge	Einzelpreis	Gesamtpreis
10 001	Nähnadel lang 3/7	25	2,40 EUR	60,00 EUR
10 016	Glaskopf-Stecknadel bunt	12	4,20 EUR	50,40 EUR
11 011	Gummiband glatt 3 m	5	2,90 EUR	14,50 EUR
12 440	Zwirn 2er schwarz	30	1,29 EUR	83,70 EUR
13 041	Klebefilm-Ersatzrolle	40	1,39 EUR	45,60 EUR
20 005	Herrenkamm Celluloid	18	1,48 EUR	26,64 EUR
40 020	Vokabelheft 32 Blatt A6	95	0,99 EUR	54,54 EUR
40 161	Spiralkassetten A7	60	1,02 EUR	6,12 EUR
41 256	Micro-Feinschreiber blau	15	3,99 EUR	59,85 EUR
	Nettobetrag			421,34 EUR
	+ 19 % Umsatzsteuer			
	Bruttobetrag			

2.2 Berechnung des Grundwertes

Beispiel:

Ein Einzelhandelsgeschäft hat für die Versicherung des Warenlagers 1 725,00 EUR Prämie zu begleichen. Das sind 2,3 % der Versicherungssumme.

Aufgabe:

Berechnen Sie die Versicherungssumme!

Lösung:

Gegeben: Prozentsatz: 2,3 %
Prozentwert: 1 725,00 EUR

Gesucht: Grundwert: ?

Bedingungssatz $2{,}3\,\% \mathrel{\widehat{=}} 1\,725{,}00$ EUR

Fragesatz $100\,\% \mathrel{\widehat{=}} x$ EUR

Bruchsatz $x = \frac{1\,725{,}00 \cdot 100}{2{,}3}$

$x = \underline{\underline{75\,000{,}00 \text{ EUR}}}$

Berechnung des Grundwertes mithilfe der Formel:

$$\text{Grundwert} = \frac{\text{Prozentwert} \cdot 100}{\text{Prozentsatz}}$$

Ergebnis: Die Versicherungssumme für das Lager beträgt 75 000,00 EUR.

Kompetenztraining

141 1. Bei einem Sonderverkauf wurden die nachfolgenden Nachlässe festgesetzt.

Nr.	Nachlass in %	Nachlass in EUR	Nr.	Nachlass in %	Nachlass in EUR
1.1	15 %	209,25 EUR	1.4	2,5 %	105,00 EUR
1.2	11,5 %	402,50 EUR	1.5	3 %	81,00 EUR
1.3	8 %	1 081,60 EUR	1.6	18 %	2 214,00 EUR

Berechnen Sie den ursprünglichen Verkaufspreis!

2. Ein Teppichhaus bietet folgende Sonderangebote an:

Ermitteln Sie den ursprünglichen Verkaufspreis!

3. Die veranschlagten Kosten für Renovierungsarbeiten der Büroräume wurden um 1 092,25 EUR überschritten. Das sind 8,5 % über dem Kostenvoranschlag.
   3.1 Berechnen Sie den ursprünglichen Kostenvoranschlag!
   3.2 Ermitteln Sie die tatsächlichen Renovierungskosten!

4. Der Einzelhändler Schlau hat eine private Hausratversicherung abgeschlossen. Die jährliche Versicherungsprämie beträgt 533,60 EUR oder 2,32 ‰.
   Stellen Sie die Versicherungssumme fest!

5. Ein Unternehmen konnte im Monat August den Umsatz um 4,5 % oder 6 221,25 EUR steigern.
   Stellen Sie fest, wie viel EUR sein Umsatz im Juli betrug!

6. Auf der Eingangsrechnung E 61 ist ein Umsatzsteueranteil von 446,88 EUR ausgewiesen. Der Umsatzsteuersatz beträgt 19 %.
   Berechnen Sie den Nettoeinkaufspreis!

7. Ein Versicherungsvertreter erhält für den Abschluss einer Lebensversicherung eine Provision von 5,5 ‰. Das sind 194,70 EUR.
   Stellen Sie fest, über welche Versicherungssumme die von ihm vermittelte Lebensversicherung lautet!

8. Die Textilwerke „Kleidegut GmbH" zahlt an die Feuerversicherung eine Prämie von vierteljährlich 1 650,00 EUR.
   Berechnen Sie, mit wie viel EUR das Geschäftsgebäude einschließlich Lager versichert ist, wenn die jährliche Versicherungsprämie 1,25 % der Versicherungssumme beträgt!

2.3 Berechnung des Prozentsatzes

Beispiel:

Ein Baumarkt bestellt Bodenfliesen im Wert von 1500,00 EUR. Er erhält einen Mengenrabatt von 60,00 EUR.

Aufgabe:
Berechnen Sie den Rabattsatz!

Lösung:

Gegeben: Grundwert: 1 500,00 EUR
Prozentwert: 60,00 EUR

Gesucht: Prozentsatz: ?

Bedingungssatz 1500,00 EUR ≙ 100 %
Fragesatz 60,00 EUR ≙ x %

Bruchsatz $x = \frac{100 \cdot 60}{1500} = \underline{\underline{4\,\%}}$

Ergebnis: Der Rabattsatz beträgt 4 %.

Berechnung des Prozentsatzes mithilfe der Formel:

$$\text{Prozentsatz} = \frac{100 \cdot \text{Prozentwert}}{\text{Grundwert}}$$

oder verkürzt:

Prozentsatz = Prozentwert : 1 % des Grundwertes

Kompetenztraining

142 1. Ermitteln Sie die Preiserhöhung der folgenden Waren in Prozent!

Nr.	Warenart	Alter Preis	Neuer Preis	Nr.	Warenart	Alter Preis	Neuer Preis
1.1	Kopfsalat	0,50 EUR	0,56 EUR	1.6	Batterie	0,90 EUR	1,08 EUR
1.2	Schokolade	1,20 EUR	1,26 EUR	1.7	Taschenbuch	4,00 EUR	5,20 EUR
1.3	Lampe	150,00 EUR	180,00 EUR	1.8	Waschmittel	9,00 EUR	9,27 EUR
1.4	Kaffee	4,75 EUR	5,23 EUR	1.9	Kleid	85,00 EUR	97,75 EUR
1.5	Anzug	280,00 EUR	322,00 EUR	1.10	Trauben	1,20 EUR	1,44 EUR

2. Berechnen Sie, wie viel Prozent der Verbraucher bei diesem Sonderangebot eines Sportgeschäftes spart!

17 Speth u.a. - ISBN 978-3-8120-0595-1

3. Beim Abfüllen von 310 Liter Wein in Literflaschen beträgt der Abfüllverlust (Leckage) 7,75 Liter.

   Stellen Sie fest, wie viel Prozent der Abfüllverlust beträgt!

4. Ein Rohstoffhändler vereinbart mit seinem Kunden „Lieferung frachtfrei". Der hierzu benötigte Lieferwagen verursacht folgende Kosten: Abschreibungen 3750,00 EUR im Jahr, ferner jeweils monatlich laufende Kfz-Unterhaltskosten 650,00 EUR, Kosten für den Fahrer 1950,50 EUR und 120,00 EUR Verwaltungskosten. Die Kosten für die Warenzustellung sind selbstverständlich in der Kalkulation zu berücksichtigen.

   Berechnen Sie, welcher Zuschlagssatz für die Zustellung der Rohstoffe kostendeckend ist, wenn monatlich im Durchschnitt Rohstoffe im Werte von 121320,00 EUR zugestellt werden!

5. Die Stromkosten für die Beleuchtung der Außenfassade des Fabrikgebäudes betragen monatlich 246,20 EUR. Durch Kürzung der Beleuchtungszeit um täglich eine halbe Stunde konnten die Kosten auf 230,60 EUR gesenkt werden.

   5.1 Stellen Sie fest, wie viel Prozent die Ersparnis beträgt!

   5.2 Berechnen Sie, wie viel EUR der verminderten Stromkosten auf die einzelnen Gebäudeflächen entfallen!

   Gebäudefläche I: 76 m^2

   Gebäudefläche II: 42 m^2

   Gebäudefläche III: 108 m^2

6. Das Monatseinkommen unseres Mitarbeiters im Außendienst setzt sich aus einem Festgehalt (Fixum) von 880,00 EUR und einer Umsatzprovision zusammen.

   Berechnen Sie, wie viel Prozent der Mitarbeiter vom Umsatz erhält, wenn er bei einem durchschnittlichen Umsatz von 90000,00 EUR ein durchschnittliches Monatseinkommen von insgesamt 6000,00 EUR erzielt!

7. Bei einer Warenzustellung wird unser Lkw in einen Unfall verwickelt. Die mitgeführte Ware ist verdorben. Die Versicherung kommt teilweise für den Schaden auf. Der Schaden beläuft sich auf 388,00 EUR. Als Entschädigung erhalten wir 318,16 EUR.

   Stellen Sie fest, wie viel Prozent die Versicherung ersetzt hat!

8. Berechnen Sie den Mengenrabatt in Prozent, den der Großhändler ab einer Abnahme von 12 Bleistiften gewährt!

3 Prozentrechnung im Hundert (verminderter Grundwert)

Beispiel:

Wegen kleiner Fehler bietet eine Werkzeugfabrik dem Großhandel einen Werkzeugkasten mit einem Nachlass von 15 % zum Sonderpreis von 104,55 EUR an.

Aufgaben:

1 Ermitteln Sie den regulären Preis!
2. Berechnen Sie die Preissenkung!

Problemstellung:

Die Preissenkung von 15 % bezieht sich auf den ursprünglichen (regulären) Preis (wir sprechen hier vom reinen Grundwert). Der reine Grundwert entspricht 100 %. Der herabgesetzte Preis entspricht daher in Prozenten ausgedrückt 85 % **(verminderter Grundwert).** Da der gegebene Betrag unter (und damit **innerhalb**) 100 % liegt, spricht man auch von **Prozentrechnung im Hundert.**

Sonderpreis 85 %		**Preissenkung** 15 %		**regulärer Preis** 100 %
↑		↑		↑
verminderter Grundwert	+	**Prozentsatz**	=	**reiner Grundwert**

Lösungen:

Die Lösung erfolgt mithilfe des Dreisatzes.

Gegeben:	Prozentsatz:	15 %
	Verminderter Grundwert in Prozent:	85 %
	Verminderter Grundwert in EUR:	104,55 EUR
Gesucht:	Grundwert:	?

Bedingungssatz $85\,\% \mathrel{\hat{=}} 104{,}55$ EUR

Fragesatz $100\,\% \mathrel{\hat{=}} x$ EUR

Bruchsatz $x = \frac{104{,}55 \cdot 100}{85} = 123{,}00$ EUR

	Regulärer Preis	123,00 EUR
–	Sonderpreis	104,55 EUR
=	Preissenkung	18,45 EUR

Anmerkung: Es ist auch möglich, zuerst die Preissenkung von 15 % in EUR zu errechnen. Allerdings wäre es ein Umweg. Man steuert vielmehr im Ansatz direkt auf die gefragte Größe zu. Das ist der alte Preis, anders ausgedrückt: der reine Grundwert. Dieser entspricht 100 % (Fragesatz).

Ergebnisse:

1. Der reguläre Preis betrug 123,00 EUR.
2. Die Preissenkung beträgt 18,45 EUR.

Allgemeiner Lösungsweg

- Beginnen Sie den Rechenansatz mit dem verminderten Grundwert, für den ja der Prozentsatz (unter 100 %) und der absolute Betrag bekannt sind.
- Berechnen Sie den Grundwert bzw. den Prozentwert mithilfe des Dreisatzes.

Kompetenztraining

143 1. Im Sonderangebot wurden Waren zu folgenden Auszeichnungspreisen angeboten:

Nr.	Sonderpreis	Preisnachlass
1.1	118,90 EUR	18 %
1.2	158,76 EUR	16 %
1.3	152,75 EUR	35 %

Ermitteln Sie die ursprünglichen Verkaufspreise, wenn die angegebenen Preisnachlässe gewährt wurden!

2. Die Auszubildende Frieda bei der Skifabrik „Snow-Ski GmbH“ bekommt beim Kauf eines Abfahrtskies einen Personalrabatt von 12,5 %.

   Berechnen Sie, mit welchem Preis der Abfahrtski dem Großhandel angeboten wird, wenn Frieda ihn für 112,00 EUR kaufte!

3. Auf dem Bankkonto von Karin Wipper e. Kfr. geht eine Gutschrift der Heimann KG ein.

   Aufgabe:

   Berechnen Sie den Skontobetrag und den Rechnungsbetrag!

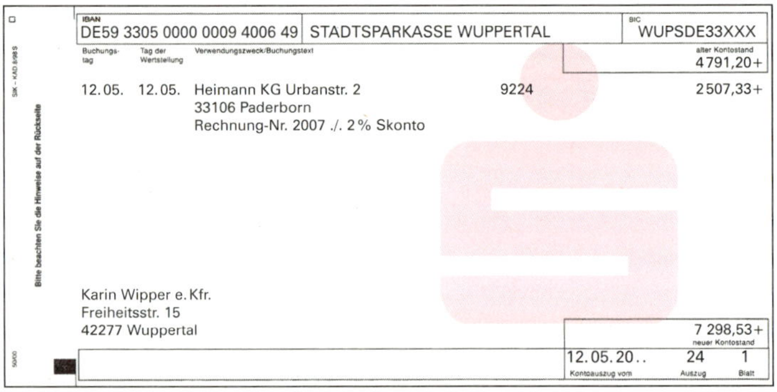
IBAN DE59 3305 0000 0009 4006 49 | STADTSPARKASSE WUPPERTAL | BIC WUPSDE33XXX

Buchungstag	Tag der Wertstellung	Verwendungszweck/Buchungstext		
			alter Kontostand	4791,20+
12.05.	12.05.	Heimann KG Urbanstr. 2 33106 Paderborn Rechnung-Nr. 2007 ./. 2 % Skonto	9224	2507,33+

Karin Wipper e. Kfr.
Freiheitsstr. 15
42277 Wuppertal

7 298,53+ neuer Kontostand

12.05.20.. Kontoauszug vom | 24 Auszug | 1 Blatt

Bitte beachten Sie die Hinweise auf der Rückseite

4. Der Hersteller für Küchengeräte Franz Nadi verkauft von 200 Kühlschränken zunächst 60 Stück. Nachdem der Preis um 10 % herabgesetzt wurde, konnten weitere 40 Kühlschränke verkauft werden. Um den Restbestand veräußern zu können, musste dieser Preis nochmals um 20 % gesenkt werden, sodass der Verkaufspreis noch 180,00 EUR betrug.

   4.1 Berechnen Sie den ursprünglichen Auszeichnungspreis!

   4.2 Berechnen Sie den Gesamterlös!

   4.3 Ermitteln Sie die Umsatzeinbuße, die der Küchengerätehersteller hinnehmen musste!

5. Der Preis für das Fertigparkett „Eiche Rustikal“ war vom Hersteller um 20 % ermäßigt worden. Da das Fertigparkett immer noch nicht verkauft werden konnte, wurde dieser Preis nochmals um 30 % gesenkt. Er kostet jetzt 24,50 EUR je m^2.

   5.1 Berechnen Sie den ursprünglichen Preis!

   5.2 Ermitteln Sie, um wie viel Prozent das Fertigparkett insgesamt billiger wurde!

6. Berechnen Sie den ursprünglichen Preis des stapelbaren Rollers!

4 Prozentrechnung auf Hundert (vermehrter Grundwert)

Beispiel:

Der Umsatz eines Handwerksbetriebs stieg gegenüber dem Vorjahr um 7,5 % auf 406 995,00 EUR an.

Aufgaben:

1. Berechnen Sie den Umsatz des vergangenen Jahres!
2. Ermitteln Sie die Umsatzsteigerung!

Problemstellung:

Die Umsatzsteigerung von 7,5 % bezieht sich auf den Umsatz des vergangenen Jahres **(reiner Grundwert** und damit 100 %). Der diesjährige Umsatz ist daher um 7,5 % höher **(vermehrter Grundwert).** In Prozenten ausgedrückt beträgt er 107,5 %. Da der gegebene Betrag über 100 % liegt, spricht man auch von der **Prozentrechnung auf Hundert.**

Umsatz in diesem Jahr 107,5 %		**Umsatzsteigerung** 7,5 %		Umsatz im vergangenen Jahr 100 %
↑		↑		↑
vermehrter Grundwert	–	**Prozentsatz**	=	**reiner Grundwert**

Lösungen:

Die Lösung erfolgt mithilfe des Dreisatzes.

Gegeben:	Prozentsatz:	7,5 %
	vermehrter Grundwert in Prozent:	107,5 %
	vermehrter Grundwert in EUR:	406 995,00 EUR
Gesucht:	Grundwert:	?

Bedingungssatz: 107,5 % ≙ 406 995,00 EUR

Fragesatz: 100 % ≙ x EUR

Bruchsatz: $x = \frac{406\,995 \cdot 100}{107{,}5} = \underline{\underline{378\,600{,}00 \text{ EUR}}}$

Umsatz in diesem Jahr	406 995,00 EUR
– Umsatz im vergangenen Jahr	378 600,00 EUR
= Umsatzsteigerung	28 395,00 EUR

Beachten Sie: Die rechnerische Vorgehensweise entspricht dem allgemeinen Lösungsweg, der beim Rechnen mit dem verminderten Grundwert aufgezeigt wurde. Ausgangspunkt ist hier der vermehrte Grundwert, für den der Prozentsatz (über 100 %) und der absolute Wert bekannt sind.

Ergebnisse:

1. Der Umsatz im vergangenen Jahr beträgt 378 600,00 EUR.
2. Die Umsatzsteigerung beträgt 28 395,00 EUR.

Kompetenztraining

144 1. Verschiedene Erzeugnisse wurden in der Preisliste neu ausgezeichnet.

Nr.	Auszeichnungspreis	Preiserhöhung
1.1	192,28 EUR	4,5 %
1.2	33,15 EUR	2 %
1.3	297,00 EUR	12,5 %
1.4	419,75 EUR	15 %

Berechnen Sie den bisherigen Listenverkaufspreis vor den angegebenen Preiserhöhungen!

2. Die Monatsmiete für unsere Geschäftsräume hat sich um 6,25 % erhöht. Sie beträgt nun 2 316,25 EUR.

   Ermitteln Sie den Betrag der Mietsteigerung!

3. Der Rechnungsbetrag für einen Einkauf von Schmieröl beträgt einschließlich 19 % Umsatzsteuer 4 630,29 EUR.

   Berechnen Sie den Nettowarenwert und die Umsatzsteuer!

4. Nach einer Werbeaktion für französischen Käse konnte ein Supermarkt in der Käseabteilung eine Umsatzsteigerung für den Monat Juli um 8,25 % auf 6 087,98 EUR gegenüber dem Vormonat erzielen.

   Stellen Sie die Umsatzsteigerung fest!

5. Eine Lampenfabrik hat den Listenverkaufspreis für den Artikel Deckenleuchte mit 24,15 EUR neu ausgezeichnet, nachdem der bisherige Listenverkaufspreis um einen Teuerungszuschlag von 5 % angehoben wurde.

   Berechnen Sie den Listenverkaufspreis vor der Preiserhöhung!

6. Der Mitarbeiter Hannes Helm erhält in diesem Jahr eine Gehaltserhöhung von 2,5 %. Das sind monatlich 65,00 EUR. Letztes Jahr betrug die Gehaltserhöhung 3,2 %.

   6.1 Ermitteln Sie den derzeitigen Lohn des Mitarbeiters!

   6.2 Berechnen Sie die Gehaltserhöhung des letzten Jahres und sein ursprüngliches monatliches Gehalt!

7. Nach 2 Unfällen wurde unser Geschäftswagen in der Haftpflichtversicherung aus der Schadensklasse SF4 (45 % des Beitragssatzes) in SF3 zurückgestuft (entspricht 80 % des Beitragssatzes). Die neue Prämie für die Kfz-Haftpflichtversicherung beläuft sich jetzt auf 741,30 EUR.

   Stellen Sie fest, wie hoch die Prämie in der Schadensklasse SF4 war!

8. Berechnen Sie den Nettowarenwert und die Umsatzsteuer (siehe nebenstehende Abb.)!

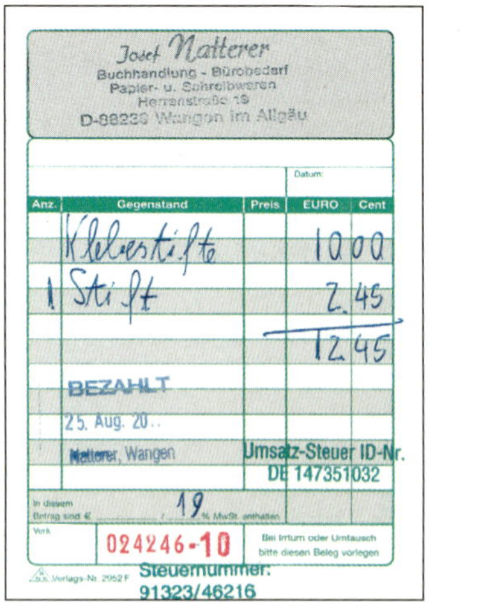

Stichwortverzeichnis

E

F

G

H

I

J

K

L

M

N

O

P

R

S

T